RESEARCH REPORTS ON THE POLITICS OF
CONTEMPORARY CHINA

（第12辑）

当代中国政治
研究报告

深圳大学当代中国政治研究所／编
主编／黄卫平 汪永成
执行主编／陈家喜

社会科学文献出版社
SOCIAL SCIENCES ACADEMIC PRESS (CHINA)

本书获"深圳大学国家大学生文化素质教育基地资助"

目　　录

执政党建设

政治民主实践

地方政府创新

公共组织改革

底层政治发展

台湾政治变迁

执政党建设

社会大转型与中国共产党的角色转换

赵虎吉[*]

一 特殊国情国家的社会大转型与中共的特殊角色

社会转型的内容一般可概括为六个方面：经济转型即工业化；社会转型即城市化；政治转型即民主化；文化转型即世俗化；组织转型即科层化；观念转型即理性化。社会转型从特殊意义上说，是用以特指传统社会向现代社会的转换和变迁，而这种"传统→现代"的社会转型是以"现代化"为核心内容的。

后发展国家的现代化是在特定的国际环境中启动和推进的。国际环境，与一个国家在国际社会中所处的地位有关。后发展国家的发展环境，可用"先进—落后"二元结构来描述，即发达国家的现代化已经达到相当高的水平，而后发展国家的现代化则远远落在发达国家的后面。"先进—落后"二元结构环境使后发展国家的现代化过程具有不同于发达国家的一系列特征。

第一，追赶性。这一特征表现在以下几个方面。首先，起点低，但有明确的追赶目标。其次，其发展进程主要不是创新过程，而是从发达国家那里采借现代性因素的过程，采借的是最新或较新的现代性因素，因此，有可能避免"黑暗中的探索"，缩短发展进程。再次，经济社会的发展过程不是自然历史过程，而是对来自外部挑战的积极回应，是追赶发达国家的大规模的国家行为。追赶性现代化有其特定的政治要求。首先，要由强大的政府启动

---

* 赵虎吉，中央党校政法部，教授。

和主导发展进程。追赶性现代化不是自然历史过程，而是对来自外部挑战的积极回应，是突然启动的大规模的行为过程。这种过程民间力量是无法启动和主导的。其次，要求由那些具有强烈的发展志向且又具有现代科学知识的精英集团掌握政权。

第二，外源性。外源性是指现代化的初期和中期所需的资金、技术和市场在国外。追赶性现代化在短期内需要大量的资金和技术，而大部分资金和技术在国外。现代化的初期和中期尤为如此。产品的大量出口，即国际市场上的竞争力在现代化的相当一段时期内，主要靠产品的低价格和经济因素之外的特殊条件。因社会经济组织的能力所限，在现代化的相当一段时期内，引进外资和技术的任务只能由政府来承担。资源配置，即如何将资金和技术有效地同生产过程相连接，也要由政府来完成。这就要求政府不仅是强大的政府，同时又必须是高质量的理性的政府。此外，政治稳定是引进资金和技术的前提条件。任何外商都不愿在政治混乱的国家投资或转让技术。

第三，急剧性。后发展国家的现代化是短期内的急剧的变革过程。首先，是短期内的革命性的变革过程。后发展国家的现代化是传导型巨变，是短期内追赶先进发达国家，由农业文明向工业文明转变的革命性的变革过程。其次，短期内的革命性的变革过程必然是解体与整合的矛盾运动过程，具有中断性和过渡性特征。它是历史发展中的一种连续性中断，是历史发展两个前后连续性变迁的中断，但这个中断并不是对历史、传统的虚无化和完全否定，而是历史发展过程辩证否定的一个环节，它遵循"扬弃"的法则，是历史进程中连续性和非连续性的统一。由于这个过程是革命性的变革过程，它始终贯穿着经济结构、政治结构、社会结构、文化结构的解体与整合的矛盾运动。而这个过程并非是"新的来，旧的走"的单纯的和直线的"好事一起来"的过程，而是新旧交织在一起，交错在一起并进行博弈的极为复杂的过程。社会的整合水平、一体化水平不断下降，社会经常面临整合危机和一体化危机，政治稳定经常受到威胁。转型社会蕴涵着新与旧、传统与现代、旧同一性与新同一性之间的矛盾和冲突；蕴涵着社会结构各种因素转型变革不同速率的落差性、不平衡性和相互制约性以及边界的模糊性；蕴涵着新旧转换过程中的"旧辙已破，新轨未立"的无序性、多变性、不确定性和失范性；蕴涵着社会系统结构自组织力量对这种无序性和失范性的整合要求。再次，短期内的急剧变革过程，又必然导致一系列的不均衡发展，如增长与分配的不均衡、贫富的不均衡、产业间的不均衡、地区间的不均衡、经济发展与政治发展的不均衡等。这些不均衡导致一系列的不满,进而导致政治不稳定。这些特征要求由强有力的政府驾驭控制全局和发展进程,确保政治稳定,有序、渐进地推进发展进程。

第四,动员性。后发展国家的现代化是由政府自上而下地动员社会、综合使用国力、有计划地推进现代化的过程。首先,后发展国家的现代化不是自然历史过程,而是由掌握国家政权的政治集团自上而下地动员和组织社会的过程。其次,是在发达国家全方位的示范效应之下,由政府综合使用国力,以求效力最大化的过程。再次,政府直接介入并主导经济活动和社会发展进程。计划是政府主导经济和社会发展进程的主要手段之一。这个特征也有特定的政治要求。首先,强大的政府是制定和推行经济和社会发展计划的基本前提条件。其次,政治权力的高度理性化是设计切实可行的发展目标并制订正确的发展计划的基本条件。再次,要求决策程序和过程合理化和科学化。

第五,全面性。全面性有两层意思:一是,由于发达国家全方位的示范效应,后发展国家自觉地或被迫地将现代化的各项任务同时展开,即它不是社会某些局部的变化,而是社会结构的整体性变迁,它的表现、影响涉及人们社会生活和精神观念的方方面面;二是,由于发达国家全方位的示范效应,后发展国家在经济发展过程中始终面临着期望与满足的矛盾,进而面临一系列的政治不稳定。此外,由于发达国家的示范效应,后发展国家自觉或被迫将现代化的各项任务同时展开。这就要求政府具有强大的能力,有效地驾驭和控制整个发展进程。由于发达国家全方位的示范效应,期望远远高于满足。一方面,期望为发展提供动力,而另一方面,超前发展的,甚至是畸形发展的期望往往成为政治不稳定的重要潜在因素和社会秩序混乱的重要原因。这一特征也要求由强大而高效率的政府来维持政治稳定并为社会提供社会正常运行所必需的一系列公共产品。①

我国的国内环境可以表述为"强国家—弱社会"二元结构。我国有独特的基本国情。首先,我国有五千年的悠久历史,其中两千多年是统一的主权国家,而国家结构是中央集权制的大一统国家。发展是继承与创新结合的结果。传统的影响不是人们的主观意志所能控制的,我们无法回避历史传统对现代的影响。正因为发展是原有基础上的发展,两千多年来的中央集权制

---

① 赵虎吉:《比较政治学:后发展国家视角》,中山大学出版社,2002,第343～350页。

的政治传统是我国政治发展的基础，也是对我国政治发展影响最大、最长远的变量。其次，我国是 13 亿人口、960 万平方公里的超大规模国家。再次，我国又是超复杂结构的国家。地区间的自然环境差异、发展差距、文化差异巨大，且又是由 56 个民族组成的多民族国家。在市场经济、信息化、全球化时代，特别是在社会大转型过程中，如何将超大规模和超复杂结构国家整合成一个整体并建立和维持良好的秩序，是摆在我们面前的历史性课题。

新中国是中国共产党领导中国人民，经过长期的武装斗争而建立起来的。新中国成立时，中国共产党已经掌握和控制了绝大部分的各种政治资源。此外，中国共产党的组织化水平很高，对全国的覆盖面和渗透力极强，任何政治组织都无法与之比拟。由此，我国形成了"强国家—弱社会"的二元结构环境。建党 90 多年，党员人数达 8500 万名以上的超大规模的中国共产党，以民主集中制为基本组织原则、个人服从组织、下级服从上级、全党服从中央，即内聚力、覆盖面和渗透力极强的中国共产党是超复杂结构、超大规模的我国既能保持统一稳定，又能高速发展的最重要的政治因素。

二　从"利益代替"到"利益代表"：转换中的中共角色

权力中心从毛泽东转移到邓小平之后，中国的政治价值目标发生了巨大变化，随之出现了改革开放的新局面。如下表所示，邓小平的政治价值观不同于毛泽东。夺取政权之前，毛泽东从中国的现实出发，指出了中国革命的道路和方法。获得政权并大致巩固新政权后，毛泽东偏向了理想主义，把中国推进理想主义实验场。理想主义必然地引出了第二个价值理念，即理念主义。在毛泽东那里，马克思主义等理念性价值比安全、福利等国家治理的实体价值更为重要。这两个价值理念又必然地带出了第三个价值理念，即国家主义。当国家、集体、个人之间的利益发生冲突时，集体、个人必须服从国家利益。

毛泽东和邓小平政治价值观比较

毛泽东	邓小平
理想主义	现实主义
理念主义	事实主义
国家主义	社团主义

　　在邓小平的政治价值观中，现实比理想重要得多。国家的未来，即理想当然很重要，但现实更重要。理念很重要，但安全、福利等国家治理的实际效果比理念更加重要。邓小平用著名的"黑猫白猫"论阐述了这个价值观。邓小平通过政府政策，展示了国家、集体、个人紧密合作才能利益最大化的价值倾向。

　　随着基本价值观念的转变和改革开放的深化，中国的国家与社会、政府与企业、中央与地方关系发生了巨大变化，甚至是根本性变化：改革开放前，社会成员没有任何选择权，其选择权全部集中到国家手中，个人的一切被动地听命于国家的安排。改革开放后，选择权完全回到了国民的手中；改革开放前，企业只是生产组织，而不是经营组织，其经营权在政府手中。改革开放后，经营权回到了企业，使企业成为微观经济活动的主体；改革开放前，地方政府只是中央权力的传导系统。而改革开放后，地方政府在承担中央权力的传导系统角色的同时，也承担地方利益代表的角色。权力（权利）关系的上述变化带来了个人、企业和地方政府巨大的行为动力。

　　上述变化带来了民众、企业、地方政府巨大的行为动力，而这些动力与随着对外开放而从境外引进的大量的资金、技术、市场和管理方式相结合，产生了巨大的生产力，有力地推动了中国的现代化进程。

　　上述变化可以表述为中国共产党的"利益代替"角色开始向"利益代表"转变。所谓"利益代替"，是指民众利益的代表权完全由执政党垄断和代替，由执政党替民做主、替民安排一切，民众把一切权利完全交给执政党，一切听命于执政党。这种利益代替执政方式主要表现在三个方面：第一，执政党高度垄断利益代表权，即"替民做主"。第二，权力单向运行。执政党垄断利益代表权，即利益代替。执政党与民众的这种关系，决定了权力只能自上而下单向运行，自下而上的权力监督不可能存在。第三，不存在纠错机制。权力的单向运行也导致了纠错机制的缺失。一切都是执政党说了算，无法形成任何试错反弹机制。

　　"利益代表"可以从三个方面表述：第一，执政党代表民众利益，而不是代替民众利益。综合并表达民众利益的主渠道依然是执政党，但是民众也可以通过其他渠道表达自己的意愿。民众认为执政党尚未为自己表达出来的利益，由民众自己通过一定渠道表达。第二，权力有限双向互动。执政党依然掌握大部分权力资源和权力，但并没有垄断一切权力资源和权力，即权力集中，但不是垄断。随着大量经济资源转移至社会，随着利益的多元化和社会结构的不断分化，相当一部分权力分散到社会之中，执政党与民众之间形成了一定程度的权力双向互动，这也为建立纠错机制奠定了基础。第三，开始形成纠错机制。纠错机制的关键在于权力主客体之间的双向互动。权力主客体之间有限的双向互动，为纠错机制的形成提供了可能。

笔者认为，改革开放前我国政治体制的基本特征是：正式制度层面的"利益代表"制度规定与非正式制度层面的"利益代替"同时并存。正式制度明确规定了人民当家作主，如人民代表大会制度等。中国共产党综合和集中表达人民利益，并通过人民代表大会与人民代表进行沟通，执政党的意志转变为国家意志。这些正式制度体现了中国共产党的"利益代表"角色，体现了人民的参与和执政党与人民之间权力的双向互动。但是在实际政治过程中，"利益代表"角色变成了"利益代替"角色，执政党垄断了人民的利益表达权，人民当家作主变成了执政党"替民做主"。① 改革开放使这种格局开始发生了根本性变化，即"利益代替"角色开始向"利益代表角色"转换。

三　角色专门化：巩固"利益代表"角色的基础

政治角色的专门化是政治角色规范化、制度化、程序化的前提。如图1所示，我国政治体制的静态特征是双重双轨政治结构：人民选举产生全国人大，形成最高权力机构；全国人大选举产生并监督国务院；国务院对社会进行管理。这是一个权力轨道。单从这个轨道看，我国已建构了相当完整的类似于议会内阁制的民主政治制度：各阶层、各民族、各年龄段、各性别的公民享有平等的政治权利，由他们选举产生最高权力机关全国人大；人大选举产生政府并讨论决定重大问题；政府贯彻执行人大的决定并对社会实行管理；人大监督政府；人民定期改选全国人大组成人员；人大定期改选政府组成人员。我国的政治体制还有一个权力轨道：党员代表人民；党员选举产生党中央；党中央对人大、国务院实行领导；国务院对社会实行管理。这样，权力获得和权力运行形成了第二个轨道。此外，与同级政府并行，又有同级党委。各政治机构内部又有党的组织，如全国人大党组、国务院党组等。这

---

① 关于"利益代替"角色向"利益代表"角色的转换，请参阅赵虎吉《重构政治价值：中国政治发展的内在属性与发展逻辑》，《学习与探索》2011年第1期。

样，形成了另一个权力运行轨道，使执政党权力国家化、行政化并形成了政治体制的双重双轨结构。

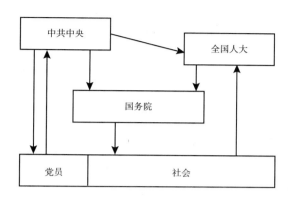

图1　双重双轨政治结构*

* 此图最初是由北京大学的李京鹏教授在20世纪80年代末的课堂授课中首次使用的。

执政党权力的国家化和行政化意味着中国共产党同时担当三个角色：一是执政党角色，即利益表达、利益综合、提出政策意见；二是代议角色，按特定价值目标的方向，协调不同利益群体之间的利益冲突并制定相关法规，通过相关决议，任免政府组成人员等；三是行政角色，即将代议机构的意志和执政党的意志转换成具体的政策，管理各类行政事务。因此，在横向上，中国共产党之外的各政治机构的自主化、专门化水平很低，特别是人大。首先，人大作为最高权力机构，拥有立法、决策、人事、监督等职能。履行这些职能，需要高水平的自主化和专门化。目前，我国人大尚不具备这些条件。其次，各政治机构之间的制约机制很不健全。全国人大因其自主化水平低，其权力量不足，无法在事前、事中、事后全方位地监督政府行为。执政党中央、全国人大、全国政协、国务院等机构之间，只有执政党自上而下地对其他各政治机构实行单向的领导和监督，不存在各机构之间互动的相互制约机制。这种状况是双重双轨政治结构的必然结果。

在纵向上，不同层级政治机构的自主化水平很低。执政党和政府的各层级之间，基本上是单向的命令服从关系。下级组织的行为目标由上级组织的行为目标分解而来，下级组织的权力是上级组织权力的延伸。改革开放之后，特别是1997年的税制改革之后，我国的中央与地方及地方各层级之间的关系发生了很大的变化，地方党委和地方政府的权力量有了大幅度的增加。但是，中央地方关系的基本属性依然是单向的命令服从关系。

制度规定与实际过程不一致。首先，按中国共产党党章规定，中国共产党组织内部权力分配的基本原则是：参与决策的人数越多，权力越大；参与决策的人数越少，权力就越小。比如，中国共产党全国代表大会是中国共产党的最高权力机构，五年召开一次大会。闭会期间，每年一度的中央委员会的全体委员会是最高决策机构，全委会闭会期间，依次是政治局、政治局常委会。但是，在实际运行过程中，上述制度规定与实际行为并不完全一致，有时甚至相互背离。比如，参与决策的人数越多，权力越小，参与决策的人数越少，其权力却越大。其次，在制度层面，人大的权力大于政府，由人大选举产生、监督和制约政府，而在实际过程中，人大的权力量远远达不到制度规定的权力量。再次，按宪法、政府组织法规定，政府的基本组织原则是首长负责制，但是，政府运行的实际行为原则却是集体领导分工负责制。这样，制度规定与实际过程之间形成不一致状况。

缺乏严密而系统的程序、规则。制度只规定每一机构的权力量及由此而形成的与其他机构之间的关系。程序和规则是制度在实际运行中的行为规范，也是各个政治主体实际行为过程中具体的和明确的行为规范。只有制度而没有详尽、明确的程序和规则，制度将是一纸空文。我国政治体制的基本特征之一就是只有制度规定而缺乏严密而系统的程序、规则。首先，缺乏严密而系统的规则。比如，党代会代表和人大代表议决某项议案时，一名代表能否就同一个议案发言两次或三次，每一次发言可以讲多长时间等，均没有详尽的规定。其次，规则缺乏封闭性。封闭性是任何一种规则的生命。规则的封闭性是指规则辐射范围的全方位性和权威性，即任何人都必须在规则的辐射范围之内。有些人必须遵守规则，而另一些人可以不遵守规则，规则将失去权威性，人们总是想尽方法绕开规则，而不是自觉遵守。目前，我国政治生活中仅有的一些规则缺乏封闭性。

在同一个政治系统中，不同角色承担不同的功能，因此各有各的行为规范。关于全国人大的组织原则，我国宪法第三条规定：中华人民共和国的国家机构实行民主集中制的原则。我国宪法第86条明确规定：国务院实行总理负责制。各部、各委员会实行部长、主任负责制。国务院组织法第二条规定：国务院由总理、副总理、国务委员、各部部长、各委员会主任、审计长、秘书长组成。国务院实行总理负责制。总理领导国务院的工作。副总理、国务委员协助总理工作。国务院组织法第九条规定：各部、各委员会实行部长、主任负责制。各部部长、各委员会主任领导本部门的工作，召集和主持部务会议或者委员会会议、委务会议，签署上报国务院的重要请示、报告和下达的命令、指示。副部长、副主任协助部长、主任工作。关于执政党的行为规范，党章总纲关于党的建设必须坚决实现的四项基本要求中的第四条明确规定：坚持民主集中制。民主集中制是民主基础上的集中和集中指导下的民主相结合。它既是党的根本组织原则，也是群众路线在党的生活中的运用。必须充分发扬党内民主，保障党员民主权利，发挥各级党组织和广大党员的积极性创造性。必须实行正确的集中，保证全党的团结统一和行动一致，保证党的决定得到迅速有效的贯彻执行。加强组织性纪律性，在党的纪律面前人人平等。加强对党的领导机关和党员领导干部的监督，不断完善党内监督制度。党在自己的政治生活中正确地开展批评和自我批评，在原则问题上进行思想斗争，坚持真理，修正错误。努力造成又有集中又有民主，又有纪律又有自由，又有统一意志又有个人心情舒畅的生动活泼的政治局面。党章第二章党的组织的第十条第五款明确规定：党的各级委员会实行集体领导和个人分工负责相结合的制度。凡属重大问题都要按照集体领导、民主集中、个别酝酿、会议决定的原则，由党的委员会集体讨论，作出决定，委员会成员要根据集体的决定和分工，切实履行自己的职责。

如上所述，从静态角度讲，我国的相关法规对执政党、代议机构和行政机关的行为规范都作了明确规定。但是，从实际政治过程的角度看，上述法规交织在一起，甚至相互冲突，各行为主体的角色边界变得模糊不清。执政党全党的基本行为原则是民主集中制，而各级委员会的行为规范则是集体领导分工负责制。如上文指出，中国共产党的组织渗透在人大、政府等各个重要的政治组织之中，且处于领导地位并实际承担执政党、政府、代议机构的多种角色，执政党自身的行为边界和行为规范模糊不清。比如，各级党代会的运行原则似乎是民主集中制，但各级委员会实际运行原则则是首长负责制，即一把手负责制。执政党的行为边界和行为规范的不确定必然导致其他角色的边界模糊。比如，政府行为原则的法律规定是首长负责制，而在实际运行过程中的政府原则却是集体领导分工负责制，有时是多种原则的混合。

中共十七大指出：坚持党总揽全局、协调各方的领导核心作用，提高党科学执政、民主执政、依法执政水平，保证党领导人民有效治理国家；坚持国家一切权力属于人民，从各个层次、各个领域扩大公民有序政治参与，最广泛地动员和组织人民依法管理国家事务和社会事务、管理经济和文化事业；坚持依法治国基本方略，树立社会主义法治理念，实现国家各项工作法治化，保障公民合法权益；坚持社会主义政治制度的特点和优势，推进社会主义民主政治制度化、规范化、程序化，为党和国家长治久安提供政治和法律制度保障。党的十八大明确指出：共产党是中国特色社会主义事业的领导核心。要坚持立党为公、执政为民，加强和改善党的领导，坚持党总揽全局、协调各方的领导核心作用，保持党的先进性和纯洁性，增强党的创造力、凝聚力、战斗力，提高党的科学执政、民主执政、依法执政水平。

笔者认为，上述表述明确界定了中国共产党的角色边界，即总揽全局，协调各方。中国共产党以价值理念和正确的方法论驾驭方向，以党的组织系统和组织原则协调各方并驾驭全局。而其他各方各司其政，各负其责。无论是在正式制度规定还是在实际政治过程中，应切实把各个行为主体的角色边界划分清楚，只有这样，各个行为主体的行为规范才能得以实际运行。也就是说，角色专门化是角色规范化的前提，而中共角色的专门化又是其他机构角色专门化的前提。

四　政治理性化：角色制度化的基本条件

政治理性化是角色规范化、制度化、程序化的基本条件。制度，是指稳定的、受到尊重的和不断重现的行为模式。[①] 制度的目的是建立和维持一定的秩序，节约交易费用，降低社会运行成本是制度的基本功能。政治制度必须满足三个条件：第一，确定性。政治制度必须明确地告诉人们能做什么、不能做什么，做了不能做的怎么办。必须明确划分行为边界，并预先明确告知人们违背制度的后果。第二，普遍约束性。同一政治共同体内的所有人都必须遵守制度。第三，强制性。当有人不遵守时，能够制止。

笔者认为，制度要获得上述三个条件，并真正履行自己的功能，达到自己的目的，就必须建立在以下三个逻辑起点上：权力是"必要的恶"；冲突和合作是人类的基本行为模式；人的理性是有限的。

权力，意味着支配和被支配。因此，权力天生就是对平等、自由的破坏，是一种"恶"。

---

① 〔美〕塞缪尔·亨廷顿：《变革社会中的政治秩序》，华夏出版社，1988，第12页。

　　然而，人类社会要建立和维持秩序，又离不开权力。因此，权力一经产生，就必须受到制约和监督。权力，是指凭借一定的资源，影响或改变他人的思想或行为的能力。权力所凭借的资源的不同，必然导致权力表现形态的不同。凭借知识、真理、人格魅力等资源而形成的能力，是一种权威，人们对权威的服从是"心服口服"。凭借物质、金钱、组织等资源而形成的能力，是一种影响力。人们对影响力的服从是"心服口服"＋"不得不服"。凭借物理力量，即军队、警察等强制性资源而形成的能力是一种强制力，人们对强制力的服从是因"恐惧而服"。权力的这些基本属性表明：首先，权力是对平等的破坏。平等意味着相同或相等。平等的内涵涉及社会生活的方方面面。从内容上看，有政治平等、经济平等、法律平等、社会平等。从基本属性上看，有规则平等、机会平等和结果平等。假如人们平等地拥有各种资源，就不可能存在权力现象。正是由于少数人占有更多的权力资源，所以存在多数人服从少数人的权力现象。其次，权力是对自由的剥夺。自由的内涵主要有三个方面。一是摆脱别人的束缚（消极自由）；二是按自己的意愿行事（积极自由）；三是行为后果自负并不妨碍他人的自由。在现实生活中，一个人不受别人的摆布并按自己的意愿行事并非是绝对的，而是有条件的，即一个人的自由度取决于其能力的大小。能力大，自由度就大，能力小，自由度就小。此外，为了不妨碍他人的自由，每个人必须拿出一部分自由给国家，由国家制定行为规范（制度）来规约人们的行为，以建立秩序。权力意味着一个人服从另一个人。服从就是不自由，就是把自己的一部分自由交给另一个人。

　　如上所述，权力意味着对平等和自由的破坏，因此是一种"恶"。然而，人类社会离开权力就无法建立和维持秩序。从最一般的意义上说，秩序是一个系统的范畴，它指事物存在的一种有规则的关系状态。在一个系统中，组成系统的各个要素都有自己不同的存在和运行特点。如果要素之间的关系总是能表现出某种恒定的规则性或协调性，即系统的协同性的话，我们就说这个系统或事物是有序的。反之，我们称之为无序。人们需要秩序就在于人们存在的需要。当人们在处理自己实践活动中形成的社会关系时，作为现实的社会秩序问题就表现出来，这就是人们如何协调他们之间因资源稀缺导致的利益冲突，不至于"人对人像狼一样"而导致整体存在的危机。同时，秩序对于人的意义绝不止于保障人的存在，更为进一步的是人们总是希望能持续地存在或更好地存在——发展。所以，人们需要秩序归根结底是为了保障自己的存在和发展。①

约翰·肯尼斯·加尔布雷斯曾指出：权力的大规模的组织性集中和在行使权力的个人中间的大规模的分散，这两者的结合是当代的现实。② 在现代社会，权力越来越集中在各类组织之中，而具体的个人在实际行使着越来越多的权力。在我国，大部分权力资源，包括诺斯所说的"暴力潜能"，更多地集中于国家手中。一方面，国家权力是保护个人权利最有效的工具，因为它有规模经济效益，国家的出现及其存在的合理性，也正是为了保护个人权利和节省交易费用之需要。另一方面，国家权力又是个人权利最大和最危险的侵害者，因为，国家权力不仅具有扩张的性质，而且扩张总是依靠侵蚀个人权利实现的，在国家的侵权面前，个人是无能为力的。③

在个人行使权力过程中，权力的自我膨胀也是人性之必然。罗素曾指出：在人的各种无限欲望中，主要是权力欲和荣誉欲。两者虽有密切关系，但并不相同：英国首相的权力多于荣誉，而英王的荣誉则多于权力。但是，获得权力往往是获得荣誉的最便捷途径。罗素还指出：动物只要能够生存和生殖就感到满足，而人类还希望扩展。在这方面，人们的欲望仅限于想象力所认为可能实现的范围。假如可能的话，人人都想成为上帝；少数人还不容易承认这是不可能的事情。④

综上所述，权力是对平等和自由的破坏，无论国家权力，还是个人权力，都具有无限膨胀的本性。正因为如此，任何权力都必须受制约和监督。离开监督和制约的权力，有可能成为绝对的"恶"。权力的所有权、使用权和监督权，必须分散到不同组织之中，并形成相互之间的制约。任何权力组织和个人，都必须处于被监督之中。

制约，是指不同权力主体之间的相互制衡。任何权力主体不能拥有绝对权力，权力必须分散，并相互制约。监督，是指某一权力主体单向地控制另一权力主体的越轨行为。从这个意义上讲，政治制度就是将权力主体及其相互间制约与监督关系的法律规定。

总之，权力是必要的"恶"，是对权力进行监督和制约的逻辑起点，也是政治制度安排的逻辑起点。

---

① 沈湘平：《人学视野中的秩序》，《河北学刊》2002年第3期。
② 〔美〕约翰·肯尼斯·加尔布雷斯：《权力的分析》，河北人民出版社，1988，第133页。
③ 唐兴霖：《诺斯的国家与政府理论述评》，《中国矿业大学学报》2002年第6期。
④ 〔英〕伯特兰·罗素：《权力论——新社会分析》，商务印书馆，1991，第3页。

　　制度是管理冲突并建立秩序的手段。这就是说，冲突是制度安排的逻辑前提。在计划经济时代，从国家大事到人民大众的一切，均由国家来计划和安排，因此，国家的主要职能是计划和安排，而不是管理冲突。但是，在市场经济条件下，每一个社会成员都是独立的利益单元，都生活在市场的竞争之中。在这种格局之下，管理冲突并建立和维持秩序是国家的基本职能之一。其实，人类社会一直贯穿着冲突与合作，冲突与合作是人类的基本行为模式之一，是社会存在的方式之一，是一种社会过程，是一种社会互动。

　　冲突学派认为，社会冲突有着直接的积极作用。特别是，社会冲突为社会学家提供了分析社会变迁和"进步"的主要论据。功能学派则持相反的立场。他们主要的注意力放在调试问题上而不是放在冲突上；注重社会静态特征而不注重动态特征。对他们来说具有重要意义的是维持现存的结构及保证他们顺利行使职能的途径和手段。他们注重那些妨碍一致的失调和紧张。……把结构归于心理的范畴，从而把社会冲突归于个人机能失调。……由于注重维持和保证社会秩序的正常结构，帕森斯倾向于认为冲突主要具有破坏性的、分裂性的和反功能的结果。帕森斯认为冲突基本上是一种"病态"。①

　　在市场经济条件下，"冲突"应是一切制度安排的逻辑起点。制度意味着规约人的行为，而规约人的行为则以人之间有可能发生冲突为前提。假如，人之间的利益是一致的，假如，人人都是圣人君子，在利益面前互相谦让，就不会发生任何冲突，也就不必建立各种制度来规约人们的行为。

　　从制度安排的角度讲，在任何一个政治共同体中不存在"好人"、"坏人"，而只存在"有限理性人"。假如，政治共同体成员都是"好人"，就没有必要用外部强加的行为规范去建立秩序，单凭思想政治工作，不断弘扬人的善性就可以使社会有序。假如，都是"坏人"，各种行为规范就必然失去价值基础，无法发挥任何作用，也就无法建立和维持秩序。西蒙的有限理性理论告诉我们，人是有理性的，然而人的理性又是有限的。人的理性使人趋利避害，理性的有限性使人犯错误。

　　西蒙的有限理性理论告诉我们：假如，人们了解与自己将要做出的行

---

　　① 〔英〕伯特兰·罗素：《权力论—新社会分析》，商务印书馆，1991，第114页。

为相关的所有信息，并且完全了解可能发生的所有行为后果，就不会出现冲突，也不会犯错误。人类是社会的动物，与他人交往是人的本质属性。人类不仅仅是合理的和理性的存在，人类同时具有善与恶的本性和理性与感性。因此，在人类的行为中，不仅有引起分裂和冲突的行为，而且还有可能引起和谐与合作的行为。利他行为和利己行为同时都是人类的可能行为方向。人类共同体由利他与利己、合作与冲突、分歧与一致等一系列的行为支撑和维持。正是由于人的理性是有限的，所以"人是天生的政治动物"。正因为如此，人类共同体要以各种制度规约人们的行为，以建立和维持秩序。①

五   重构核心价值：角色制度化的基本保障

重构核心价值是中共角色制度化的基本保障。在我国，自由、平等、主权在民等政治价值是从国外传播而来的，并非我国原有的，政治的形式价值，即制度规定也是按照这些外来的实质价值而设计和安排的。然而，从国外传播而来的政治价值与我国原有的儒家政治价值之间形成二元格局。政治价值的二元化导致了政治结构的二元化、制度规定与实际过程的二元化、程序与规则的缺失等。从这个角度讲，政治价值的一元化是我国政治发展的核心问题。我国的政治发展过程，就是政治价值从二元化逐步实现一元化的过程，也是政治价值的一元化逐步带动政治结构的一元化、制度规定与实际过程的一元化、程序与规则完善的过程。这个过程具体表现为：人大制度、政府制度的宪法规定得以实际运行，党章的制度规定得以实际运行，即执政党角色的专门化、制度化。

构建政治价值体系，就是将二元化的政治价值，逐渐融合成一个整体的过程。市场经济这一新的生产方式是重构政治价值体系的基本平台。人类政治价值趋向的不断变更根植于社会生产方式之中。马克思主义正是把生产方式理解为人类社会存在和发展的基础，把政治生活理解为建立在经济基础之上的上层建筑。"一切社会变迁和政治变革的终极原因，不应当在人们的头脑中，在人们对永恒真理和正义的日益增进的认识中去寻找，而应当在生产方式和交换方式的变更中去寻找；不应当在有关时代的哲学中去寻找，而应

---

① 这一节的内容可参阅赵虎吉《论政治制度安排的逻辑起点》，《教学与研究》2005 年第 7 期。

当在有关时代的经济学中去寻找。"因此，人类社会生活的变迁和转型蕴涵着政治价值趋向的逻辑进程。①

市场经济具有以下几种价值倾向。首先，市场经济是交换的经济。一切生产要素都在交易中配置。其次，市场经济是自由交换的经济。买卖必须自由进行。如果交易不是在自由地进行，而是由交易双方的本意之外的某种因素控制或支配，那么，这种交易无法持续维持。交易的管理者必须严格执行交易规则，有效保护交易各方的自由，交易方可持续、有效进行。再次，市场经济是平等交换的经济。市场经济以等价交换的原则运行，排斥身份、地位等因素的干扰。再次，市场经济是竞争地进行交换的经济。能力的大小等因素产生不同的竞争结果。无视能力、努力等因素，只追求同样的竞争结果，将破坏市场经济的正常运行。最后，市场经济是按严格的规则进行交换的经济。严密而系统的规则对自由交换、平等交换、激烈竞争是生命。竞争越激烈，规则越要详尽而系统。就像交通规则是交通安全的根本前提一样。市场经济是二律背反。一方面，市场经济是自由、平等地进行交换的经济。另一方面，市场经济又是激烈竞争的经济，激烈的竞争极力排斥他人的利益，由此，极力破坏平等、自由、公平的竞争。因此，严密而系统的规则是市场经济的生命。当市场中的各方自觉、严格遵守规则时，市场才能有效运行，而规则的权威性是各方自觉、严格遵守规则的前提。规则的权威来自规则的封闭性，即市场经济中的各方都必须处于规则的辐射范围之内。市场经济的上述价值倾向，实际上又是市场经济的政治要求。经济上的交换关系要求政治上的交换，比如，公民与官员之间通过选举进行交换；公民之间、候选人之间的平等；选举和被选举的自由；候选人之间的竞争；竞争必须以详尽而系统的规则来建立秩序等。在儒家文化区，市场经济的价值倾向正在猛烈地冲击着传统价值倾向并在呼唤新的政治价值。

市场经济及其价值倾向，也许是传统与现代、"自己的"与"外来的"之间的媒介物。

市场经济、历史传统和他国文明是重构我国政治价值体系中的关键变量。"每一历史时代主要的经济生产方式与交换方式以及由此产生的社会结构，是该时代政治和精神的历史所赖以确立的基础，并且只有从这一基础出

---

① 丁志刚：《政治价值研究论纲》，《政治学研究》2004 年第 3 期。

发，这一历史才能得到说明。"① 市场经济作为一种生产方式正在全方位地冲击我国社会的各个领域。价值是需求、期待、可能的结合。政治价值不能创造，而只能发现。我国政治价值体系的重构，必须在市场经济的价值需求和期待中，加以解释和说明。市场经济的推行必然导致许多精神产品要经受市场的检验或考验。政治文化的境遇同样如此。市场经济既对原有的政治文化秩序产生了冲击，导致了政治文化的短暂迷乱，同时又刺激过渡性政治文化结构的产生……市场经济对政治价值重构的结构性效应：政治思维的非意识形态化；政治情感的功利化；政治认知的理性化；政治理想的现实化；政治心态的宽容化。②

　　在市场经济的价值平台上，传统与现代的辩证统一、本土文化与外来文化的辩证统一是可能的。发展是累积的变化过程。发展是时间和空间积累基础上的变化和扩展。在时间上（纵向），发展是对传统的继承与开拓。在纵向（时间）上，历史具有传承性。历史就是传承与开拓的连续。历史传统的影响不是人们的主观意志所能控制的，我们无法回避历史传统对现代政治的影响。我们必须发现，传统中的哪些因素必须继承，怎样继承。在空间上（横向），发展是对他国先进因素的借鉴与创新。在横向（空间）上，文明具有传播性，不同文明之间是交互影响的。历史就是传播（学习）与创造的连续。我们必须善于学习别人，但不能简单地模仿别人。我国是13亿人口、960万平方公里的超大规模的国家，没有现成的经验可供借鉴。我们必须探索我们自己的路，不能也不可能照搬别国模式。但这绝不意味着拒绝他人的文明。

　　核心价值的构建离不开传统的继承，但不是原封不动地照搬，而是一种扬弃。比如，中国传统文化中的儒家社群主义，以及作为基本伦常的仁、义、礼、智、信和中庸思想等，都是极其宝贵的历史经验，具有重要的价值。他国先进因素的借鉴也是同样道理。西方的政治价值中的自由主义、精英主义，特别是社群主义等对重构我国政治价值提供重要的参照。

　　总之，形式价值与实质价值的一元化是政治角色制度化的基本前提和保障。以市场经济为媒介，以我国的传统为基础，借鉴和吸收他国文明的优异成果，重构我国的政治价值是中国共产党的角色制度化的前提和保障。

---

① 《马克思恩格斯选集》第一卷，人民出版社，1995，第257页。
② 刘剑君、徐勇：《市场经济与政治文化论纲》，《新东方》1997年第5期，第33～38页。

中苏俄政治改革战略的比较分析[*]

——政治主导权和改革战略的相互作用

早稻田大学 唐 亮[**]

摘　要： 本文在批判性地吸收现有体制转型理论的基础上，将社会主义国家政治改革战略分解为目标的设定、民主化与经济增长的优先顺序、改革速度的把握等要素，以自由改革的结果即经济发展的成就和自由的政治活动空间为中间变量，考察政治改革战略和将政治改革战略的坚持或改变看做与政治主导权、具体的改革举措以及改革成果之间不断发生相互作用的动态的过程，分析和解释为什么中国至今还在推行一条以发展经济为主要目的，稳健地推进自由化的政治改革战略，而苏联、俄罗斯则从稳健的体制内改革出发但很快转向激进的自由化，并最终远远突破戈尔巴乔夫的意图而被动地迎来了民主化、市场化以及主权国家重组的"三重转型"。

关键词： 政治改革战略　政治力学　政治主导权　二重转型

---

[*]　本文是日本文部科学省资助的研究项目"欧亚地区性大国的比较研究"（主持人北海道大学斯拉夫研究中心田畑伸一郎教授）的部分研究成果。

[**]　1983 年毕业于北京大学国际政治系，后获北京大学硕士、日本庆应大学法学博士学位。历任横滨市立大学副教授、法政大学教授等，现任早稻田大学政治经济学部教授。主要著作有《当代中国政治》（岩波书店，2012 年），《变化中的中国政治——渐进化路线与民主化》（东京大学出版会，2001 年，获第 18 届大平正芳纪念奖），《当代中国的党政关系》（庆应大学出版社，1998 年，获第 19 届发展中国家研究奖励奖）。

导　　言

无论是开始于 20 世纪 70 年代末的中国的改革开放路线，还是开始于 80 年代中期的苏联的体制改革，其出发点都可以被称作为体制内的改革路线或稳健的社会主义改革。然而，这两个国家的改革过程以及结局却大不相同。其中，中国虽也经历了一些曲折，但至今仍牢牢地坚守着体制内的改革路线。同时，尽管市场经济还没有完全建立，民主政治建设的成就还未能满足人们的期待，但是中国不仅在经济社会发展上取得了巨大的成就，而且在扩大政治自由和权利方面也取得了一定的进步。相比之下，苏联的体制改革战略在短短的 5、6 年内经历和完成了从体制内的改革向激进的民主化、西方式民主化、市场化方向的重大转换，但为此付出了国家解体以及长期的政治经济混乱等沉重的代价。

表 1　中苏（俄）体制改革战略的比较

	中国	苏联·俄罗斯
竞争性直接选举	只适用于村民委员会选举	适用于各级选举
结社自由	严格限制、不容许竞争性多党制	有
报道自由	在严格限制中虽逐步扩大	有
游行罢工的权利	严格限制	有
政府改革	积极推行	一定程度上推行
所有制改革	混合型	私有化后再部分国有化
市场体制	基本建立	全面推行后部分倒退

迄今为止，学者们常常以渐进式改革与休克疗法的概念来分析说明中苏（俄）之间体制改革战略的不同，并试图通过改革的结果来说明这两种不同的改革战略的优劣[1]。但是，对于中苏虽然同样是社会主义大国，而且最初推行的都是一条可以被称之为稳健的体制内改革战略，然后却在不久后经历了两种截然不同的道路或过程这一重大问题，却因为缺少比较分析的框架，至今还未能作出很好的理论上的说明。具体地说，现有的体制转型理论将西

---

[1]　中兼和津次：《体制移行の政治経済学》，名古屋大学出版会、2010 年。

方式民主化的成功作为体制转型的前提，所以苏联、俄罗斯的改革进程成为体制转型理论的研究对象①。而中国则因为拒绝西方式民主化，很少成为体制转型理论的分析对象。目前，关于中国政治改革的研究大多是实证分析②，理论研究与其说主要分析中国正在如何转型，还不如说更多地在解释中国的权威主义体制为何拥有巨大的生命力③。

在运用转型理论对苏联、俄罗斯的体制转型过程进行实证分析的研究成果中，McFaul 的《俄罗斯未竟的革命》是一部非常出色的代表作。作者以改革目标的范围大小以及政治力学为说明自变量，将充满混乱的转型过程和结局作为因变量，通过大量文献资料和对当事人的访谈的详尽分析，指出反对派在扩张影响力的过程中，不断地提出新的改革目标，因此引发了体制内外各势力之间的激烈斗争，从而使得苏联、俄罗斯平稳的转型变得非常困难。一般来说，不同的政治势力对体制改革的目标有着不同的主张和要求，必定会围绕着改革议程展开各种政治博弈。因此，各种政治势力之间的力量对比，即何种政治势力掌握政治主导权，如何形成改革同盟会影响政府自主设定改革目标和实施改革战略的能力。McFaul 这种着眼于政治力学以及改革目标的分析方法对研究中国政治改革的推进过程也是有效的。不过，McFaul 的研究也深受现有的体制转型理论的影响，而且因变量的设定是转型过程中的激烈冲突，不同于本文的稳健改革路线的持续或转换，因此需要对其进行若干重大的改善才能在同一个理论框架中对中苏俄进行比较研究。第一，在 McFaul 的研究中，改革的目标主要是民主化、市场化及主权国家

① 以下著作是有关苏联、俄罗斯转型过程的代表性研究成果。Michael McFaul, *Russia's Unfinished Revolution：Political Change from Gorbachev to Putin*, Cornell University Press, 2001. Archie Brown, *The Gorbachev Factor*, Oxford Univ Press, 1997。David Kotz and Fred Weir, *Revolution From Above：The Demise of the Soviet System*, Routledge Press, 1997。Michael Ellman and Vladimir Kontorovich eds., *The Destruction of the Soviet Economic System：An Insiders' History*, M. E. Sharp, 1998；Steven L. Solnick, *Stealing the State：Control and Collapse in Soviet Institutions*, Harvard University Press, 1998；Valerie Bunce, *Subversive Institutions：the Design and the Destruction of Socialism and the State*, Cambridge University Press, 1999。

② 有关村民委员会选举改革、基层自治、NGO、公民社会、政治参与、媒体、信息公开、集体抗争活动、人民代表大会、党内民主等实证研究就是这方面的事例。

③ 例如，Andrew J. Nathan 等提出了权威主义的弹力性这个概念。Bruce Dickson 将国家与民营企业家之间的同盟关系作为中国缺乏民主化动力的理论依据。Andrew J. Nathan, "Authoritarian Resilience", *Journal of Democracy*, 14, No. 1（2003）. Bruce Dickson, *Red Capitalists in China：The Party, Private Entrepreneurs, and Prospects for Political Change*, Cambridge University Press, 2003.

重组这 3 大项，并根据是有序地分别推进还是同时推进这 3 大目标作为指标确定目标范围的大小。即分别推进意味目标的范围小，同时推进意味着目标范围大。但是，本文认为，如果社会主义国家采用渐进式的改革，那么完全可以将政治改革的目标区分为政府改革、稳健的自由化①以及民主化这三个不同的层次或阶段性目标，同时把政府改革和稳健的自由化称为"民主化的基本建设期"，定位为政治体制转型的一个阶段。这样做不但可以将中国的政治改革纳为体制转型理论的分析对象，同时还能对苏联、俄罗斯的转型如何从"民主化的基本建设期"迅速发展到体制转型期（transition）和民主政治的巩固期（consolidation），而中国的政治改革为何至今还停留在"民主化的基本建设期"进行比较研究。

第二，McFaul 在研究中将政治力学及改革目标的范围大小作为自变量，却未能对这两个要素为什么会在苏联和俄罗斯不断发生变化这一事实进行充分的理论说明。对此，本文则把改革战略在实施后所取得的成果以及体制内外的精英们和民众对改革的立场作为中间变量，来分析政治力学与改革战略之间发生相互作用的机制。具体地说，在社会主义国家改革初期，政府握有绝对的政治主导权，可以不受外部力量的约束较为自主地制定改革战略。但是，一旦改革付诸实施，改革战略是否适合现实的环境，精英和大众如何理解和评估改革的成果，自由化的进展大小将会对体制内改革派的支持基础的扩大或缩小、改革同盟的变化、政府的政治控制能力的强弱等产生影响。换句话说，改革战略又会反作用于改革主导权。

第三，McFaul 同时将政治力学以及改革目标的范围大小都当作自变量。而本文则认为，政治力量的对比，特别是政府的政治主导权或政治控制能力的强弱在很大程度上决定改革目标的缩小或扩大，因此，改革目标的范围大小不是自变量，而是政治力学影响转型过程和结局的中间变量。中苏在改革的初期，由于政府拥有强有力的政治主动权，所以都能够有效地抑制反对派的要求或主张，根据自身的立场将政府改革和稳健的自由化

①　O'Donnell 等把自由化定义为权利的再定义及扩大，并提出自由化虽然在性质上与民主化不同，但是具有可以为民主化创造契机，并使转型过程为世人所知的功能，所以将此自由化定格为政治体制转型的初期阶段。在笔者看来，O'Donnell 等所论述的自由化属于激进自由化的范畴，因此与本文所定义的平稳自由化有重大的区别。Guillermo O'Donnell, Philippe C. Schmitter, *Transitions from Authoritarian Rule: Tentative Conclusions About Uncertain Democracies*, Johns Hopkins University, 1986。

设定为政治改革的主要目标。之后，中国通过维护一党领导体制继续保持着强有力的政治主导权。相比之下，苏联、俄罗斯在推进激进的自由化的过程中，反对派获取了较大的政治活动空间，迅速地扩大了政治影响力，迫使政府接受更为激进的改革要求，即西方式民主化、市场化以及主权国家重组。

　　本文主要由以下 3 个部分组成。第一部分在批判性地吸收现有体制转型理论的基础上，将社会主义国家政治改革战略分解为目标的设定、民主化与经济增长的优先顺序、改革速度的把握等要素，为比较中苏政治改革战略的特点提供某种分析框架。第二节以体制改革的结果即经济发展的成就和自由的政治活动空间为中间变量，考察政治主导权和政治改革战略之间不断发生相互作用的动态过程，分析为什么中国至今还在推行一条以发展经济为主要目的、稳健地推进自由化的政治改革战略，而苏联、俄罗斯则从稳健的体制内改革出发但很快转向激进的自由化，并最终远远突破戈尔巴乔夫的意图而被动地迎来了民主化、市场化以及主权国家重组的"三重转型"。从上述研究目出发，本文关于中国的分析考察的时间跨度为 20 世纪 70 年代末至今，而关于苏联、俄罗斯的时间跨度为戈尔巴乔夫时代和实现体制转型的叶利钦时代的前期，对叶利钦时代后期以后的俄罗斯，只从民主政治巩固的角度作简单的描述。

社会主义国家政治改革战略的组成要素

政治改革目标的设定

　　社会主义国家认为，资产阶级民主是以少数人对多数人的统治为前提，是以保护私有制以及资本家的经济利益为目的的民主制度，因而具有很大的局限性，而建立在公有制基础上的社会主义民主，是广大的劳动大众真正能够享受政治自由和权利的民主制度。然而，从政治实践来看，很多社会主义国家存在着政治权力高度集中并缺少必要的监督和制约，政府对公民的自由与权利进行了严格的限制，民意难以在政治运作中得到充分反映等缺陷。政治改革往往是为了改变这种局面而着手进行的。

　　问题在于，起源于西方的政治转型理论或民主化理论常常把西方式民主化作为社会主义国家政治改革的唯一目标，但现实却非必然如此。具体地说，即使把政治改革的终极目标设定为西方式民主化，但如果采用渐进式的改革路线，就有可能把民主化进程分成几个不同的阶段，并为此设定阶段性的改革目标。这里根据与一党领导体制的关系，把社会主义国家政治改革的目标区分为西方式民主化、稳健的政治自由化与政府改革这三个既相互联系又可以相对区别的三个层次。

表 2　关于政治改革目标的 3 个主要层次

	主要内容
政府改革	精减机构人员、公务员制度、放松经济管制、国企民营化
自由化	信息公开、言论空间的平稳扩大、干部选拔过程引入竞争机制
民主化	普选、多党制、言论·报道的自由、法治国家、分权与制衡

第一个层次是西方式民主化。即在一党领导体制解体的基础上，引入普选制度、多党制、言论与报道自由、分权与制衡、文官统治等西方式政治制度，在政治程序上确立民主体制。由于西方各国现代化建设起步早，在经济发展水平、人民生活以及社会福利的水平方面，在社会公德和社会秩序方面，在自由和权利的法律保障方面处于一种相对较高的水平，所以西方各国不仅宣称西方式民主、自由、平等、公正等具有普世意义的价值和理念，而且宣称建立在上述理念基础上的政治经济体制又是推进现代化建设最为有效的手段。在社会主义国家反对派知识分子中间，这些主张具有较大的影响力。

然而，西方式民主化与一党领导体制的正统性及其政治权力构造是互相矛盾的。在社会主义国家，体制内改革派虽然为消除政治体制的弊端，打破停滞不前的状态而着手进行政治改革，但是往往会拒绝与一党领导体制相矛盾的西方式民主化。此外，由于一直以来社会主义国家的政府严格限制和取缔反体制的言论，各种反对势力活动的空间很小，所以至少在改革初期，政府拥有绝对的政治主导权。

第二个层次是稳健的自由化。这主要指扩大民众的政治自由与权利。一般来说，激进的自由化由于短时间内会给各种反对派在言论、组织和行动方面提供较大的空间，所以，很有可能会直接导致西方式民主化的发生。然而，稳健的自由化则以维护一党领导体制为前提，其主要目的是通过逐步扩大民众的自由和权利激发经济和社会发展的活力。所以，稳健自由化的成功推进会维持甚至强化对一党领导体制的支持，与西方式民主化不尽相同。

因此，在社会主义国家的政治改革中，部分地采用民主的机制与方法，根据情况逐步地扩大自由与权利与拒绝推行西方式民主化并不矛盾。而且，扩大的程度会随着政府治理能力的扩大而相应提高。例如，在干部的选拔过程中部分地引入竞争机制，在政策制定过程中扩大民众的参与渠道，重视吸纳民意，建立和完善政务公开制度。这些措施和制度都属于稳健自由化的范畴。顺便想强调指出的是，即使以西方式民主化为政治改革目标的一部分人，也会从现实主义的立场出发支持稳健的自由化。不过，因为改革目标与他们不同，政府与他们在推进稳健的自由化过程中既合作又冲突。

第三个层次是政府改革。在社会主义国家，政治、行政和司法制度的不健全使得不少政府机关行政效率低下，极大地妨碍了经济增长。为了使政治、经济以及社会的发展更具活力，必须通过制度改革清除这些障碍。例如，精简行政机构和人员，放松行政管制，建立和完善公务员制度以及司法考试制度，推动国有企业管理制度的改革，推进政务公开，抑制腐败等，主要以提高政府的治理能力，促进经济和社会发展为目的，属于政府改革的范畴。

社会主义国家着手政治改革的一个重要原因是打破发展的停滞状态，实现经济增长、社会发展以及社会秩序的安定。政府的改革一旦成功，不仅会给民众带来巨大的利益，而且有助于扩大民众对政权以及改革的支持。由于这些原因，与西方式民主化及稳健的自由化相比，社会主义国家往往对政府改革表现得更为积极。不仅中国如此，苏联和匈牙利等社会主义国家在改革初期也是如此。

不过，政府改革虽然与一党领导体制之间的矛盾较小，但由于下述原因也不见得一定会顺利推行。首先，各种政府制度之间存在着密切的关系。特定的政府改革就算其方向是正确的，但如果相关的配套改革或人们的意识跟不上制度改革的节奏和步伐，就有可能导致新制度不能充分发挥其功能，而且还有可能导致各种混乱的发生。其次，政府改革在很多情况下会导致既得利益受损，从而遭到精英们的激烈抵抗。中国总理李克强在 2013 年 3 月举行的中外记者招待会上就谈道，在推进改革时，"触动利益往往比触及灵魂还难"。

双重转型的优先顺序

社会主义以外的国家，所谓的体制转型主要指西方式民主化，即政治体制的转型。用德国学者 Claus Offe 的话来说，其转型的问题主要集中在政治上或宪法上。与此相比，社会主义国家除了民主化这一重大课题以外，还面临着通过市场导向的经济改革实现经济增长的重大课题[1]。需要强调指出的是，光推进民主化就已经构成了巨大而又艰难的课题，要在政治与经济两个层次上同时完成体制的转型那就更是难上加难。

政治与经济紧密相连。许多学者着眼于此，认为社会主义国家必须同时推进政治与经济的改革。但是，由于两种改革的目标不尽相同，在特定的时间特定的环境下确定具体的改革方案时，实际上还面临着民主化和经济增长之间优先顺序选择的问题。因此，抽象地议论两种改革应该同步是一回事，在特定的背景下如何实现同步则是另一回事。例如，邓小平在 1986 年夏天反复强调改革必须同步进行时，政治改革主要指配合经济增长的政府改革[2]。

如上所述，西方各国与反对派所倡导的是"民主化先行型"的改革战略。他们不仅强调民主、自由与人权是普世价值，同时还十分强调自由化、民主化是促进经济改革推动经济增长的最有效工具。在他们看来，旧体制的既得利益者以及官僚主义的惰性是经济改革的障碍，只有进行大胆的政治改革，动员民众的力量才能排除这些抵抗。例如，在苏联初期的改革成果不大的情况下，戈尔巴乔夫从上述立场出发，在苏联大力推行了以公开化、民主化为中心的一系列改革计划。

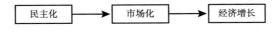

民主化 → 市场化 → 经济增长

图 1　民主化优先型的转型战略

中国和越南实行的是"经济先行型"的发展战略。在这一发展战略下，政治改革以经济增长为主要目标，其主要内容是政府改革。推进市场化的经

---

① Claus Offe, "Capitalism by Democratic Design? Democratic Theory Facing the Triple Transition in East Central Europe", *Social Research*, Vol. 58, No. 4（Winter 1991）.

② 《关于政治体制改革问题》，《邓小平文选》第三卷，人民出版社，1993，第 176~177 页。

济改革以及维持社会秩序的稳定需要高度的政治凝聚力和政策实施能力。西方式民主制的本质是分权，强调各种利益通过竞争中的妥协达成政策的共识或平衡。然而，由于民主政治的实现需要民众或社会具有高度的自治能力，所以并不一定适合生存环境严酷、社会冲突频繁而又激烈的发展中国家。对于发展落后的社会主义国家来说，与强调分权的西方式民主制相比，保持一党领导体制更容易维持政治凝聚力以及社会安定。

图2　经济优先型的转型战略

渐进式的体制改革

　　与设定政治改革的目标以及双重转型的优先顺序密切相关的是如何设定体制改革的速度，即是采用休克疗法还是渐进式的改革路线。其中，休克疗法不仅把西方式民主化作为主要目标，而且把推进大胆的自由化、民主化作为实现经济体制转型的重要手段，因此实际上主张在一个较短的时期内实现政治体制与经济体制的双重转型。相比之下，渐进路线将政治改革设定为一个相当长期的过程，将经济增长和社会发展作为民主化软着陆的前提条件，并从经济增长先行的立场出发，将提高政府的治理能力促进经济增长作为政治改革的主要内容。越是在改革的初期，上述特点就越明显。

　　休克疗法意味着体制内的改革派为推动体制转型往往在自由化、民主化方面采取一系列大胆的举措，凝聚权力内外特别是体制外的支持势力，以排除体制内保守派的抵抗。不过，从苏联俄罗斯的教训来看，在民主化初期条件不太完备的情况下，休克疗法很可能面临2个重大风险。第一个是转型期的混乱。市场化、民主化意味着思想、观念、权力分配、社会地位、物质利益等利害关系的重大转变。由于旧体制的精英们其既得利益受损，他们会动员一切可利用的资源抵抗和反对体制转型。换句话说，激进的市场化和民主化很可能引发旧体制的精英们与反对派之间的激烈冲突。

　　第二个风险是转型后的新体制不能正常发挥其功能。社会主义和资本主义的政治经济体制存在着本质上的区别。如果体制转型仅仅是参考先进国家的制度制定相关的法律也许并不难，但是要让各种制度发挥其正常的功能则起码要具备以下几个条件。一是新体制能及时填补旧体制解体后的空白，二是人们的意识、经验和能力必须适应新的制度、新的环境。三是进行相关的配套改革①。休克疗法试图在短时间内完成体制转型即旧体制的解体和新体制的确立，但是，一个国家发展越落后，就意味着越不具备上述条件。制度的空白、制度间的相互不衔接以及落后的意识都会影响新制度正常发挥功能，严重时负面影响甚至会大于正面效果。

相比之下，渐进路线意味着改革是一个长期的过程，意味着制度的变化是逐步发生的，所以个人和组织有更多的时间在意识和观念方面适应新的制度，从而分散并降低体制转型过程中容易发生的混乱。而且，由于体制转型是在包括配套制度在内的各种条件准备得相对较好的情况下进行的，所以民主政治、市场经济顺利地发挥其功能的可能性也就越高。

但是，渐进式的政治改革也存在着各种问题。首先，渐进式的政治改革意味着至少在相当长的时间里没有明确提出关于民主化的蓝图，而另一方面民众也对民主产生了很高的期待，因此会引发对抗与冲突。其次，由于民主化是一个长期的过程，改革难免发生这样或那样的失误。当政治改革的滞后严重妨碍经济和社会的发展时，人们对现实的强烈不满也可能引发对抗和冲突，致使民主化的进程受到重大影响。这是渐进式政治改革面临的最大问题。

围绕中国政治改革战略的政治力学

稳健的政治改革战略

中国政府自始至终将政治改革定位为社会主义政治体制的自我改善，明确否定西方式民主化。例如，十三大提出了迄今为止最为大胆的政治改革方针，同时又明确主张，"人民代表大会制度，共产党领导下的多党合作和政治协商制度，按照民主集中制的原则办事，是我们的特点和优势，决不能丢掉这些特点和优势，照搬西方的三权分立和多党轮流执政"。2011

---

① 例如，Stiglitz 认为，市场经济要发挥正常的功能，除了以价格机制为中心的各种经济制度外，还必须建立与其相适应的司法制度以及社会关系资本和组织。Joseph E. Stiglitz, *Whither Reform? Ten Years of the Transition*, Paper Prepared for the Annual World Bank Conference on Development Economics, Washington, D. C., April 28 – 30, 1999.

年 3 月，全国人大常委会委员长吴邦国则在工作报告中指出，"从中国国情出发，郑重表明我们不搞多党轮流执政，不搞指导思想多元化，不搞'三权鼎立'和两院制，不搞联邦制，不搞私有化"。十八大政治报告也进一步重申，"在改革开放三十多年一以贯之的接力探索中，我们坚定不移高举中国特色社会主义伟大旗帜，既不走封闭僵化的老路，也不走改旗易帜的邪路"。

　　在明确否定采用西方式民主的前提下，中国政府承认社会主义政治体制存在着一定的缺陷，因此有必要通过政治改革加以改善。政治改革的主要目的是在积极推进政府改革以促进经济增长的同时，逐步推进自由化以改善人民的自由和权利，扩大党内民主。例如，在《党和国家领导制度的改革》① 这一被认为是关于政治改革的纲领性文件中，邓小平批判权力过于集中容易造成个人专断，强调了党内民主和集体领导的重要性；提出要解决党政不分、以党代政的问题，建立各级政府自上而下的强有力的工作系统；提出要废除干部领导职务终身制，提拔年富力强的干部担任重要职务。

　　在民主化与经济增长的优先顺序上，中国政府很显然选择了后者，因此政治改革在很多情况下主要是为了配合经济改革。例如，在 1986 年夏天前后，邓小平数次谈到"政治体制改革问题同经济体制改革应该相互依赖，相互配合。只搞经济体制改革不搞政治体制改革，经济体制改革也搞不通"②。根据邓小平的指示，十三大政治报告强调政治改革的近期目标，"是建立有利于提高效率、增强活力和调动各方面积极性的领导体制。各项改革措施，都要紧紧围绕这个目标，从解决业已成熟的问题着手"。

　　中国也始终存在着民主化先行论与休克疗法的主张。特别是民运人士早在 20 世纪 70 年代末就发起了被称之为"北京之春"的民主化运动③。此外，体制内部也或多或少地存在着大胆推进改革的主张。特别是 1987 年的十三大提出了大胆的政治改革方针，并提出了实行党政分开，下放权力，机构改革，干部人事制度改革，建立社会协商对话制度，加强社会主义法制建设等七个方面的举措④。1988 年，中国政府为了解决物价的双轨制，试图通

---

① 这是邓小平在 1980 年 8 月 18 日的政治局扩大会议上发表的重要讲话。
② 《邓小平文选》第三卷，人民出版社，1993，第 164 页。
③ 傅高义：《邓小平时代》，三联书店，2013，第 456 ~ 459 页。
④ 龚云：《民主化和现代化一样，也要一步一步地前进》，人民网，2012 年 3 月 20 日。

过"闯关"加速价格自由化的进程①。

不过，体制内出现的"激进的改革"只是相对于其他时期推行的渐进式改革而言的，而且只局限于部分领域。从80年代开始到现在，中国政府的长远目标是在21世纪中叶达到发达国家的经济水平。为此，作为推进现代化进程的重要手段，体制改革也是一个较为长期的过程。例如，邓小平在1992年的南方谈话中谈道："恐怕再有三十年的时间，我们才会在各方面形成一整套更加成熟、更加定型的制度。"②

因为民主化的议题涉及现体制的正统性，非常容易引起政治分裂。所以，中国政府在公开的场合从来没有提出过关于民主化的蓝图，更谈不上提出关于民主化的时间表。迄今为止，1987年邓小平接见香港特别行政区基本法起草委员会时的讲话也许是个例外。邓小平以人口众多、地区间及民族间的巨大差异、文化水平较低等为理由，指出中国直接选举需要一步一步地往上推进，实现普选大约需要50年③。这个谈话至少反映了中国领导人的基本设想，即认为民主化的实现需要创造各种条件，因此将是一个长期的过程。

避免改革激进化的陷阱

社会主义国家在改革初期，一方面因为发展停滞引发的不满，另一方面会因为信息不充分不对称，容易发生某种可以被称为"改革激进化"的陷阱。在着手体制改革之前，社会主义国家对教育、媒体和出版进行严格的控制，官方所转播的信息和言论主要是揭露资本主义社会的阴暗面，大力颂扬社会主义的优越性。然而，改革意味着对传统和现实的反思和批判，意味着需要在批判地吸收各国先进的观念、制度和方法的基础上加快发展进程。在这一批判性反思的过程中，如何理解和认识社会主义政治体制存在的缺陷，如何更好地借鉴欧美等发达国家的经验，是关系到改革方向选择的重大而又紧迫的课题。

西方的民主政治和市场经济是在长达二三百年的现代化过程中逐步发展完善而形成的，不仅发挥其正常的功能需要具备各种条件，而且在实际的运

---

① 不过，十三大的政治改革和1988年的价格改革"闯关"都没有实现预期的目标。而且，对改革的巨大期待与现实之间的巨大落差，是造成1989年政治风波的主要背景之一。

② 习近平在十八届中共中央政治局第一次集体学习时的讲话中提到了邓小平的这一主张。

③ 《会见香港特别行政区基本法起草委员会时的讲话》，《邓小平文选》第三卷，人民出版社，1993，第220~221页。

作过程中还存在着各种问题。然而，在社会主义国家改革的初期，民众特别是知识分子通过电视或学术访问会很快并直觉地感受到西方各国先进发达的事实，却又由于信息不充分特别是缺乏直接体验而对民主政治、市场经济的发展过程及成功所需的条件以及现实存在的问题往往认识不足，同时也因为对传统宣传模式的逆反心理，所以比较容易产生只有彻底否定过去，大胆地推进西方式民主化、市场化，才能推进国家现代化的主张。

在改革开放初期直至 1990 年代初，中国也广泛存在着大胆地推进民主化、市场化的要求。不过，掌握政治主导权的是邓小平等革命家出身的领导人。他们不仅经历了新中国成立以前由于失去了政治凝聚力中国饱受西方列强欺凌以及内战的苦难，又对新中国成立之后因为政治权力斗争而不能集中力量搞现代化建设的历史教训有切肤之痛，作为社会主义国家的领导人又见证过赫鲁晓夫的斯大林批判以及经济改革所导致的各种混乱。从上述历史经验出发，同时也从维护政治体制的立场出发，邓小平等领导人反复强调保持政治凝聚力和维护社会秩序的稳定是建设现代化不可缺少的条件。

从改革初期直至今天，中国政府以保持政治凝聚力和维护社会秩序的稳定为主要理由拒绝实行西方式民主化，主张在维护一党领导体制的前提下推进政治改革。例如，十三大的政治报告指出，建设社会主义民主政治同发展社会主义商品经济一样，是一个逐步积累的渐进过程。我们的现代化建设面临着复杂的社会矛盾，需要安定的社会政治环境，决不能搞破坏国家法制和社会安定的"大民主"。在经历了 1989 年的政治风波以后，1992 年的十四大政治报告又明确提出，"没有政治稳定，社会动荡不安，什么改革开放，什么经济建设，统统搞不成。必须坚持四项基本原则，坚决排除一切导致中国混乱甚至动乱的因素"。

改革必然会触及各种既得利益并引发既得利益者的抵制和反对。任何重大的改革要想取得成功，除了制定切合实际的改革战略以外，政府还必须拥有强大的政治凝聚力以排除既得利益的抵抗，保证改革措施得到切实的实施。改革的理念最美好，但如果得不到实施也只能是纸上谈兵而已。一般来说，社会主义国家的政治凝聚力很强，在改革初期更是如此。不过，政治凝聚力的前提是对社会保持严格的控制力，最高领导人在中央领导核心团结的基础上拥有巨大的政治权威。

在改革初期，体制内部的团结主要体现在掌握实权的邓小平与其他政治元老之间的关系上。在 1978 年的三中全会以后，邓小平掌握了政治领导权，而陈云、李先念、彭真等在长期革命生涯中不仅拥有很高的领导威信，而且拥有丰富的人脉关系。出于对改革开放以前的深刻反思，老一代领导人都赞成改革开放路线，但在具体的改革措施上立场和意见不尽相同，有些会显得相对谨慎或保守。邓小平在重大决策以及党内人事安排上，比较尊重陈云等政治元老的意见，较好地实现了最高领导层的团结和合作[①]。陈云的秘书朱佳木在回顾一系列重大决策过程的基础上，对陈云和邓小平的关系作了下述总结。即，"在改革开放初期，当他们出现分歧时，要么一方放弃自己的观点，要么彼此求大同存小异。无论哪种情况，他们都把维护党的团结和改革开放大业作为最高原则"[②]。

中国的改革比较注重妥协和共识而较好地维护了党内的团结。例如，在70年代末，安徽等地的农村自发地实行了农业生产责任制，万里等领导人从搞活农业经济的立场出发，支持了这场改革。然而，由于旧思想、旧意识的惯性，党内反对和抵制农业生产责任制的力量很大，由此产生了严重的意见分歧。对此，邓小平等采取了尊重各地自主性，看实践结果的方针。由于农业生产责任制在实践中取得了显著的成果，最终取得了全党的支持。用当时担任湖北省委书记陈丕显的说法，在中央政策仍然禁止农村生产责任制时，主张"包产到户"、"大包干"的人没有受到"右倾"、"单干风"等批判；在党中央决定实行农村生产责任制时，反对派的人也没有受到"左倾"、"保守"等批评处分[③]。

渐进式的改革使得改革者和保守者在政策问题上更容易实现妥协。在20世纪80年代以后，一部分领导人主张把计划经济当作引入市场机制以及扩大对外开放的前提条件，对市场导向的经济改革持较为慎重的态度。而以邓小平为代表的中央领导人则对扩大市场机制、发展民营经济、设立经济特区以及引进外资等持更为积极的态度。不过，这里需强调指出的是，虽然发生了这样那样的分歧，但由于改革派领导人采用了逐步扩大市场机制的方针，就相对容易取得保守领导人的容忍和认可。

除了意识形态方面的原因外，对失败的担心也是许多领导人对改革持慎重或消极态度的重要原因之一。中国政府不仅将改革视为一个长期的过程，

---

① 赵紫阳：《改革历程》，新世纪出版社，2009。
② 朱佳木：《改革开放初期的陈云与邓小平》，《当代中国史研究》2010年第3期，第4～15页。
③ 参见陈丕显《历史的转折在湖北》，中央文献出版社，1996，第126页。

而且常常从部分地区或局部的"试点"开始着手改革。这一被称为"摸着石头过河"的谨慎态度，既是减少改革遭到失败的风险，又是缩小或解决党内重大分歧的行之有效的方法，而"试点"的成功还能够消除因担心失败而反对的理由。邓小平在南方谈话中提倡的"不争论"与用"试点"的方式推进改革也是一脉相通的。"不争论"虽然不可能完全避免有关改革的党内分歧，但是，对缓和这种分歧还是具有重要的意义。

改革共识的扩大

在改革初期，以邓小平为首的政治元老运用他们巨大的权力使中国在艰难探索的过程中走上了一条稳健而又略显保守的改革路线。在80年代末和90年代初，这一改革路线对内经历了"六四事件"的重大考验，对外经历了苏联东欧社会主义体制崩溃的冲击。然而，在邓小平等政治元老相继引退，江泽民、胡锦涛先后掌握了政治领导权以后，邓小平时代确立的改革路线不仅得到了坚持，而且在体制内外形成了更大的共识。

改革的成败得失，既影响体制内的权力平衡，又影响民众对体制改革的立场。苏联由于经济形势的恶化，最终使得民众对戈尔巴乔夫失去希望。相比之下，中国在长达30多年的时间里保持了年均9%以上的经济增长率。改革的成果巩固了改革者在体制内部的立场，获得了民众的支持，从而使改革路线长期得以坚持①。邓小平的南方谈话中也明确地谈道：为什么"六四"以后我们的国家能够很稳定？就是因为我们搞了改革开放，促进了经济增长，人民生活得到了改善。所以，军队、国家政权，都要维护这条道路、这个制度、这些政策。②

在80年代的中国知识界，一直存在着以民主化、市场化促进现代化建设的强烈呼声。然而，到了90年代中期以后，激进的民主化、自由化并没有给东欧的社会主义国家带来期待的结果，而在俄罗斯甚至导致了长达十多年的巨大灾难，与中国的经济增长、社会稳定和自由的逐步扩大形成了鲜明的对比。其结果是，尽管90年代以后的知识分子并没有放弃对民主和自由的追求，然而，他们中有更多的人由于吸取了苏联、俄罗斯的教训而更多地

---

① 和前苏联相比，除了行之有效的经济改革举措以外，中国在实现经济增长和推行改革方面还存在着经济发展起点低、计划经济制度化水平不高、外交环境等方面的有利条件。因为如何实现经济成长不是本文的主题，这里不作详细的讨论。
② 《邓小平文选》（第三卷），人民出版社，1993，第370～371页。

强调民主化的软着陆，接受了"中国民主化的时机尚不成熟，目前只能逐步推进"、"中国不能乱"、"稳定压倒一切"等官方的主张。

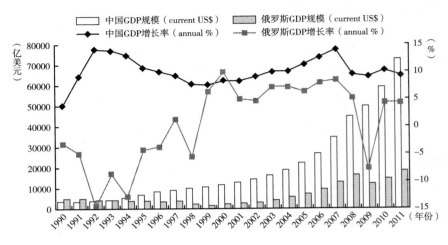

图 3   中俄 GDP 的规模及经济增长率

资料来源：世界银行主页 http：//www.worldbank.org/。

此外，中国政府在经济增长的过程中，大大地改善了知识分子的经济待遇以及在政治上的发言权，并由此成功地将许多知识分子吸纳到体制内部中来。以至有学者认为，权力精英、知识精英和经济精英在现体制下组成了三角联盟①，成为政局持续保持稳定，自上而下的政治改革路线得到贯彻的原因之一。

发生在 1989 年春的政治风波，使得中国的内政外交处于"文化大革命"结束以来最严重的危机之中。"六四事件"之后，中国政府对政治改革持更为慎重的态度。为了防止政治对抗的再次发生，中国政府除了保持高度的警惕及采取包括强制手段在内的各种预防措施之外，还通过舆论诱导把民众的主要关心和期待，从一时难以实现的政治改革的突破引向经济增长与生活水平的提高上来。

中央主要领导人在 2001 年的一次重要讲话很好地反映了政府对政治改革讨论内外有别的方针。他指出，"政治体制改革是一个很敏感的问题，可以研究、讨论和探索，但一定要把握住正确的政治方向，要注意内外有别。

---

① 康晓光：《未来 3~5 年大陆政治稳定性分析》，《战略与管理》2002 年第 2 期。

在内部一定的范图内，进行研讨可以敞开思想，公开讨论要把握分寸，防止过热。否则，使社会的注意力集中到这个问题上面，没有什么好处，难免带来这样那样意想不到的问题"①。事实上，除了配合具体的改革举措，官方的文件以及官方的媒体更多的是抽象地提及政治改革。

政治主导权的丧失过程和被动的"三重转型"

从稳健的改革向激进的自由化的转换

戈尔巴乔夫在 1985 年就任苏共中央总书记之初，就表示要通过被称为"新思维"的改革来打破停滞不前的经济困境②。其中，苏共中央于 1985 年 4 月制定了"加速发展战略"，其主要目标是以科技进步实现经济集约化，加快苏联社会经济的发展③。值得注意的是，戈尔巴乔夫试图在中央指令性经济体制的框架内通过强化国家管理机构来发展经济，并为此创设了机械工业部、燃料部、能源部、地质部、国家农工委员会、国家对外经济委员会等机构。根据苏共书记里加乔夫的建议，苏联政府还发起了"反酒精运动"，其目的之一是强化劳动纪律。为了搞活经济，苏联政府除了对国营农场与集体农场实行承包制（1986）以外，还制定了个人经营法（1986）、国家企业法（1987）与行业协会法（1988）。新制度的特点是采用了某些市场机制，扩大了企业和劳动者在生产和经营方面的自主性。在制定和实施以经济为中心的"加速发展战略"这个阶段，戈尔巴乔夫与苏共中央常务书记、以后被指责为保守派领导人的利加乔夫、雷日科夫总理④等高层领导达成了较好的共识。

因此，苏联初期的改革从本质上来说属于社会主义体制内的改革⑤，与中国初期的改革开放路线有许多共同之处。但是，在实现经济增长与推动经济改革的初期条件方面，苏联却远不如中国。首先，苏联实行中央指令性计划的历史远比中国久远，其影响已经深深地浸透到了经济活动的各个方面，

---

① 《时代潮》（人民日报社出版发行）2001 年第 20 号。
② 大島梓・小川和男『最新ロシア経済入門』日本評論社、80ページ。
③ 吴恩远：《论戈尔巴乔夫的"加速发展战略"》，《中国社会科学》2000 年第 5 期。
④ 苏联总理的正式名称为部长会议主席。
⑤ 塩川伸明『ソ連とは何だったか』勁草書房、1994。第 99 頁。

因此推进以市场为导向的经济改革困难更大。其次，当时苏联的产业化、城市化的程度大大高于 70 年代末的中国，其经济增长的空间相对较小，企业家的创业精神与民众的脱贫致富的精神也没有像中国那样的强烈。再次，苏联是与美国争夺世界霸权的两大冷战主角之一，这就极大地限制了其与欧美各国进行经济交流的空间。最后，国际原油价格由于供大于求，从 1985 年 5 月每桶 30 美元暴跌到 1986 年 4 月的每桶 12 美元，使得外汇收入严重依赖于原油的苏联经济损失惨重。此外，"反酒精运动"也导致了苏联国库收入的减少。

在上述不利的条件下，苏联经济在 1985 年至 1990 年之间基本上保持了此前的增长水平，但没有达到"加速发展战略"预期的目标[1]。此外，还普遍发生了商品短缺的问题[2]。对此，以戈尔巴乔夫为首的改革派领导人认为保守派和庞大的官僚机构等既得利益的抵抗导致了经济改革停滞不前，因此决定通过推进大胆的政治改革来争取民众特别是知识分子的参加和支持，以克服保守派以及既得利益者对改革的反对和抵抗。进入 1988 年以后，苏联不仅进一步扩大了"公开性"的范围，而且在各级各类选举中采用了更多的竞争机制，并事实上容忍民间结社的存在和活动。换句话说，苏联不仅将改革的重点从经济转向政治，而且政治改革的目标从政府改革以及稳健的自由化很快地转向激进的自由化以及民主化。

"公开性"的扩大化是苏联的政治改革迈向激进的自由化的重大契机。就其目的和内容来说，"公开性"可以分为信息公开和自由化这两个存在着一定的关联但又有重大区别的层面。信息公开以改善行政效率、提高政府的治理能力以及促进经济社会发展为主要目的，公开的内容主要是与民众的生活、企业和其他社会组织的活动密切相关的制度、政策等，属于行政改革的范畴。而自由化则以扩大言论、报道自由为主要目的，与民主化的关联度更高。其中，政府在多大程度上容许民众对政治或现实进行揭露批判以及提出与政府不同的立场甚至对立的主张，是衡量政治自由化进展程度的重要指标，而一定时间内自由度得到提高的幅度则可以看做区分自由化速度的快慢，即是属于激进还是属于稳健的主要标准。如果说中国迄今为止推行的政务公开，以及苏联在改革初期推行的"公开性"主要属于行政改革的范畴，

---

①   アーチー? ブラウン『ゴルバチョフファクター』、第 285 頁。
②   大卫·科兹等：《来自上层的革命》，中国人民大学出版社，2008，第 80~102 页。

"公开性"的扩大化则属于激进自由化的范畴。

戈尔巴乔夫在1986年2月苏共二十七大报告中就明确提出，"扩大公开性，就是把国家和社会中发生的一切告诉人民，使党和苏维埃的工作置于人民的监督和注视之下"。这也就是说，推进"公开性"的主要目的是增加政治透明度，增强社会发展的活力①。1986年4月，切尔诺贝利核电站发生了灾难性的泄漏事故。苏联政府当初由于没有掌握准确的信息而未能及时进行危机处理，因此对事故处理过程的反省也就成为促进"公开性"扩大的重要契机。1986年6月，前苏共党内最为激进的改革派领导人雅科夫列夫成为主管意识形态领域的中央书记以后，又把具有强烈自由主义倾向的干部任命为《莫斯科新闻》、《星火》、《共产主义者》等重要刊物的负责人。此后，这些刊物将站在大胆地揭露政治和社会阴暗面，积极倡导激进的政治经济改革的前列。此外，苏联政府不仅放宽了关于出版的审阅手续，最高苏维埃在1987年修改了刑法第70条、第190条，缩小了涉及反苏联煽动与宣传的谋反罪的范围。根据戈尔巴乔夫的指示，萨哈罗夫等异见人士从流放地返回了莫斯科。

扩大了的"公开性"作为激进的自由化运动反映在媒体对改革的热切期待和热烈讨论上，并使得激进的改革主张得到了广泛的传播。与改革开放路线较快取得成效的中国相比，苏联第一阶段的经济没有取得较好的结果，为此引发了关于如何推进经济改革的讨论。由于媒体的自由度或开放度的提高，激进的改革主张将在体制内外拥有越来越多的市场②。到了1989年，开始出现"社会主义市场经济"和"计划的市场经济"这些新的表述。到了1990年，先是使用以德国和日本为模式的"控制的市场经济"的提法，不久为"自由市场经济"的提法所代替。在所有制问题上，1989年前后先是提倡容许小型私人经济和合作经济存在的"混合经济"，进而主张各种所有制的平等地位。到了1990年，非国有化或私有制的主张成为主流。这些以西方式市场化、民主化为目标的激进的改革主张，本质上是对现行体制的批判，不仅对与体制密切相关的政府的权威造成重大冲击，而且因为引发了党内保守派的强烈反应进而引发党内的严重对立。很显然，苏联在推进"公开性"时关于体制改革的争论，与中国在推进经济改革时既大胆探索，

---

① 木村汎ほか編著『現代ロシアを見る眼』NHKブックス，第30頁。
② 大卫·科兹等：《来自上层的革命》，中国人民大学出版社，2008，第80～102页。

注重实践的效果，尽量避免引起意识形态方面的激烈争论的做法有着很大的不同。

　　扩大了的"公开性"作为激进的自由化运动还反映在对苏共历史错误的揭露和批判上。苏联的政治经济体制是在历史上形成的。同时，苏共在长期执政的过程中实行过高压政治，特别是斯大林推行的大清洗和肃反运动，造成了数千万的无辜受害者。在推进"公开性"后，体制内外出现了重新审视苏联历史，为被镇压者恢复名誉的声音，苏共专门成立了平反冤假错案的机构①。伴随着大规模平反冤假错案的过程，伴随着媒体和言论自由的进一步开放，苏联社会掀起了一场从否定斯大林、否定斯大林模式，到否定列宁和苏联政治体制的浪潮，并对苏共的形象和威望造成了巨大冲击。苏联的这种对历史错误的清算方法显然与改革开放后的中国有着很大的不同。1981年6月，中共十一届六中全会通过了《关于建国以来党的若干历史问题的决议》。该决议在彻底否定"文化大革命"路线，对反右运动扩大化以及"大跃进"运动等错误作出批判的同时，对新中国成立以后的基本路线和主要政策的是非进行了严格的界定，并对毛泽东作出了功大于过的评价。这一关于历史问题的官方立场，迄今为止依然是媒体和各种出版物等必须遵守的规则。

　　扩大了的"公开性"的另一项重要内容是提高政治过程的透明度。在戈尔巴乔夫之前苏联政治以暗箱操作为主，宣传模式僵硬而又呆板，权威主义色彩浓厚。而戈尔巴乔夫开创了最高领导人用普通而又真实的语言与民众直接交流的先例。苏联电视台还直播1988年春召开的第十九次党的代表会议以及1989年召开的苏联人民代表大会的会议进程，包括高层在内的不同立场、不同主张的争论大大地吸引了全社会的关注，促进了人们参政议政的意识。戈尔巴乔夫个人的领导风格以及政治透明度的提高不仅给予民众以新鲜感，而且大大缩小了民众对政治的距离感，"公开性"成为戈尔巴乔夫获取广泛的社会支持、排除保守势力的政治手段。不过，戈尔巴乔夫推行的经济改革和政治改革都没有很好地实现民众所期待的成果，因此又较快地失去了广泛的支持，受到来自体制内外保守派和激进改革派双方的批判和攻击。

　　民众是否合法地拥有结社、集会、游行、示威、罢工等权利是衡量一个

------

　　①　斯大林去世之后，苏共开始了平反冤假错案的进程，但并不彻底。

国家政治自由度的重要标志。在苏联，这些权利的迅速扩大构成了激进自由化的主要内容。从 1986 年起，苏联开始出现"论坛"、"俱乐部"、"知识分子小组"等"非正式组织"。由于戈尔巴乔夫提倡的对话以及刑法的修改，"非正式组织"增加到 1987 年底的 3 万余个，1989 年的 9 万多个。活跃在政治领域的"非正式组织"可以分为以下三种。第一种是支持戈尔巴乔夫的自由化的改革俱乐部。主要以反对派知识分子为主，1988 年创立的莫斯科论坛就是一个例子。第二种是以民主化为目标的政治反对派所创建的民主联盟。1988 年 5 月，民主联盟改称政党，成为苏联历史上第一个以反对党自居的政党。第三种是俄罗斯民族主义团体。相比之下，在 20 世纪 80 年代特别是 90 年代以后，中国也出现了越来越多的民间组织。但是，由于政府的诱导和管理，这些民间组织主要活跃在公益或公共服务领域，而不是政治领域。

在推行大胆的自由化进程中，苏联开始出现抗议性的示威游行和罢工。民主同盟在 1988 年 8 月首次组织大规模的游行，虽然遭到了政府的严厉取缔，但又在同年 9 月的红色恐怖纪念日、10 月的国际人权日以及 1989 年 4 月以反对镇压格鲁吉亚为理由分别组织了反政府游行。自 1989 年 5 月 21 日起，当选的反对派议员与选民几乎每天都会在莫斯科举行集会。如果说这些主要是反对派组织的政治性抗议活动的话，那么，随着经济形势的恶化，苏联还将出现经济性的罢工。1989 年夏，西伯利亚的库兹涅克煤矿的工人为了提高工资及改善生活条件，举行了约有 11 万人参加的大罢工。之后，罢工运动还波及了乌克兰共和国的多兹涅克煤矿等地，使得戈尔巴乔夫政权不得不与矿工进行交涉，并同意增加工资以及生活必需品的供给。1990 年 3 月，煤矿工人再次进行罢工。矿工们除了要求增加工资之外，公开表示支持叶利钦，对戈尔巴乔夫进行了批判。

民主化和政治力量对比的变化

推行民主化的一个重要标志是实行竞争性的直接选举。在 1988 年 6 月召开的苏共第十九次代表大会上，戈尔巴乔夫首次提出"人道的民主的社会主义"的概念。会议重提"一切权力归苏维埃"，讨论决定建立"人民代表大会的苏维埃体制"，确定三分之一的代表继续由苏共中央和全国总工会所决定，其余的三分之二由竞争性的直接选举产生。根据这一决定，苏联在 1989 年 3 月 26 日第一次实行了人民代表的竞争性直接选举。当时，各级苏共组织以及官方团体很大程度上掌握了人民代表候选人的提名权，而反对派还没有形成彼此间的活动能够进行有效协调的组织或网络。其结果是，当选的代表绝大多数是苏共党员。然而，160 名党委第一书记中有 32 名落选，而党内激进的改革派叶利钦、著名的反体制活动家萨哈罗夫等当选为人民代表。在波罗的海三国，主张独立的候选人大量当选。因此，表面上苏共拥有绝大多数席位，但是，反对派却崭露头角，从此拥有了利用苏联人民代表大会和最高苏维埃展开合法政治活动的重要舞台，政治力量的对比明显地朝着有利于反对派的方向发展。

竞争性直接选举的实施还将开始改变苏联的政治权力机构。1990 年 3 月 14 日，苏联人民代表大会修改了宪法，取消了苏联共产党的领导地位，宣布所有的政党拥有 "积极参与制定国家政策和管理国家事务及社会事务的平等机会"，同时选举戈尔巴乔夫为苏联最高苏维埃主席即苏联总统。其结果是，最高苏维埃不仅在制度上而且在实际的政治生活中逐步取代政治局成为苏联政治权力的中心。对此，苏联问题专家布朗指出，直到 1988 年年中为止，苏共中央对各种公共政策作出最富有权威的决定。然而，在 1990 年以后，因为苏联共产党已经不再独占政治权力了，党大会的决定对于苏联民众来说意义已经没有那么重要。外部的观察家也不再像以前那样关心这些决定了①。当然，由于没有建立和完善相关的运作制度，最高苏维埃在具体行使最高权力机关的职责方面，远远不及此前的政治局来得有效。

竞争性的直接选举所导致的政治权力机构的变动，还意味着苏联向议会政治迈出了重要的一步，并进一步推动了苏联从一党制发展成为多党制。具体地说，在通过竞争性的直接选举产生苏联人民代表大会之后，反体制派人士为了协调采取行动，于 1989 年 7 月接受波波夫的建议，召开了第一次跨地区组合代表（inter-regional group of people's deputies）会议。会议选出了组合的联合主席，并成立了调整委员会。此后，跨地区代表组合在人民代表大会上实际上扮演了反对党的角色。同时，为了准备 1990 年的俄罗斯人民议员的选举，反对派学者、民运人士、人权主义者等结成了选举人协会（MOI）。1990 年 1 月，MOI 改组为民主俄罗斯（Democratic Russia），其网络扩大到了整个俄罗斯。参与者的政治主张虽各有不同，但在反对苏共方面有着共同的立场。

①   Archie Brown, *The Gorbachev Factor*, Oxford Univ Press, 1997.

继苏联人民代表大会的选举以后，各加盟共和国的人民代表大会和总统不仅相继采用了直接选举的方式，而且其开放性和竞争性更强。其中，根据1989 年 10 月俄罗斯联邦最高苏维埃制定的人民代表选举法，1990 年 5 月俄罗斯选出了俄罗斯第一次人民代表大会的 1068 名代表，属于政治反对派的民主俄罗斯获得了三分之一的议席。此后，俄罗斯人民代表大会选举产生了集立法、行政、监督于一身的最高苏维埃，叶利钦当选为俄罗斯联邦最高苏维埃主席。不久，俄罗斯决定实行总统制。1991 年 6 月，叶利钦又以压倒性的优势战胜前总理雷日科夫等候选人，当选为俄罗斯总统。

苏联虽然实行了联邦制，但苏共中央通过重要人事任免和严格的组织纪律等一直对地方保持着很强的政治控制力。然而，在推进激进的自由化的过程中，要求提高自治权乃至寻求独立的民族主义运动开始抬头。同时，竞争性选举的实施由于改变了权力产生的规则，因此在很大程度上增强了地方权力机构以民意为理由对抗中央政府的能力。其结果是，民主化运动与民族运动的兴起交织在一起，大大地削弱了中央政府以及戈尔巴乔夫作为最高领导人的权力和权威。其中，波罗的海三国分别于 1988 年 4 月、6 月及 10 月成立了"爱沙尼亚人民阵线"、"立陶宛改革运动"和"拉脱维亚人民阵线"以后，格鲁吉亚、亚美尼亚、阿塞拜疆以及中亚地区的各个共和国也都相继成立了带有强烈民族主义色彩的各种组织，而全苏联民族主义组织的总数多达数万个。1990 年 3 月，立陶宛、拉脱维亚、爱沙尼亚先后宣布独立，与中央政府发生了直接的对抗和冲突。1990 年 6 月，刚结束选举后不久的俄罗斯人民代表大会通过了《俄罗斯联邦国家主权宣言》，宣布俄罗斯法律高于苏联法律。受俄罗斯主权宣言的刺激，许多加盟共和国、自治共和国纷纷宣布拥有主权。

与反体制派迅速崛起形成鲜明对比的是，苏共内部围绕激进的自由化、民主化发生了严重的对立和分裂。前面提到，在改革初期，党内对体制内的改革路线形成了较好的共识。然而，当戈尔巴乔夫将保守派视为进一步推进改革的阻力，并试图利用舆论的力量或通过频繁的高层人事变动削弱保守派的影响力时，遭到了来自保守派激烈的抵抗和反对。利加乔夫在回忆录中谈到，他与雅科夫列夫等早在 1987 年后半年就出现了明显的意见分歧。在推行竞争性直接选举时，苏联高层虽然同意改革的方向，但对没有经过深思熟虑就唐突地提出和实施选举改革存在着反对意见。党内的保守派在 1989 年成立了俄罗斯工人联合阵线，并在 1990 年 6 月又将俄罗斯工人联合阵线发展成为俄罗斯共产党，在俄罗斯第一次人民代表大会中拥有40%左右的席位。

　　在苏共党内，还存在着比戈尔巴乔夫更倾向于西方式民主化、市场化的激进改革派。但是，在改革初期，他们受到党内纪律的严格约束。1987年，叶利钦因为公开对党中央的改革表示不满，被免去政治局候补委员和莫斯科市委第一书记的职务。然而，随着竞争性直接选举的实施，叶利钦凭借改革派领导人的声望相继赢得了苏联人民代表大会代表、俄罗斯最高会议议长、俄罗斯总统等一系列重大选举的胜利。换句话说，推进民主化的结果，使得非主流的政治家即使违背苏共中央或总书记的意志，也还是可以依靠民意的支持合法地获取政治权力。这使得党内的激进改革派在不再满足于戈尔巴乔夫的改革时毫不犹豫地与苏共诀别，与政治反对派汇集到一起。1990年1月，叶利钦、波波夫等人参加了民主纲领派（Democratic Platform）的成立大会，大会决议呼吁实行多党制，并要求苏共承认历史上所犯下的罪行。在1990年7月召开的第28届党大会中，叶利钦以改革失败为理由高调地宣布退党。

被动的三重转型

　　有研究指出，苏联的异见人士在1967~1968年有数千人，但由于政府的严厉取缔而减少到1977年前后的数十人，不仅力量极为弱小、分散①，而且政治主张也相对温和。然而，在经济改革没有取得预期的成果的情况下，激进的政治改革战略将极大地改变苏联体制内外政治力量的对比。反对派不仅通过越来越开放、越来越自由的媒体迅速获得舆论和民众广泛的支持，其改革主张变得越来越激进，而且成立了包括反对党在内的各种正式或非正式的组织，拥有了叶利钦这样知名度高、政治经验丰富的领导人。

　　当然，苏联的改革是在苏共掌握强大的政治领导权的情况下开始的。反对派只有支持戈尔巴乔夫的改革，帮助戈尔巴乔夫排除保守派的抵抗，才能获取并扩大其合法的活动空间和政治影响力。所以，反对派的政治影响力的扩大，其政治要求从温和到激进将经历某种政治过程。同时，在推进激进的自由化、民主化的初期，尽管苏共内部开始分裂，党中央的权力基础被削弱，作为最高领导人的戈尔巴乔夫仍然能够维持广泛的政治支持。但是，这一局面并没有维持很久。随着经济情况的持续恶化，社会秩序发生混乱，不

---

　　①　木村汎ほか編著『現代ロシアを見る眼』NHKブックス，第19~28頁。

仅保守派，而且民众对戈尔巴乔夫的不满也在急剧地增加。而反对派在确立了合法的活动空间以后，或通过在议会中扮演反对党的角色，或通过游行示威等有组织的街头活动，要求在苏联推行比戈尔巴乔夫的改革目标更为激进的西方式民主化、市场化。

戈尔巴乔夫试图通过向激进的改革要求作出重大让步的方式，寻求反对派的合作与支持①。为此，戈尔巴乔夫在 1989 年 11 月的论文中强调了推进社会民主主义的立场，并在 1990 年 2 月的论文中明确表示支持多党制。1990 年夏天前后，戈尔巴乔夫还一度同意私有化的计划。1991 年 7 月，新的党纲草案明确提出建设社会民主主义。在此前后，戈尔巴乔夫还默认了叶利钦所颁布的关于俄罗斯境内某些国家机关需要实施党政分离的命令。因此，如果说戈尔巴乔夫运用强大的政治主导权积极推动第一阶段稳健的体制内改革及第二阶段的激进自由化、民主化，那么，到了 1989 年以后，在政治力量对比发生重大变化的情况下，戈尔巴乔夫越来越多地屈服于反对派的压力，被动地继续向前推进西方式民主化。

删除规定苏共政治领导权的宪法第 6 条是戈尔巴乔夫屈服于反对派的压力作出重大让步的例子。在 1989 年 12 月的第二次苏联人民代表大会上，萨哈罗夫代表跨地区议员团提议取消宪法第 6 条，但该项动议因为苏共的反对被否决。对此，莫斯科投票者协会组织了数次大规模的游行，并第一次公开批评了戈尔巴乔夫。1990 年 2 月 4 日，即苏共中央召开全会的前一天，"反对派"在莫斯科动员了 20 万人集会游行。在反对派的压力下，戈尔巴乔夫和苏共中央全会在 3 月 11 日决定向苏联人民代表大会提交修改宪法第 6 条等建议。

事态并没有因为戈尔巴乔夫的妥协和让步向其期待的方向发展。特别是叶利钦试图通过削弱中央政府的权力，向戈尔巴乔夫发起最后的政治挑战。1991 年 1 月 14 日，叶利钦宣布俄罗斯、白俄罗斯、乌克兰、哈萨克斯坦决定签署一个涉及政治、经济、民族、文化各个领域的"四方条约"。1991 年 2 月 19 日，叶利钦发表电视讲话，要求戈尔巴乔夫立即辞职，并号召民众不要同中央政府合作。在政治经济情势进一步恶化，国家面临解体危险的情况下，保守派势力与期望维持苏联统一的力量集结在一起。而戈尔巴乔夫为了维护苏联的统一以及自身的政治权力，开始疏远党内的激进改革派，任命

---

① 塩川伸明『ソ連とは何だったか』劲草书房、1994，第 111 頁。

保守派担任要职。1991 年 3 月 13 日，莫斯科数十万人举行群众性集会，支持改革，支持国家统一和军队统一，支持戈尔巴乔夫，反对叶利钦。同日，在"民主俄罗斯"的号召下，数万莫斯科人参加了保卫叶利钦的群众集会。

1991 年 8 月 19 日，苏联副总统亚纳耶夫等人发动政变，软禁戈尔巴乔夫。以亚纳耶夫为首的"紧急状态委员会"在《告苏联人民书》中指出，戈尔巴乔夫领导的改革已经走入"死胡同"，其采取的"特别行动"是为了挽救国家命运，维护国家统一和共产党的领导地位。当时，整体的舆论倾向于把发展停滞的原因归结于现有的政治经济体制，将改革的失败归结于保守派的抵抗以及戈尔巴乔夫的改革不够彻底。因此，政变不仅遭到叶利钦为首的反对派的强烈反击，而且缺乏包括军队在内的广泛的政治支持。政变失败后，叶利钦很快从戈尔巴乔夫手中夺取了政治主导权，主导了苏联的解体，并试图采用休克疗法在俄罗斯推行市场经济和私有化。

在其于 1999 年底辞去总统职务以前，叶利钦将成为俄罗斯独一无二的政治强人。不过，与苏联时代的最高领导人相比，叶利钦的政治权力基础并不牢固。首先，俄罗斯从继承苏联主权的那天起，在制度上继承了西方式民主化的成果。总统及议会实行的是竞争性的直接选举，民众拥有言论、报道、结社、游行示威等广泛的自由。这就意味着俄罗斯不同于苏联时代，其政治势力不是一元的，而是多元的，俄罗斯共产党以及其他的反对势力可以通过议会政治、选举以及街头行动等对叶利钦的权力形成重大制约。其次，以休克疗法为特征的经济改革的失败沉重打击了叶利钦个人的政治威望。其中，鲁茨科伊副总统，最高苏维埃主席哈斯布拉托夫由于在经济改革、新宪法的内容、俄罗斯政体、对外政策等一系列重大问题上与叶利钦发生了重大的分歧，双方围绕政治主导权展开了激烈的斗争。1993 年 10 月，叶利钦总统动用武力镇压了议会反对派，最终确立了自身的政治主导权。

根据转型理论，当一个国家的民主化成功后，政治转型将进入"民主政治的巩固期"。然而，苏联、俄罗斯不仅在民主化的过程中付出了国家解体、经济倒退、政局不稳和社会秩序混乱不堪等沉重的代价，而且"民主政治的巩固期"的进展也出现了诸多的问题。叶利钦总统维护了民主制，但在政治运作的过程中不时地采用违背民主精神的权威主义手段。而普京在接任总统以后，不仅在制度上而且在政治实践中强化了中央集权以及对媒体的控制，采用强硬的手段打压反对派。其结果是，俄罗斯虽然全面恢复了政治、经济和社会等领域的基本秩序，但是民主政治不仅没有巩固，而且出现了局部的倒退，以至于许多学者将现行俄罗斯的政治体制视为"竞争性的权威主义体制"①。

结　语

O'Donnell 等人合著的 *Transitions from Authoritarian Rule：Tentative Conclusions About Uncertain Democracies* 是一本从政治力学或民主化战略的角度分析政治转型规律的经典著作，为此后对各国转型过程的实证研究提供了极为有效的分析框架。这一转型理论在把体制内的势力分为改革派与保守派、军队，把民主势力分为稳健派与激进派的基础上，指出哪种政治势力掌握政治主导权将会对转型的方式（和平妥协还是激烈抗争）产生重大影响。即，如果政府内部的改革派与民主势力的稳健派分别掌握体制内外的主导权的话，就会比较容易通过对话、谈判和相互妥协的方式实现和平转型。反之，如果体制内的保守派与民主势力的激进派分别掌握体制内外的主导权的话，双方将因为分歧太大而缺乏相互妥协的基础，结果就很有可能导致包括暴力在内的激烈冲突②。

不过，在社会主义国家着手政治改革的初期，政治势力的分布与 O'Donnell 等提出的分析框架不尽相同。具体地说，在改革以前，社会主义国家通过对组织资源的控制、对媒体和出版物的严格管理，通过各组织对民众进行日常的政治思想教育，因此拥有很强的政治领导权以及社会控制能力，政治反对派的力量弱小而又分散。其结果是，社会主义国家的体制改革与其说是起源于反对派的政治压力，还不如说主要起源于体制内部对政治经济发展的停滞状态所产生的某种强烈的危机意识。同时，由于社会主义国家实行高度集权的体制，最高领导人对重大问题拥有最终的决定权，因此，最高领导人的改革思维对是否着手体制改革以及推行何种改革战略具有决定性的影响。无论是中国的改革开放，还是苏联的改革，都很好地证明了这一点。

包括 O'Donnell 的研究在内的政治转型理论，将西方式民主化视为政治转型的标志。然而，如果社会主义国家采用渐进式的改革，即将最终目标的

① Steven Levitsky, Lucan A. Way, *Competitive Authoritarianism：Hybrid Regimes After the Cold War*, Cambridge University Press, 2010.

② Guillermo O'Donnell, Philippe C. Schmitter, *Transitions from Authoritarian Rule：Tentative Conclusions About Uncertain Democracies*, John Hopkins University, 1986.

实现看做一个长期的过程，那么，政治改革的现实目标也不见得一定就是 O'Donnell 等所说的民主化，由易及难可以将其区分为政府改革、稳健的自由化以及民主化这三个不同的层次。不同的政治势力对如何设定政治改革的目标以及以何种方式推进政治改革，拥有不同的主张。其中，反对派不仅主张推行西方式民主化、自由化和市场化，而且力主采用休克疗法。而在体制内部，不仅保守派从意识形态的立场出发坚决反对实行西方式民主，而且改革派出于维持政治权力以及改革实施能力的立场出发，也往往会倾向于选择渐进式的改革路线，即政治改革的首要目标并非激进的自由化，更不是西方式民主化，而是通过政府改革提高治理能力，促进经济增长。在改革初期，由于反对派的力量微不足道，而政府则拥有强有力的政治主导权，因此，无论中国还是苏联都选择了以发展经济为主要目的的稳健改革路线。

换句话说，在社会主义国家改革初期，政府拥有的强有力的政治主导权是自变量，政治改革战略是因变量，政府特别是最高领导人对形势的认识以及改革思想是中间变量。不过，一旦改革战略付诸实施，政治主导权和政治改革战略都有可能发生变化，并产生相互作用。具体地说，改革派会根据上一个阶段改革的成败得失以及各种政治力量对比的变化，对改革战略以及改革同盟进行调整；而其他政治势力也会通过各种努力影响改革的进程甚至试图掌握政治主导权，因此，政治主导权的变化和政治改革战略的调整变成了一个相互作用的过程。从中苏的改革过程来看，以下两个方面改革的结果是影响政治主导权的变化和改革战略调整的最为重要的中间变量。

第一个因素是改革是否能够以及在多大程度上促进经济发展。一般来说，富有成效的改革将有利于改革派巩固其政治主导权，而失败的改革则会削弱改革派的政治影响力。在 O'Donnell 等提出的转型理论中，转型的战略主要是指精英们的政治决定，民众的参与只是他们被精英动员的结果。在许多国家的改革初期，主动地推动或参与转型的确以精英为主。然而，这里想强调指出的是，一旦付诸实施，改革战略的有效性即改革的成败将以生活水平是否得到改善、社会秩序是否安定、公共服务水平是否提高等方式直接影响广大民众的切身利益，因此不仅会在不同程度上强化他们对改革战略的立场和态度，推动他们主动参与和改革相关的活动，而且民众的立场和活动又会对围绕政治主导权的斗争结果产生相应的影响。

第二个因素是自由化的速度以及政府对自由化的适应能力。一方面，自由化就其本质来说，是政治自由和权利的扩大，符合民主政治建设的方向。

另一方面，自由化意味着反对派将获取更多的言论和活动空间，意味着国家和社会的力量对比朝着有利于后者的方向发展，意味着政府在制定和调整改革战略时将面临来自反对派的更大的压力。因此，问题不在于要不要推进自由化，而在于政府在推进自由化的过程中，如何把握速度以及通过提高执政能力努力适应自由化扩大的进程。一般来说，稳健的自由化由于推进速度缓慢，在一定时间内提供给反对派的空间有限，因此政府比较容易适应逐步变化的政治环境，并维持政治主导权。而激进的自由化不仅会导致政治力量对比的迅速而又巨大的变化，而且会引起体制内部保守派的激烈抵抗，因此不利于政府保持改革主导权。

在推行改革开发的30多年里，中国基本保持了渐进式的改革路线。这首先与渐进式改革路线在经济和社会发展方面所取得的巨大成就有关。尽管对体制改革的目标、方式和速度等存在着不同的主张，并始终存在着激进改革的诱惑，但改革的成就无疑大大地强化了体制内外对现有改革战略以及改革派的政治支持，使中国自近代以来第一次对国家的发展方向形成了高度的共识，并为进一步推进改革和现代化进程创造了良好的条件。渐进式的改革路线之所以得到坚持还与稳健的自由化密切相关。一方面，政府可以通过控制自由化的进程更好地维护自身的政治主导权。另一方面，相对缓慢的自由化的进程也为政府通过自我改革适应新的环境提供了更多的时间。当然，中国的现代化进程迄今还没有完成，政治经济体制还在进一步转型过程中，还会不时地面临阶段性的难题，并导致左派和右派提出激进的解决方案。近些年来，随着贫富差距的不断扩大、腐败的蔓延以及公平正义的缺失，关于改革路线的共识似乎又开始减少。反对派主张通过更为大胆的政治改革将中国推向新的发展水平，而保守人士则试图利用毛泽东时代的政治手法来克服目前中国社会面临的各种问题。

戈尔巴乔夫开始在苏联推行改革时，出发点也是通过体制内的改革激发社会的活力，促进经济发展。但由于改革没有取得预期的效果，体制内外产生了越来越强烈的急躁情绪，更愿意将经济效果不佳归结于保守派的抵抗，对理念或最终目标的热切追求忽略了根据现实条件精心设计阶段性目标和改革实施方案的重要性。激进的自由化、民主化以及市场化迎合了苏联社会的气氛，但终究因为缺乏政策的理性而没有带来良好的经济效果，并导致政治势力的分化和重组。此后，以戈尔巴乔夫为首的苏共党内的激进改革派、以叶利钦为代表的反对派、苏共党内的保守派都拥有自身的政治理念和改革目标，但都把主要精力投入到了争夺政治主导权的斗争上，都缺少切实可行的改革计划和有效地推进改革进程的能力。虽然以叶利钦为代表的反对派最终取得了政治主动权，俄罗斯在制度上完成了政治和经济的转型以及主权国家重组。但"三重转型"与其说是精心设计的结果，还不如说是政治形势以超过政治领导人的预想不断演变的结果。

中层设计与中国的改革

储建国　栾欣超[*]

摘　要：改革开放以来，在一系列结构性和过程性因素的诱发之下，以省级地方为中心的中层设计的实践被激发出来，其典型表现即是省级地方党委书记普遍自主性和特殊自主性的发挥。对省级党委书记自主性发挥案例的研究，既可以加深我们对中层设计作用的认识，也可以使我们明了中层设计的作为空间。当前，中层设计之所以还没有被普遍认知和充分实践，主要是因为其在实践过程中面临着一些结构性和过程性困境。在以后的改革中，有可能在突破结构性和过程性困境的同时，重视中层政治家的培育，扩大中层设计的作为空间，继而推动改革取得更好的成就。

关键词：改革　中层设计　中层政治家

在改革的进程中，顶层设计和基层设计一直备受关注，"基层创新＋中央重视"成为国家治理创新的经典模式。但实践表明，顶层设计和基层设计有其不可克服的缺陷和不足，一方面，由于中央层级治理创新涉及的范围过广，需要调节的利益矛盾过多，因此顶层设计在具体的实施过程中会因面

---

* 储建国，武汉大学政治与公共管理学院教授，博士生导师；栾欣超，武汉大学政治与公共管理学院中外政治制度专业博士研究生。

临着巨大的阻力和风险而难以启动；另一方面，县—乡—村层级基层治理创新的范围又过小，难以产生规模化效应，因此基层设计在面临涉及范围较广的重大问题时收效甚微。① 在这种情况下，中层设计或许可以为接下来的改革提供新思路。所谓中层设计即中层治理②下的规划设计，其具体含义为：在中央的顶层设计大体明确、施政方针基本确定的情况下，省级地方在中央支持或默认的前提下，自主地探索符合本地区实际情况的发展思路和发展道路，其核心是在保证中央统一领导的基础上，充分发挥地方治理的积极性和自主性。本文将重点讨论中层设计的诱发条件、实践效果、所受困境及扩大其作为空间的途径。

一　中层设计的诱发条件

中国是共产党领导的单一制国家，但国家的政治生活并非仅仅偏向于中央集权与统一领导，而是试图在保证中央统一领导的前提下，尽可能地照顾到地方的实际。这种"发挥中央和地方两个积极性"的观念和实践在改革开放之前的计划经济体制中就存在。改革开放之后，伴随着计划经济体制的逐步解体，中央高度集权的政治体制也逐渐松动。从总体上来看，尽管有时也有收权的措施，但中央和地方之间还是渐趋于理性化的分权。无论是在正式制度规定的结构层面，还是在具体的政治互动过程中，省级地方都获得了一定的自主权，中层设计的实践正是在这一背景下诱发的。

（一）结构性诱发条件

在正式的制度规定方面，改革以来，中央对省级地方的放权主要表现在两个方面，一是中央对省级地方的普遍放权；二是中央对某些地方的特殊放权。首先，普遍放权主要表现为中央向地方分割一定的财权、立法权和事权。第一，就财权的分割来讲，1980～1993年，我国实行的是财政包干制度，"所有的省级政府，无论贫富，都在财政合同系统的约束下，在财政上

---

①　储建国：《省级政治家们的作为空间》，《人民论坛》2012年第S2期。

②　所谓中层治理，是与中央治理和基层治理相对应的，指的是以省为中心的地方治理，包括省—市（地级）治理以及跨省—市的区域治理。参见储建国《省级政治家们的作为空间》，《人民论坛》2012年第S2期。本文的中层设计主要指的是省级地方的中层设计。

日趋独立，税收的征取和支出都在辖区之内进行"①，这一制度为改革初期一些富裕省份的中层设计提供了有利条件。面对财政包干制度不利于贫穷省份的发展、削弱中央再分配能力的弊端，为了缩小省际差距，恢复中央的再分配能力，1994 年我国对财政体系进行了改革，开始实行分税制财政管理体制，它根据事权与财权相结合的原则划分中央和地方财政收支范围。在分税制下，一方面，中央的宏观调控能力得到显著增强；另一方面，分税的管理结构也限制了中央对地方财政的任意干预，确保了省级地方税权的稳定，从而为省级地方自主性的发挥和中层设计的开展提供了坚实的财政基础。第二，就立法权的分割来讲，改革开放以前，中国实行的是"一级立法"体制，立法权全部集中到了中央。② 改革开放之后，五届全国人大五次会议全面修改宪法，对立法权限的划分作了明确规定："省、直辖市的人民代表大会和它们的常务委员会，在不同宪法、法律、行政法规相抵触的前提下，可以制定地方性法规"；"民族自治地方的人民代表大会有权依照当地民族的政治、经济和文化特点，制定自治条例和单行条例。"此后，全国人大及其常务委员会又多次修订《地方组织法》，扩大了省、自治区的人民政府所在地和国务院批准的较大的市的立法权限。2000 年 3 月，第九届全国人民代表大会第三次会议通过《中华人民共和国立法法》，进一步明确了地方性法规、自治条例、单行条例和规章的制定权限。第三，改革开放以来，省级地方还获得了较为广泛的事权。例如，《宪法》规定，省级人民代表大会有权"在本行政区域内，保证宪法、法律、行政法规的遵守和执行；依照法律规定的权限，通过和发布决议，审查和决定地方的经济建设、文化建设和公共事业建设的计划"，可以"审查和批准本行政区域内的国民经济和社会发展计划、预算以及它们的执行情况的报告；有权改变或者撤销本级人民代表大会常务委员会不适当的决定"。尽管中央和省级地方的关系还处于变动之中，但从上述对省级地方财权、立法权和事权的规定来看，制度化的安排在某种程度上为省级政权自主性的发挥和中层设计的开展提供了支持。

　　其次，中央对地方的特殊放权主要表现为中央在一些地方实行"分殊

① 王绍光：《为了国家的统一：中国财政转移支付的政治逻辑》，载胡鞍钢、王绍光等主编《第二次转型：国家制度建设》，清华大学出版社，2009，第 215 页。
② 朱光磊：《当代中国政府过程》，天津人民出版社，2008，第 351 页。

化"管理。改革开放以前，虽有几个自治区政府和直辖市政府，中央和这些地方的关系也类似于"分殊化"管理，但在单一的计划经济体制下，这时的"分殊化"仅仅具有形式上的意义。改革开放之后，在中央对地方普遍性放权的同时，出现了中央对经济特区、计划单列市、经济开放区、副省级市、广东和福建等省的区别对待和特殊放权，中央和地方关系的"分殊化"远远突破了形式上的意义，而具有更多的实质性意义。① 第一，从"分殊化"管理后地方的权限来看，经济特区内可以实行特殊经济管理体制和特殊政策；计划单列市被赋予相当于省一级的经济管理权限；经济开放区得到一系列优惠性政策；在国民经济与社会发展计划方面，副省级市被国务院等主管部门视为省一级计划单位。在相关特殊政策的作用下，个别省级地方自主性的发挥就获得了更多的政策支持。第二，从"分殊化"管理的实施范围上看，自1979年起，中央先后创办深圳、珠海、汕头、厦门、海南5个经济特区；开放14个沿海港口城市；兴办建立13个经济技术开发区；开放珠江三角洲、山东半岛等沿海区域；授予广东、福建两省在对外经济活动方面较大的自主权；开放20多个内陆城市；相继批准重庆、武汉等14个城市为计划单列市。② "分殊化"管理实施范围的扩大也为中层设计的实践提供了更为广阔的舞台。

（二）过程性诱发条件

从具体的政治运作过程来看，改革开放以来，中央和省级地方之间进行着更为广泛的互动。首先，在处理央地关系的矛盾时，中央根据情况选择"强制"、"谈判"或"互惠"这三种方式来调节冲突或达成合作。③ 其中，"强制"主要是指中央在某些时候采取强制性的手段来获取各省级地方的服从，强制的正当性在于中央集权和中央控制的必要性。"谈判"主要是指中央和省级地方通过不同形式的谈判来解决它们之间的冲突。和强制不同，在谈判过程中，中央和地方都认为进一步的协商是可能的，谈判有利于促进共

---

① 杨宏山：《当代中国政治关系》，经济日报出版社，2002，第230~234页。
② 1994年2月，中央决定将武汉、沈阳、大连、哈尔滨、西安、广州、青岛、宁波、厦门、深圳、南京、成都、长春、济南、杭州、重庆等16个城市的行政级别定为副省级，中央仅对大连、青岛、厦门、深圳、成都这5个城市实行计划单列。1997年3月，重庆成为直辖市，副省级城市减少为15个。
③ 郑永年：《中国的"行为联邦制"：中央—地方关系的变革与动力》，邱道隆译，东方出版社，2013，第64页。

同利益的实现。① "互惠"主要指中央和省级地方在自我调节和深思熟虑的基础上达成自愿的合作，每一方都以对方可以接受的方式来行动。和强制过程中的强制行为以及谈判过程中的协商行为不同，互惠意味着中央和各省级地方之间存在一种共同的义务和认同感，它将中央和省级地方紧密地结合在一起。② 在这一互动体制的推动下，中央不再对省级地方施加绝对的权力，而是通过谈判或是互惠方式来解决分歧，仅在必要的时候施以强制的力量。这种处理矛盾的方式，为中层设计的实践提供了更多的施展空间。

其次，改革开放以来，在政策制定或创新过程中，中央重视和省级地方的互动。中央发现越来越难以制定一个适用于所有省级地方的政策，省级地方在政策制定或创新过程中扮演的角色越来越重要。即便在某些领域和问题上，中央运用政策集权的方式来统一规划，但在新政策的出台过程中，省级地方获得了重要的话语权。一方面，中央通常只明确政策的总体目标，而把制定政策实施细则的权力交给省级地方，并容忍省级地方对政策的变通执行。这有助于省级地方依据本地实际制定具体的政策，也有助于省级地方及时发现中央政策的漏洞。另一方面，对新政策的出台来说，省级地方的"试点"非常重要，中央在想要转变方针政策或试图实行新的政策时，会鼓励省级地方进行先行探索；而省级地方为了本地的发展，也会密切跟随中央的步伐，为新政策的实施提供可供参考的经验。③ 在这两方面的互动过程中，省级地方不仅是中央政策的执行者和实施者，也是自身利益的创造者，不仅可以在它的管辖权之内制定政策，甚至可以影响中央政策的制定和实施。这种政策互动方式也诱发了中层设计的实践。

再次，在中央和地方的互动关系中，中央和省级领导人所起的作用也是十分关键的。中层设计的已有经验表明，中央领导人的想法、口头支持或其在重大场合中的讲话，往往成为省级领导人试行改革的巨大动力。正因为改革以来涌现出一批具有杰出才干的中央领导人，在他们的指导和支持下，省级地方的活力才可能被激发出来，中层设计才可能被诱发出来。同时，中层

---

① 郑永年：《中国的"行为联邦制"：中央—地方关系的变革与动力》，邱道隆译，东方出版社，2013，第47页。

② 郑永年：《中国的"行为联邦制"：中央—地方关系的变革与动力》，邱道隆译，东方出版社，2013，第48、58页。

③ 郑永年：《中国的"行为联邦制"：中央—地方关系的变革与动力》，邱道隆译，东方出版社，2013，第11页。

设计的经验还表明，当省级领导人在中层设计的过程中遇到困难和瓶颈时，争得中央领导人的首肯和授权是保障中层设计得以顺利进行的重要条件。改革开放以来涌现出一批具有自律精神的、重视和中央互动的省级领导人，正是在他们的主导和推动下，省级地方的自主性才更加凸显出来，中层设计的作用也才得以发挥出来。

二   中层设计的实践效果——以省级党委书记自主性的发挥为例

中国国家层面的党政关系是中国共产党对国家实行政治领导、思想领导和组织领导，由于中国是单一制的由共产党领导的国家，这种国家层面的党政关系反映在省级行政区中就是中国共产党的省级委员会全面领导本省级行政区的各项工作。在中国目前的权力结构设置中，省级政治权力结构的核心是中国共产党省级地方委员会。中共十二大之后，省级党委书记成为省级地方的第一领导人，近年来还有一部分省级地方的人大常委会主任由省级党委书记兼任，这样的权力安排更凸显了省级党委书记在省级政治权力结构中的关键地位。尽管依据党章规定的民主集中制原则，省级地方委员会实行集体领导和个人分工负责相结合的制度，凡属重大问题都要按照集体领导、民主集中、个别酝酿和会议决定的原则，由省级地方委员会集体讨论后作出决定，省级地方委员会的委员需要根据集体的决定和分工，切实履行自己的职责。但是，由于历史原因和现实政治的需要，领袖人物在中国的决策过程中常常居于主导地位。在省级政权中，这一情况表现为权力精英特别是省级党委书记比较容易将个人的价值观念、施政理念和行为方式融入决策过程之中，并且这些因素对决策的影响也是至关重要的。这也是选择省级党委书记自主性发挥的案例来探讨中层设计实践效果的重要原因。

从改革开放以来各省级地方启动改革的情况来看，虽然省级党委书记必须坚持中央的统一领导，但是其自身的想法或观点常常成为关键性的政策或创议，并很少受决策程序和规则的限制。也就是说，省级党委书记拥有一定的自主性，这种自主性主要表现在两个方面：一是在贯彻中央总体方针政策的过程中，各省级地方可以根据自己的特点，变通地执行中央的方针政策并制定具体的实施措施；二是在中央的支持或默许下，个别享有特殊政策的省级地方可以自主地进行政策创新，探索新的方针政策，并为中央的政策变化提供新思路。第一种自主性可称为"普遍自主性",其适用的程度需要各省委书记慎重斟酌。如果在拥护并贯彻中央总体方针政策的同时,这种自主性的发挥充分照顾了当地实际,那么其就是中层设计的成功实践;如果这种自主性发挥过度且背离了中央的大政方针,那么其就是中层设计的失败实践。第二种自主性可称为"特殊自主性",只适用于享有特殊政策的个别省级地方。① 如果在探索新方针和政策的过程中,这些省级地方的实践得到中央的认可、支持和推广,那么其就是中层设计的成功实践;如果这些省级地方滥用这种自主性,走一条与中央不一致的路线并引起中央的反对,那么其就是中层设计的失败实践。对这两种自主性的研究,还有助于我们理解中层设计的作为空间。

(一) 中层设计的成功实践

1. 普遍自主性发挥的典范——万里在安徽的改革

改革初期,面对人民公社体制严重阻碍农业发展的现状,及时调整农村政策,调动农民的生产积极性,成为中央的一项紧迫任务。因此,中央把改革的重点放在了农村,突破口选在改革农业管理体制方面。② 在全国的农村改革中,安徽省起了重要的示范作用,而安徽的变革是由万里拉开序幕的。在 1977 年 6 月 22 日举行的中央政治局会议中,万里被任命为安徽省委第一书记,带着中央把"农业生产搞上去"的重托,在初到安徽的三个月内,万里就视察了十几个地区的市、县和工矿农村,在掌握了农村的第一手资料后,他推动省委通过了《关于目前农村经济政策几个问题的规定 (草案)》(简称"省委六条")。在这一草案中有很多"越界"的地方,例如允许社员经营自留地和正当的家庭副业等。随后,万里又在更为广泛调研的基础上对草案进行了修改,突出了尊重生产队自主权这个关键性问题,并且提出了"联产计酬"、"包产到户"等内容。为了统一各地 (市)、县委领导人的认识,万里决定把修改稿提交由全省各地 (市)、县委书记参加的全省农村工作会议进行讨论,但最终持反对意见③的人占大多数。鉴于此,万里只好对

---

① 储建国:《省级政治家们的作为空间》,《人民论坛》2012 年第 S2 期。
② 王鸿模、苏品端:《改革开放的征程》,河南人民出版社,2001,第 167~168 页。
③ 反对的意见主要集中在三个方面,一是包产到户、搞单干"不是社会主义方向";二是"给农民的自主权太多";三是"上边不准联产计酬,不准包产到户"。参见陈冠任《17 个省、自治区和直辖市改革启动纪实》,中共党史出版社,2009,第 11 页。

草案进行进一步修改，删除了"联产计酬"、"包产到户"等明显"违禁"的内容，经过修改后的"省委六条"① 在万里的努力下最终获得通过。1977年 11 月 8 日，"省委六条"以"试行草案"的形式下发到安徽全省，在"省委六条"的推动下，安徽拉开了农村改革的大幕，农业经济出现复苏的迹象。

　　然而，1978 年夏秋之交，农村经济刚刚好转的安徽遭遇了百年不遇的特大旱灾，为了应对危机，在万里的支持下，安徽省委作出了"借地种麦"② 的决定，这一"借"导致"包产到户"又被重新提到议程中来，部分县级地方甚至出现了"包产到户"和"包干到组"的形式。但是十一届三中全会通过的《中共中央关于加快农业发展若干问题的决定（草案）》中明确规定："不许包产到户，不许分田单干。"由于"包产到户"和中央的规定不相符合，省直机关有人指责此举违反中央文件。但是万里指出，《中共中央关于加快农业发展若干问题的决议（草案）》中还规定了"一切政策是否符合发展生产力的需要，就是要看它能否调动劳动者的生产积极性"，中央文件的精神实质在于调动群众的积极性，而"我们制定农村经济政策的出发点，就是充分调动群众的积极性"。为了统一对"包产到户"和"包干到组"的认识，万里主持召开了省委常委会，并在会上指出："中央文件是就全国而言的……要求中央文件的每一条规定和每一句话都符合各地的实际情况，那是不现实的……不照搬照套中央指示，并不是说可以不听不办，而是要在实事求是中贯彻执行……我们还是干我们的，到时候实践会做出公正的结论！既然下边已经搞起来了，我向中央汇报，出了问题，我负责！"③

　　不久，万里到北京开会，在向政治局汇报安徽的情况时说："少数地方搞起了包产到户和包干到组的联产责任制，是否可以试试，有什么错误，省委负责！农村太穷，不把土地划给农民，就无法扭转危局。"针对万里的汇

---

① 经过修改的"省委六条"的最终内容是：搞好人民公社的经营管理工作；积极地有计划地发展社会主义大农业；减轻生产队和社员负担；分配要兑现；粮食分配要兼顾国家、集体和个人利益；允许和鼓励社员经营正当的家庭副业。参见陈冠任《17 个省、自治区和直辖市改革启动纪实》，中共党史出版社，2009，第 11 ~ 12 页。

② 即将凡是集体无法耕种的土地，借给社员种麦种菜；鼓励多开荒，谁种谁收，国家不征统购粮，不分配统购任务。

③ 转引自陈冠任《17 个省、自治区和直辖市改革启动纪实》，中共党史出版社，2009，第 18 页。

报，邓小平说："只要能把生产搞上去，我看就可以试行！"叶剑英也支持邓小平的说法。在邓小平和叶剑英的支持下，万里在安徽大力推动双包政策的实施，安徽的农业生产也取得了大丰收。同时，针对一些中央领导人反对"双包"政策的情况，"整个 1979 年，万里都在不厌其烦地向北京解释包产到户的好处。一年之后，北京的立场开始转变"。① 1980 年 2 月，万里被调任到中央，由于万里的调离，安徽又出现了对"包产到户"的激烈争论，反对者认为"包产到户姓'资'不姓'社'，不符合中央精神，不能再搞了"。正当包产到户面临封杀之时，1980 年 5 月，邓小平发表谈话，指出："农村经济政策放宽之后，一些适宜搞包产到户的地方搞了包产到户，效果很好，变化也很快。安徽肥西县绝大多数生产队搞了包产到户，增产幅度很大"，"有的同志担心，这样搞会不会影响集体经济。我看这种担心是不必要的……实行包产到户的地方，经济的主体现在也还是生产队。"邓小平的谈话是对安徽包产到户的极大肯定和支持。1980 年 9 月，中央转发了《关于进一步加强和完善农业生产责任制的几个问题的纪要》，这份纪要突破了原中央"不准包产到户"、"不准分田单干"的规定，后来，包产到户逐渐被推广到全国，继而成为农村改革的主流。②

万里的案例表明，省级地方在贯彻中央的方针政策时，可以在尊重和保证中央统一领导的大前提下，根据本地的实际情况，灵活地对中央的政策进行调整；同时，面对可能存在的争议和挫折，中央需要及时给予省级地方鼓励和支持，并把那些好的政策推广到全国。

2. 特殊自主性发挥的典范——习仲勋在广东的改革

改革初期，"在国家主导的改革陷入停滞之时，真正有突破性的改变却在社会主义经济的边缘暗潮涌动。中国社会主义经济最为重要的发展并不发生在其中心，而是在它的边缘③……在这一系列'边缘革命'④的带动之下，

① 〔英〕罗纳德·哈里·科斯、王宁：《变革中国：市场经济的中国之路》，徐尧、李哲民译，中信出版社，2013，第 73 页。
② 陈冠任：《17 个省、自治区和直辖市改革启动纪实》，中共党史出版社，2009，第 2 ~ 33 页。
③ 这是因为，要开启一场新的革命就需要新的思想和制度，但引入激进的新思想总是要冒风险，因此，在边缘地带率先实践这样的思想就成为明智的选择。
④ "边缘革命"指的是改革开放初期，原先处于社会主义政治经济体系边缘的力量在实用主义原则的推动下所产生的变革及其对旧体系的突破，这些边缘力量所推动的变革为中国经济的迅速发展以及经济体制的市场化转型提供了重要动力。

中国逐渐步入了现代市场经济"。① 习仲勋在广东的改革就是一个典型的例子，广东的边缘地带优势使该地拥有了自主地进行政策创新和政策探索的权力，这为其中层设计的成功实践提供了保障。1978 年 4 月中央任命习仲勋出任广东省委第二书记，12 月初，习仲勋出任广东省委第一书记、省革委会主任。在习仲勋到达广州后的第五天，叶剑英到广东视察工作，习仲勋在向其汇报初步的工作设想时，叶剑英赠予其六言："深入调查研究，稳妥制定计划，及时报告中央，按步执行实施，分清轻重缓急，注意保密安全。"这实际上是支持习仲勋在广东探索新道路。1978 年 7 月至 8 月，经过对全省 21 个县的考察，习仲勋总结了广东的情况是"形势很好，问题不少"，并认为中央应该赋予广东更加灵活而优惠的政策，以解放和发展生产力。同年 11 月，习仲勋前往北京参加中央工作会议，在为本次会议准备的汇报材料中，他指出希望中央能给广东更大的支持，同时更多地赋予广东自主地处理问题的权限。这一观点得到一些与会者的支持，也增强了习仲勋的改革信心。②

　　1979 年 4 月，习仲勋参加中央工作会议，在开会时指出"不仅经济体制，整个行政体制上也要考虑改革，中国这么大的国家，各省有各省的特点，有些事应该根据各省的特点来搞"，"注意发挥中央和地方积极性，这个原则是正确的……从实际工作来看，我认为仍然是权力过于集中，这个问题并没有解决……现在地方感到办事难，没有权，很难办……我们的要求是在全国的集中统一领导下，放手一点，搞活一点，这样做，对地方有利，对国家也有利，是一致的"。会议期间，习仲勋向邓小平提议，希望中央下放权力，让广东在对外经济活动中有更多自主权，允许在深圳、珠海以及汕头设立"贸易合作区"。邓小平非常赞同广东的这些非常有新意的设想，认为这种做法是一种新思路，是中国实施开放政策、促进经济发展的重要突破口。③ 他还指出，"贸易合作区"可以改名为"特区"，并承诺"中央没有钱，可以给些政策，你们自己去搞，杀出一条血路来"。④ 根据邓小平的倡

---

①　〔英〕罗纳德·哈里·科斯、王宁：《变革中国：市场经济的中国之路》，徐尧、李哲民译，中信出版社，2013，第 70 页。

②　陈冠任：《17 个省、自治区和直辖市改革启动纪实》，中共党史出版社，2009，第 275～279 页。

③　《习仲勋主政广东》编委会：《习仲勋主政广东》，中共党史出版社，2007，第 233～244 页。

④　中共中央文献研究室编《邓小平年谱（一九七五——九九七）》（上），中央文献出版社，2004，第 510 页。

议，中央工作会议正式讨论了广东提出的要求，形成了《关于大力发展对外贸易增加外汇收入若干问题的规定》，决定在广东试办出口特区，并对广东采取特殊政策和灵活措施。特殊政策和灵活措施也是贯穿广东改革开放初期历史的一条主线，是广东改革、开放和试办经济特区的依据。[①] 1979 年 6 月，在习仲勋的努力下，广东省委向党中央和国务院上报了《关于发挥广东优越条件，扩大对外贸易，加快经济发展的报告》[②]，7 月 15 日，"中发〔1979〕50 号文件"批转了广东省委的这一报告。习仲勋在"贯彻中央 50 号文件问题"的讲话中，指出了中央对广东实行特殊政策和灵活措施的原因："这一方面是省委向中央'要权'要来的；另一方面，也是更重要的一方面，是中央从搞好四个现代化建设出发，对体制改革所做出的一个具体的、又是重要的决策。"

1980 年 9 月 28 日，中央印发了《中央书记处会议纪要》，《纪要》指出"中央要求广东充分利用和发挥本地优势，尽快把广东的经济搞活，闯出一条路来，使广东成为我国对外联系的枢纽……中央授权给广东省，对中央各部门指令和要求采取灵活办法，适合的就执行，不适合的可以不执行或变通办理"。这个《纪要》实际上给予了广东更大的独立自主权，让广东更加大胆地去探索。1984 年初，邓小平先后视察深圳、珠海和厦门等经济特区，充分肯定了兴办特区的决策和实践，邓小平对经济特区的肯定，实际上也是对习仲勋等人在政策创新和政策探索方面所作努力的肯定。习仲勋的案例表明，特殊自主性的成功发挥一方面需要省级地方在中央的支持或默许下，在结合本省特殊实际的基础上，充分讨论、达成共识；另一方面还需及时向中央提出自己的政策建议，并获得中央的批准和授权。只有这样，中层设计才会取得成功，才能在利于本地发展的同时为中央政策的变动提供依据。

上述两个案例在很大程度上展现了省级地方自主性的发挥空间，也呈现中层设计的作为空间，即地方尊重中央的统一领导原则以及中央支持服从这一原则的省级地方的改革工作。尽管改革开放以来，党政职能趋于分开，中央向地方逐渐"放权"，但在重大政治经济社会问题上"全党服从中央"和保证中央统一领导的原则仍然没有改变，这也是省级政治家在发挥自主性时

---

① 李军晓：《筚路蓝缕 先行一步——广东改革开放初期历史研究》，广东人民出版社，2008，第 67 页。

② 该报告主要包括五个方面的内容：1. 扩大对外贸易，加快经济发展的优越条件；2. 初步规划设想；3. 实行新的经济管理体制；4. 试办出口特区；5. 切实加强党对经济工作的指导。

必须遵守的底线。因此，当省级政治家遵守这一底线时，自主性的发挥就可能会取得成功，中层设计也可能会取得良好效果。但是，当省级政治家触犯这一底线而过度地发挥自主性时，就会为自己带来巨大风险，中层设计也相应地遭受挫折。触犯这一底线的两个最明显表现是抵制中央的重大政策决议以及奉行与中央不一致的路线。[①]

（二）中层设计的失败实践

1. 普遍自主性发挥的失败——以上海为例

上海市曾经在宏观调控问题上对中央政策的抵制就是普遍自主性发挥失败的一个典型案例。2003 年，中央为了防治经济过热带来的通货膨胀，开始发出紧缩性政策的信号，试图实现对经济的宏观调控。一般来说，"当中央实行紧缩性政策时，地方就不愿意配合，甚至消极对待"。[②] 因此，这些紧缩性政策在推行的过程中就受到了来自地方的阻力，当时的上海市委书记甚至在中央政治局会议上拍案顶撞，反对中央过多地对地方经济进行行政干预。在施政过程中，他也拒绝中央的宏观调控政策，认为这与上海的情况不符，并试图寻求另外一条解决通胀问题的道路。他主张，"在应该和能够运用经济手段的时候，不要认为使用行政手段是走捷径……应该和能够运用法律手段来解决的时候，也不要轻易地用行政手段来解决……"，"资金要流动才能为发展建设发挥作用，不准和限制资金流动就是浪费资金，这是不利于发展建设的"。[③] 同时，他参照国外的相关经验，主张运用经济手段通过投资来扩充上海的社保基金，从而抵偿通货膨胀带来的货币贬值。[④] 在这些想法的指引下，尽管中央明确规定任何人不得挪用社保基金，但他还是没有遵守这一规定，违反重大事项集体决策的原则，挪用了巨额社保基金。例如，他通过当时的社保局长以借贷合同的名义委托投资者利用高达 34.5 亿元的社保基金进行投资。同时，为了使社保基金的投资获利，他通过多方施压和斡旋，在政策上给予该投资者许多特权和优惠。

再如，2004～2006 年，针对当时中央为控制房价上涨而收紧银行信贷

---

① 储建国：《省级政治家们的作为空间》，《人民论坛》2012 年第 S2 期。

② 钟晓敏、叶宁、金戈：《中国经济宏观调控中的地方政府行为选择》，《财贸经济》2007 年第 2 期。

③ http：//q. sohu. com/forum/6/topic/3914402，资料来源：新华社内参部，2006 年 9 月 30 日。

④ http：//zh. wikipedia. org/wiki/% E9％99％88％ E8％89％ AF％ E5％ AE％87，来自维基百科。

的宏观调控背景，为了缓解上海房地产行业资金链紧张的情况，该市委书记支持用社保基金向地产行业注资，这一做法明显是和中央的房产调控政策进行对抗。后来的调查表明上海市违规运营的 300 多亿元社保基金中很大一部分流向了房地产公司，这些资金在缓解房市"泡沫"危机的同时，刺激了上海经济的不断高涨。面对当时房地产行业繁荣的景象，他表示"人家停滞不前的时候我们继续发展，这就是我的上海地方主义"，① 他也的确成为上海房市繁荣背后的坚强后盾，并且他把拒绝执行中央政策的这一行为解释为："……在地方上，我们说的共产党领导，就是地方共产党政府的领导，这样的领导才是具体有针对性的，是解决问题的，光说服从中央是不解决实际问题的。"② 他曾说："贪污腐败和政策变通不是一回事，贪污腐败是有人谋私利，政策变通是为了更好地为人民谋利益。"③ 但是，后来的事实表明，他在项目审批、招商合作、资金划拨等方面为投资者提供帮助时，并不拒绝所收到的财物贿赂。最终，该市委书记因涉嫌违规使用社保资金、为不法企业主谋取利益、利用职务之便为自己和亲属谋取不正当利益等重大违纪行为而受到了中央的调查，随后很快地结束了自己的仕途并受到了法律的制裁。

　　这一案例从反面表明，以省级党委书记为代表的中层政治家在发挥普遍自主性的同时，必须坚持中央的统一领导；在制定符合本地实际的政策时，必须严格遵守中央的大政方针，这是单一制的国家结构形式和共产党是执政党的政治现实所要求的。只有在这一底线所划定的空间范围内，中层设计才可能合法而有效地发挥作用，如果突破了这一底线，中层设计就会遭受挫折。同时还需指出的是，中层政治家在发挥自主性时还需具备高度的廉洁自律精神，否则，这种自主性的发挥即使不越线，也很有可能走向失败。

2. 特殊自主性发挥的失败——以重庆为例

　　奉行与中央不一致路线的典型案例就是所谓的"重庆模式"。2007 年全国"两会"期间，胡锦涛总书记对重庆的发展作出了指示，被重庆方面解读为"3·14"总体部署，并根据这个指示进行了创造性的理解发挥。《重

---

① http：//q. sohu. com/forum/6/topic/3914402，资料来源：新华社内参部，2006 年 9 月 30 日。
② http：//q. sohu. com/forum/6/topic/3914402，资料来源：新华社内参部，2006 年 9 月 30 日。
③ http：//q. sohu. com/forum/6/topic/3914402，资料来源：新华社内参部，2006 年 9 月 30 日。

庆模式》一书的作者们认为，"3·14"总体部署还只是"面对重庆"的指导精神，如何将这一指导精神贯彻落实到实处，就需要重庆进行自主地探索。① 2007 年 11 月 30 日，重庆市召开领导干部大会，新任市委书记在会上指出，"'3·14'总体部署，就是重庆未来科学发展的总纲，也是我到重庆来的根本任务"。从 2007 年 12 月到 2012 年 3 月，在该市委书记的领导下，包含着"红色革命文化、社会主义公有制经济、群众路线、民营资本、跨国公司、户籍改革"等概念的"重庆模式"逐渐建立起来。

该市委书记强调"把保障和改善民生作为一切工作的出发点和归宿"，认为重庆应走"以民生为导向的经济社会发展路子"，重庆在发展过程中探索而形成的"重庆模式"确实也是"民生导向"的。然而，这一模式还包含着一些违背中央治国理念、走与中央不一致路线的因素，其中最著名的就是"唱红打黑"。一方面，虽然该市委书记出于"提升人民精气神"、"学习党的优良传统"等需要而提出"唱红"，但在推行"唱红"的手段上，他强制规定：各部门在重要纪念日必须"唱红歌"；《重庆日报》每天在重要版面刊载红歌；"每个区县至少提供 1 个大型红歌坝坝舞广场，每个镇街至少设立一个'故事角'，各区县都要设立'箴言栏'"；组织专门队伍向群众传授红歌。他曾在一次小范围的会议上谈道，"之所以推行红色文化运动，是想从意识形态的层面来进行民众改造"。这种利用公权力强制推进运动式"唱红"的方式很容易侵犯公民的个人权利和自由。另一方面，虽然出于"惩治黑恶势力的嚣张气焰"、"为经济社会发展创造一个清明的社会环境"的目的而狠抓"打黑除恶"，但他采用的"打黑"方式在很大程度上违背了中央依法治国的理念，"打黑"过程中存在着大量摆脱现有法律程序的约束、滥用公权力的现象。例如，他对每个区"必须送多少市民劳教，必须刑拘多少人，必须给多少人判刑，必须找出和打掉几个黑社会性质犯罪组织"② 等都有明确规定；有的区为了完成任务，不得不人为制造冤假错案，还有的甚至违反程序正义，进行刑讯逼供。此外，他在主政期间实行"一言堂"的决策方式，这种方式违背了民主集中制原则，引起来自下级的不满。该市委书记主政重庆期间，虽然取得了一定效果，但其治理方式在很大程度上与中央确定的民主和法治的战略背道而驰，这也是其个人悲剧发生的

---

① 苏伟、杨帆、刘世文：《重庆模式》，中国经济出版社，2011，第 3～18 页。

② 童之伟：《风雨过后看重庆》，《经济观察报》2012 年 10 月 29 日。

一个重要原因。后来的调查表明，他在职期间曾利用职权多次为自己和他人谋取利益，这是其仕途终止的又一重要原因。

该案例说明，以省级党委书记为代表的中层政治家必须准确把握特殊自主性发挥的限度，既不能违反中央确定的民主和法治的精神，走与中央不一致的路线，也不能利用手中的权力参与利益寻租。如果触犯了这些底线，其特殊自主性的发挥就会遭受挫折，中层设计也就难以发挥其应有的效用。

上述两个自主性发挥失败的案例在某种程度上展现出中层设计的空间限制，简而言之，以省级党委书记为代表的中层政治家必须准确理解当前的国家结构形式和政党制度对其施政的内在要求，准确把握自主性发挥的限度，服从中央的统一领导，奉行同中央相一致的路线，保证中央政令在本地的实施，避免多数发展中国家所遭遇的贯彻危机。中层政治家还需具备较高的自律意识，这种自律意识需要有较高的道德修养，主动地献身于公共利益和公共目标，在此自律意识的约束下，中层政治家利用手中的权力参与寻租的机会就会大为降低。可以说，这两个方面体现了中层政治家所应该承担的责任，前者偏重政治责任，后者偏重法律责任。中层政治家在发挥自主性的时候，如果超越了这些界限，违背了其所应该担负的政治责任和法律责任，自主性的发挥就会遭受挫折。

总体来说，中层设计在不同地方发挥不同甚至截然相反作用的事实表明，首先，只有在走同中央相一致的路线并尊重中央统一领导这一底线的前提下，在本地方范围内进行充分的利益综合和实地调研的基础上，中层设计才可能发挥其积极作用。对待这一底线的态度和方法不同，就会产生不同的结果，这也是为什么有的地方中层设计取得了成功，而有的地方遭到了挫折。其次，由于不同地方的地理位置和经济发展情况不同，享受的中央政策不同，因此，在那些享受中央特殊政策、得到中央特别扶持的地方，其自主性如果发挥得好，中层设计的作为空间就更大一些；但其自主性如果发挥得不好，就会导致中层设计的失败。此外，中层政治家的个人能力和素质也会影响到中层设计的实践效果，在有担当、有魄力且具有自律精神的中层政治家领导下，中层设计的积极效用才会被激发出来，中层设计的魅力才会显著体现出来；相反，如果缺乏一个强有力的且具有自律精神的中层政治家，中层设计的魅力和作用就可能无法展现出来。

三　中层设计面临的现实困境

改革开放以来，尽管一些省级地方进行了中层设计的实践，中层设计也在改革中发挥了一定的作用，但是一直以来它都难以被普遍认知和充分实践。究其原因，主要是因为一些现实困境影响并制约着中层设计的顺利进行，这些困境既有结构方面的，也有过程方面的。其中，结构性困境强调的是中央和省级地方之间的权力分配和制度安排对中层设计的制约，过程性困境关注的是政治体系各个组成部分之间的互动情况对中层设计的制约。

（一）结构性困境

首先，当前中央与省级地方之间的权限划分是中层设计面临的最为重大的结构性约束。当今中国，在中央和省级政权之间的权限关系方面，中央拥有调控二者关系的主导权。就成文宪法的规定来看，一方面，由于中国实行单一制的中央集权制度，中央拥有对省级地方相当强大的控制力，省级政权赖以生存的载体——地域、机关、职能都由中央权力机关和行政机关分别划分、设置和授权。并且，地域的划分、机关的设置和职能的授权并不取决于省级地方和中央之间的协商，而更多的是中央单方面意志的表示。由于省级地方的权力来源于中央的授权或下放，因此中央可以通过法律监督、行政领导、人事任免和财政管理等方式，侵蚀省级地方处理地方性事务的权力。[1]另一方面，在立法权限的划分方面，中央立法权限的范围较广、涉及面较多，且具体事项多采用列举的方式明确规定；与此相对，省级地方没有专有的立法权范围，只有指导性的规定，其立法权限主要集中于地方性事务，立法的内容主要是为了执行中央的法律、法规和规章。[2]这也限制了省级地方中层设计的开展。就不成文宪法的规范来讲，在"全党服从中央"和"下级服从上级"的组织原则指导下，中共中央与各省级委员会的关系是领导关系，省级委员会的一切工作必须服从中央的大局和中央的领导。中央可以

---

① 魏红英：《宪政架构下的地方政府模式研究》，中国社会科学出版社，2004，第 142～143 页。
② 魏红英：《宪政架构下的地方政府模式研究》，中国社会科学出版社，2004，第 135 页。

以"中央工作会议"、"省（自治区、直辖市）委书记会议"等形式，指导省级委员会执行中央的决策。① 因此，尽管改革开放以来，省级政权拥有了较强的自主性和较大的自主权，一些经济较为发达的省级地方甚至可以与中央就某些问题进行"讨价还价"，但是中层设计的作为空间还是有限的，省级地方在什么情况下必须遵循中央的绝对权威，在什么情况下可以和中央进行博弈等问题还需要在实践中继续摸索。

其次，我国的干部任用制度也给中层设计带来困境。第一，我国干部任用制度的核心是委任制，即上级任免下级，从1984年7月开始，干部管理权限由过去的"下管两级"改为"下管一级"。在干部管理权限方面，中央对省、自治区和直辖市一级的干部实行直接管理；对省、自治区和直辖市厅、局级以及地市级主要领导干部实行备案管理；在紧急情况下，中央可以决定省、自治区、直辖市主要领导干部的代理人选。② 这种干部任用制度在省级政权机关中表现为，省级地方的领导干部主要由上级委任，并在很大程度上依靠资历来获得晋升，这就容易导致省级党政领导人缺乏为当地无私奉献的热情，而是抱着在只要一地任职期间不出现大的政治和社会问题就可以获得晋升的心态，不敢甚或不愿大有作为。第二，在我国，干部的交流是干部任用的重要方面，它包括干部的调任、转任等。1990年中央出台《关于实行党和国家机关领导干部交流制度的决定》，规定"中央党和国家机关各部委，各省、自治区、直辖市的省（部）级领导干部，可以在中央与地方之间进行交流，也可以在不同地区之间进行交流，有的还可以在中央各部门之间进行交流"。1995年中央颁布《党政领导干部选拔任用工作暂行条例》，该条例强调了干部的交流在控制地方干部、限制地方主义崛起方面所起的重要作用。在这种情况下，省到中央的调任、中央到省的调任以及各省之间的调任现象更为频繁，例如从1990年到1998年初，共有50例省到中央的调任，19例中央到省的调任，44例省际调任。后来，中央又颁布了《党政领导干部选拔任用工作条例》、《党政领导干部交流工作规定》，《党政领导干部职务任期暂行规定》，对干部交流事项进行了进一步的规定。但是，干部交流制度在发挥其积极作用的同时，也带来了一些消极影响，它在某种程度上限制了省级地方领导人获取地方信息的能力，它使空降的干部很难取得来

① 朱光磊：《当代中国政府过程》，天津人民出版社，2008，第349页。
② 谢庆奎：《当代中国政府》，辽宁人民出版社，1991，第384～389页。

自地方官员的配合和合作，频繁调动也使省级领导人难以制定和实施连贯的政策，这些因素共同制约着中层设计的规划和实施。①

（二）过程性困境

首先，在具体的政治过程中，省级地方和中央存在着一些矛盾。第一，在权力划分的互动过程中和分歧的解决过程中，中央一直占据主动地位，省级地方作为中央的应对方，虽然可以和中央进行谈判、协商，达成一些互惠共识，但在很大程度上依旧处于较为被动的地位，这在某种程度上抑制了其积极性的发挥，带来中层设计的困境。第二，在政策制定和创新的互动过程中，一方面，中央面临着一个难题，即放权意味着省级地方获得了更多的权力，而权力的增加会导致其更加可能偏离中央。因此中央虽然允许各省级地方在政策的制定和实施过程中发挥其自主性，但省级地方的行为受到了中央的严格约束和控制，中央还是可以依据自身的看法，依据需要来决定这种自主性的限度。另一方面，由于省级地方是有其自身利益的行为者，即使它们在中央规定的界限内行动，也未必总会产生和中央一致的政策行为，② 但是和中央不一致的政策方针很可能会被视为是不具合法性的和不能容忍的，这就极大地限制了省级地方对中层设计的探索。第三，在中央领导人和省级领导人的互动过程中，如果中央领导人没有在适当的时机鼓励和支持省级领导人中层设计的实践，或者省级领导人很少主动与中央领导人进行沟通以寻求可靠的和持续的支持，那么中层设计就难以有效地进行下去。

其次，在具体的政治过程中，省级政权及其下级政权之间的矛盾也给中层设计带来困境。中国省—市—县—乡的地方层级体制决定了地方的有效治理不仅受制于中央与省级地方的互动，也依赖于地方政权之间的良好互动，但正是在这一互动过程中，省级政权和其下级政权发生了矛盾。在省级政权与地市级政权的互动过程中，一方面，由于省级政权管理面过宽，不得不设立地市级政权协同管理；但是，由于地市级政权的存在缺乏强有力的宪法支持，加上近些年出现的省管县改革，地市级政权存在着虚化的倾向。在这些因素的作用下，地市级政权在协同管理中的处境就较为尴尬。另一方面，地

① 郑永年：《中国的"行为联邦制"：中央—地方关系的变革与动力》，邱道隆译，东方出版社，2013，第315~316页。

② 郑永年：《中国的"行为联邦制"：中央—地方关系的变革与动力》，邱道隆译，东方出版社，2013，第86~87页。

市级政权之下还设有县乡两级政权管辖着较大的地域、人口及其他资源，在实践中需要作出一些重要决策，但是，由于受省级政权的限制，地市级政权的自主性难以有效发挥。在这种情况下，县级政权会认为，地市级政权决定不了事情，却总截留中央和省的财政转移支付以及下拨的其他资源。因此，地市级政权在听命于省级政权的同时，又因县级政权的"倒逼"而与省级政权产生矛盾。① 在省级政权和县乡级政权的互动过程中，信息的不对称造成了二者之间的矛盾。省级政权会认为自己的决策所依据的信息是准确的，决策的结果是经过"充分论证"的；但是，县乡基层政权会认为省级政权的决策虽然在理论上是好的，但是不适合本地实际，而自己掌握着关于本地更为准确的信息。② 省级政权和地市级政权以及县乡级政权之间的矛盾，使得中层设计在贯彻落实的过程中会受到来自下级地方的阻力，从而制约着中层设计的有效实践。

四　扩大中层设计作为空间的途径

面对同样的现实困境，针对如何发挥中层设计的作用问题，不同地方给出了不尽相同，甚至完全相反的答案。事实上，省级地方通过突破中层设计的诸多困境，还是可以在具体的改革实践中发挥自己的自主性。并且，这种自主性如果发挥得好，还可以为改革大局注入新血液，极大地推进改革的步伐。那么，在接下来的改革过程中，如何保障中层设计作用的成功发挥？如何才能扩大中层设计的作为空间？这些问题自然而然地成为不得不关注的重大问题。总体来说，要保证中层设计作用的成功发挥，扩大中层设计的作为空间，至少需要满足三个方面的条件：一是尽量突破现存的结构性困境，二是努力突破过程性困境，三是培育优良的中层政治家。

（一）结构性困境的突破

首先，在中央与省级地方的权限划分方面，中央需要明确其与省级地方各自的职权范围，在设立改革的总体方向和整体规划的同时，设定好中层设

① 薛立强：《授权体制：改革开放时期政府间纵向关系研究》，天津人民出版社，2010，第188～189页。
② 薛立强：《授权体制：改革开放时期政府间纵向关系研究》，天津人民出版社，2010，第184页。

计的界限，并逐步推进二者之间权力关系的制度化，让省级地方有比较充分的发挥空间。①　一方面，中央不要僵化已有的权限划分，适时为省级地方提供一定的弹性空间。例如，国务院现有的职权与省级政府现有的职权在很大程度上具有同构性，应当对此加以适当的调整，给省级政府留出比现在更多一些的地方行政事务管理权限和管理范围。另一方面，中央还需要明确省级地方究竟应该拥有多大程度的自主权问题。②　考虑到各省级地方经济发展水平、各方面的具体情况以及迫切需要解决的问题各不相同，中央有必要确定一个自主性范围，鼓励省级地方在这一范围内对改革的具体路径、方针和政策进行大胆探索，从而突破当前中层设计界限比较模糊的困境，避免省级地方的中层设计因"非有意"触犯中央而遭受失败。此外，在"二级立法体制"的条件下，虽然省级人民代表大会及其常委会在地方立法工作方面取得了较大成绩，立法的数量也颇为可观，但这些立法的内容大多是与国家立法相配套的各种实施细则。因此，省级人民代表大会及其常委会的立法工作需要更好地体现地方特点，满足地方需要。同时，中央也需要在哪些地方可以立法、哪些地方不可以立法等问题上进一步作出明确规定。

其次，由于干部任用制度中的委任制和交流制度与民主的选举制度之间存在着矛盾，前者更多地代表中央的控制，后者更多地体现地方的选择。因此，要突破干部任用制度给中层设计带来的结构性困境，就需要妥善处理好省级领导人的权力来源问题。具体来说，一方面，大多数中层政治家之所以不敢主动触及某些改革，主要是因为在委任制下，省级政治家的权力主要来源于自上而下的赋权，而不是自下而上的授权，因此他们不敢和中央政策有太多的违背，不敢进行大规模的创新。为了突破这方面的困境，在省级党委领导干部选拔任用方面，省级党的代表大会和委员会全体会议在行使职权选举产生党的同级委员会和常务委员会、书记、副书记时，中央要减少直接干预，从而增强地方党的领导机构和领导人的合法性基础；在省级国家机关领导干部选拔任用方面，省级人民代表大会在行使职权选举产生同级人民政府正副领导人时，中央也需要避免不必要的干预，从而改变省级地方的权力来源结构，使其权力来源更偏重于地方而非中央。另一方面，针对干部调任和

---

①　储建国：《当前改革需要中层设计》，《人民论坛》2013 年第 7 期。

②　储建国：《省级政治家们的作为空间》，《人民论坛》2012 年第 S2 期。

交流制度带来的困境，在省到中央的调任上，中央应该利用"晋升"来激励省级领导人在地方的积极作为；在中央到省的调任上，被调任的官员应该在代表中央行事的同时，重视促进地方的发展；在各省之间的调任上，中央应该重视把省级官员调任到适合其施展才华的地方。同时，由于改革不是零打碎敲式的"微"改革或片段式改革，"中层设计"下的改革方案需要具备一定的系统性，[①] 它需要针对该地方的全局性问题设计长期性解决方案并付诸实施，因此，为了保证政策的连续性，中央也可以鼓励省级领导人在本地区完满任职两届。

（二）过程性困境的突破

首先，应突破中央和省级地方的矛盾关系带来的困境。第一，在权力划分的互动过程中和解决分歧的过程中，一方面，中央应该逐步改变"强主导"的行为方式，在不改变既有政治结构的前提下，给予省级地方更多的自主权和地方性权力；同时，省级地方在努力争取尽可能多的地方权力时，必须遵循中央统一领导的原则，保证大政方针的贯彻实施。另一方面，在面对一些难以解决的分歧时，中央应该尽量少使用强制手段，重视通过一系列持续的协商和谈判方式来达成共识，化解二者之间的分歧。第二，在政策制定和政策创新过程中，面对省级地方探索出的具有示范效应的具体政策措施或新政策时，中央应及时地通过顶层设计加以肯定和推广，将其上升为全国性的政策，鼓励更多的省级地方对此进行学习和借鉴。同时，中央还应该容许个别省级地方在政策探索过程中遇到失败和挫折，并及时为它们提供帮助和支持；当今中国走的是渐进改革之路，渐进改革本身就应该容许省级地方在改革过程中出现错误，渐进改革就是不断"试错"的探索，容许省级地方的"非有意性错误"，才能够充分调动省级地方中层设计的积极性。第三，在中央和省级领导人的互动方面，一方面，中央领导人应该在着眼于全局的基础上，重视考虑省级地方的利益要求，对省级领导人中层设计的实践加以正式的或非正式的支持和鼓励；另一方面，省级领导人也应该重视与中央领导人的沟通和协商，在征求并尊重中央领导人意见的基础上，再展开中层设计的具体实践。

其次，应突破省级政权与其下级政权之间的矛盾关系带来的困境。第

---

① 储建国：《当前改革需要中层设计》，《人民论坛》2013 年第 7 期。

一，在处理省级政权和地市级政权的矛盾问题上，一方面，省级政权应该积极推行对地市级政权的权力下放，归还本属于地市级政权的权力，从而调动其积极性；另一方面，由于省级政权对地市级政权的不合理干预影响了地市级政权自主性的发挥，因此省级政权必须明确自身职责范围，赋予地市级政权一定的自主权，从而缓和二者之间在权力划分上的矛盾。此外，省级政权需尽量少用命令方式处理与地市级政权的关系，更多地偏重于谋求与地市级政权的合作，通过建立一种权益均衡、利益平衡的激励机制，来化解同地市级政权之间的利益矛盾。面对省直管县改革带来的地市级政权的虚化倾向，省级政权还需明确这一改革并非是要撤销地市级政权或忽略其存在。随着省直管县体制的大规模实践，省级政权将会发现，这样的制度安排在某种程度上超出了自己的能力，地市级政权的存在是必要的。省级政权与地市级政权矛盾关系调整的关键，在于如何正确定位二者之间的职能、合理配置双方的权限。[①] 第二，针对省级政权和县乡政权之间的矛盾，省级政权需要在最大限度地综合县乡不同意见的基础上设计出中层设计的具体方案，这一方案必须经过深入调查、多方酝酿、反复讨论，既符合地方实情，又具有一定前瞻性，并最终获得省级政权党委会议或省级人大会议决定通过，经过这些程序制订出的方案才可能是符合本省各地情况的战略选择。与此同时，县乡政权也应该在尊重省级政权中层设计方案的基础上，及时提出自己的特殊需求，反映本地存在的特殊问题。在方案的具体实施过程中，省级政权还需授予县乡地方因地制宜执行政策的权力，并对未考虑到的或新出现的个别性问题作出及时回应。

（三）优秀中层政治家的培育

中层设计能否取得成功还依赖于中层政治家的个人素质和领导能力，依赖于中层政治家的克己奉公和无私奉献精神，只有这样才能在突破结构性和过程性困境的同时更好地扩大中层设计的作为空间。为了实现这一目的，中层政治家需要重视精英自律的作用，"一个国家的精英群体如果没有发展出克己奉公的自律文化，这个国家就很难做出优质的民主产品"；具体来说，"精英自律"指的是"为了公共目标而对自我欲望进行约束的行为"，它

---

① 马斌：《政府间关系：权力配置与地方治理——基于省、市、县政府间关系的研究》，浙江大学出版社，2009，第224页。

"既是一种德行的现象，也是一种制度的现象"。① 因此，如果想要培育出一批优良的中层政治家就需要从德行和制度这两个层面着手。

在德行的自我培育方面，作为中层政治家需要明确的是社会对其提出了什么样的素质要求，如何才能成功引领和驾驭急速变化着的社会。改革所面临的任务十分艰巨和复杂，中层政治家要想成功地推进所在地区的发展和进步，必须具备高屋建瓴的政治领导能力、运筹帷幄的政治智慧和克己奉公的奉献精神，从而实现自身的积极自律。首先，他们需要具备引导和推动改革的能力，改革的方式既不能过于激进也不能过于保守，要学会控制改革的节奏和方向。其次，他们需要具备政治妥协和协商的能力，善于用妥协的方式平衡和兼顾社会各阶层的利益和诉求，妥善地处理来自中央和地方的各种建议。再次，他们还需具备高度的社会责任感和道德素养，树立遵纪守法的意识，不滥用职权进行利益寻租。邓小平曾指出："任何一个集体，都要有一个核心，没有核心的领导是靠不住的"，② 这个核心就是指党委领导集体中的"一把手"。历史事实表明，无论在中央还是省级地方，一个强有力的领导人对改革的推动是极为有利的，但这并不意味着允许个人崇拜和英雄主义情结的存在。因此，中层政治家们还需要树立正确的人生观和价值观，增强自己的责任意识、公仆意识、廉政意识。在有担当和魄力的中层政治家的推动下，中层设计才会朝着健康的方向发展。

在制度的外在扶持方面，"将精英组织起来加以训化的制度，尤其是一些传统的和团体的制度对精英自律起着至关重要的作用"。因此，为了培育出具有自律精神的中层政治家，需要在制度层面作出如下努力：首先是在新的条件下充分发挥中国的两大传统优势，并将它们规范化和制度化，这两个传统"一个是'选贤与能'的老传统，一个是'群众路线'的新传统"。③一方面，在中层政治家的选取和任用上，应该更加重视对个人能力和素质的考察，重视选拔来自社会各界的德才兼备的精英人士，并对具体的选拔办法作出制度上的明确规定，从而引进一批具有自律精神的政治家，弥补论资排辈带来的缺陷和不足。另一方面，为了避免"绝对权力导致绝对腐败"现

---

① 储建国：《精英自律、政治转型与民主质量——将"德性"带到比较政治研究的中心》，《探索与争鸣》2012 年第 12 期。

② 《邓小平文选》第三卷，人民出版社，1993，第 310 页。

③ 储建国：《精英自律、政治转型与民主质量——将"德性"带到比较政治研究的中心》，《探索与争鸣》2012 年第 12 期。

象的出现，应该把"群众路线"加以制度化，重视中层政治家和人民大众沟通平台的建设，让中层政治家时刻关注群众的要求，能够和人民群众进行广泛而充分的沟通，并随时接受人民的监督，使权力暴露在阳光之下，保证精英消极自律的实现。其次，在团体的制度建设方面，在我国，由于中央在干部人事工作方面对地方的控制主要是建立在党管干部的原则之上，因此，中国共产党内部也需要建立起一种优良的自律机制，形成一种有效地培养政治精英的良好环境。众多国家的经验表明，自律程度较高的政党无一例外地比自律程度较低的政党要表现得更为成功；在自律程度较高的政党内部，其政治精英的自律意识也相对较高。因此，只有重视政党自律机制的建设，才会有助于塑造出更多优秀的中层政治家。

如果能够很好地满足上述扩大中层设计作为空间的条件，那么，在有着自律精神的中层政治家的治理下，在中层设计的推动下，中国未来的发展将会呈现新的局面，如果这种局面出现，中国的改革模式就可能会由"基层创新＋中央重视"更多地转向"中层创新＋中央支持"。面对顶层设计可能存在着的知识不完全、信息不对称以及结果不可控等问题，在中央支持下的中层设计或许能为改革大业提供一些有益的探索和可供参照的经验，即便中层设计遭受挫折和失败，也不会对改革全局造成过大的危害。在"中层创新＋中央支持"改革模式的引导下，中国的改革可能会有更大的作为空间，取得更大的成就。

组织制度化：中国共产党的政党活动和中国政治发展初探

程　熙[*]

摘　要：本文从中国共产党的政党活动探讨中国的政治发展，通过定义政党活动，指出中国共产党和西方政党在开展政党活动上有着很大的区别。接着从组织制度化的概念出发，认为改革开放后中国共产党开展的活动提高了其组织制度化。作为执政党的中国共产党通过开展各类活动，不断提升自己的适应性和内聚力，以适应变化中的政治环境。最后，笔者从政党活动的组织克里斯玛性、组织有效性和组织动员性来论述政党活动和政治发展的关系，并认为应从制度—行为的研究框架进一步探讨政党活动和中国政治发展的内在逻辑。

关键词：中国共产党　政党活动　政治发展　组织制度化

一　问题的提出

中国共产党作为领导中国经济改革和现代化建设的执政党，其本身的变革和创新对于政治经济体制改革和社会转型具有巨大影响。亨廷顿曾说过："组织是通向政治权力之路，也是政治稳定的基础，因而也就是政治自由的前提。……身处正在实现现代化之中的当今世界，谁能组织政治，谁就能掌

---

*　程熙，北京大学政府管理学院博士生，主要研究方向为当代中国政治和政党理论。本文是教育部政治学研究基地重大课题"中国政府治理机制研究"（08JJD810160）的阶段性成果。

握未来。"① 中国共产党作为政党组织，引领着中国的政治、经济现代化。因此，研究中国共产党和中国政治发展的关系便显得十分重要和必要。2002年，丹麦哥本哈根商学院举行了题为"把政党带回来：中国是如何治理的？"国际研讨会，明确提出了把中国共产党带回到中国政治研究中②。本文尝试从政党活动角度探讨中国共产党和中国政治发展的关系。

何为政党活动？高新民在其博士论文中对政党的活动方式作了如下定义："党的活动方式，就是政党为实现自己的目的而采取的手段、方法、形式的总称，是党为调动、利用党内外各种资源服务于自己奋斗目标的有组织的集体行为模式。"③ 类似的，笔者对政党活动下一个最为广泛的定义：所谓政党的活动，就是政党调动、利用党内外各种资源服务于自己奋斗目标的有组织的集体行为。

中国共产党的政党活动和西方国家的政党活动有类似，但又存在很大的差异。在西方国家的政治体系中，政党仅仅是普通的政治团体，并非领导党。所以其政党的活动主要有四个方面：第一是竞选，只有政党才能参加国家的政治生活，政党之外的团体和组织都无法参与议会的选举。第二是宣传教化，主要通过各种方式对本党的党员、社会大众进行宣传，推广政党的政治主张，扩大影响力。第三是管理社会和治理国家，政党通过选举而上台执政，利用组织政府、制定政策等方式对国家和社会进行管理。第四是监督政府、参与政治，主要是反对党和在野党对于执政党的监督。④ 对于西方国家的政党而言，其主要活动是参加选举。选举能够强化公共权力的合法性、为公民参与政治提供了一个重要平台，也是强化民众对政治体征认同的一次巨大的政治动员。⑤ 而中国共产党的政党活动除了上述四个方面外，更具有某种历史性的使命和任务。按照官方的表述，中国共产党成为执政党之后的主要活动是"建立了人民民主专政的国家政权，确立了社会主义基本制度，大力发展社会主义民主政治，走出了一条中国特色社会主义政治发展道路，人民当家作主的权利得到了坚实保障"；"彻底改变了旧中国'一穷二白'

---

① 亨廷顿：《变化中的政治秩序》，三联书店，1996，第 427 页。

② Kjeld Erik Brφdsgaard and Zheng Yongnian（ed.），*Bringing the Party Back In：How China is Governed*，Singapore：Eastern Universities Press，2004：5.

③ 高新民：《中国共产党活动方式研究》，中共中央党校党的建设教研部博士论文，2002，第 10 页。

④ 周淑真：《政党政治学》，人民出版社，2011，第 210 ~ 211 页。

⑤ 王长江：《政党论》，人民出版社，2009，第 192 ~ 193 页。

的落后面貌，建立起独立的比较完整的国民经济体系，坚持以经济建设为中心，大力发展生产力，综合国力不断跃上新台阶"；"确立了马克思主义在意识形态领域的指导地位，建设社会主义核心价值体系，大力发展社会主义先进文化，人民基本文化权益得到有力保障，精神面貌更加昂扬向上"；"建立了基本的民生保障体系，着力推进以改善民生为重点的社会建设，加强和创新社会管理，人民生活总体上达到了小康水平，幸福指数不断提高"。① 由此看来，中国共产党的政党活动具有很强的使命性和历史性，而非仅仅是获得国家的执政权。

由于不同政党所处的政治环境、组织目标等差异，导致了不同政党的组织形态、开展政党活动的方式、动员模式等都有很大的区别。那么中国共产党的政党活动如何与其组织目标互相匹配？其政党活动有什么特征？这种特征和中国的政治发展有何关联呢？这是本文探讨的主要问题。

二　组织制度化：中国共产党组织行为的研究视角

组织制度化是连接制度和行为的一个概念。其最早由亨廷顿提出，他认为"政治稳定依赖制度化和参与之间的比率。如果要想保持政治稳定，当政治参与提高时，社会政治制度的复杂性、自治性、适应性和内聚力也必须随之提高"。② 一般学者认为提高政治参与的制度化是维持政治稳定的关键，但很多人忽略了亨廷顿关于制度化关键在于组织的论述。亨廷顿对于制度的定义是"稳定的、受珍重的和周期性发生的行为模式"。而制度化的定义是"组织和程序获取价值观和稳定性的一种进程"。③ 亨廷顿从组织和程序所具备的适应性、复杂性、自治性和内部协调性来衡量一个政治体系的制度化程度。因此，化解政治参与问题关键不在于"制度"，而在于"制度化"，制度化的关键则在于组织。

近年来，"调适"、"韧性"、"政治韧性"、"组织化调控"等概念的提出是对于亨廷顿"组织制度化"的进一步发展。在这方面主要有两类主要研究，简述如下。

---

① 中共中央组织部党建研究所：《中国共产党90年主要成就与经验》，党建读物出版社，2011，第9～12页。
② 〔美〕亨廷顿：《变化中的政治秩序》，三联书店，1996，第73页。
③ 〔美〕亨廷顿：《变化中的政治秩序》，三联书店，1996，第11～12页。

　　第一类研究将"组织制度化"放在组织变迁研究上。这类研究的核心概念是收缩、调适和韧性。其问题是中国共产党如何应对变化。其理论旨趣在于研究组织环境如何影响组织内部的变化，侧重点在于组织变迁。改革开放后，社会利益和思想日趋多元化，中国共产党在政治、经济和社会领域的控制有所弱化，呈现控制力"收缩"（atrophy）的状态①。如何应对这种收缩呢？中国共产党的应对行为就被概括为"调适"（adaption）。调适是沈大伟提出的一个概念。沈大伟通过对改革开放之后中国共产党的意识形态和组织维度的变化，来描述中国共产党进行了何种调适②。但是他在书中也没有明确论证这种调适在多大程度上能够应对中国共产党的"收缩"。韩博天和裴宜理在 2011 年的一篇文章中提出了"调适能力"（adaptability），指的是组织通过有意或者无意的行为和互动进一步提高政治韧性的能力③。换言之，就是中国共产党通过调适，使其政治体制获得了"韧性"（resilience）。"韧性"来自黎安友的一篇论文。黎安友的"韧性"更加侧重于中国共产党的制度化层面，包括在领导人交接上的制度化、在提拔干部上面更倾向于根据政绩及其派系关系、专业化的倾向和政治参与的制度化等四个方面④。韩博天和裴宜理在同一篇文章中也借用生态学 resilience 的概念，提出了"政治韧性"（Political Resilience）的概念，指政治系统吸纳震荡、维持原有关键功能、结构、回馈和认同的能力⑤。"政治韧性"是对于"韧性"的一种更为复杂的表述，从静态的制度描述转为动态的过程。这类研究主要考察中国共产党在这种"收缩"下如何积极"调适"，从而使得中国政治体制具有了"韧性"。这种理论的预设类似于"冲击—回应"。

　　第二类研究将"组织制度化"放在组织关系研究上。这类研究的核心

① Andrew G. Walder, "The Decline of Communist Power: Elements of a Theory of Institutional Change", *Theory and Society* 23 (2) (1994): 297 – 323.

② 沈大伟：《中国共产党：收缩与调试》，中央编译出版社，2012，第 4~11 页。

③ Heilmann Sebastian and Elizabeth J. Perry, "Embracing Uncertainty: Guerrilla Policy Style and Adaptive Governance in China", in Heilmann & Perry edited *Mao's Invisible Hand: the Political Foundations of Adaptive Governance in China*, Cambridge, Mass: Harvard University Asia Center: Distributed by Harvard University Press, (2011): 8.

④ Andrew J. Nathan, 2003. "Authoritarian Resilience", *Journal of Democracy* 14 (1): 6 – 17.

⑤ Heilmann Sebastian and Elizabeth J. Perry, "Embracing Uncertainty: Guerrilla Policy Style and Adaptive Governance in China", in Heilmann & Perry edited *Mao's Invisible Hand: the Political Foundations of Adaptive Governance in China*, Cambridge, Mass: Harvard University Asia Center: Distributed by Harvard University Press, (2011): 8.

概念是互动、调控和治理。其研究问题是中国共产党如何提升执政能力。其理论旨趣在于考察组织与组织环境如何互动，侧重点在于组织关系。诸如"组织化调控"就是一种过程性的描述，其指的是"通过党的组织网络和政府的组织体系，并在组织建设和组织网络渗透的过程中不断建立和完善执政党主导的权力组织网络，使社会本身趋向高度的组织化，最终主要通过组织来实现国家治理目的的一种社会调控形式"。① 蔡永顺从政治权力的结构角度出发提出了"政体韧性"（Regime Resilience）概念，即地方政府进行镇压或者妥协的"试错"，降低了中央决策风险，避免了因为决策失误而受职责。同时，将治民权（面对集体行动的时候是采取镇压还是让步）下放给地方政府并不会危及这个体制的稳定。对于出格的反抗者或者引起很大民愤的地方政府，中央都会从维护政体稳定和合法性的角度，对任何一方进行制裁②。类似的，曹正汉通过"分散烧锅炉"的比喻说明中国上下分治的治理体制可以分散执政风险和自发地调节集权程度③。这类研究以中国共产党为中心视角，即中国共产党不是一个被动的角色，而是以主动的态度和国家、社会发生互动。这个时候，中国共产党对于制度变迁和政治参与诉求都可以进行有选择性的调控，缓和社会变迁带来的政治压力。另一方面，中国共产党也会通过构建网络关系、社会资本等治理手段，提升其在基层社会的渗透和动员能力，进而提高其执政能力。

　　本文的研究对象政党活动属于第一类研究旨趣。因此本文对于组织制度化的界定是：在变化的政治体系和政治制度中，政党组织维持原有的组织目标、组织特征和保持组织稳定的过程就是组织制度化。组织制度化可以有很多种表现形式，比如意识形态、干部人事等多个方面。本文研究的政党活动是组织制度化的一种表现形式。组织制度化的关键在于能够提高政治制度的复杂性、自治性、适应性和内聚力。而中国共产党的政党活动，因其政治性、动员性、灵活性等特点恰恰能够提供丰富的组织制度化研究样本。在政治发展中，制度并非静态的，而是处于一个不断"制度化"的过程。制度化的动力源泉就是组织。因此，组织制度化是判断一个政党能否有效应对政治变迁的指标。下面本文将探讨政党活动的组织克里斯玛性、组织有效性和

①　唐皇凤：《组织化调控：社会转型的中国经验》，《江汉论坛》2012 年第 1 期，第 96 页。

②　Cai Yongshun，"Power Structure and Regime Resilience：Contentious Politics in China"，*British Journal of Political Science*，（2008）38：411 – 432.

③　曹正汉：《中国上下分治的治理体制及其稳定机制》，《社会学研究》2011 年第 1 期。

组织动员性，并且通过论述政党活动的这些特征，推演其和中国政治发展的内在关联。

三　中国共产党政党活动的历史、变迁和特征

1. 中国共产党政党活动的组织克里斯玛性

克里斯玛原指的是具有极强个人魅力的领袖，而组织克里斯玛性意味着组织具有了抽象化的领袖魅力。一旦某个组织具有了克里斯玛性，就能实现个体无法实现的组织目标，因为组织比起个人更加具有稳定性。而组织克里斯玛化的关键在于如何对组织内部进行管理。维护组织团结是达成组织目标的重要前提。在实践过程中，政党活动恰好扮演了这样的角色：一方面，中国共产党通过政党活动不断规训组织成员；另一方面，政党活动反过来提高了组织成员对于组织的认可和服从，成为维持组织权威的有效手段。

政党活动对于组织成员的规训来自革命时期。中国共产党最初是一个革命型的政党，夺取了政权之后，如何在日常化的治理过程中保持革命精神是这个组织十分重视的问题。在毛泽东时期的各种运动中，党组织通过斗争、清洗和检举，期望不断维持政党的纯洁性，延续革命精神对于政权的统治。改革开放之后，涉及中国共产党全党的政党活动是"三讲"①、"保先教育"②、"学习实践科学发展观"③ 和 "创先争优"④ 等党内集中教育活动。通过对这些活动的研究，可以明显地看到组织对于其成员的政治要求。中国共产党在很多公开的活动倡议书中一致认为，活动对于保持组织成员的先进性，使其行为不偏离组织的目标有很积极的帮助。这在"三讲"活动中得

---

① 1998 年 11 月，中共中央决定在县级以上党政领导班子和领导干部中开展以"讲学习、讲政治、讲正气"为主要内容的党性党风教育，活动持续一年半时间，有 60 万 ~ 70 万党员干部参加，这是中国共产党在改革开放新环境下首次开展的大规模党内主题教育活动。

② 2004 年 11 月，中共中央下发动员令，决定在全党开展以实践"三个代表"重要思想为主要内容的保持共产党员先进性教育活动，活动从 2005 年 1 月开始，也是用一年半的时间，在党内分批开展。

③ 2008 年中共中央又动员开展全党"深入学习实践科学发展观"活动，活动自 3 月开始试点，9 月正式启动，到 2010 年 2 月基本结束，紧紧围绕"党员干部受教育、科学发展上水平、人民群众得实惠"的总要求，取得了丰富的认识成果、实践成果和制度成果。

④ 2010 年 4 月，中央又部署开展"创先争优"活动，以此推动学习实践科学发展观向深度和广度发展，活动一直持续到 2012 年党的十八大召开前后。

到十分明显的体现，有必要整段摘录如下。

"通过深入开展学习教育，把'讲学习、讲政治、讲正气'的要求真正落到实处，全面提高各级领导班子的素质，对于确保党的基本理论、基本路线、基本纲领、基本方针的全面贯彻，确保改革开放和现代化建设的顺利进行，确保跨世纪发展目标的实现和国家的长治久安，都具有十分重要的意义。我们党的领导干部队伍总体上是好的，是不断进步的。但也必须看到，有相当一部分领导干部的思想政治素质还不适应或者不完全适应形势任务的要求。主要表现在：有的忽视马克思主义理论的学习，不能完整准确地掌握邓小平理论及其精神实质，甚至断章取义，搞实用主义；有的对社会主义、共产主义的理想信念动摇，缺乏政治敏锐性和政治鉴别能力，在重大原则问题上分不清是非，甚至跟着错误的东西跑；有的急功近利，搞形式主义，弄虚作假，沽名钓誉，甚至不择手段，争权夺利；有的违反民主集中制，无视组织纪律，放弃党性原则，奉行好人主义和庸俗的关系学，甚至庇护犯罪；有的当官做老爷，对群众的疾苦漠不关心，贪图享受，挥霍浪费，以权谋私，纵容亲属胡作非为，甚至徇私枉法，贪污受贿，腐化堕落等等。领导干部中存在的这些问题，情况和程度虽有不同，但都是不讲学习、不讲政治、不讲正气，放弃世界观改造和党性修养的结果，都严重妨碍党的路线方针政策和当前工作重大决策的贯彻执行，损害党和政府同人民群众的关系，削弱党组织的凝聚力和战斗力。如果听任这些错误思想作风蔓延下去，将会毁坏建设有中国特色社会主义事业，造成极其严重的后果。"①

"三讲"针对的是组织中的领导干部，而"保先教育"活动则是面向组织中的广大成员。其中对于组织成员的要求摘录如下。

"在新的历史条件下，共产党员保持先进性，就是要自觉学习实践邓小平理论和'三个代表'重要思想，坚定共产主义理想和中国特色社会主义信念，胸怀全局、心系群众，奋发进取、开拓创新，立足岗位、无私奉献，充分发挥先锋模范作用，团结带领广大群众前进，不断为改革开放和社会主义现代化建设作出贡献。从总体上看，我们的党员队伍是适应这些要求的，是有战斗力的。广大党员在改革发展稳定的各项工作中，在突发事件、关键

---

① 《中共中央关于在县级以上党政领导班子、领导干部中深入开展以"讲学习、讲政治、讲正气"为主要内容的党性党风教育的意见（1998年11月21日）》（中发〔1998〕11号），人民网，http://www.people.com.cn/item/sj/wjjh/A101.html。

时刻的考验面前，发挥了先锋模范作用。但是，在党员队伍中也存在着与保持先进性的要求不相适应的问题。一些党员理想信念动摇，党员意识和执政意识淡薄，带领群众前进的能力不强，难以发挥先锋模范作用。一些党员干部事业心和责任感不强，思想作风不端正，工作作风不扎实，脱离群众的问题比较突出。一些党员领导干部思想理论水平不高，解决复杂矛盾的能力不强，有的甚至以权谋私、腐化堕落。一些党的基层组织凝聚力、战斗力不强，有的甚至软弱涣散、不起作用。这些问题的存在，严重影响党的先进性、影响党的工作，损害党和人民的事业。"①

开展活动，不仅为了维持组织成员（包括组织干部）的革命精神，还对于达到组织的目标有帮助。在"学习实践科学发展观"活动中，中国共产党认为"通过开展学习实践活动，进一步增强党的先进性，提高党的执政能力，把党的政治优势和组织优势转化成为推动经济社会又好又快发展的强大力量，为实现 2020 年全面建设小康社会的奋斗目标进一步奠定重要的思想基础、政治基础和组织基础"。② 对于创新争优活动，中国共产党认为"组织实施这项活动，对于进一步抓好学习实践活动整改落实工作、完善长效机制、推动学习实践科学发展观向深度和广度发展，对于激发各级党组织和广大党员生机活力、提高党的执政能力、保持和发展党的先进性，对于促进各级党组织和广大党员更好地联系和服务群众、始终保持党同人民群众血肉联系。对于推动党的建设更好地服务党和国家工作大局、服务本地区本部门本单位中心工作，加快转变经济发展方式、促进经济社会又好又快发展，都具有十分重要的意义"。③ 这些全党性的党内集中教育活动是组织自上而下地塑造其克里斯玛性的权威。党内集中学习活动的激烈程度要远远小于毛泽东时期的运动，和运动相比，其对于训诫组织成员的成效是提高还是降低有待进一步的实证研究。

---

① 《中共中央关于在全党开展以实践"三个代表"重要思想为主要内容的保持共产党员先进性教育活动的意见（2004 年 11 月 7 日）》（中发〔2004〕20 号），新华网，http://news.xinhuanet.com/zhengfu/2005 - 01/10/content_ 2438113. htm。

② 《中共中央关于在全党开展深入学习实践科学发展观活动的意见（2008 年 9 月 14 日）》（中发〔2008〕14 号），中国网，http://www.china.com.cn/policy/txt/2008 - 10/16/content_16620136. htm。

③ 中共中央办公厅转发《中央组织部、中央宣传部关于在党的基层组织和党员中深入开展创先争优活动的意见》的通知（中办发〔2010〕12 号），新华网，http://news.xinhuanet.com/politics/2010 - 05/13/c_ 1299089. htm。

基层组织和个体积极开展政党活动则是建立组织克里斯玛性的另一种自下而上的途径。政党活动本身具有某种仪式性，意味着对于权威的认可。所以开展政党活动是为了确认组织成员对于组织认可的一种仪式。改革开放之后，传统权威与造神运动产生的新权威在民众的心目中已经支离破碎。在这种情况下，搞活动对这个组织的意义是什么？周雪光认为"这些仪式性活动对于（暂时地维系）权威体制来说，有着重要功能。当人们'认认真真走过场'时，这些行为本身就是对这一体制的顺从和接受。也就是说，这些仪式化活动在日常生活中不断地维系、强化了人们相互间对中央权威的意识和认可。这一仪式制度不是从认知上建立了共享观念，而是在象征性符号和动员机制上建立和制度化了一整套程序规则。政治动员体制也在这些周而复始的过程中不断确认其合法性、有效性"。① 即使活动只是"认认真真走过场，踏踏实实搞形式"，但是一旦组织成员参与其中，就代表着一种对权威认可的姿态。

对于政党活动的不同态度可以区分组织成员，政党活动是表达政治忠诚的一种途径。在魏昂德研究毛泽东时期政治运动对于车间工人的影响时，发现工人群体对待政治运动可以分为两类，一类是积极竞争型的，另一类是消极自我保护型的。活动中的这些积极分子将政治活动看做用竞争性方式争取个人前途的方式，而非积极分子在这种社会活动中的唯一目的仅仅是避免在整个组织里显得与众不同，或者是避免变得"孤立"。但是无论积极分子和消极分子都不会轻视政治活动，反而都参与到活动中。魏昂德在他的研究中就发现，车间主任评价一个工人的表现不是看他的技术水平，而是看他的工作态度、政治思想、对其他工人和领导进行帮助、服从领导等主观标准来决定的一系列品质。② 而这些在政治活动中都可以得到很明显的展现。对于下级组织的领导而言，他可以通过更加积极地参与活动向上级组织的领导展示自己的政治觉悟。史宗瀚的研究通过分析哪些省更大张旗鼓地搞活动、发表更多支持中央政策的文章来展示活动可以区别不同省的领导政治忠诚程度。③ 无论是作为仪式的政党活动，还是积极表达政治忠诚的政党活动，开展政党活

① 周雪光：《权威体制与有效治理：当代中国国家治理的制度逻辑》，《开放时代》2011 年第 10 期，第 77 页。
② 〔美〕魏昂德：《共产党社会的新传统主义》，牛津大学出版社，1996，第 150 页。
③ Victor Shih, " 'Nauseating' Displays of Loyalty: Monitoring the Factional Bargain through Ideological Campaigns in China", *The Journal of Politic* 70 (4) (2008): 1 – 16.

动能够不断地让组织成员体会到组织的权威，并且巩固这种权威性。

　　政党活动可以维持政党的克里斯玛性，而政党的克里斯玛性是中国共产党合法性的来源之一。合法性是中国政治发展的核心概念。除了意识形态、经济绩效、依法治国等合法性基础，一个政党是否具有先进性也是一个重要的合法性基础。改革开放后，中国共产党仍然通过大量的政党活动提高组织成员的先进性和对于组织的服从，达到维持组织克里斯玛性的目的。

　　2. 中国共产党政党活动的组织有效性

　　有效性是研究政治体制的基本概念。有效性指的是执政党能够满足民众的某种需求，解决现实中存在的问题，实现有效的治理。执政党的有效性可以通过很多种途径实现，比如推动经济增长、消除政治腐败、增加民生投入等。而本文研究的"组织有效性"特指执政党通过政党活动化解组织层面的失灵。组织失灵是任何大型组织都会面临的问题，即组织的上级部门如何管理下级部门和如何克服官僚主义，增强执行能力。因为任何大型组织都存在科层制，上下级的关系如何协调对于一个组织的有效性而言十分关键。周雪光认为在"中国政体内部的一个深刻矛盾，即权威体制与有效治理之间的矛盾，集中表现在中央管辖权与地方治理权间的紧张和不兼容：前者趋于权力、资源向上集中，从而削弱了地方政府解决实际问题的能力和这一体制的有效治理能力；而后者又常常表现为各行其是，偏离失控，对权威体制的中央核心产生威胁"。① 周文认为决策一统性与执行灵活性之间的动态关系、政治教化的礼仪化和运动型治理机制这三种应对机制都能够缓解这个矛盾，从而维系体制的稳定。地方在执行中央政策时会出现偏差，同时中央为了维护它的权威，往往会采取收权的方式落实政策，并通过运动式治理的方式纠正政策执行的失灵。

　　组织的执行失灵不仅仅由于科层阻滞，也与官僚主义有关。而政党活动作为一种政治手段，被政党用来解决官僚组织的失灵，打破官僚制的利益格局和应对政策执行失灵。周雪光在分析运动型治理时，将这种治理模式称为"政治机制"，以区别于"行政机制"。所以"运动型治理机制的最大特点是，暂时叫停原科层制常规过程，以政治动员过程替代之，以便超越科层制度的组织失败，达到纠偏、规范边界的意图。因此，政治动员恰恰是组

---

　　① 周雪光：《权威体制与有效治理：当代中国国家治理的制度逻辑》，《开放时代》2011 年第10 期，第 67 页。

织机制失败的重要应对机制"。此外，"运动型治理常常采用大张旗鼓、全面动员、政治动员的形式，这有助于突破按部就班的科层制体制，在短期内将中央的意图和信号传递到各个领域、部门"。① 一个组织内部信息的流通和有效传递决定了一个组织的工作效率。中国官僚体制的非制度化导致信息扭曲被放大。特别地，政府的垄断性和封闭性特点使得许多市场性纠正机制失灵；中国官僚体制的庞大规模和很长的管理链条使问题加剧；地方性差异使得执行政策必须保持灵活性，而灵活性诱发偏离行为，加剧了上下级间的猜疑和失控。中国独特的官僚体制造成国家在日常治理中经常面临挑战，所以就必须通过运动型治理来打破常规型治理机制的束缚和惰性。

官僚主义是组织内部的一种现象。在毛泽东时期，政党就通过运动的形式打击官僚主义。"随着社会主义改造的基本完成，国家权力扩大了对社会生活的控制，一切社会组织都被官僚化了。这就加大了官僚主义存在于政治和社会生活的可能性。……在既有组织难以寻求'革命'力量的情况下，'打破'官僚制、反对官僚主义只能寻求群众的力量，通过发动群众运动来抵制犯有官僚主义的党委或政府、企事业单位，如开门整党、整风运动的出现。在执政党的领导下，这一切都在有序进行，并在党的领导、群众运动和反对官僚主义三者之间形成了一个互相钳制的动态平衡结构。"② 改革开放以后，党内集中教育活动整顿官僚主义是组织的内部管理。

科层阻滞和官僚主义是任何大型组织都存在的组织失灵，化解这种失灵有两类主要方式，即制度层面的沟通监督和行为层面的政党活动。在现实中，这两种方式都是结合使用，政党活动也能通过建立长效机制向制度化转变。通过政党活动、活动的日常化使得政党提升了其组织有效性。

3. 中国共产党政党活动的组织动员性

政党活动是一个组织动员的过程。组织动员性在改革开放前，主要以运动的形式表现在各种国家建设和社会改造中。学界已有不少著作和文章探讨毛泽东时期的运动对于国家建设和社会改造的作用。首先，毛泽东时期的运动培养了群众新的国家认同。比如新中国成立初期的土地改革运动就是将乡

---

① 周雪光：《权威体制与有效治理：当代中国国家治理的制度逻辑》，《开放时代》2011 年第 10 期，第 77 ~ 78 页。

② 祝灵君：《从"打破"官僚制到超越官僚制——当代中国执政党建设的另一种逻辑分析》，《马克思主义与现实》2010 年第 5 期，第 84 页。

村纳入到国家对基层社会的一体化整合之中，使农民开始追随国家建设的目标。在这方面，国家认同的建立和改造社会是一个同步的过程。在国家建设过程中，不间断的政治运动、思想教育使共产主义意识形态深入人心，中国社会底层以各种礼俗等为内容的社会资本开始更新，出现了新的社会资本。① 也有不少政治学者研究改革开放前的政治运动，包括土地革命如何提升了民众对于共产主义国家的认同。其次，运动能够提高组织在国家政体中的合法性。革命成功之后，中国共产党通过运动打击敌人以及对组织内部的腐化进行清理，从价值层面提升了中国共产党在国家政体中的合法性。冯仕政将这种政体称之为"革命教化政体"，所谓"革命教化政体"，是指国家对社会改造抱有强烈使命感，并把国家拥有符合社会改造需要的超凡禀赋作为执政合法性基础的政体。② 他认为这种政体"不仅是对革命成果的继承和肯定，同时也是为了适应推进赶超型现代化的需要，对中国革命来说，建立革命政权'只是万里长征走完了第一步'，更艰巨的任务是推进'赶超型现代化'。在国际秩序仍然为西方所控制而国内的市场和社会力量既薄弱又落后的情况下，只有推进赶超型现代化才能保证国家和民族的生存，并且只有国家才能担当起推进赶超型现代化的重任"。③ 同样的，改革开放后的活动，特别是党内集中教育活动，致力于国家的现代化建设，位于党章中三大历史任务的首位，这是"革命教化政体"的一种逻辑延续。

改革开放后，随着中国共产党放弃运动治国，组织动员性体现在"压力型体制"中。具体表现为上级政府通过将确定的经济发展和政治任务等"硬性指标"层层下达，由县而至乡（镇），乡再到村庄，并由村庄将每项指标最终落实到每个农民身上。在指标下达的过程中，上级还辅以"一票否决"为代表的"压力型"惩罚措施。④ 改革开放后，又出现一种"目标管理责任制"的上下级管理方式，表现为上级部门与下级一把手签订责任

---

① 祝灵君：《社会资本与政党领导——一个政党社会学研究框架的尝试》，中央编译出版社，2010，第127~133页。
② 冯仕政：《中国国家运动的形成与变异：基于政体的整体性解释》，《开放时代》2011年第1期，第78页。
③ 冯仕政：《中国国家运动的形成与变异：基于政体的整体性解释》，《开放时代》2011年第1期，第79页。
④ 荣敬本、崔之元：《从压力型体制向民主合作体制的转变：县乡两级政治体制改革》，中央编译出版社，1998，第28页。唐海华：《"压力型体制"与中国的政治发展》，《中共宁波市委党校学报》2006年第1期，第22~28页。

状，然后一把手再与下级一把手或者各职能部门签订责任状，然后由各个分部门的负责人和具体工作人员签订岗位责任书。通过这种方式实现行政任务真正地"落实到人"。这体现在"安全生产目标管理责任制"、"消防安全责任制"、"食品安全责任制"等一系列基层工作中。[1] 在新中国成立之前以及毛泽东时期，中国共产党具有强大的群众动员能力，这一点已有很多学者进行了深入的研究。改革开放之后，中国共产党的活动仍然能够动员很多群众。比如北京市各级综治组织以"平安志愿者行动"为载体，广泛动员组织群众积极参与"平安北京"志愿服务。截至 2012 年 10 月，全市治安志愿者动员总数已达 140 万人。2012 年以来，北京已经累计动员组织各种群防群治力量近 2000 万人次参与平安志愿服务，共深入收集各类不稳定因素 4120 件，化解矛盾纠纷 1864 件，提供便民服务 6.5 万件，为群众解决困难 4.1 万件。[2] 通过各类活动，中国共产党不断维持其组织动员能力。

对于中国共产党而言，在新中国成立之后，其可以使用意识形态的话语推动很多政策的执行。特别的，在国家一穷二白的时候，中国共产党运用强大的动员能力达到政策目的。改革开放之后，中国共产党如何维持其组织的动员能力，如何在法律的框架内治理国家、执行政策，政治动员和政策执行之间的关系又是什么是值得进一步研究的问题。

四　结论：中国共产党的政党活动和中国政治发展

制度和行为是研究政治发展和政党活动的基本视角。对于政治发展的研究一般从静态的政治制度描述出发。中国特色社会主义制度主要包含四种基本政治制度，即人民代表大会制度、中国共产党领导的多党合作和政治协商制度、民族区域自治制度以及基层群众自治制度等[3]。对于制度变迁的概述就可以勾勒出中国的政治发展。比如对于基层群众自治制度的梳理就可以了

---

[1]　王汉生、王一鸽：《目标管理责任制：农村基层政权的实践逻辑》，《社会学研究》2009 年第 2 期，第 61～92 页。

[2]　李松、黄洁：《治安志愿者总数达 140 万人》，《法制日报》2012 年 10 月 31 日第 2 版。

[3]　胡锦涛：《坚定不移沿着中国特色社会主义道路前进　为全面建成小康社会而奋斗——在中国共产党第十八次全国代表大会上的报告》，2012 年 11 月 8 日，新华网，http：//www. xj. xinhuanet. com/2012－11/19/c_ 113722546. htm。

解中国基层民主的政治发展情况。① 而政党活动是一个组织行为的研究，一般探讨的是动态的行为互动。那么，如何探讨中国共产党政党活动和中国政治发展的关系呢？这就要将制度和行为联系起来，研究中国共产党作为一个政党组织在制度建设中扮演何种角色，它如何在制度的框架内与各方互动，如何利用各种资源服务于国家建设和人民福祉。

　　另一方面，经济发展、社会变迁对政党提出严峻的挑战。有学者认为改革开放之后，中国共产党对于社会的控制能力逐渐下降，甚至出现组织收缩的现象。"收缩"的概念源于魏昂德 1994 年的文章，他从组织依赖、监控能力、惩罚能力三种机制描述中国共产党在改革开放前对于社会强大的控制力。改革开放后这三种控制机制都被削弱，所以呈现一种控制能力的"收缩"状态。② 类似的，改革开放的去集体化导致村干部对于普通村民分配经济资源的权威下降。大量中青年农民向城市转移，进一步加剧了乡村组织控制的弱化。随着城市化的发展，中国共产党在城市内部也面临着组织收缩的挑战。在市场经济的作用与推动下，传统的单位组织慢慢消亡或者性质发生变化，同时又涌现出很多新兴的社会组织。政党组织和社会的关系是另一个重要的研究问题。这里要指出的是，社会作为组织的外部环境，也会影响组织自身的建设。

　　面对上述变迁，中国共产党通过制度建设和组织行为积极应对变化。组织制度化（或者称之为"调适"、"韧性"、"政治韧性"）是指执政党面对组织环境变化而不断调整组织结构和行为，以维持组织目标和精神，保持组织的生命力。其中，政党活动就是组织制度化的重要组成部分。本文从组织克里斯玛性、组织有效性和组织动员性这三个特征切入，探讨改革开放之后中国共产党如何通过政党活动应对政治环境的变化。归纳起来，如下图所示。

　　中国共产党通过开展各类活动，提高了政治制度和自身组织的复杂性、自治性、适应性和内聚力。除了日常性的党务工作，中国共产党还开展了大量不同类别的活动，诸如纪念性的活动、中央政治局集体学习、学习最高领导人思想和理论的活动、学习先进模范的活动、学习党史活动、社会主义精

---

① 燕继荣：《中国的社会自治》，《中国治理评论》2012 年第 1 期，第 79 ~ 112 页。

② Andrew G. Walder， "The Decline of Communist Power: Elements of a Theory of Institutional Change"，*Theory and Society*，23（4）（1994）：297 – 323.

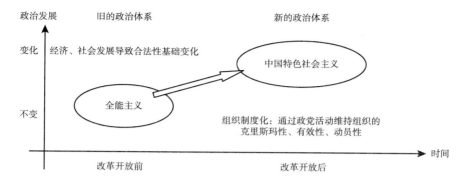

中国共产党的政党活动和中国政治发展示意图

神文明建设、批判取缔活动、抗震救灾防疫活动、打击犯罪活动、党内集中教育活动等。每一种类型的活动都有丰富的内容，其组织功能也一定是复杂的。日后的研究不但要仔细研究每一类的政党活动，考察其演变、活动的强度、成本收效，还要将政党活动和制度变迁联系起来，探讨政党活动如何影响制度建设、活动的长效机制如何建立、制度又如何约束政党活动等相关问题。

　　本文仅仅将政党活动的组织克里斯玛性、组织有效性和组织动员性这三个特征抽象出来，并从宏观层面论述了其如何体现了组织制度化。政党活动随着政治体系和政治制度的变化如何变化，哪些特征又是不变的，是窥探中国共产党政治逻辑和组织逻辑的一把钥匙，也是嫁接中国共产党和中国政治发展的一座桥梁。关于政党活动更加细致的研究有待日后。

权力监督和制约的党内处理方式

——以新加坡 2012 年议员绯闻为例

张 波[*]

摘 要：党内处理是与司法处理不同的一种对权力监督和制约的方式，在适当区分政党范畴和司法范畴界限的情况下，党内处理方式可以有效处理党内争端和党员失范行为。2012 年新加坡发生了两起震动社会的议员绯闻事件。本文通过梳理新加坡朝野两党在处理这两起绯闻事件方式上的差别和共性，认为党内处理方式可以是有效的，它的有效性建立在一定的制度和组织特性基础上，而新加坡朝野两党在进行党内处理时的一些有益经验值得我们在当下借鉴和学习。

关键词：党内处理 绯闻 政党 制度

一 研究的缘起

自 2012 年 11 月 8 日党的十八大召开以来，新一届的中共中央领导展示了对反腐败斗争的高度重视。先是领导人在多次讲话中将腐败问题上升到亡党亡国的高度，而习近平主席"中国梦"的创造性表述中蕴涵着"让人民群众感受真正的司法公正"的承诺，"反四风"的群众路线教育实践活动既

---

 * 张波，深圳大学政治学专业硕士研究生。

是顺应执政党自身建设的要求，也是对群众深恶痛绝的腐败之风的强力回应。可以说目前的反腐败形成了三重共识：一是中共高层在指导思想上执意反腐，二是在执行路径上推行运动反腐，三是在腐败泛滥的基层中群众积极响应反腐。在这三重反腐共识下，新一届中共领导人在声势上震慑了腐败分子，勇于向腐败"亮剑"的做法赢得了民心，同时也取得了反腐败的阶段性胜利，打倒了不少"苍蝇"和"老虎"。十八大以后有这样一些反腐败案件影响比较大：重庆涉不雅视频官员雷政富受贿案；原铁道部部长刘志军受贿及滥用职权案；原国家发改委副主任、国家能源局局长刘铁男贪腐案；原中央编译局局长衣俊卿事件；薄熙来受贿、贪污、滥用职权案。这五个案件的共性是贪腐与情色相结合，而且往往是情色因素导致贪腐问题的曝光，进而受到党组织和司法机构的调查。

　　查处一批贪腐官员本是一件大快人心的事，但腐败官员处理程序的制度化和规范化、处理过程的透明度与公开度、处理结果的公正性和合法性更值得我们关注。由于本文关注的是对这些涉及情色（或绯闻、婚外情）问题的党员在政党组织内部是如何作出处理的，司法程序的处理不在探讨的范围内。因此，从党内处理层面来说，以上列举的五个具有影响力的涉情色贪腐案件从处理的程序、过程和结果三方面来看，大概可以作如下总结：（一）党内处理优先，司法处理在后的处理程序。除衣俊卿事件外，其他四个案件在经过党内处理后都移交司法进行了侦办和审理。这里就涉及党内处理与司法处理如何有效衔接的问题。衣俊卿事件经过党内处理后，衣被免去中央编译局职务，并未移交司法；薄熙来在济南中院接受审判时庭上翻供，指在中央纪委审查期间写的笔录"对我不正当的压力的情况下写的"、"有明确的诱导因素"。（二）党内处理时效性不一，显得"无迹可寻"。在雷政富案件中，经网络曝光其不雅视频60多个小时后，中共重庆市委就对雷政富作出了免职并立案调查的决定，可谓"神速"；在刘铁男案中，2012年12月6日《财经》杂志副主编罗昌平实名举报刘铁男，称其涉嫌学历造假、巨额骗贷和包养、威胁情妇等问题，5个多月后中央纪委才针对刘铁男涉嫌严重违纪进行组织调查。而举报的当天，国家能源局新闻发言人回应称举报"纯属造谣污蔑"、"我们正在报案、报警"等强硬表态。党内处理时效上差别显著，显示出党内处理启动机制不规范。（三）党内处理具有保密性和不透明性，公民缺少参与党内处理的管道。在衣俊卿事件中，衣被免去中央编译局局长职务，目前依然为中央编译局享受"正高"职称的专家学者，这引发人们对党内处理公正性的思考。所谓公民政治参与，首先是保证公民对真相的知情权。公民渴望了解贪腐党员处理信息的要求与党内处理中上存在的信息管制行为二者之间的对立，导致了党内处理的结果被贴上"黑箱操作"的标签，有损党的公信力和权威。

面对党内处理所面临的挑战，要找到问题的症结，有必要立足于中国特殊的国情，从我们制度的设计、党组织的建设、公民的观念和行为上找原因。但我们不妨把目光放得长远一些，考察一些国外政党内部处理的运作情况，借鉴外部的有益经验，或许更有助于我们的认识接近现实。以人民行动党长期执政和良好的廉政水平为特色的新加坡，提供了这样一个值得借鉴的例子。

2012年年末，新加坡联合早报读者在投票评选年度汉字时选出的汉字为"色"。在这一年，新加坡肃毒局局长黄文艺、民防总监林新邦和新加坡国立大学副教授郑尊行的婚外恋情分别曝光并受审。与此同时，新加坡朝野两党的议员也爆出绯闻。年初是工人党议员饶欣龙，年尾是行动党议员柏默。比较朝野两党处理本党议员绯闻的不同方式，可以让相关组织在处理类似问题时受到启发。

本文选取2012年新加坡政治桃色事件中的饶欣龙事件和柏默事件来审视新加坡政党是如何在党内部处理涉绯闻（或者婚外情）议员的。

在本文的第二部分将对新加坡2012年的议员政治桃色事件从时间上进行简单的事实描述；第三部分即对两起桃色事件进行比较，包括涉绯闻党员的不同行为比较、两党处理方式和结果的差异比较、两党对党员及绯闻所持不同态度的比较，并归纳其共性；第四部分中，笔者将尝试使用政治学的一些概念和原理，分析何以新加坡朝野两党处理绯闻党员有如此的差异以及党内处理方式的有效性两个问题；最后一部分是全文的总结。

首先来梳理一下饶欣龙事件和柏默事件。

二 新加坡2012年议员政治桃色事件回顾

饶欣龙事件。饶欣龙为新加坡反对党工人党（Work Party）党员，在新加坡2012年大选中在后港单选区接替党主席刘程强出选，并高票当选。2012年1月尾，互联网上流传饶欣龙与该党一女党员有私情。在这次的风波当中，饶欣龙一度采取"三不"态度："不回应"、"不回家"、"不上班"。他多次躲避记者追问，选择不回应，也不向工人党交代，甚至低调离开新加坡，让工人党收拾残局。在 2012 年 2 月 15 日被工人党开除党籍，引发后港补选。

工人党饶欣龙绯闻的时间表大致如下。

表 1　饶欣龙事件时间表

2012 年 1 月 20 日	网上流传,饶欣龙和一名已婚女党员传出婚外情的消息。
1 月 25 日至 28 日	饶欣龙取消接见选民活动闹失踪
1 月 28 日	饶欣龙首度开腔,说没有必要回应谣言
2 月 7 日	饶欣龙辞去工人党财政一职
2 月 9 日	饶欣龙的另一段和中国新移民的婚外情传闻曝光
2 月 12 日	饶欣龙继续不回应;传饶欣龙被开除党籍,刘程强则说,有任何消息会对外公布,希望媒体耐心等候
2 月 15 日	工人党开除饶欣龙的党籍

当年年末，行动党议员柏默也爆出绯闻。柏默为新加坡人民行动党（People action party）党员，为榜鹅东单选区议员，2011 年 10 月 12 日起至 2012 年 12 月任新加坡国会议长，也是新加坡历史上最年轻的议长。2012 年 12 月 12 日，柏默出席人民行动党紧急召开的记者会，公开承认和人协女职员有婚外情，表示"个人判断出了严重偏差"并"为自己所犯的严重错误承担全部责任"。柏默宣布主动退出人民行动党，同时也辞去国会议员及议长职务。

人民行动党柏默绯闻事件时间表大致如下。

表 2　柏默事件时间表

2012 年 12 月 8 日	早上 10 时 48 分:有人发简讯给《新报》,称有政治人物的婚外情内幕要曝光 早上 11 时 55 分:《新报》连续接到几封简讯 中午:《新报》收到 4 封电邮,内容是小三和政治人物简讯以及电邮往来的截图
12 月 8 日晚	柏默当晚通知人民行动党第一助理秘书长、副总理兼国家安全统筹部长及内政部长张志贤有关婚外情事件,并表明辞职意愿;两人当晚通知了李显龙总理
12 月 9 日早上	李总理早上见了柏默,并接受他的辞呈;李总理也下达指示,要以果断、公开的方式处理这起事件
12 月 10 日~11 日	安排职务转移和交接,确保榜鹅东区居民获得照顾
12 月 12 日	张志贤和柏默早上召开记者会,宣布柏默退党,并辞去榜鹅东选区议员和国会议长的职务;晚上他们见榜鹅东基层,交代这起事件;12 日上午的记者会后不久,身为行动党秘书长的李显龙总理在在个人面簿上载了他和柏默的来往信函

三　新加坡朝野两党处理涉绯闻议员方式比较

比较执政的行动党与在野的工人党处理本党议员绯闻的方式，有如下 6 点不同之处。

（1）公开承认有绯闻与逃避不回应的不同

在柏默事件中，2012 年 12 月 8 日有爆料人给《新报》提供柏默绯闻的资料。早上 10 时 48 分爆料人发简讯给《新报》，称有政治人物的婚外情内幕要曝光。早上 11 时 55 分《新报》连续接到几封简讯。中午《新报》收到 4 封电邮，内容是小三和政治人物简讯以及电邮往来的截图。2012 年 12 月 12 日，柏默出席人民行动党紧急召开的记者会，公开承认和人协女职员有婚外情，并表示自己犯下严重错误。柏默此举证实了自己确有婚外情的行为，却是诚实地面对社会的质疑，澄清了事情的真相。

在饶欣龙事件中，2012 年 1 月 20 日网上流传饶欣龙与一名已婚女党员的绯闻。2012 年 1 月 25 日至 28 日饶欣龙取消接见选民活动闹失踪，1 月 28 日饶欣龙首度开腔，说没有必要回应谣言。2 月 9 日，饶欣龙的另一段和中国新移民的婚外情传闻曝光。2 月 10 日，媒体报道称知情者不止一次看到饶欣龙与一位女士，深夜出现在女方娘家的公寓电梯与楼下。2 月 11 日，面对媒体不断曝出的绯闻，饶欣龙仍然表示不会回应。2 月 15 日，工人党开除饶欣龙的党籍。在触发后港单选区补选后，饶欣龙在 2012 年 5 月中发出公开信向居民道歉，只呼吁选民支持"蓝衣的候选人"（蓝衣是工人党的党衣色），但是他并没有针对人们最关心的问题，即他是否有搞婚外情给予正面回应。饶欣龙逃避社会对他有婚外情的质疑，采取彻头彻尾的不回应方式。

（2）及时向选民道歉道别与不告而别的不同

柏默在绯闻曝光后的第四天，即 2012 年 12 月 12 日在记者会上首先作了辞职声明，接着向榜鹅东居民和他的支持者道歉。会上，柏默表示他已递交辞呈，不再是国会议员和人民行动党党员，辞职是为自己犯下的严重错误负起全部责任。所谓的"严重错误"，柏默在会上也进行了说明："我和一名在白沙—榜鹅集选区工作的人民协会职员有私情……我的行为不恰当，并且是严重的错误判断。"柏默表示，"身为国会议长和榜鹅东议员，我尽全力履行我的职责，我的行为没有影响我执行职务"。最后，他向榜鹅东居民，以及人民行动党和所有相信、支持他的人表示毫无保留的歉意。而在前一天的晚上他则在妻子陪同下向榜鹅东基层领袖道歉和道别。相反，饶欣龙在婚外情传言曝光后，不告而别，为避风头还下落不明，直到后港补选前，他才意外发电邮给媒体，表示对后港居民感到抱歉，却没解释不告而别的原因，也没证实或否认婚外情传闻。

（3）向本党自招有绯闻与近一个月不向党表态的不同

柏默绯闻被曝光是在2012年12月8日，上午和中午爆料人不断向《新报》爆料。当天晚上柏默就选择向人民行动党招认绯闻。他当晚通知人民行动党第一助理秘书长、副总理兼国家安全统筹部长及内政部长张志贤有关婚外情事件，并表明辞职意愿，随后两人当晚通知了李显龙总理。9号上午柏默去会见了李显龙总理。会见中李显龙接受他的辞呈。

饶欣龙的绯闻曝光后，饶欣龙除了不接见选民也不向选民表态，同时也不向工人党作出任何有关绯闻传言的表态。饶欣龙之被工人党开除，援引工人党秘书长刘程强的说法，即"饶欣龙前后一个月始终不表态，也拒向中委解释，工人党'别无选择'开除他"[①]。

（4）主动辞职与被开除党籍的不同

具体来看柏默与饶欣龙两人去职的方式和程序。2012年12月8日晚柏默向张志贤表达了辞职的意愿，第二天上午柏默去面见李显龙总理，并提交了辞呈。此时，李显龙接受了柏默的辞呈。2012年12月12日在记者会上柏默表示"我已递上辞呈，辞去国会议员的职务，也辞去人民行动党的党籍"，目的是"为了避免进一步让人民行动党和国会难堪"。柏默主动提出辞呈，退出人民行动党和辞去国会议员职务是同时的。

工人党在2012年2月15日开除饶欣龙的党籍，原因是"饶欣龙始终不出来表态，也拒绝向中央执委解释"，所依据的是工人党党章第22（a）条款。饶欣龙后港议员资格的失去是根据宪法46（2）（b）条款，即"该议员系本宪法生效后当选者，如果他不再是选举中他所代表的那个政党的成员或已被该政党开除或已脱离该党者"则宣布该议员的议席出缺。因此，饶欣龙因为他被工人党开除出党，宪法上导致该议席出缺，结果是他议员资格丧失。

（5）离职后仍获党肯定与被党撇清关系的不同

尽管承认婚外情辞职，柏默在工作表现上仍获"美言"。李显龙总理在

①　刘程强：《答复：工人党依据党章开除饶欣龙》，《联合早报》2012年2月20日。

他致柏默的信中肯定他当议员和议长的表现，称他"作为议员，你长时间工作，不辞劳苦地处理你的选民所关注的事情，尤其竭力把触角伸向贫困者和青年，与他们建立更坚实的联系"，还称他"且赢得部长们和后座议员的尊敬"。李显龙的一封简信既褒奖了柏默而又不失真诚，言语公正而不乏温情，体现了大政治家的风范。

工人党难以褒奖饶欣龙，而选择与他撇清关系。在后港补选进入白热化之际，饶欣龙突然发公开信给后港选民，在信中呼吁"希望后港居民会继续支持蓝衣的候选人"。工人党的候选人是穿蓝衣的，饶欣龙为工人党候选人拉票，而工人党不愿意针对饶欣龙的公开信置评。工人党在 Facebook 上作简短声明，表示饶欣龙已非党员，如今专注支持方荣发竞选。

（6）党不允许婚外情与对婚外情没有表态的不同

人民行动党通过对柏默绯闻事件的处理，明确地向社会表示人民行动党不允许该党党员有婚外情。柏默通知李显龙并表示辞职意愿时，李显龙认为"辞职"是恰当的做法，隔日作出指示人民行动党应该以"果断及公开"的方式处理这起事件。可见，人民行动党对待党员婚外情第一反应迅速，第二处理果断，第三在党组织关系上要将绯闻党员切割出党。李显龙致柏默的简信是对柏默个人行为的置评。在信中，李显龙表示"所有人民行动党国会议员和基层组织顾问必须坚持最高标准的个人操守，特别是在接触选民、基层活跃分子和员工的时候；而党也必须贯彻对议员和基层组织顾问恪守这些标准的要求"，这即是明确表示不允许婚外情。

反观工人党，从 2012 年 2 月 7 日饶欣龙辞去工人党领导层职务，卸下该党财政长一职，直至 2 月 15 日工人党召开记者会，宣布开除饶欣龙党籍，历时 9 天。工人党对待党员婚外情第一动作迟缓，第二缺乏果断，第三工人党开除饶欣龙并未明确系不能容忍党员有婚外情而作出的决定，对婚外情的态度模糊不明确。民众并不清楚工人党究竟在党员婚外情上持何种态度。

从以上的比较中可以发现，第（1）、（2）、（3）条是涉绯闻议员自身行为上的不同，第（4）、（5）条是两党内部处理涉绯闻议员方法和结果的不同，第（6）条反映的是党内处理绯闻的过程中两党对绯闻所持态度的不同。

除了以上 6 点不同之处外，新加坡朝野两党在处理本当涉绯闻议员也在诸多方面有着相似之处。

（1）都采用了党内处理的方式。首先从概念上对所谓的党内处理进行界定。某种政治组织，它在维持秩序、解决争端、作出决策时必然依赖一定的组织程序或制度安排，这种程序或制度安排大体上可以分为两种：从微观上，组织内部的规章制度、章程、纲领、指导思想、习惯等，它规范着组织和成员之间的关系；从宏观上，任何组织都受到一定国家法规的规范，包括宪法和其他法律，即人们常说的"任何组织和个人都不能有超越宪法和法律的权力"。政党，从广义上来说，作为一个为获取执政地位的政治组织也必然受上述两种层面的制度约束。因此，如果采用政党组织自身的党规党纪，如党章、党纪、党法、党的指导思想去处理党内争端和党员失范行为，这种处理方式可称为党内处理。与党内处理方式相对应的可称为司法处理方式，它依据的是宪法和法律。前一种方式的处理对象一般是政党的正式成员，后者处理的对象是国家公民。这两种处理方式各有特点，二者也可以结合起来使用。例如，我国许多贪腐案中，官员先经过党内处理被开除党籍和公职后，再送交司法处理。新加坡朝野两党在涉绯闻议员的处理上都采用的是党内处理的方式。究其原因，两位议员涉及绯闻是属于个人行为失范，虽然对政党的名誉造成了损害，但并未出现违反国法的行为，进行党内处理是顺理成章的。

（2）注重党内处理的时效性。无论是工人党还是人民行动党，当本党议员绯闻通过网络和媒体曝光后，都争取尽可能短的时限内对涉绯闻党员进行处理。在柏默事件中，从2012年12月8日上午绯闻开始曝光，12月8日晚柏默会见副总理张志贤始至2012年12月12日下午1时25分举行记者会，宣布柏默因婚外情辞职并退党，历时5天，其间交代了柏默事件真相，对柏默的行为作出了党内处理，为照顾选民利益对柏默选区事务作了替代性安排。反观工人党，从2012年2月7日饶欣龙辞去工人党领导层职务，卸下该党财政长一职，直至2月15日工人党召开记者会，宣布开除饶欣龙党籍，历时9天；从2012年1月20日绯闻曝光至2月15日工人党召开记者会，历时27天。由此可看出，人民行动党在处理时效率更高，时效性更好。因此，新加坡一些媒体人士及学者认为同样是处理党员婚外情事件，人民行动党表现得更果断、行动更迅速；不少学者认为人民行动党有"壮士断腕"的魄力，工人党尤其是党首刘程强瞻前顾后思虑颇多，结果"贻误战机"。

（3）善于利用媒体及时发布涉绯闻议员处理相关信息。党内处理如不及时披露相关信息，难免给人"黑箱作业"之感，而真相所达不及之处当然是谣言的温床。能避免"黑箱"和"传谣"的应该是及时、明确的真相或事实了。两党都善于利用媒体发布信息的作用，只是方式不同而已。谣传饶欣龙被开除党籍和担心丢失议席时，工人党党首刘程强通过媒体发生，表示"那是人民选出来的，不用担心，船到桥头自然直"，并希望媒体耐心等候。注重时效性的人民行动党选择事发当晚召开紧急记者会，利用"问答"方式传出真相，释去社会的疑虑；人民行动党秘书长李显龙更是利用了线上新媒体 facebook 刊载他给柏默的往来信函，让更多的受众更快、更清晰地了解人民行动党在绯闻问题上所持的立场和态度。

四　对党内处理的政治学分析

根据第三部分的比较，新加坡朝野两党在处理涉绯闻议员方式上的差异与共性如何解释呢？作为党员的饶欣龙拒绝与党共进退，作为议员的饶欣龙抛弃了选民，在行为失范上更甚于柏默，工人党对党员的约束力为何显得虚弱？柏默辞职，饶欣龙开除党籍，是否议员涉绯闻就意味着政党与党员关系上的切割？人民行动党为什么在党内处理上更迅速、更果断？党内处理方式是否有效，如何有效？

对于上述疑问，下文将从三个方面进行整合式回答。

（一）党内处理是否有效

党内处理方式的有效，可以从以下三方面来看：（1）争端得到解决，未持续泛滥形成对政党的新冲击。（2）党的意志得到贯彻，权威性得到维持。（3）程序是正义的，党内处理方式得以继续适用。两起议员绯闻事件都对本党的声誉造成了一定的损害，尤其是质疑党员人才选拔程序的合理性。但随着党内处理决定的实施，所谓的"饶欣龙事件"和"柏默事件"都告一段落，争端的影响被控制在一定社会范围和时段内。其次，两次党内处理中党组织的意志得到了有效的贯彻，政党的组织和程序相对来说是独立于其他社会团体和行为方式的影响的，政党范畴和其他范畴之间的界限是明晰的。社会上虽有各种不同意见，党的处理还是具有相当自主性的，党的权威性得到维持。最后，社会大众普遍认为党内处理的程序是正义的，或者说对党内处理的认受性比较强，党内处理方式可以继续适用。

（二）党内处理的有效性还取决于一定的宏观制度和政党组织特性

党内处理只是一种处理方式，某一政党要实现党纪党规，解决争端，约束党员，还取决于一定的制度安排和政党自身建设所获至的某些特性。

（1）党内处理的有效性离不开宪政下的政党竞争。必须用野心来制衡野心，用权力来制衡权力，这是政治学的公理。"壮士断腕"是痛苦的，在缺少政党竞争的情况下，政党之间的监督必然离席，党内处理很可能变成对党员的姑息养奸和对党员失范行为的包庇和纵容。新加坡在宪政层面上已经承认了反对党存在的合法性，尽管人民行动党在选举制度上通过集选区制度、非选区议员制度和按柜金制度来限制反对党的政治空间，但随着反对党参政能力的逐渐增强，执政党与反对党之间的竞争趋于激烈。在2011年新加坡国会选举中，工人党实现1988年以来反对党在集选区零的突破，一举拿下5个集选区国会议席和一个单选区国会议席，成为新加坡历史上的一个里程碑。有学者从整体效果上谈新加坡竞争性政党政治，认为工人党为其他反对党提供竞选的蓝本，视为"示范效应"；反对党督促执政党不断转型，视为"鲶鱼效应"。这里引申一下，在两起涉绯闻议员的党内处理中，执政的人民行动党发挥"示范作用"，以快速、果断、公正的方式处理议员绯闻，以较高的标准要求人民行动党党员；工人党则发挥"鲶鱼作用"，督促执政党严于律己不包庇党员。

（2）党内处理的有效性与政党是否是强有力政党相关。从微观的行为层面看，所谓的党内处理必然是由一定的党内成员组成的政治机构，在某种原则的支配下，按组织既定的合法程序，依据党纪党规作出奖惩安排的过程。因此党内处理方式能否运行主要依赖于三方面：①文本的或原则性规则。②对政党负有某种义务并为着政党共同利益而聚合的成员。③按一定程序组织起来的政治机构。党内处理是一种手段，它所依附的载体是政党，并且政党的特性必然影响着党内处理的有效性。亨廷顿在谈政治共同体时，认为一个复杂的社会政治共同体的维持需要三个因素：第一，政治共同体内的道德和谐，即政治共同体内的个人和集体的相互关系体现为某种义务，这种"义务就含有某种原则、传统、神话、目的和行为准则等方面的内容……是个人和集体共有的"。所"共有的"在外在形式上可以体现为各种规定性的文本或价值原则。第二，政治共同体内的互惠互利关系。政治共同体是人们基于共同认识以及渴望参与彼此得益的交往而聚合在一起。第三，建立起能包容并反映道德和谐性和互惠互利性原则的政治机构，即个体通过制度化的聚合形成政治机构，这些机构有着沟通特定利益的人和集团的作用，并被赋予某种功能。政党作为最具有现代性的政治共同体，它的维系也必然依赖于上述要素。政党的维持是党内处理发挥作用的基础，而政党力量的强弱则影响着党内处理有效性的高低。因此，从某种程度上讲一个强有力政党的党内处理的有效性必然比一个力量弱的政党高。这可以用来解释为什么柏默选择与人民行动党共进退，配合人民行动党的行动，服从人民行动党作出的决策，而饶欣龙与工人党之间关于绯闻既缺乏一致意见也缺乏协同行动，双方各行其是。原因就在于人民行动党乃是一个强有力政党。

那么，一个强有力政党的特征是什么？亨廷顿认为："政党的力量反映出支持的规模和组织的水平。"① 具体来说可以从以下四个方面来衡量政党力量。

第一，政党力量可以从其适应性方面来衡量。适应性就是后天获得的组织性；概而言之，就是适应环境挑战的能力和存活能力。② 组织的寿命则大致可以用来衡量该组织的适应力。组织的寿命又可以用三种方法来衡量：①组织或程序存在的时间长短。一个政权存在的时间越长，其制度化程度就越高。人民行动党创建于1954年，工人党创建于1957年，二者创立时间相距不远，但人民行动党从1959年大选上台执政至今已延续了54年，创下了政党长期执政的纪录，它的适应性可见一斑。②代间转移——如能不引发继承危机而更换领导人的次数频繁，政党组织如果已经多次和平地解决继承问题，其组织的制度化程度就愈高。③ 人民行动党通过和平选举的方式已经实现了多次领导人代间转移。③组织的职能（或功能）——能历经主要功能的变更而继续存在，一个历经环境变化而能应付自如，历经主要功能的变更而继续存在的政党，可算是一个强有力的政党。人民行动党作为执政党在履行发展国家的职能上基本应付自如，甚至形成了独特的"新加坡模式"。

第二，政党力量可以从复杂性来衡量。复杂性的意义包括层次上或功能上的次级单位之增多，以及各类各型单位的结构分化，换言之，组织分支单元的多元性及具有多项目标的组织是属于复杂性的组织。复杂性使组织可获得及维系其成员的忠诚，并由此产生稳定性。因此组织越复杂，其制度化层次也越高。

第三，政党力量可以从其自主性来衡量。就自主性而言，政治制度化意

---

① 〔美〕亨廷顿：《变化社会中的政治秩序》，上海译文出版社，1989，第440页。
② 〔美〕亨廷顿：《变化社会中的政治秩序》，上海译文出版社，2008，第11页。
③ 张涛：《论强有力政党的特征和建设途径》，深圳大学当代·中国政治研究所编《当代中国政治研究报告Ⅳ》，社会科学文献出版社，2005，第102~112页。

味着并非代表某些特定社会团体利益的政治组织和政治程序的发展。一个政党的自主性越强，则越能分辨出不同于其他机构和社会势力的自身利益和价值，越不易受其他非政治团体和程序的影响。

第四，政党力量可以从内聚力来衡量。内聚力是政党内部一致性意见能够扩大到约束整个体系内的互动分子的能力。政党的内聚力最起码表现在组织对它的职能范围和解决此范围内出现的争端所应遵循的程序有实质上的一致看法。

人民行动党在哪些方面、多大程度上可称为强有力政党不是本文的重点，这里不再赘述。但正是因为人民行动党是一个强有力政党，它的制度化程度高，组织和程序的内部协调性（内聚力）强，因此柏默与人民行动党在意见和行动上相互协调一致，人民行动党处理议员绯闻更具时效性，表现得更有效率，更果断。

（三）涉绯闻议员与党组织关系的切割能否成为党内处理的一项原则

新加坡 2012 年议员绯闻事件中，饶欣龙开除党籍，柏默主动辞职，是否议员涉绯闻就意味着政党与党员关系上的切割？虽然从经验规范来看，两个政党、两次议员涉绯闻，在党内处理决定作出后都意味着党员与政党关系上的切割，但是仍然无法将这一条上升为具有普遍性的原则。涉绯闻议员与党组织关系的切割成为党内处理的一项原则时，一定程度上等同于党组织关系切割这种程序被制度化了。而所谓制度就是稳定的、受珍重的和周期性发生的行为模式。目前可供经验观察的案例不够，武断地得出结论是不符合科学原则的。但是通过两个绯闻案例可以发现一些事物发展的趋势。

李显龙总理在给柏默的公开信函中表示：“所有人民行动党国会议员和基层组织顾问必须坚持最高标准的个人操守。”这便明确表明了两点：第一，行动党不容许党员或该党议员有婚外情；第二，党员或议员被发现有绯闻（或婚外情）就意味着他（她）失去党员资格。工人党在饶欣龙婚外情事件上却未曾明确表明对党员涉绯闻（或婚外情）的立场，援引工人党秘书长刘程强的说法，即“饶欣龙前后一个月始终不表态，也拒向中委解释，工人党‘别无选择’开除他”。因此，工人党在开除与不开除饶欣龙党籍上有相当大的暧昧空间。根据有些媒体的分析，工人党行动迟疑主要源于两点：一是“狮城”小国人才难得，饶欣龙是人才，甚至被认为是刘程强属意的培养对象；二是新加坡宪法有规定如议员离开了它参选时所属的党派将会导致议席自动空缺，反对党议席获之不易，补选则面临各种未知因素。而且在政治史上，议员或官员被曝绯闻而继续留任的不乏先例，美国前总统克林顿就是一例。在参议院没有通过对他的弹劾控罪，民意让他继续做总统。事实上新加坡对于是否要开除涉绯闻党员，舆论并不统一，主要有"政治洁癖论"和"私德论"两种，也未见哪种意见成为绝对主流。因此，笔者认为对于朝野两党对党员绯闻所持不同态度，区别在于一个是超理性的，另一个是理性的。人民行动党作为执政党，认为新加坡人对执政党有超过一般政党的道德要求，而廉洁自守也是它所坚持的理念。因此，人民行动党的处理是超理性的，对党员持较高的道德水准。工人党是反对党却也不甘于处庙堂之外，也渴望上台执政，巩固现有的议席并获得更多的新加坡选民支持成为非常现实的考虑，所以说它的处理是理性的。因此，在可见的将来，涉绯闻议员与党组织关系的切割将成为人民行动党党内处理的一项原则。

五　总结

根据新加坡 2012 年朝野两党对两起涉绯闻议员的党内处理，可以发现在合理和区分好政党范畴和司法范畴的前提下，党内处理是一种解决党内争端和党员行为失范的有效方式。党内处理方式运用得好，对加强党规党纪对党员行为的规范有一定的作用。同时，党内处理方式依赖于一定的政党载体，宏观的政治制度和政党组织特性影响这党内处理的有效性。

当然，党内处理方式的运用、有效性在不同的国家、国情和政党条件下是不一样的，不经过科学的分析比较而盲目的借鉴是不可取的。考虑到我国目前治理腐败的宏大背景，新加坡的经验有如下借鉴意义。

①党内处理可以是有效的，在对处理范畴有清晰界定的情况下应该合理使用这一处理方式。

②强有力政党才能保证党内处理的有效性，要建设强有力政党就必须提高政党制度化程度和组织水平。反过来，党内处理的规范化和制度化也促进了强有力政党的形成。

③对行为失范的党员进行党组织关系的切割虽然并非一项普遍性原则，但在某情况下可以将之原则化。这种"原则化"在当下执政党强力反腐、基层贪腐愈演愈烈和社会大众渴望反腐的情况下，应该是合适的。

④善于利用社会媒体及时发布信息，通过与民众的及时信息沟通保证公民的知情权，增强党内处理透明度，防止"黑箱"处理。

政治民主实践

试论有效开发多党合作的政治资源与制度资源

浦兴祖[*]

摘　要： 中国共产党领导的多党合作制度是我国的一项基本政治制度。为了有效开发这一制度的政治资源与制度资源，应当更加明确定位各民主党派的社会基础，更加重视民主党派在政权中的作用，更加切实加强民主党派对执政党的监督。本文就以上三个方面展开了较为深入的理论分析，表述了作者的若干见解。

关键词： 多党合作　有效开发　制度资源

中国共产党领导的多党合作制度，是我国的政党制度。实行这一制度，是特定的社会历史发展之必然，也是坚持广泛的爱国统一战线之必需。这一制度所蕴涵的政治资源与制度资源还远未"用足"。在建设小康社会与和谐社会的进程中，有效开发这种资源的重要性、必要性毋庸置疑。需要研究的是，如何才能"有效开发"？本文凭借笔者多年的思考与近期的探索，从学术的角度提出若干思路，不当之处，欢迎指正。

一　进一步明晰民主党派各自的社会基础

所谓"多党合作"，自然是指多个政党间的合作。其首要前提是有"多

---

* 复旦大学国际关系与公共事务学院教授。

党"存在，参与"合作"的多个主体，包括中国共产党与各民主党派都必须是"政党"。否则，"多党"合作就无从谈起。

尽管"各民主党派是不是政党"在一些人中间还有争议，但从执政党的角度确认民主党派是"政党"、是"参政党"的问题，则早已解决。现在需要的是，在实践中增强各民主党派的"政党"特征，使之有别于"经济组织"、"文化团体"或工、青、妇等社会组织，真正发挥其"政党"——"参政党"的功能，从而有利于有效开发多党合作的政治资源与制度资源，也有利于充分发挥爱国统一战线的"法宝"作用。

为此，首先需要进一步明晰民主党派各自的社会基础。

凡是政党，总代表着一定的阶级、阶层，并以这些阶级、阶层为自己的社会基础，总要表达与实现这些阶级、阶层的利益，为这些阶级、阶层服务。这可以说是政党的一项基本特征。一个政党有了特定的社会基础，就有了"根"，就有了"原动力"。而不同的政党则应当拥有各自不同的社会基础，这才能构成政治舞台上各具特色各显功能的"多党"。我国的各民主党派在新中国成立之前与新中国成立之初，各有其具体的社会基础。但从总体上看，它们基本上都是以民族资产阶级、城市小资产阶级及其知识分子为自己的社会基础的，较之中国共产党以工农为阶级基础与社会基础，则有着明显的独特性与差异性。同时，中国的国情特点又决定了代表不同社会基础的中共与各民主党派在一些重大问题（如国家建设、社会发展）上又存在着一致性。新中国成立后之所以能顺利确立中国共产党领导的多党合作制度，能切实开展多党合作的实践，一个非常重要的原因就在于上述那种差异性与一致性的并存。因为社会基础的差异，才会导致多个不同政党的存在，才会有"多党"间的合作；因为在一些重大问题上的一致性，所以"多党"间才有可能达成"合作"。一句话，有同有异、求同存异，才有"多党合作"。

1956 年后，随着生产资料私有制的社会主义改造基本完成，我国各民主党派的社会基础发生了重大变化，从而与中国共产党之间的差异性明显缩小，一致性明显增大。甚至可以说，作为民主党派新的社会基础的"社会主义劳动者"尤其是"工人阶级的一部分"，本当就该属于中共的阶级基础与社会基础。这样，民主党派与中共的社会基础（阶级基础）便趋于同质，有"同"而近乎无"异"。或者说，民主党派已经不再拥有有别于中共的独特的社会基础。这样，虽然执政的共产党出于政治考量——主要是党际"互相监督"方面的考量而坚持要保留各民主党派以"长期共存"，但民主党派本身却已缺失独特的"根"和独特的"原动力"，从而在很大程度上削弱了其在中共之外独立存在的根基与理由，以及在"多党合作"中发挥功能的动力与活力。正因为如此，笔者认为，即便撇开执政党内"左"的思想抬头而错误对待民主党派这一因素，各民主党派的地位与功能也会渐趋式微，"多党合作"也不可能承续新中国成立之初的盛况。

独特的社会基础，对于一个政党而言实在是至关重要的。今天我们认定，"民主党派是各自所联系的一部分社会主义劳动者、社会主义建设者和拥护社会主义爱国者的政治联盟"，① 也就是说，当今民主党派的社会基础是"一部分社会主义劳动者、社会主义建设者和拥护社会主义的爱国者"。这样，便产生了一个问题：执政党"三个代表"的重要思想昭示，要"始终代表中国最广大人民的根本利益"。而"一部分社会主义劳动者、社会主义建设者和拥护社会主义爱国者"显然也属于"中国最广大人民"范畴，也属于中国共产党的社会基础的组成部分。那么，当今民主党派与中共的社会基础是否仍然呈现"同质"状态？这一问题若处理不好，民主党派依然可能缺乏独立存在的根基与理由，依然可能缺失参与"多党合作"的动力与活力。这对于有效开发多党合作的政治资源与制度资源，对于充分发挥我国爱国统一战线的"法宝"作用，都是很不利的。

笔者认为，应当这样来理解与处理上述这一问题：中国共产党提出"三个代表"的重要思想，宣示"始终代表中国最广大人民的根本利益"。但与此同时，中共仍强调必须始终坚持"工人阶级政党"、"工人阶级先锋队"的性质。② 这便表明：第一，中国共产党与时俱进，全面地代表"最广大人民"，将"最广大人民"作为自己广泛的社会基础，这其中也包容着改革开放以来，特别是走向社会主义市场经济过程中出现的各个新社会阶层；第二，中国共产党依然坚持工人阶级的性质，有重点地"主要"代表"最广大人民"中的工人、农民以及作为"工人阶级一部分"的那些知识分子，坚持以工人阶级（含作为"工人阶级一部分"的知识分子）为自己的阶级基础，以农民阶级等社会主义劳动著作为自己社会基础中的主要部分。坦率地说，中国共产党尽管"也要"代表"新社会阶层"，但不可能"主要"

---

① 参见 2005 年《中共中央关于进一步加强中国共产党领导的多党合作与政治协商制度建设的意见》。

② 江泽民：《在庆祝中国共产党成立八十周年大会上的讲话》第三部分。

代表这些属于工农以外的"新社会阶层",不可能将这些"新社会阶层"作为自己的"主要"社会基础。① 除非党的性质发生了根本性变化。

那么,谁来"主要"代表工农以外的这些"新社会阶层",将这些阶层作为自己的"主要"社会基础呢? 须知,如果没有现成的政治力量"主要"代表他们,他们则迟早会在"现成政治力量"之外推出属于自己的政治代表。或者说,迟早会在"现成政治力量"之外出现新的政治力量去主要代表他们。这种"新生政治力量"有可能会逐步地生长成为新的政党,从而导致中国政治的复杂局面。

从当今中国的政治现实看,较为可行与平稳的选择是,由现成的民主党派来回应"新社会阶层"的要求,代表这些阶层,将这些阶层作为自己的主要社会基础。我们说民主党派"都已经成为各自联系的一部分社会主义劳动者、社会主义建设者和拥护社会主义爱国者的政治联盟",实际上也反映了这一含义。因为"一部分社会主义劳动者、社会主义建设者和拥护社会主义爱国者"中就包含着"新社会阶层"。但是,上面的表述还可进一步细化与明晰化。笔者从民主党派承续历史传统与适应社会新发展的角度考虑,认为:应当更加明确地将民主党派的社会基础定位于:作为"工人阶级一部分"的知识分子与"新社会阶层"。请注意,是作为"工人阶级一部分"的知识分子与"新社会阶层",而不是"知识分子与新社会阶层"。那是因为"知识分子"与"新社会阶层"是两个部分重叠的概念。"新社会阶层"中拥有大量的"知识分子"。从这个意义上讲,提"新社会阶层"就不必另提"知识分子"。但当今的"知识分子"除了作为"新社会阶层的一部分(大部分)"外,仍有不少附在工人阶级这张"皮"上,继续作为"工人阶级的一部分"。知识分子的这样两个部分显然是有区别的。因此在提"新社会阶层"的同时还需提"作为工人阶级一部分的知识分子"。而"新社会阶层"中也并非全是知识分子(例如有些私营企业主与个体户),因此也不能将民主党派的社会基础仅仅表述为"知识分子"(作为"工人阶级一部分"与作为"新社会阶层一部分"的知识分子)。

如果对民主党派的社会基础作出如上这样明确的定位,如果"新社会

---

① 江泽民《在庆祝中国共产党成立八十周年大会上的讲话》第三部分中讲道,"来自工人、农民、知识分子(当指'作为工人阶级一部分'的知识分子——引者注)、军人、干部的党员是党的队伍最基本的组成部分和骨干力量,同时也应该把……社会其他方面的优秀分子吸收到党内来……",从中也可体味到本文的这一观点。

阶层"与"作为工人阶级一部分的知识分子"都成为民主党派的主要社会基础，那么，与中共的主要阶级基础与社会基础相比，又具有了较为明显的独特性与差异性。

前文关于"定位"的表述，还是就"民主党派"与"新社会阶层"的总体而言的。若作进一步考察，民主党派并不是一个，而是八个；"新社会阶层"也不是一个，而是有多个。笔者以为，不同民主党派的社会基础之间，不同民主党派与新社会阶层的关系，也应当有所区别，而不宜趋同。有的民主党派仍可以作为"工人阶级一部分"的知识分子为主要社会基础，有的则以"新社会阶层"为主要社会基础；某一民主党派以某一系统中作为"工人阶级一部分"的知识分子或以某一"新社会阶层"为主要社会基础，而另一民主党派则以另一系统中作为"工人阶级一部分"的知识分子或以另一"新社会阶层"为主要社会基础。这样，不同民主党派的主要社会基础之间也呈现一定的独特性与差异性，便能更有力地支撑各具特色、各显功能的"多党"存在。有鉴于此，建议执政党再一次推动八个民主党派通过协商，依据各自的历史传统，进一步细化各党派的社会基础，并在各党派发展成员时充分体现这一点。例如，民建在历史上是以工商业者和与工商界有联系的知识分子为主要成员的，可考虑将私营企业主、个体户这些新社会阶层引入自己的社会基础。九三学社历来以科技界高级知识分子为主，则可以将民营科技企业的创业人员和技术人员引为自己的社会基础。其他民主党派或者仍以原来联系的某方面人员为主，或者分别将中介组织的从业人员、自由职业人员以及受聘于外资企业的管理技术人员吸纳进自己的社会基础之中。

社会基础的独特性与差异性，为民主党派在中共之外独立存在，也为民主党派各自独立存在提供了相应的根基与理由，为各民主党派从不同角度参与"多党合作"、发挥政党功能注入了动力与活力。这种独特性与差异性加上在许多重大问题上的一致性，有同有异，求同存异，才有利于有效开发多党合作的政治资源与制度资源，有利于充分发挥我国统一战线的"法宝"作用。

二　更加重视民主党派在政权中的作用

一定的阶级、阶层之所以需要自己的政治代表，是为了能够通过政治代表去表达与实现自己的利益。而政党之所以要将一定的阶级、阶层作为自己的社会基础，是为了表达与实现这些阶级、阶层的利益，为他们服务。各民主党派在明确各自的社会基础后，必须重视与本党社会基础的联系，努力表达本党社会基础的利益诉求，并尽可能地影响执政党与国家的公共决策。"努力"的方式与途径当是"参政"，而非"参经"、"参文"。民主党派搞一些"招商引资"、"支教助学"，自然有其优势，也有助于社会发展。但这不应成为民主党派的主要活动与功能。民主党派作为"政党"，作为"参政党"，姓"政"名"党"，应当增强政党特征，通过"参政"来参与"多党合作"。当然，这并不意味着一概免谈经济与文化，而是要从"政治"的高度谈经济、谈文化。什么叫"政治"？"政治"就是"大局"，就是"公权"。从"大局"上谈经济、谈文化，如有关国家与地区的经济文化发展战略、经济文化的总体结构与布局等，那也是政治。或者在特定的环境下，某一经济、文化事务凸显为事关大局、事关公权的重大问题时，那也就成了政治。不过，在通常情况下，"招商引资"、"支教助学"等具体活动与"政治"毕竟存在着明显的区别。如果民主党派在这些方面倾注过多精力，就有可能把自己混同于"经济组织"、"文化团体"，从而减弱"政党"特征，影响"参政"、"多党合作"功能的发挥。这是需要注意的一种倾向！

那么，究竟如何来理解与把握"参政"的内涵？

"参政"，从字面上看，可以包含"参与政治活动"、"参加政权"、"参加执政"三个层面。但在特定的历史条件下，新中国成立以来始终由中共一党执政，即由一党牢牢"执掌与支配着国家政权中最为关键最为重要的职位与权力"[①]。无论在事实上还是在理论上，都不存在民主党派可以"参加执政"。因此，民主党派"参政"的内涵，只能归结为"参加政权"与"参与政治活动"两个层面。按照中共中央有关文件的表述，即参加国家政权，参与国家大政方针和国家领导人选的协商，参与国家事务的管理，参与国家方针、政策、法律、法规的制定执行。[②] 显然，这里的三个"参与"，都属于"参与政治活动"。民主党派通过一个"参加（国家政权）"与三个

---

① 浦兴祖：《关于我国政党制度"类型归属"与"理论概括"的思考》，《中共天津市委党校学报》2005 年第 2 期。

② 1989 年《中央中央关于坚持和完善中国共产党领导的多党合作和政治协商制度的意见》与 2005 年《中共中央关于进一步加强中国共产党领导的多党合作和政治协商制度建设的意见》均有此表述。

"参与（政治活动）"，可以表达本党社会基础的利益诉求，并以此影响执政党与国家的公共决策。

应当指出，在"一参加三参与"中，最高层次是"一参加"，即"参加国家政权"。这是因为，政治中最根本的东西是国家政权。而政党区别于其他社会组织的根本之点，也在于它直接以国家政权为目标——或夺取政权，或执掌政权（执政），或参加政权。因此，为了有效开发多党合作的政治资源与制度资源，还必须强调，应当十分重视民主党派"参加国家政权"，在政权机关中发挥作用。抓住了这一"根本之点"、"关键之点"，就是抓住了"参政"与"多党合作"中的主要方面。如果忽视了这一点，而仅仅注意"三参与"的话，那就有可能混同于工、青、妇等社会团体。因为工、青、妇等社会团体也可以通过人民政协等途径"三参与"，或者叫作"参政议政"——尽管它们不能像民主党派那样直接"参加国家政权"。

民主党派直接参加国家政权，在政权机关中与中共实行"多党合作"，曾经有过很好的传统。例如，1949 年 9 月，代行国家权力机关职权而宣告新中国成立的第一次人民政协全体会议共 662 名代表中，各民主党派成员占了 30%。其余是中共党员占 44%，工农和各界无党派代表占 26%；由这次会议选举产生的中央人民政府 6 名副主席中，中共 3 名，民主党派 2 名，无党派人士 1 名；中央人民政府委员会 56 名委员中，民主党派与无党派人士共 27 名；由中央人民政府任命的政务院 4 名副总理中民主党派与无党派人士有 2 名，15 名政务委员中有 9 名，34 个部级机构的正职领导人中有 14 名。当时，民盟沈钧儒还担任了最高人民法院院长。①

经曲折历程后，如今民主党派成员在政权机关中又占有一定的比例。但，有三个问题需要探讨。

第一，关于民主党派成员在政府（国家行政机关）中的任职层次。正如高放教授所言，目前民主党派成员在政府中任职的状况"还远未达到 50~60 年代的实际水平"。② 这主要表现在，他们极少担任正部级职务，更无担任副总理与国务委员的实例。须知，国务院实行总理负责制，按照法律规定，"国务院工作中的重大问题，必须经国务院常务会议或者国务院全体

---

① 参见张忆军主编《风雨同舟七十年》，学林出版社，2001，第 387、397、398 页。关于中央人民政府委员会中民主党派与无党人士的委员数，高放《中国政治体制政革的心声》第 312 页称 26 人，而由求是杂志社主管的《小康》杂志 2006 年第 11 期第 94 页称 28 人。

② 高放：《中国政治体制政革的心声》，重庆出版社，2006，第 351 页。

会议讨论决定"。民主党派成员极少担任正部长，就是说他们在国务院全体会议中的发言权极少，影响力极小；不担任副总理与国务委员，更无法参加国务院常务会议，这便意味着，民主党派成员不能直接参与中央政府经常性的决策。显然，这会影响民主党派参政功能的发挥，也会影响"多党合作"在政府中的有效体现。

为了有效开发多党合作制度的政治资源与制度资源，充分发挥爱国统一战线的"法宝"作用，建议提升民主党派在政府（国家行政机关）中的任职层次。可以考虑，大致恢复到新中国成立初期的程度。即经过一定的法律程序，让民主党派成员担任副总理、国务委员及不止一个的正部长，更有效地直接参与中央政府的决策。这样，会动摇中国共产党的执政地位吗？不会。所谓"执政"，是指"执掌与支配国家政权中最为关键最为重要的职位与权力"，而不一定包揽政府中的全部职位与权力。共产党只要执掌着国家主席、全国人大常委会委员长、国务院总理，还有中央军委主席等要职，以及执掌国家政权机关内的大部分职位，就不会使执政地位发生动摇。何况，民主党派成员担任政府较高职务后，也必须依宪依法行事。而宪法法律不就是在共产党领导下制定的吗？不就是包含着共产党的重要主张吗？这怎么会动摇中国共产党的执政地位呢？试想，新中国成立伊始，中国共产党刚刚取得的执政地位还有待巩固，就请民主党派成员出任中央政府副主席、最高法院院长、政务院副总理、正部长等，结果动摇了自己的执政地位没有？今天，执政已有60余年，难道反而缺乏了这份自信？难道中国共产党领导的中国特色社会主义的道路自信、理论自信、制度自信只是一句口号？笔者始终认定，中国共产党的执政地位是否会发生动摇，不在于民主党派是否担任政府内较高职务，而在于执政党是否真正坚持"三个代表"，真正坚持"立党为公"、"执政为民"！是否得到最广大人民群众的认同、拥护、支持！还是一句老话："得民心者得天下！"须知，民主党派担任政府内较高职务，是参加由中国共产党领导与执政的政权，是在承认与坚持共产党领导的前提下开展"多党合作"，是对共产党执政的支持、协力与配合，是共产党"得民心"的一种表现，因此，只会更加巩固中国共产党的执政地位！

第二，关于民主党派成员在人大代表中的比例。民主党派直接参加政权，在国家政权机关中与中国共产党实行"多党合作"，更应当表现为：在人民代表大会中发挥功能。这是因为人民代表大会制度是我国的根本政治制度，各级人民代表大会是集中表达民意，并按照人民意志行使国家权力的机关。各民主党派理应在人民代表大会中表达自己社会基础的利益诉求，并根据对"全国人民共同利益"的理解，参与行使国家权力、形成国家意志的政治过程。

我国的各级人民代表大会中确实有一定数量的民主党派的成员。执政党也一再强调要保证民主党派成员在各级人大代表、常委会委员及人大专门委员会委员中"占有适当比例"。何为"适当比例"？虽无明确规定，但按人大制度推理，各级人大及其常委会是所有国家政权机关中最为重要的机关。中国共产党要维护执政地位，就必须牢牢"执掌与支配"它。而人大及其常委会与许多国家的议会一样，都实行合议制，即过半数赞成通过立法案或决议案。因此，执政的共产党至少要在其中占有半数之上的比例，这就决定了民主党派成员连同无党派人士在各级人大及其常委会中的"适当"比例，最高也不会到达50％。进一步看，全国人大有权修改宪法。宪法修正案以2/3以上的多数赞成而通过。从这一角度考量，执政的共产党必须在全国人大代表中占有2/3以上的比例，因此，民主党派成员连同无党派人士在全国人大代表中的比例就不会超过1/3。从"维护共产党执政地位"的意义理解，这样的比例都是正常的。而且，在事实上，民主党派成员连同无党派人士在十届全国人大代表中占27％，笔者认为是恰当的。问题是，民主党派成员连同无党派人士在全国人大常委会组成人员中仅占31％，这一比例应当适度提高。须知，全国人大常委会不拥有修改宪法的职权。执政党只要在全国人大常委会组成人员中占60％左右即可，也就是说，民主党派成员可以占40％左右。同时，全国各级人大代表的人数共280多万[1]，其中，"党外人士"17万多[2]，占代表总数的比例仅6％。至于民主党派成员当选的人大代表占这一总数的比例肯定低于6％。显然应当逐步提高。

第三，关于民主党派成员在人大活动中的身份。众所周知，1989年，《中共中央关于坚持和完善中国共产党领导的多党合作和政治协商制度的意见》明确指出，民主党派成员、无党派人士的人大代表在人大中是"以人民代表的身份"，依照有关法律而进行活动的。从一般意义上讲，人大中所有代表都以"人民代表的身份"活动，是对的。但是，从政党与民主政治的紧密关系看，人大代表在人大活动中也不应排除原有的"党派身份"。例

---

① 浦兴祖主编《中华人民共和国政治制度》，上海人民出版社，2005，第118页。
② 刘延东：《历史必然性·伟大独创性·巨大优越性》，《人民政协报》2006年7月8日。

如，人大中的中共党员应当记住自己是"人民代表"，同时又是"共产党员"。正因为具有"共产党员"的身份，就必须参加本党（例如在人大召开前）召集的党员会议，在人大会议期间组建成临时党组织，听取本党上级组织的指示；他们中的人大常委会组成人员，在人大常委会中组成"党组"，以贯彻本党上级组织的意图。所谓"执政党"，就得通过本党党员在国家政权机关中，特别是人大中的活动"执掌与支配"政权。这是无可非议的。同样，作为参政党的各民主党派成员在人大活动中除了具有"人民代表的身份"外，也应当还具有"参政党党员的身份"。应当允许民主党派成员在人大尤其是在常委会中，建立自己的临时党支部或党组（党团）。允许他们在遵守宪法法律的前提下，在人大及其常委会内适当开展一些党内活动。这样，有利于民主党派通过在人大中自己的党员表达来自本党社会基础的利益诉求，有利于发挥民主党派作为"参政党"在人大中的"参政"功能。

试想，如果只是"以人民代表的身份"活动，而不能以"参政党党员的身份"在人大中参加本党的相应组织与适当的组织活动，那么，民主党派成员如何在人大中发挥"作为参政党党员"的"参政"作用？各民主党派又如何在人大中发挥"作为一个参政党"的"参政"功能？现在的情况是，一方面，民主党派成员在人大中仅"以人民代表的身份"而不以"参政党党员的身份"活动；另一方面，却又以"人大中有民主党派成员"作为"参政党在人大参政"的重要例证。这在逻辑上似欠说服力。照此推理，人大中有"工会会员"、"大学教授"、"残联成员"，是否就可以说工会、大学、残联都在人大中"参政"，是否可以说工会是"参政会"？大学是"参政校"？残联是"参政联"？这显然是牵强的。

主张民主党派成员在人大中可以有党派身份，建立临时党支部或党组（党团），有人会担心，怕"照搬西方政党政治"、"削弱执政党的执政地位"。其实，无需杞人忧天。西方政党政治的关键点在于私有制基础上的"轮流执政"，而不是议会中的党派身份与党团组织。只要共产党始终得到广大人民群众的拥护，始终能在民主选举中获得人大中的优势地位，那还用担心削弱执政地位吗？我们应当着力防范的是执政党脱离广大人民群众而导致执政地位的削弱，而不是参政党在人大中"削弱"执政党的执政地位。只要各民主党派始终认同中国共产党领导的多党合作，始终认同中国共产党的执政地位，那它们在人大中的成员既以"以人民代表的身份"，也以"参政党党员的身份"进行活动，参加本党的党团组织，只会更加有利于发挥其"参政党"的"参政"作用，更加有利于巩固中国共产党的执政地位，而不是相反。

三　切实加强民主党派对执政党的监督

为了有效开发多党合作的政治资源与制度资源，还必须强调切实加强民主党派对执政党的监督。这是因为，民主党派监督共产党，是我国"多党合作"政党制度中所蕴涵的非常重要的政治资源与制度资源。众所周知，新中国成立后，特别是1956年生产资料私有制的社会主义改造基本完成后，有人便主张让民主党派退出历史舞台，一些民主党派自己也萌发了退意（个别的在新中国成立不久已宣布解散）。但是，中国共产党坚持要求保留各民主党派。之所以如此，很重要的考虑就是希望民主党派与共产党"互相监督"。这一点，完全可以从"八字方针"的内在逻辑中体味到："长期共存，互相监督"——"长期共存"，为了什么？就是为了"互相监督"！而且，当初执政党的高层一再指出，"互相监督"主要是让民主党派监督共产党。因为共产党是执政党，"在中国来说，谁有资格犯大错误？就是中国共产党。犯了错误影响也最大。因此，我们党应该特别警惕。宪法上规定了党的领导，党要领导得好……就要受监督"，包括党内监督、群众监督以及民主党派和无党派民主人士的监督。"这些党外的民主人士，能够对于我们党提供一种单靠党员所不容易提供的监督"。[1]　"我们有意识地留下民主党派，让他们有发表意见的机会……这对党，对人民，对社会主义比较有利。"[2]　事情十分清楚：为了"互相监督"，特别是民主党派监督共产党，就需要保留民主党派；保留了民主党派，才有了"多党合作"的政党制度。一般而言，政党制度主要是规定政党与国家政权的关系以及政党与政党之间的关系。"中国共产党领导的多党合作制度"也正是如此。关于政党与国家政权的关系，它规定了：共产党领导政权、执掌政权，各民主党派参与政权，实行多党在政权中的合作；关于政党与政党之间的关系，它规定了：共

---

① 邓小平：《共产党要接受监督》，见《邓小平文选》第1卷，人民出版社，1994，第270页。

② 毛泽东：《论十大关系》，见《建国以来毛泽东文稿》第6册，中央文献出版社，1992，第94页。

产党领导各民主党派，共产党与各民主党派之间"互相监督"，特别是参政的各民主党派监督执政的共产党。所谓"有效开发多党合作的政治资源与制度资源"，必须包含有效开发"互相监督"这一极为重要的"政治资源与制度资源"。如果忽视了"互相监督"（特别是各民主党派监督执政党），那就谈不上"有效"开发！当下，鉴于中国共产党提升领导水平与执政能力、保持先进性与纯洁性均面临着复杂环境、多重挑战，有效开发各民主党派监督执政党的政治资源与制度资源，尤其显得不可或缺，甚至刻不容缓。

　　然而，从总体上讲，"互相监督"（特别是各民主党派监督执政党）的政治资源与制度资源还远没有得到"有效开发"。一位民主党派的省级领导人曾认为，在实践中，只感觉到中共对我们是"领导"，而没有感觉到是"监督"。至于我们对执政党的监督，那更是"苍白无力"。另一位民主党派领导人则坦言道：本人在本党派的中央与地方都担任过多年的领导职务，却从未见到我们党对执政党的监督。此外，笔者从《人民政协报》与《联合时报》上也很少见到关于民主党派监督执政党的实例报道。调查与分析表明，造成上述状况的原因是多方面的。例如：关于我国政党制度的理论概括中没有显示"互相监督"；有关"互相监督"的一些理论难点尚未解开；执政党组织的某些领导者缺乏接受民主党派监督的"雅量"；民主党派的一些成员怯于"历史阴影"或由于社会责任感欠强而缺失监督执政党的"胆量"；"互相监督"尚缺少制度化保障。

　　有鉴于此，笔者提出以下几点建议，旨在促进"有效开发"我国"多党合作"政党制度中的"互相监督"（特别是各民主党派监督执政党）的政治资源与制度资源。

　　第一，建议在对我国政党制度的理论概括中，直接显示"互相监督"。对于某一事物、某一现象进行理论概括，固然没有必要也不可能点明该事物、该现象的一切要素，但肯定不能遗漏其至关重要的元素。由前文可知，选定富有中国特色的政党制度之重要初衷便是实行"互相监督"，让民主党派监督共产党。"互相监督"，让民主党派监督共产党，无疑是这一政党制度所蕴涵的极为重要的政治资源与制度资源。为此，笔者建议将我国政党制度概括为"中国共产党领导的多党合作与互相监督制度"①。这样将"互相

---

① 见拙文《关于我国政党制度"类型归属"与"理论概括"的思考》，《中共天津市委党校学报》2005 年第 2 期。

监督"直接显示出来，能充分反映这一制度的重要内涵。同时，也有利于人们全面理解我国的政党制度，加深对"互相监督"的印象，克服那种只记住"多党合作"而忽视"互相监督"的现象①。顺便指出，国内外总有人以为，按照中国政党制度，执政党是不受任何监督的。为了有利于纠正这种误解或偏见，在有关这一制度的理论概括中，直接显示出当时构建制度的重要初衷（"互相监督"），也是很有必要的。

第二，建议加强理论研究，破解有关"互相监督"的若干理论难点。理论是有层次性的。关于"互相监督"的理论，在宏观层面上应该说已经基本清晰，但在中观、微观层面上，还存在若干难点。这些难点在一定程度上构成了"互相监督"实践的障碍。其中最为突出的是，如何理解与把握"共产党领导"与"监督共产党"之间的关系？不错，在我国，执政党同时又是领导党，包括领导各民主党派。共产党领导民主党派，民主党派能监督领导自己的共产党吗？笔者建议就这类理论难点开展深入的研究，为"互相监督"提供有力的理论支撑。以上述"难点"言，笔者认为关键是要辨析"领导"的含义。中国共产党对各民主党派的领导，不同于行政系统内部或一个政党内部上下级的领导。后两种领导关系具有组织强制性，是"命令－服从"型的"刚性领导"，前一种领导关系是指大政方针的"带领与引导"，是以先进性与正确性为前提的一种政治影响力，是被领导者的自觉认同，是不依凭强制性的"柔性领导"。这种"领导"并不排斥来自被领导者的监督。恰恰相反，正因为共产党处于领导与执政地位，"有资格犯大错误"，因此，更需要接受监督，包括来自各民主党派的监督。何况，对于传统上被认为是"单向性"的那些"刚性领导"，现在也开始承认"下级可以监督上级"，"被领导者可以监督领导者"，即趋于"双向性"。那种认为被领导者一定不能监督领导者的观点是缺乏根据的。

第三，建议在执政党内开展关于"接受民主党派监督"的宣传教育。60 余年前，毛泽东在回答"如何跳出由盛转衰的历史周期律"时就强调了"监督"的重要性；50 年前，邓小平尖锐地指出了共产党"犯大错误"的可能性与"接受监督"的必要性。如果说，这些都只是预见、预言，那么，

---

① 在笔者主持的一次调查座谈会上，有位区委统战部长听说要了解党际"互相监督"情况，表示"非常突然"。原因是"平时很少想到"；一位台盟成员则坦言自己熟知"多党合作"，但对于执政党与参政党之间"互相监督"，还是第一次听说。类似的情况，在其他场合也有所见。

半个多世纪的实践已告诉我们，尽管中国共产党领导与执政的伟大成就是任何人都无法否认的，但共产党毕竟不是"神仙党"、"圣人党"，毕竟不是生活在真空之中。她确实犯过"大错误"，确实出现了腐败现象，确实需要接受监督！在我国，并不存在在野党、反对党对执政党的"你下我上"的"生死监督"。但我们必须接受人民的监督，包括接受来自各民主党派的监督！而且，我们早已确立了内含着"互相监督"的政党制度。如果能有效开发这一制度的资源，真正置身于有效的监督之下，我们党就会少犯错误，少一些腐败。反之，如果失去监督，我们党就有可能走向危险的境地。这于人民不利，于国家不利，于党自身也是大不利！笔者建议在我们党内广泛开展这样的宣传教育，让所有党员尤其是党的各级领导干部真切地认识到"接受监督"，包括"接受民主党派监督"的必要性与紧迫性，从而增强"闻过则喜"、"从善如流"的"雅量"。须知，执政党的这种"雅量"对于民主党派增强"监督共产党"的"胆量"是极其重要的。

第四，建议针对"历史阴影"，进一步表明执政党"接受监督"的诚意。相当一部分党派成员坚守"多种花"、"不栽刺"的信条，愿意"建言献策"、"参政议政"，却不愿、不敢开展对执政党的监督。即便"开展"一些，也往往停留在诸如"标点符号不够恰当"之类的问题上。"谁敢说不会秋后算账？""反右"、"文化大革命"一类的"历史阴影"至今仍令他们"心有余悸"。为此，笔者建议执政党需进一步表明"接受民主党派监督"的诚意。不仅仅是"重申"，而且应当采取一些更为有效的方式。例如，注意发现并表彰执政党内"接受民主党派监督"的典型事例与典型人物，注意发现并表彰参政党内"监督执政党"的典型事例与典型人物。这些典型事例必须是能够充分体现"政党监督"、"政治监督"特征的。通过向全社会宣传此类表彰活动，可以更加证明执政党与历史错误决裂，可以进一步消除"历史阴影"的负面影响，可以在一定程度上增强民主党派成员"监督共产党"的"胆量"。

第五，建议民主党派成员增强社会责任感，敢于并善于监督执政党。能不能开展对执政党的监督，从民主党派方面看，很重要的一点便是有无社会责任感。新中国成立初期老一辈的党派成员尤其是一批著名的领导人，怀有高度的社会责任感，敢于从国家与民族的命运出发，向执政党提意见、提批评、提建议。其中一部分成员尽管因此而蒙受不白之冤，但他们深藏于心中的社会责任感不灭，对于自己的正直行为不悔。现在的党派成员中，也有社会责任感很强的典型人物。例如，"九三"的一位省部级领导人在担任政府职务时，针对本级中共组织领导人的言论，比较敢于发表自己的不同意见。她曾说："应该看得大一些，看到国家的命运、民族的前途、人民的利益，这样就敢于监督。只想到保住自己的乌纱帽，怎么会去当诤友、说真话、提批评呢？"笔者建议，各民主党派应加强"入党为公"的宣传教育，组织那些希望入党的同志和已经入党的成员认真学习有关我国政党制度的理论，学习典型人物，让他们充分明确：民主党派之所以应当长期存在，非常重要的一点就是监督执政党；党派成员应当克服功利主义的入党动机①，不断增强社会责任感。让他们充分意识到：如果发现执政党在决策方面、在队伍建设方面，明明存在需要提醒或需要纠正的问题，自己不敢说、不愿说，那还能算"诤友"吗？那还能算对执政党负责，对人民、对国家、对民族负责吗？当然，敢于监督之同时，还应当强调善于监督。善于监督，就必须尽可能准确地反映人民群众的意愿。这就要求各民主党派更加注重联系自己所代表的社会基础，善于将他们的诉求与全体人民的利益结合起来考虑；善于监督，就必须是尽可能准确地反映事实，这就要求各民主党派更加注重调查研究，充分了解事物的真实情况。

第六，建议进一步加强有关"互相监督"的制度建设。"互相监督"，在基本制度方面早有安排，但在具体的、可操作的制度层面上尚不健全。实践中有时只决定于个别领导人的意志与作用。领导人的素质高、意识强，就能推动监督的开展，反之，监督便失去驱动力。笔者建议，进一步加强有关"互相监督"（重点是监督执政党）的制度建设，更加提高其制度化、程序化、规范化的程度。政协章程中似应规定"开展党际互相监督"的任务，在政协监督的对象中似应加入"各政党"；各民主党派的党章（"总纲"）中似应将"监督执政党"作为本党基本任务之一加以明文规定。此外，中共中央的有关文件对民主党派的"民主监督"已有不少规定。能否考虑在此基础上，待条件逐步成熟后，制定政协法与政党法，使之上升到法律高度，引入国家意志的保障？那种认为"政协、党派不是国家机关，不宜用

---

① 成思危在答《凤凰周刊》记者问时称，"加入中共有很强的政治动机，加入民主党派不一定有这么强的政治动机，但是也不排除有的人认为加入民主党派后，进入政协进入人大更方便，但我是最反对这种动机的，这种功利主义动机的人不是真正热爱这个党派，也不是真正志愿为这个党派做事，他只是作为一种政治阶梯。"转引自中国统一战线理论研究会统战基础理论上海研究基地编印《统战研究文摘》2006 年第 6 期，第 11 页。

法律规定之"的观点是缺乏说服力的。难道法律仅仅是用来规范国家机关的吗？工会、居委会、村委会不属于国家机关，为何也需要相关法律逐一加以规范？事实上，作为统一战线组织的政协，新中国成立初期就有过专门的法律——《政协法》。能否考虑在以后的政协法与政党法及其实施细则中，更加细化有关"互相监督"（重点是监督执政党）的制度规定，包括对实际运行中遇到的一系列难点作出具体的可操作性的规定。例如，如何给不脱产的民主党派成员以一定的法定时间保障，供其参与党派组织的调研或监督活动等，避免现实中全靠"业余闹革命"之虞；如何有效保障监督者的权利与安全，防止与严惩对监督者进行打击报复的行为等。总之，如何以制度与法律来保障并规范"互相监督"（重点是监督执政党），尚需要我们作进一步的研究。

四　结论

为了有效开发多党合作的政治资源与制度资源，本文着重提出三条思路。

第一，应当更加明确地将各民主党派的社会基础定位于：作为"工人阶级一部分"的知识分子与"新社会阶层"。建议执政党再一次推动八个民主党派通过协商，依据各自的历史传统，进一步细化各党派的社会基础，并在各党派发展成员时充分体现这一点。

第二，应当十分重视民主党派在政权中的作用。建议：提升民主党派在政府（国家行政机关）中的任职层次；适度增加民主党派成员在人大代表的比例；各民主党派成员在人大活动中除了具有"人民代表的身份"外，也应当还具有"参政党党员的身份"。

第三，应当切实加强民主党派对执政党的监督。建议：在对我国政党制度的理论概括中，直接显示"互相监督"；加强理论研究，解开有关"互相监督"的若干理论难点；在执政党内开展关于"接受民主党派监督"的宣传教育；针对"历史阴影"，进一步表明执政党"接受监督"的诚意；民主党派成员要增强社会责任感，敢于并善于监督执政党；进一步加强有关"互相监督"的制度建设。

基层"本土化"协商民主的
逻辑演进及现代性内涵

赵宬斐[*]

摘　要： 协商民主在中国的话语境遇和具体的实践操作中，逐渐实现了和中国本土民主资源的对接与融合，形成一种"本土化"的基层协商民主。这种民主在实践探索过程中坚持独特的逻辑演进，与自治民主和党内基层民主紧密结合起来，以"民主恳谈"和"议事制度"等创新形式，在实现了"地方性知识"转化的同时，也获得了更多的现代性机能，产生一定的示范效应，进一步拓展了基层民主发展的内涵与空间。

关键词： 基层协商民主　本土化　协同治理

党的十八大报告指出："要完善协商民主制度和工作机制，推进协商民主广泛、多层、制度化发展。"[①] 协商民主首次正式出现在党的报告中，这充分说明在当前我国社会的发展中，人们自主行为方式和价值理念逐渐趋向于多元、分歧和冲突，迫切需要加强民主的协商与对话，消除各种分歧与隔

---

[*] 赵宬斐，政治学博士后，杭州师范大学教授。研究方向：政党政治与现代性。本文是国家社科规划课题：基层党内"选举民主"与"协商民主"协同机制研究（13BDJ036）和浙江省科学发展观与浙江发展研究中心基金资助项目"确认型与竞争性兼融：党内选举优化问题研究"（批准号11JDKF02YB）的阶段性研究成果。

[①] 胡锦涛：《坚定不移沿着中国特色社会主义道路前进为全面建成小康社会而奋斗——在中国共产党第十八次全国代表大会上的报告》，人民出版社，2012，第26页。

阅，促成合作与共识。近年来，随着村民自治的深入发展，各地民众根据当地具体情况，把充满泥土气息的地方性民主知识与基层自治制度结合起来，并创造出一些具有浓郁的地方性特色的基层协商民主治理模式。可以借用美国学者吉尔茨的"地方性知识"概念对这种协商模式给予说明和解释。吉尔茨认为"地方性知识"，不仅指任何特定的、具有地方性特征的知识，还是一种新型的知识观念与方法论。"地方性"既包含着特定的地域性和具体性，又包含着一定历史文化条件所形成的立场、方法和价值观念。各地民众在实施自治与实践民主的过程中，由点到面，由浅入深，由单一领域向多领域逐步拓展和延伸，在此过程中积极培育和挖掘本土民主资源，逐渐形成了"本土化"特色的基层协商民主。这种协商模式不仅强调民众政治参与的有序程序，还注重把程序性、协商性、参与性与治理性整合在一起。广大民众经过这种"本土化"的协商民主训练，把具有一定抽象意义的民主政治制度逐渐转化为具体的、日常化的、生活化的经验性感知，并以此尝试解决现实政治生活问题。他们不仅在稳定有序的基层民主实践中创新了基层协商民主的形式，丰富了其内涵，还在协商过程中学会了依法、理性地行使民主权利，提升了参政、议政的能力。

一　"地方性知识"与"本土化"：基层协商民主的孕育及聚合

随着全球化的发展和现代性的转型与调整，当今社会展现出日新月异的丰富性与多样性。社会现实生活包含着远远超出传统的经典现代性知识系统所涵盖、划定与解释的复杂问题与状况，随之而来的必将是更多"地方性知识"的扩展。吉尔兹认为："地方在此处不只是指空间、时间、阶级和各种问题，而且也指特色，即把对所发生的事件的本地认识与对可能发生的事件的本地想象联系在一起。"① 很显然，吉尔兹认为当今世界呈现的丰富多彩的特性，已经充分表明人类的知识形态已经从一元走向多元，由单一转向多样。他提出的"地方性知识"观点，为学者的研究带来诸多新的思维视角：与刚刚过去的昨天相比，今天的社会到处充满了多元与差

---

① 参见〔美〕克利福德·吉尔兹《地方性知识：事实与法律的比较透视》，邓正来译，载梁治平主编《法律的文化解释》（增订本），三联书店，1998，第126页。

异；整齐划一与上下等级的秩序已经被多样性与复杂性所打破。对于协商民主该如何理解与探索，各个国家、民族与地区对协商民主的理解和践行必然具有一定的地方性特征，必然受到当地的政治文化与生活习惯等的影响，必然要孕育出为当地人们所接收和认同的民主惯习、民主传统与民主特性。

（一）协商民主的兴起与借鉴

协商民主是 20 世纪 80 年代以后在西方政治学界兴起的一种民主治理显学。该理论在反思选举民主理论与实践的基础上，试图通过理性的社会交往模式来应对社会日益多元和差异的现实。协商民主逐渐深入地介入到代议制民主发展中，必然使民主制度在诸多方面得以改造和提升，使民主获得诸多新的形式与内涵。因此，有学者预测："协商民主，作为当代西方一种新的民主理论与实践状态，极有可能形成西方民主的一个新的发展阶段。"①

正如英国学者斯蒂芬·艾斯特（Stephen Esther）在其《第三代协商民主》一文中，对瓦尔特·巴伯（Walter Baber）和罗伯特·巴特莱特（Robert Bartlett），艾温·欧佛林（Ian O'Flynn）和约翰·帕金森（John Parkinson）等学者关于协商民主的研究分析中，认为当今学界对协商民主的研究正转向第三代协商民主，经历着一种"经验转向"，开始由"理论陈述"转入了"操作化"阶段，并展示出研究的多重维度与路径，其中不乏真知灼见的思想观点。比较有代表性研究的成果包括：美国学者亨利·S. 理查德森（Henry S. Richardson）认为一个完整的协商民主应该具有若干主要阶段与程序②，可以通过协商参与主体的提议、对提议进行的讨论、转向集体决策和达成一致的共识进行决策；美国学者肖恩·W. 罗森伯格（Shawn W. Rosenberg）、约翰·福雷斯特（John Forester）和詹姆斯·S. 菲什金（James S. Fishkin）则注重协商实践与经验的研究，以美国和拉丁美洲一些国家地区的民主协商为例，阐述了协商在实际操作中遇到的一些问题；而美国学者古特曼（Gutmann）和汤普森（Thompson）在《民主与分歧》中，提出协商民主可以运用到广泛、深刻和持续的道德冲突问题的解决之中；美国斯坦福大学的

---

① 〔美〕詹姆斯·博曼、威廉·雷吉：《协商民主：论理性与政治》，陈家刚等译，中央编译出版社，2006，第 1 页。

② 〔美〕詹姆斯·博曼、威廉·雷吉：《协商民主：论理性与政治》，陈家刚等译，中央编译出版社，2006，第 273～280 页。

菲什金（James Fishkin）教授通过政治实验发现协商民主有利于解决和控制社会冲突，促进互信，扩大共识。① 从上述一些观点可以看出，当前西方学界对协商民主的研究应从理论的积累转向理论与实践经验对接上来，注重理论的实际应用。

从 21 世纪初陈家刚教授所写的《协商民主引论》以来，协商民主理论研究在国内学术视野中得以日渐重视，相关大学、期刊和研究机构等围绕协商民主论题展开积极的讨论和研究，加之相关学术研讨会相继举行②，进一步推动了人们对协商民主的关注，尤其关注和探讨协商民主如何成为一种新的治理机制、方法和政治艺术，以丰富现代性民主内容。"协商民主是一种新的治理机制，政府搭一个协商民主平台，通过理性讨论使百姓发生思想变化，最后公民自身做出解决难题的方案。"③ 人们在实践中利用协商民主就是解决身边日常生活问题，目的性十分明确。

（二）基层协商民主的"本土化"聚合效应

在对协商民主的研究过程中，国内一些学者选择从区域政治学研究的视角来看待其在中国特殊语境中的运用，比较重视"民主协商方法和本土经验的结合问题"④，在基层民主治理中，开始关注"我国乡村协商治理的发展思路应是如何由'协商'走向'民主'，从而追求更有效的民主治理"。⑤ 尤其重视基层协商民主模式的实证研究和比较分析。⑥ 协商民主很快在广袤的乡村得以探索与实践，并迅速产生了本土化的效应。人们在实际操作中尝

---

① James Fishkin, Tony Gallagher, Robert Luskin, Jennifer McGrady, Ian O'Flynn and David Russell, "A Deliberative Poll on Education: What Provisions do Informed Parents in Northern Ireland Want", http://cdd. stanford. edu/polls/nireland/2007/omagh – report. pdf, 15 May, 2007.

② 比较有代表性的：浙江大学举办的"协商民主国际研讨会"（2004 年 11 月）；复旦大学举办的"选举与协商：中国民主政治的发展路径"（2007 年 7 月）；中共中央党校与美国斯坦福大学联合举办的"协商民主的理论与实践"国际学术研讨会（2010 年 5 月 10 日）；世界与中国研究所、共识网和基层政府联合举行的"协商民主及其在中国的实践"学术研讨会（2012 年 12 月 14 ~ 15 日）等。

③ 何包钢：《协商民主和协商治理：建构一个理性且成熟的公民社会》，《开放时代》2012 年第 4 期。

④ 何包钢：《协商民主和协商治理：建构一个理性且成熟的公民社会》，《开放时代》2012 年第 4 期。

⑤ 吴兴智：《中国协商民主在乡村治理中的困境和路径选择》，《湖北社会科学》2010 年第 10 期。

⑥ 任中平：《四川的选举民主与浙江的协商民主》，《探索》2011 年第 1 期。

试"用协商民主方法来解决最棘手的问题是一个创新，也是基层官员化解社会矛盾的一种新的思路和方向"。[①] 例如，近年来基层民众在治理过程中，创新出的"民主恳谈会"、"八郑规程"、"夏履程序"、"乡规民约"、"党员代表议事会"、"党群议事会"和"新村发展议事会"等协商模式，无不是抓住了"协商"的精髓与要义，以不同的模式与形式得以深入探索和发展。这些基层协商民主立足立于既有的制度体系框架，同时又结合本地的乡村治理现实，通过各种协商、访谈与议事活动，表达民众自身的利益诉求并对基层政府决策施加影响，或在公共讨论的基础上寻求多元利益主体的共识与平衡，从而共同作出决策，产生了一定的聚合效应。

一是基层单一民主选举模式得以丰富和发展。几十年来，广大民众在实施选举民主的探索中，同时重视协商民主功能的开发，结合各地实际情况建立起系列的协商民主程序，主张通过运用协商民主程序，加强商谈与合作，使民众得以运用民主的方式保障和维护各项权益；这也这说明基层民主已经向更为实质的民主决策延伸。各地政府和广大民众已经注意培育和挖掘新的基层民主制度生长点，来释放来自基层民主化过程中产生的压力与冲突。

二是由单纯的个人利益诉求转向对公共利益的诉求。随着新农村建设的深入发展和村级公共利益的日益凸显，广大民众参与民主的目的不再局限于个人利益最大化，更多的是关注公共利益的增益与扩大，广大民众以积极的态度，参与公共治理，最大限度地增进公共利益，以形成对公共事务的理性共识。

三是一种上下互动、权力双向运行的治理机制开始形成。基层协商民主的发展，不仅为基层党组织的领导权力与民众的自治权力提供了一种极富价值的探索，同时也为重新理解基层民主治理提供了一种新的维度与视角。基层协商民主发展的目的在于利用权威、协商与合作等多种手段去引导和规范各种公共事务的治理。

四是较好地实现了基层社会民主治理绩效。基层协商民主在创新实践中，坚持共同利益和共同目标，坚持平等、自由的辩论和商谈。这是政府与公民对乡村公共事务进行"共治"的一种重要形式，不仅化解了

---

① 何包钢：《协商民主和协商治理：建构一个理性且成熟的公民社会》，《开放时代》2012 年第 4 期。

基层选举民主的一些弊端，同时增强了基层民主治理的功效，实现更好的民主治理绩效。

二　探索与推进：基层协商民主的实践样本分析

吉尔兹的"地方性知识"告诉人们，任何有效的本土化范式都应当受到尊重与礼遇，因为这些范式是源于富有活力的现实社会和人们的当下生活，每时每刻都与地气相接，与生活相连。地方性知识正是人们在长期生产生活中创造、积累、运用和传习的知识和技能，需要传承与创新。当协商民主被移植入中国基层民主治理后，以协商民主为载体的协商治理活动之所以能够在众多的乡村地区中迅速铺开，是因为这种协商治理方式能够解决中国基层民主治理中的诸多问题，着实能够发挥其民主功效。近十多年来，全国各地涌现出浙江的"民主恳谈会"、吉林的"党群议事会"、四川的"新村发展议事会"等基层协商民主模式，进一步突出了"议事"、"商谈"与"决策"的功能，在乡村治理中发挥的作用越来越重要。我们可以从这些基层协商民主发展样态中抽出一些样本，分析基层协商民主的运作及其功能的发挥，来探讨协商民主与中国基层民主治理结合的现实意义，以及为中国基层民主自治未来发展带来的启示。

（一）"民主恳谈"

"民主恳谈"是对基层开展的各种民主沟通会、决策议事会、交流讨论会、重大事项听证会等民主形式的一种简称。这种商谈模式最初源于20世纪90年代末台州的温岭市松门镇的"农业农村现代化建设论坛"。2001年，浙江温岭市委对一些基层民主商谈形式进行协同论证与整合，统一定名为"民主恳谈"；其后经过十几年的探索实践，民主恳谈不断走上制度化、规范化和程序化的轨道，成为最具典型的基层协商民主模式。

"民主恳谈"的表现形式也多样化，有民主沟通会、谈话型民主恳谈、决策型民主恳谈和参与式预算民主恳谈；有决策听证会、决策议事会和村民议事会；有乡镇人大表决会、党代会代表建议回复会、建议论证会和村民代表监督管理会等。尽管"民主恳谈"的形式多样，但在制度框架设置方面一般具有一致性的程序设置（见表1）。

表 1　"民主恳谈"的一般性程序设置

程序	相关内容
1. 议题选定制度	选择的议题主要是围绕当地发展的长远规划、重大公共事项和群众普遍关注、反映强烈的难点、热点问题与事情展开恳谈与沟通
2. 通告制度	有规范和固定的恳谈会时间、地点、议题,并提前详细告知参与的民众
3. 讨论和决策制度	恳谈会参与者有序自由发言和辩论,就各项重要事项与镇村领导或有关职能部门平等对话和协商
4. 挂牌销号制度	汇总挂牌,及时研究并协商处理解决;如果获得群众满意,则予以销号
5. 反馈监督机制	对民主恳谈作出的决策,由各级监督机构负责监督落实,展开定期不定期检查等

　　"民主恳谈"的形成从一定程度上讲,既是对协商民主的一种创造性转换,又是一种提升,具有典型的本土化特色。它代表了基层协商民主发展的一种新趋势和新成果,可以说是"在市场化改革发展过程中,伴随新旧体制转型而产生的新生基层民主形式"。[①] 首先,"民主恳谈"促使民主商谈纳入正式的制度框架内,将基层政府的既有权威和合法性作为前提肯定下来,将注意力转向基层政府的治理过程,探索在行政过程吸纳公众参与,提高政府决策的合法性和政策执行的有效性;其次,"民主恳谈"主要围绕公共议题,通过恳谈让民众对决策同意,同时给政府以责任和义务约束,社会秩序和权威得到自觉认同和服从;再次,民主恳谈所涉及的相关公共议题、民主听证论证方案以及各方面的辩论会等主要围绕财政预算,进一步彰显出民众对经济民主的强烈诉求;最后,民主恳谈作为一种原创性的民主载体,扩大了基层民主的范围,将基层民主的实践活动扩展到民主决策,民主恳谈是在既有框架下的改进与创新,为民主政治寻找和确定新的生长空间。这种治理模式向人们全景展示生长在中国改革土壤中的具有首创精神和现实价值的本土化民主资源,又阐释和说明中国乡村协商民主实践的动力、机制、价值及趋向,并在此基础上进一步丰富了中国基层民主治理的发展模式。

(二)"八郑规程"

　　2006 年浙江嵊州市八郑村在加强自我管理、自我发展和自我服务的基层民主过程中,坚持"标本兼治、疏导结合"的原则,创立了"八项制度"

---

① 万斌:《浙江蓝皮书——2004 年浙江发展报告》,杭州出版社,2004,第 135 页。

与"八大工作流程"相结合的"八郑规程"模式。

1. 民主选举制度和民主选举流程。主要体现在党支部换届选举、在村委会换届选举、村民主管理监督小组选举和村民代表选举①等四个方面。

2. 村务决策制度和流程。决策的主要内容涉及经济社会发展规划，年度工作计划，建设工程和经费筹集方案，经济项目承包和租赁、举债、资产处置，土地征用及补偿分配方案，村制定的管理制度，干部报酬等；决策的基本组织形式主要是村民代表会议。召开村民代表会议，必须有三分之二以上的代表参加，所作决定应当经全体代表的过半数通过。决策要坚持"自下而上、自上而下"的原则，一般要经过"征求意见、梳理汇总、拟订方案、代表决议、村务公开"等五个环节。

3. 财务管理制度和流程。该制度与流程主要包括：财务预决算方案、日常财务监督、集体资产管理档案和严格财务档案等 12 个方面。为此村里还制定了《财务管理制度》、《项目招投标管理制度》和《村务公开制度》，明确规定各项经费的报销、核账的操作流程，并严格接受民主管理监督小组监督。

---

① 在党支部换届选举方面：选举程序：1. 村党支部召开全体委员会议，讨论并作出召开党员大会进行换届选举的决定；2. 会议时间及下届班子的设置名额等情况向上级党委请示；3. 组织全体党员酝酿讨论提出下届委员会候选人，并根据多数党员意见确定候选人预备名单；4. 向上级党委请示下届委员候选人预备名单（应多于应选名额的 20%）和选举大会的具体日期；5. 召开党员大会选举；6. 将选举结果以书面形式向上级党委报批，并做好有关资料的归档工作；7. 批准结果公示。任期：村党支部每届任期三年，任期届满后应及时换届。在村委会换届选举方面：选举程序：1. 成立选举机构。由村党支部主持召开村民代表会议，推选产生 5～7 名人员作为村选举委员会成员，并制定选举办法。2. 进行选民登记。对年满 18 周岁，有选举权的村民逐一进行登记，经村选举委员会审查确认后，在正式选举日的二十日前张榜公布。3. 投票选举。召开选举大会，向选民介绍本村选举工作的选民登记以及选举大会应注意的事项，清点参加投票选举的人数，超过全体村民一半以上，才可以进行选举；选举采取差额无记名投票方式，候选人得票超过实到会有选举权人数的一半，按得票数从高到低依次当选。选举大会宣告当选结果，并张榜公布。任期：村民委员会每届任期三年，任期届满后应及时换届。在村民主管理监督小组选举方面：选举程序：1. 召开村民代表会议，按照任职条件，酝酿推荐候选人。2. 确定正式候选人名单。3. 投票选举。采取差额无记名方式进行投票选举。按得票数从高到低依次确定当选名单。4. 当选名单报镇党委批准后，进行公示。任期：村民主管理监督小组每届任期三年，任期届满后与村委会同期换届。在村民代表选举方面：选举程序：1. 召开会议。一般以村民小组为单位组织召开村委会议。2. 确定候选人。按村民代表分配名额，在本组选民中酝酿村民代表候选人，候选人名额一般应多于正式名额的 20%。3. 投票选举。村民代表的选举实行差额无记名投票方式，选民超过半数以上，选举有效；候选人获得参加选举的选民的半数以上票数时，方可当选。选举结果，向村民张榜公布。任期：村民代表每届任期三年，任期届满后与村委会同期换届。

4. 工程招投标管理制度和流程。招投标范围主要包括：村级集体资产租赁、拍卖，建设工程项目发包，大型物资采购等。招投标程序主要分 8 个方面①。

5. 村务公开制度和流程。村务公开主要包括村务公开分党务、事务、财务等方面；主要涉及党务工作及村干部管理情况；计划生育、农民负担、宅基地管理情况；社会优抚、救济情况；集体资产经营管理和财务收支情况等事项，坚持四公开的原则②。

6. 民主管理监督制度和流程。根据民主管理监督的要求，设立民主管理监督小组，成员由 3 人组成，设组长 1 名。民主管理监督小组职责：民主管理监督小组在村党支部领导下开展工作，监督程序。

7. 村干部谈听评制度和流程。村干部谈的对象：村两委会成员，民主管理监督小组组长。村干部听评的对象是全体党员、村民代表、村民小组长以及本村的镇级（含）以上党代表、人大代表和政协委员。谈听主要分为谈听评原则、谈听评时间和谈听评内容等三个方面③。

8. 村干部工作责任追究制度和流程。村干部工作责任追究对象除了村主要干部，还包括村两委会成员和民主管理监督小组成员。责任追究内容和责任追究办法有详细规定。

---

① 招投标程序，在 1 万元（含）以上的项目，应按照下列程序进行：1. 按照上级有关规定，1 万 ~ 50 万元的项目提交镇招投标中心进行招标；50 万元（含）以上的项目提交市招投标中心进行招标。2. 招标项目、招标结果等情况进行公示。3. 村两委会对工程建设进行协调，民主管理监督小组负责日常监督。4. 工程竣工后，村两委会和民主管理监督小组参与对工程的验收。5. 村两委会组织进行工程决算，并进行审计。6. 审计结果进行公示。在 3 千元至 1 万元的项目，应按照下列程序进行：1. 由村两委会研究，决定项目招投标的实施方案，并报镇招投标中心备案，请镇招投标中心派员全程监督。2. 发布招标公告。3. 组织招投标。4. 招标结果进行公示。5. 项目招标执行情况报镇招投标中心备案。6. 村两委会对工程建设进行协调，民主管理监督小组负责全程监督。7. 工程竣工后，村两委会组织有关人员对工程进行验收和决算，民主管理监督小组负责监督。8. 验收结果进行公示。

② 四公开原则：1. 定期性公开：村级财务实行按月公开，公开时间为每月 10 日；村年度工作计划、年度财务预算方案实行一年一公开，公开时间为每年第一季度。2. 常规性公开：党务工作、计划生育、农民负担、宅基地管理、年度性聘用人员确定等常规性工作实行一事一公开制度。3. 全程化公开：建设工程招标、集体资产经营承包、租赁等重大事项要实行事前、事中、事后全过程公开。4. 即时性公开：上级制定及下发的各种政策规定和村民反映强烈的村级事务要按规定程序随时公开。

③ 谈听评原则：谈听评应当遵循实事求是的原则，村干部诺职诺廉、述职述廉要简明扼要，民主评议要客观公正。谈听评时间：谈听评工作每年开展一次，原则上在每年 2 月底前进行。谈听评内容："谈"即村干部进行诺职诺廉和述职述廉；"听"即与会代表听取村干部的诺职诺廉和述职述廉；"评"即与会代表在听的基础上，对村干部进行民主评议。

（三）"夏履程序"

"夏履程序"是 2005 年起在浙江省绍兴县推行的一套村级民主管理制度。"夏履程序"在重大村务决策上设计了"六步走"：第一步是"出题"。由全体党员、村民代表提出有关事项。第二步是"议题"。召开民主听证会，让党员、村民代表及村内德高望重的人组成议事小组，来评论题目的合理性和可行性。第三步是"筛题"。村两委会对村民提出的事项进行研究筛选。第四步是"审题"。召开党员讨论会，形成初步决策意见。第五步是"定题"。把初步决策意见提交村民代表会议讨论表决，形成决议。第六步是"亮题"。把村民代表会议形成的决议在村务公开栏中向全体村民公开，接受监督。"夏履程序"的实施具体按村务的不同内容分六道程序，如表 2 所示。

表 2　夏履程序

程　序	方式步骤
程序（1）"年度规划、重大政策、工程项目"	征求村民意见→收集梳理意见→村两委会提出初步方案→民主听证→党员大会讨论→村民代表会议表决→村务公开
程序（2）"集体资产经营"	村两委会提出意见→（1）非大额度：党员大会通报→股东代表通报→村务公开；（2）大额度：党员大会讨论→股东代表讨论→村民代表会议表决→村务公开（注：非大额度指收支 1 万元以下项目，承包经营方案和 10 万元及以上集体资产经营项目要进行民主听证）
程序（3）"村干部报酬、误工补贴"	（1）村在编干部报酬：镇根据村干部岗位责任制考核办法统一结算出责任奖、效益奖→党员和股东代表、村民评议→当场公布评议结果→村务公开；（2）误工补贴：村两委会提出方案→村民代表表决→党员和股东代表、村民评议→当场公布评议结果→村务公开
程序（4）"村干部公务消费补贴"	村两委会依据政策（镇招待费改革实施意见规定：按村级经济类别、村干部职务大小，拟定公务员消费月补贴标准的区间和最高限额，如二类村书记月补贴为 300～400 元）提出方案→村民代表表决→上报核准→村务公开
程序（5）"招投标"	村招投标领导小组提出方案→村理财小组、监督小组、股东代表讨论（1 万元以下项目直接公告,1 万～10 万元项目进入党员会讨论）→民主听证→党员大会讨论→村民代表表决→公告（50 万元以上项目交县招投标中心后进入村务公开）→投标→签订合同→村务公开（注：项目实施后由监督小组全程监督,待工程验收后提出决策方案向党员、村民代表通报,再村务公开）
程序（6）"财务审批"	合法原始凭证由经手人、证明人签字→理财小组审核→审批人签字→出纳报销→会计代理站监督核算→村务公开

以上六套管理程序根据因事制宜而设定，尽管各有侧重，管理环节也有差异，但还是能从这些具体程序中找出共性的管理路径，见下图。

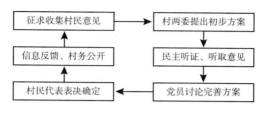

"夏履程序"管理路径

从上述的"民主恳谈"、"八郑规程"和"夏履程序"的实践探索来看，广大乡村治理发展已经发生很大的转向，尤其是随着农村税费改革后，例如农业税、特产税与优抚费等相关收费项目取消后，民众的自主性意识和参与性意识越来越强，基层干部的主要事务管理职能也在发生相应转变，主要由于"行政事务管理"转向"农村公共服务管理"，重点在于基层公共服务方面建设，也必然涉及越来越多的经济民主问题，为了更好地提升公共服务效能，有必要利用相关的"制度 + 流程"来保障执行效果，有必要利用协商民主取得公意扩大共识。很多民主形式、民主策略、民主功能都是围绕一些集体资产、资金预算和财务监督得以展开和创新，因此这类现象也被学者称为"一种初级形式的经济民主"。①

（四）"村民议事会"制度

四川、安徽等一些地方实行的"村民议事制度"，同样是基层协商民主"本土化"探索的很好样本。"村民议事制度"通常由 6 个主要方面组成：一是民主提议。由村党支部、村委会、村集体经济组织或党员、村民等联名提出议题。二是民主商议。由议事会收集整理议题，经村党支部备案后，对议题进行商议，形成初步实施方案。三是民主审议。由议事会及时将初步实施方案提交村民大会或村民代表大会讨论审议。四是大会决议。由村民大会或村民代表大会对实施方案进行表决，形成决议。五是决议公示。六是监督实施。为规范和保障村民议事会制度的运行机制，提高村级事务民主决策、民主管理和民主监督水平。例如，四川省成都等市还专门制定了《成都市

---

① 俞可平：《增量民主与善治》，社会科学文献出版社，2003，第214、157 页。

村民议事会组织规则（试行）》、《成都市村民议事会议事导则（试行）》、《成都市村民委员会工作导则（试行）》、《加强和完善村党组织对村民议事会领导的试行办法》四个配套制度。《村民议事会组成规则（试行）》主要是细化规范了村民议事会职责，议事会成员的选举、罢免和补选，议事会成员的权利和义务，议事会成员的管理等。《村民议事会议事导则（试行）》则是细化规范了议事会的召集和组织、议题的提出和审查、议事程序、议事规则、决定的执行和监督等。《加强村党组织对村民议事会领导的试行办法》，用来规范新型村级治理机制下党组织的职责，议题的提出、受理和审查，党组织书记召集主持村民议事会，发挥党员议事会成员作用等。

《村民委员会工作导则（试行）》用来指导新型村级治理机制下村委会的职责、议题的提出，执行村民（代表）会议、村民议事会决定和承接政府延伸公共服务和社会管理项目的程序等。村民议事会制度主要是把基层协商民主的功能，嵌入基层"党－村"二元权力结构中，进一步理清和完善村党支部与村委会的行政功能和自治职能的分工与协调，充分保障了广大民众的各项民主权利，促进了社会稳定与和谐。村民议事会制度实行的是一种新型村级治理方式。这种村级治理方式的创新性在于推行了"三分离、两完善、一加强"模式：村民事务决策权与执行权分离、社会职能与经济职能分离、政府职能与自治职能分离，完善农村公共服务和社会管理体系、完善集体经济组织运行机制，同时加强和改进农村党组织的领导。推动了基层政府的功能转换，更推动了民主自身的开发功能，"主要是使基层民主有关基层社会管理的功能得到有效的发挥"。①

三　兼容与联动：基层民主的协同治理

当前，基层民主发展的创新领域由选举民主方面，逐渐拓展到由选举民主与协商民主的兼容与联动，两者的联动进一步促进基层民主治理的协同性发展。协商民主的一些核心要素，诸如公共参与、理性讨论、自由平等、相互协商、促进决策、公共责任、互惠性、平等性、合法性与包容性，以及协商主体、协商场域、协商过程、协商方式和协商结果等，逐渐转变为推动基层民主实践运行的内在机制。这既拓展了乡村民主的新空间，促进了乡村民

---

① 林尚立：《当代中国政治形态研究》，天津人民出版社，2000，第219页。

主政治现代化，又提升了民众有序参与能力，推动了政府与民众之间的良性互动。

（一）促进和完善了"票决民主"

在基层民主发展进程中，选举民主始终起着决定性的作用，没有广泛的实质性选举就没有民主，但选举并不是展现民主的唯一形式。"不管选举对民主政治来说有多么关键，也仅仅是周期性地举行。"① 这表明选举并不能对民主政治的所有层面和范畴产生影响，因而也不能解决所有的政治问题。对于广大村民来说，他们所面临的民主与政治问题犹如平时的日常生活一样，时时有分歧，处处有矛盾；而这些分歧与矛盾更多地关系到村民切身利益与生活的民生问题，不仅需要用法律与行政去处置，更需要广大村民与基层政府等多元主体之间的民主协商、沟通与交流。而协商民主的功能恰恰可以包容各方、平等交流、理性讨论，有利于加强沟通、增进理解、达成共识，能够使我们的民主更广泛、更充分、更充满活力又保持和谐。因为"党外群众通过参与候选人提名、推荐、协商、评议等环节，实现了对党内选举的参与"，这样做可以"确保党员民主权利的同时，又广泛吸纳党外民意，拓展了基层党组织的社会基础和权力合法性"。② 例如，在基层选举过程中采取的"两票制"、"两推一选"、"公推直选"和"海选"就孕育着丰富的协商民主功能，通过协商既能够进一步促进和完善票决民主，这样做可以"确保党员民主权利的同时，又广泛吸纳党外民意，拓展了基层党组织的社会基础和权力合法性"。③ 近年来在基层民主治理过程中加强协商治理机制，主要是突出选举结束以后，在地方治理过程中如何增进政府与非政府组织及民众之间的协商合作问题。在基层民主治理过程中，实现协商民主与选举民主的相互补充、相互结合，促进两者之间协同共生式发展，才能实现乡村的有效治理，才能从整体上推动基层民主政治的发展。

（二）促进基层民主治理向纵深拓展

吉林省的"党群议事会"制度、四川省的"新村发展议事会"与"村

---

① 〔法〕让－马里·科特雷、克洛德·埃梅里：《选举制度》，张新木译，商务印书馆，1996，第 102～103 页。

② 参见黄卫平、陈家喜《十年来基层民主的发展》，《中国社会科学报》2012 年 8 月 31 日。

③ 参见黄卫平、陈家喜《十年来基层民主的发展》，《中国社会科学报》2012 年 8 月 31 日。

民议事制度"、浙江省的"民主恳谈"与"夏履程序"等凸显的协商民主功能，在乡村治理中发挥了越来越重要的作用。例如，一些地方出现的"党员代表议事会"制度、"党员议事平台"和"党群议事会"，不仅化解了基层"党－村"二元权力的冲突与矛盾，巩固了党的执政基础，提升了执政的合法性，而且创新了基层党内民主与人民民主之间互动的模式，丰富和完善了基层民主发展的内容与形式。再如，温岭民主恳谈，作为原创性的基层民主政治建设的新载体，经过十多年的发展，呈现向参与式民主恳谈演变的趋势，推动了民主恳谈从沟通式、听证式向参与式的发展，使之从原先的体制外制度创新发展，逐渐演变成现行体制框架内的制度安排，获得政治的合法性和发展的可持续性，进入到重大事务的决策层面，在制度化建设方面取得了重要的突破，这一实践的创新引起了全国新的广泛关注；一些村民代表议事制度和社区居民议事会制度等以"民主听证会"、"民情分析会"、"村民议事日"活动等形式展开，充分发挥村民主体的作用，使其参与对村经济社会发展规划、村集体经济项目的立项、承包方案、村集体资产经营、集体举债、集体资产处理等与群众利益相关的村级事务和重大事项的决策，进一步增强重大事务决策的透明性、民主性和科学性，调动了广大群众自觉参与村务管理的积极性。

（三）呈现多元主体的复合型治理特征

积极探索并建立多元性、合理性的社会协商民主机制，既是当今社会发展的迫切需要，又是成熟民主法治社会的标志。党的十八大报告指出："加快形成党委领导、政府负责、社会协同、公众参与、法治保障的社会管理体制。"[①]基层协商民主就是社会管理体制创新的有效形式之一。协商中的多元主体包括党委、社区和村民自治组织，社会团体、行业协会和企事业单位，他们构成一种多元的、复杂的、多层次的结构，并相互结成一种合作伙伴关系，有组织的协商与谈判可以提高群众的理性与克制，而基层党委、政府则可以加强规则制定与仲裁能力，可以提高政府的有效性与权威性。这种多元性、合理性的协商民主机制的参与平台是各种协商、质询会议和议事制度等；参与的路径是广大民众对公共政

---

① 胡锦涛：《坚定不移沿着中国特色社会主义道路前进　为全面建成小康社会而奋斗——在中国共产党第十八次全国代表大会上的报告》，人民出版社，2012，第34页。

策制定的听证参与,对重大决策的征求意见参与和对公共预算的审议协商参与等;参与目的是增强民众的民主意识,提高其民主参与、民主管理的能力。

(四) 促进公共协商达成共识

中国的社会结构和阶层发生了巨大的变化,多元化的社会基础逐渐形成。不同的政治主体、不同的利益群体和不同阶层的冲突也越来越复杂。需要协商民主通过各方平等与自由的对话、讨论、辩论和协商,在此过程中使各方都能了解彼此的立场,拓宽彼此的心胸,进而协调好私利与公利关系,并保持与公共利益的一致性。因而,应积极培育民众理性的公共协商精神,使其用理性思考,用理性说话,遵从逻辑,超越情绪,增加合作共识,减少感性分歧,为协商民主的开展提供最基础性的条件。

协商民主不仅尊重主体利益的差异性,还强调参与主体的平等性与各方遵循协商原则的一致性,其核心就是公共协商。当协商在开放的公共领域进行时,民众通过公共协商机制,协调各方利益者的价值偏好,能够比较顺利地进行利益表达、协调与实现。同时,民众通过自己的组织进行合作的过程,也是一个创造和扩展其公共协商空间的过程。例如,如果在选举前、选举后等通过充分的公共协商,可以将政治正当化和决策置于多种备选方案中,有充分的从中选优的余地,这样就有利于提高决策的质量,有利于提高选举人政府的责任感与回应性,使制定出的政策更具有针对性。作为一种治理形式的协商民主其价值诉求在于"参与协商的公民是平等的、自由的,他们提出各种相关的理由,说服他人、或者转换自身的偏好,最终达成共识,从而在审视各种相关理由的基础上,赋予立法和决策以合法性"。[①] 民主决策须以公共理性为前提,以公共利益的实现为目的。参与决策者必须在公共理性基础上进行交流协商,在对话和沟通中,通过协商与妥协达成共识,从而社会、民众与政府可以共同参与到公共事务的决策、执行和监督的过程中,能够有效化解政府与民众之间以及民众内部的诸多矛盾与纷争,使社会发展处在一个和谐的环境中。

---

① 参见陈家刚《协商民主:民主范式的复兴与超越(代序)》,载《协商民主》,上海三联书店,2004,第1页。

四　现代性：基层协商民主的示范效应

党的十八大明确提出要"健全社会主义协商民主制度"①，并规定了制度建设的方向、领域和渠道。一方面，需要我们在认识上更加明确协商民主的时代背景、理论内涵、实践基础以及基本价值。另一方面，也需要我们不断总结经验，积极推动协商民主广泛、多层、制度化发展。协商民主在与中国本土资源的融合过程中，并不是完全能够应用于中国的具体实践，以及一丝不苟地契合于当代中国的政治发展语境，需要继续挖掘本土民主资源，探索基层民主发展的新路径，不断地加强一系列系统配套的制度建设和制度创新，尤其是在基层民主治理发展过程中，更需要坚持本土化的路线，将各类制度创新扎根到本地的土壤里，不仅展示出鲜明的地方性知识，还体现出中国特色的现代性潜质，进一步丰富基层民主和治理的内涵与形式。

1. 坚持党的领导，充分彰显出人民性。无论是民主恳谈、党群议事会制度、新村发展议事会、村民议事制度还是乡村典章与夏履程序，这些基层协商民主机制在运行过程中对协商议题的选择、协商时机的把握、协商程序的控制和协商结果的运用，都是在党组织领导下有序进行的，充分体现了坚持党的领导原则。这样既能够扩大民众直接有序的政治参与，更好地保证人民当家作主的权利，又能够有利于坚持中国共产党的领导，符合社会主义民主政治的本质要求。而协商参与主体是人民群众，协商的议题来自人民群众，话语表达者是人民群众，更重要的是，最终的目的与价值就是满足民众的利益诉求。所以在协商的过程中汇聚的是民意，归聚的是民智，凝聚的是民心，集聚的是民力。通过协商，依照人民群众的意愿聚合起来的——这体现了坚持人民当家作主的原则。

2. 促进基层民主发展的深度与广度。协商民主与选举民主的有效结合，注意选举前的各种程序建设，关注选举结束后的民主发展的持续与链接问题，协商促进了基层票决民主决策的质量。基层协商民主的兴起进一步推动了参与民主向决策民主发展，民众在参与过程中公开自己的偏好和理由；充分地进行公开、平等的表达，有效地参与与自身利益和公共利益相关的政治

① 胡锦涛：《坚定不移沿着中国特色社会主义道路前进　为全面建成小康社会而奋斗——在中国共产党第十八次全国代表大会上的报告》，人民出版社，2012，第26页。

活动，并在参与中表达自己利益，养成民主的习惯和民主的意识。基层协商民主还推动了个人利益诉求逐渐转向公共利益诉求，尤其是随着农村公共建设、公共利益的凸显，民众越来越关注对公共事项、公共利益的参与和决策，希望能够有效参与和维护公民个人以及共同体的利益。

3. 积极营造宽容和谐的民主氛围。协商民主展现出一种妥协、宽容、求同存异的政治文化精髓，这也是任何一种健康民主社会所必需的。协商民主不仅能够形成一种宽容、理解、对话、倾听和理性的民主氛围，还能够促进人们在实践中培养出良好的公民精神，建构民主政治的文化心理，从而能够形成和谐社会的精神纽带。在现实生活中，协商民主坚持求同存异和互相体谅、包容，坚持以建立平等协商、对话、协调的机制为保证，能够有效促成各方利益表达、化解各种矛盾与分歧，以实现公共利益最大化为取向；同时协商民主有能够满足在利益主体多元分化的情况下，公民日益增强的政治参与的需求，彰显出程序价值功能；特别是协商民主通过各种议事制度、决策机制、听证会和公共论坛，坚持充分酝酿、协商讨论、广泛磋商，以使多元利益主体间能够以对话的方式，促进相互理解、相互尊重、妥协和节制化解分歧达成共识，形成宽容与和谐的民主氛围。

人民政协与社会主义协商民主

——"发挥人民政协作为协商民主重要渠道作用"的政治学解读

肖存良[*]

摘　要： 人民政协协商建国，开国建政，嵌入政治体系各个方面，以及在制度化、实体化和实际成效方面都具有其他协商形式难以比拟的优势，因而是发扬社会主义协商民主的"重要渠道"。根据十八大报告的要求，人民政协发挥"重要渠道"作用还需要解决好在政治体系中定位、与公民协商形式有机复合和重大决策"协商点"前移等诸方面问题。

关键词： 人民政协　社会主义协商民主　重要渠道

党的十八大报告正式提出了社会主义协商民主制度，并把它作为我国政治体制改革的一个重要方向。报告还提出要"充分发挥人民政协作为协商民主重要渠道作用"。与国家政权机关、党派团体等协商民主渠道相比，为什么唯独指出人民政协是实践社会主义协商民主的"重要渠道"？为什么其他政治组织不能称为社会主义协商民主的"重要渠道"？既然人民政协是政治协商的"重要渠道"，那么能否把人民政协称为政治协商的"主渠道"呢[①]？是否要把所有的

---

* 　肖存良，复旦大学统战理论研究基地研究员。本文是作者承担的国家哲学社会科学规划项目青年课题 11CZZ011 "人民政协在地方立法协商中的作用"的阶段性成果，也是上海市政协研究室、上海市人民政协理论研究会 2013 年立项课题研究成果。

① 　李君如早在 2007 年就提出"人民政协应该成为协商民主的主渠道和主要形式"。见高建、佟德志编《中国民主丛书·协商民主》，天津人民出版社，2010，第 196 页。

协商都纳入人民政协中来呢？"重要渠道"和"主渠道"之间有什么区别呢？等等。这些都是十八大报告之后人民政协理论研究面临的新问题，对这些问题的解答关系到人民政协的理论和实践的发展，甚至关系到我国社会主义民主的运行和政治体制改革的进程。事实上，十八大之后，一些地区和部门在对上述问题的理解中已经出现了两种片面倾向：一种倾向把社会主义协商民主完全等同于人民政协，另一种倾向要以协商民主取代选举民主。[①] 本文把人民政协放到社会主义协商民主体系中来加以考察，确认其在社会主义协商民主体系中的地位，回答人民政协为什么是"重要渠道"而不是"主渠道"问题，同时探讨充分发挥人民政协"重要渠道"作用的基本路径。

一　人民政协与社会主义协商民主体系

社会主义协商民主体系的基础在于人民民主专政的国体，关于人民民主专政，毛泽东指出，"对人民内部的民主方面和对反动派的专政方面，互相结合起来，就是人民民主专政"。[②] "人民民主专政有两个方法。对敌人说来是用专政的方法，就是说在必要的时期内，不让他们参与政治活动，强迫他们服从人民政府的法律，强迫他们从事劳动并在劳动中改造他们成为新人。对人民来说则与此相反，不是用强迫的方法，而是用民主的方法，就是说必须让他们参与政治活动，不是强迫他们做这样做那样，而是用民主的方法向他们进行教育和说服的工作。这种教育工作是人民内部的自我教育工作，批评和自我批评的方法就是自我教育的基本方法。"[③] 人民民主专政由两方面构成，一方面是人民内部的民主，另一方面是对敌人的专政。

人民与敌人互相对应，划分人民与敌人的基本标准是阶级，所以敌人又称为阶级敌人。那么哪些阶级属于人民，哪些阶级属于敌人呢？在1949年新中国成立之时，工人阶级、农民阶级、城市小资产阶级和民族资产阶级属于人民的范畴，因而是人民的朋友。而地主阶级、官僚资产阶级和代表这些阶级的国民党反动派属于与人民相对应的敌人的范畴，因而是专政的对象，

---

①　施芝鸿：《人民政协既要发挥协商民主重要渠道作用又要促进协商民主广泛多层制度化发展》，《中国政协理论研究》2013年第3期，第6页。

②　《毛泽东选集》（第四卷），人民出版社，1991，第1475页。

③　中央统战部编《中国共产党统一战线文献选编》第五卷（1950～1952），中共中央党校出版社，1985，第102页。

是人民的敌人。对于人民的四个朋友，要实行民主、团结和教育，而对于人民的三个敌人，则要进行专政。这就是人民民主专政的基本内涵。1956年社会主义改造完成之后，随着人民的三个敌人被消灭或被改造，三个阶级敌人就不存在了，在这样的情况下，我国的人民民主专政中的所有矛盾都是人民内部矛盾，而不再是敌我矛盾，因而不能用专政的方式来解决矛盾，而是要用协商和调节的方式解决，要更加突出政权的人民民主性，而不是专政性。所以人民民主专政的国体为社会主义协商民主体系奠定了政治基础。

党的八大报告进一步强调了人民内部矛盾和从协商角度处理人民内部矛盾的重要性，但是从1957年"反右"到改革开放之前这段时期内，实际上继续了以前的阶级斗争策略，在阶级斗争对象消失之后继续用阶级斗争方式来处理人民内部矛盾，从而形成了阶级斗争与政治协商之间的张力，造成了政治协商的形式化。社会主义协商民主建设处于停滞状态。改革开放之后，中国共产党以经济建设为中心取代以阶级斗争为纲，重提人民内部矛盾理论，主张用协商的方式解决人民内部矛盾。经过改革开放近十年的探索，中国共产党在十三大正式提出了社会协商对话，报告指出，"必须使社会协商对话形成制度，及时地、畅通地、准确地做到下情上达，上情下达，彼此沟通，互相理解。建立社会协商对话制度的基本原则，是发扬'从群众中来、到群众中去'的优良传统，提高领导机关活动的开放程度，重大情况让人民知道，重大问题经人民讨论。当前首先要制定关于社会协商对话制度的若干规定，明确哪些问题必须由哪些单位、哪些团体通过协商对话解决。对全国性的、地方性的、基层单位内部的重大问题的协商对话，应分别在国家、地方和基层三个不同的层次上展开"。报告首次提出了建立全国、地方和基层三个层次的社会协商对话机制，为社会主义协商民主体系的提出奠定了组织结构基础。

十八大报告"是对上个世纪80年代我国政治体制改革理论研究成果和中共十三大提出的建立社会协商对话制度、提高领导机关活动的开放程度、重大情况让人民知道、重大问题经人民讨论这一重大理论和重要制度性规定的重申和发展"。[①] 报告指出，"要完善协商民主制度和工作机制，推进协商民主广泛、多层、制度化发展。通过国家政权机关、政协组织、党派、团体

---

① 《中国共产党统一战线文献选编》，第7页。

等渠道，就经济社会发展重大问题和涉及群众切身利益的实际问题广泛协商，广纳群言、广集民智，增进共识、增强合力。坚持和完善中国共产党领导的多党合作和政治协商制度，充分发挥人民政协作为协商民主重要渠道作用，围绕团结和民主两大主题，推进政治协商、民主监督、参政议政制度建设，更好协调关系、汇聚力量、建言献策、服务大局。加强同民主党派的政治协商。把政治协商纳入决策程序，坚持协商于决策之前和决策之中，增强民主协商时效性。深入进行专题协商、对口协商、界别协商、提案办理协商。积极开展基层民主协商"。报告提出要在国家、政党和社会的各个领域建立民主协商，并且在十三大报告的基础上首次提出了社会主义协商民主和社会主义协商民主制度。社会主义协商民主是中国共产党领导下的民主协商原则贯穿到中国社会政治生活各个领域所形成的民主形态，而社会主义协商民主制度主要是指中国社会政治生活各个领域中形成的社会主义协商民主形态的固化和制度化，前者主要体现于政治过程之中，后者主要体现于政治制度之中，后者是前者的具象。社会主义协商民主和社会主义协商民主制度共同构成了社会主义协商民主体系。

综合上面论述，社会主义协商民主体系的政治基础在于人民民主专政的国体，社会主义改造完成之后，我国的国体体现出更加鲜明的人民性和民主性，同时也更加鲜明地体现出协商性，因为在没有阶级敌人存在的情况下，一切矛盾都是人民内部矛盾，都可以通过协商的方式解决。党的十三大报告提出要建立全国、地方和基层的社会协商对话体系，十八大报告进一步提出要在政党、国家与社会的各个领域开展民主协商，最终形成了社会主义协商民主体系。所以社会主义协商民主体系是中国共产党基于人民民主专政国体而长期探索的结果。

社会主义协商民主体系建立起来之后，就能够发育遍布社会政治生活各个领域的民主协商①。那么，社会主义协商民主体系究竟应该包括哪些民主协商形式呢？我们认为，社会主义协商民主的基本原则与具体实践相结合就能够形成无穷多样的协商形式，这些形式有的还是一种民主形态，没有制度化，有的已经实现了制度化，成为了具体的民主协商制度，因而从整体上难

---

① 西方是用协商民主来弥补选举民主之弊，并不妨碍以选举民主为主。同样，我国社会主义协商民主与人大选举民主也是相得益彰，互相补充，并不是发扬社会主义协商民主就是要取代选举民主。

以穷尽社会主义协商民主形式，而且协商形式必然会随着民主协商的发展而不断发展。但是为了便于研究和归纳，国内也有领导和专家对社会主义协商民主形式进行了分类，有代表性的是贾庆林和李君如同志的观点，贾庆林同志概括了四种形式：一是中国共产党与各民主党派的政治协商，即党际协商；二是国家政权机关的立法、决断协商，主要包括人大立法协商和政府与社会的协商对话；三是人民政协的政治协商；四是以恳谈会、听证会和咨询会为主要内容的基层民主协商①。李君如同志归纳为三种形式，一是政协参加单位和人士之间的议事协商；二是政协委员在履行职能时通过政协平台同党政部门之间的咨政协商；三是政协委员在反映社情民意时与群众之间的社会协商。②

从社会主义协商民主遍布政党、国家与社会的各个领域来看，我们要尽可能广泛地来划分协商民主形式，前面的两种分类形式虽然涵盖了政党、国家与社会三大方面，但还不够详尽具体，尤其对社会领域大量自发产生的民主协商和协商形式重视不够，也可以说是对公民协商重视程度不够。我们可以把社会主义协商民主形式分为三个大类：政治协商、社会协商和公民协商，然后每个大类又分为很多更为具体的小类，这样的划分更为全面。具体而言，政治协商主要是政治制度运作和政治生活过程中形成的各种民主协商形式，它又可以细分为三种形式，第一种形式是政党和国家机关内部的协商，主要是党内协商、政府内部协商、人大内部协商和法院、检察院内部协商等协商形式。这些部门内部在日常工作和机构运转中存在广泛的协商，形成了多种多样的协商形式，如党在公推直选、公推公选等党内民主过程中形成的协商，政府在内部上下级和平级之间的工作协商，人大在选举、立法、预算和监督等方面形成的内部协商，以及法院和检察院在调解、起诉、审判等工作过程中形成的内部协商等。民主协商形式大量存在于党政部门日常工作之中。第二种形式是党际协商，即中国共产党和各民主党派之间的协商，主要形式包括党外人士座谈会、党外人士情况通报会、民主协商会、小范围谈心会等形式。第三种形式是中国共产党在人民政协与各党派和各界社会力量之间的协商。主要包括全委会、常委会、主席会议、常委专题座谈会、专

---

① 参见贾庆林《健全社会主义协商民主制度　为全面建成小康社会广泛凝聚智慧和力量》，《中国政协理论研究》2013年第1期，第4页。

② 参见李君如《人民政协协商民主的地位、作用和实现形式——访中国人民政协理论研究会副会长、中共中央党校原副校长李君如》，《中国政协理论研究》2013年第3期，第4页。

门委员会会议和专题协商、对口协商、提案办理协商、界别协商等协商形式。

社会协商主要体现为政党、政府、人大与社会和群众之间的协商对话，也就是把协商精神拓展到社会领域。党与社会协商的主要形式有各级党的领导深入基层开展调查研究，召开座谈会，听取群众对党和政府工作的意见建议；党务公开，党的重要信息让人民知道，党委征集人民意见建议；党委重大决策和重大问题征求人民意见建议等形式。政府与社会协商的主要形式有各种听证会、议事会、政务公开、政府重大问题经人民讨论、听取人民意见建议，以及近年来由浙江温岭所推动形成的"民主恳谈会"和"公民评议会"等形式。人大在立法过程中把法案草案向社会公布，征求社会意见，开门立法等。还有党委和政府部门建立新闻发言人制度，及时把党和政府的信息向社会公布，征求社会意见等。

公民协商主要是指以公民为主体而展开的公民与公民、组织与组织之间的协商。主要包括维权性协商和自治性协商两个层面，就现有的民主形式看，维权性协商主要包括公民在拆迁、劳动权益维护等方面形成的公民与开发商之间、劳资之间的协商等形式，还有大量的信访活动也属于维权性协商。自治性协商主要包括公民在村居委自治、业委会自治、民间商会自治和贸易协会自治等自治体中的协商形式。还有公民在自治过程中的建言献策也是公民协商形式。公民协商都属于十八大报告中基层民主协商的范畴。在政治协商、社会协商和公民协商关系中，政治协商和社会协商大都属于体制内协商，公民协商大量存在于体制外，属于体制外协商。随着社会主义协商民主的发展，体制外协商在现有基础上还将继续膨胀，形成更为丰富多样的协商形式，所以公民协商是社会主义协商民主发展过程中一个不可忽视的重要向度。

总之，社会主义协商民主涵盖政党、国家与社会的各个领域，社会主义协商民主体系分为三大类和八小类，三大类是政治协商、社会协商和公民协商，八小类是政党和国家机关内部协商、党际协商、人民政协协商、党与社会协商、政府与社会协商、人大与社会协商、自治性协商和维权性协商。每个小类又可以包含许多种具体的协商形式，从而形成了形式多样的协商民主形式。十八大报告为我们描述了社会主义协商民主体系的宏伟蓝图，把人民政协政治协商放到十八大报告所构建的整个社会主义协商体系来看，就可以明显看出人民政协政治协商只是社会主义协商民主体系中的一个小类，人民政协政治协商不等于政治协商，不等于社会主义协商民主，更不能替代社会主义协商民主体系中的其他协商形式，因而也不能把人民政协政治协商称为实践社会主义协商民主的"主渠道"，因为与人民政协政治协商并行不悖的还有大量存在的其他协商形式，并不是以人民政协政治协商为主要形式。既然人民政协政治协商不是实践社会主义协商民主的"主渠道"，那么十八大报告为什么要特地指出人民政协是政治协商的"重要渠道"呢？为什么不把其他协商形式也称为协商民主的"重要渠道"呢？与其他协商形式相比，人民政协政治协商的"重要性"体现在什么地方呢？这是我们接下来要讨论的问题。

二　人民政协作为协商民主重要渠道的重要性所在

人民政协的"重要渠道"作用可以从三个视角来审视：一是基于其自身的历史文化特质，二是基于其所取得的实际成效，三是基于与其他协商形式相比较。其基础在于人民政协成立六十多年来的不断发展。从自身特质、实际成效和相互比较的视角出发，我们认为人民政协作为协商民主渠道之一的重要性体现在以下几个方面。

第一，人民政协与协商建国。在 20 世纪的社会政治生活中，现代政治模式体现在建国过程中形成了两种建国模式，即代议制民主制建国模式和人民代表大会制建国模式，我国的建国模式属于后者，即由人民代表大会选举产生立法、行政和司法机构，建构政治体系[1][2]。但是由于我国建国进程中特殊的政治、军事和技术条件，我国在坚持人民代表大会制建国模式的原则基础上进行了灵活变通，由人民政协全体会议代行全国人民代表大会职权产生国家制度，建构政治体系，也就是协商建国，而不是人民代表大会选举建国。1949 年 9 月 21 日至 9 月 30 日召开的人民政协第一届全体会议通过了《中国人民政治协商会议共同纲领》、《中国人民政治协商会议组织法》和

---

[1]　参见拙作《中国政治协商制度研究》上海人民出版社，2013，第 38 ~ 63 页。

[2]　政治体系是"指那些社会的相互作用和制度，通过它们，一个社会作出的决定在多数时期内，被社会多数成员认为具有约束力"。（戴维·米勒、韦农·波格丹诺：《布莱克维尔政治学百科全书》，中国政法大学出版社，2002，第 621 页）现代政治体系一般包括立法、行政和司法机构三大部分，但是这三大部分的不同组合形成了西方议行分立的政治体系和前苏联与我国议行合一的政治体系。前者表现为立法、行政和司法机构三权分立，后者表现为由苏维埃/人民代表大会产生立法、行政和司法机构，我国的政治体系属于后者。

《中华人民共和国中央人民政府组织法》三个为新中国奠基的历史性文件，选举产生了中央人民政府委员会和人民政协全国委员会，建构了政治体系（全国人民代表大会除外），标志着新中国的诞生。所以我国的政治体系是由人民政协全体会议选举产生的，也就是说由人民政协产生政治体系（全国人民代表大会除外）。与其他协商形式相比，政党、政府与社会的其他协商形式都没有像人民政协一样承担起开国建政、协商建国的重任。这是人民政协自身的特殊历史文化特质，也是人民政协作为协商民主"重要渠道"的一个鲜明体现。

新中国的成立并不意味着协商建国任务的完成，到1954年第一届全国人民代表大会召开，我国由协商建国模式回到人民代表大会建国模式之后，才标志着人民政协协商建国任务的正式完成。因而1949年至1954年是我国的协商建国时期，"在一九四九年至一九五四年期间，最高层次的协商形式是人民政协全体会议，这种形式的会议仅在一九四九年九月举行过一次。第二个层面的协商形式是全国委员会会议，第一届全国委员会共举行过四次会议。第三个层次的协商形式是全国委员会的常务委员会，在一九四九年十月到一九五四年十二月的五年多时间中，常务委员会共举行过64次会议，平均每年举行12次以上"。[①] 这一时期，国家内政外交的重大事项都先由全国政协常委会讨论后交给政府，"由政府制成法律、法令，公布实行"。[②] 人民政协在新中国成立后的协商建国时期也发挥了重要作用。这也是党委、政府和人大的其他协商形式所无法比拟的。实际上，在这一时期，大量的其他协商形式都尚未产生或处于萌芽状态，而人民政协政治协商已经在国家政治生活中发挥了不可替代的重要作用，人民政协已经"成为具有中国特色的中国政治体制中的重要组成部分"。[③]

第二，人民政协与政治体系。协商建国表明我国的政治体系是由人民政协全体会议选举产生的，也就是说由人民政协产生政治体系，这是人民政协与政治体系的第一重关系。但是建国过程中的人民政协是一个内在包含着全体会议、全国委员会和常委会三层结构的政治组织，三层结构各具有自身的结构与功能，其中只有全体会议具有代行全国人民代表大会的职权，也就是

---

① 当代中国编委会编《当代中国的人民政协》，当代中国出版社，1993，第105页。
② 当代中国编委会编《当代中国的人民政协》，当代中国出版社，1993，第105页。
③ 当代中国编委会编《当代中国的人民政协》，当代中国出版社，1993，第104页。

产生政治体系。但是"它的全体会议在选出全国委员会后,它和国家政权机关就无直接关系"。①② 这是人民政协全体会议与政治体系的内在关系,即政治体系由它产生,但是产生之后即不再与之发生关系,而全体会议在完成自身使命之后也正式结束,以后不再召开全体会议,这是人民政协与政治体系的第二重关系。人民政协全国委员会是人民政协的第二层结构,它由全体会议产生,但是它不同于全体会议之处在于它不代行全国人民代表大会职权,"对中央人民政府委员会只是协商建议的关系。全国委员会是统一战线性质的组织"。③ "不是国家政权的最高组织。"④ 所以建国时就明确规定了人民政协全国委员会不是国家权力机关,也不代行国家权力机关职权,更不是国家机关,只是统一战线组织。这种定位也使得人民政协全国委员会外在于政治体系。这是人民政协与政治体系的第三重关系。人民政协常委会是人民政协的日常工作机构,它本身也外在于政治体系。总之,从人民政协的三层机构和与政治体系的三重关系来看,我们发现,人民政协既产生政治体系,但又外在于政治体系,这是人民政协与政治体系关系的一个方面。

但是另一方面,人民政协处于政治体系之外并不意味着人民政协与整个政治体系没有任何联系,相反,人民政协在工作实践中通过载体发育又与政治体系的各个组成部分建立了紧密联系,形成了提案、建议案、集体视察、民主监督、参政议政和政治协商等与政治体系联系的工作载体。以提案为例,提案提出的主体包括政协委员、各党派团体和政协专门委员会,提案的对象即提案的承办者则包括中国共产党、立法、行政、司法甚至军队等机构。提案由人民政协提案委员会发出,由立法、行政、司法甚至军队中的提案涉及单位承办,承办单位在承办过程中要与政协委员协商,向政协委员反馈,采纳提案中的合理建议,人民政协还可以主动督办提案落实。所以提案作为人民政协的工作载体把人民政协与政治体系中的政党、立法、行政和司法机构紧密联系在一起,人民政协也通过提案把自身的影响力扩张到整个政治体系之中。这样,人民政协虽然没有直接进入政治体系,但是它通过自身

---

① 当代中国编委会编《当代中国的人民政协》,当代中国出版社,1993,第57页。
② 由于人民政协全体会议只召开一届之后即不再举行,而第一届全体会议召开时间是1949年9月21日至9月30日,所以人民政协全体会议真正代行全国人民代表大会职权的时间只有九天。
③ 当代中国编委会编《当代中国的人民政协》,当代中国出版社,1993,第57页。
④ 当代中国编委会编《当代中国的人民政协》,当代中国出版社,1993,第57页。

的载体与政治体系的各个组成部分建立了广泛的联系，使自身与整个政治体系紧密地勾连在一起。所以人民政协又是"我国政治体制的重要组成部分，在我国政治生活中具有不可替代的作用"。①

综合上述两个方面，一方面人民政协产生整个政治体系之后就处于政治体系之外，另一方面人民政协又通过提案等工作载体与整个政治体系建立起了紧密的联系，其他协商形式虽然大多处于政治体系之内，但是与整个政治体系联系的广度和深度都不及人民政协，政党、政府和人大的政治协商都只主要涉及政治体系的某一个方面，不如人民政协与整个政治体系联系得如此全面深入，所以人民政协在嵌入政治体系的过程中与整个政治体系所建立起来的形式多样的工作关系是其他协商形式所难以企及的。这是人民政协"重要渠道"作用的一个重要体现。当然，我们也不可否认，人民政协外在于政治体系本身就是它发挥"重要渠道"作用的一个重要局限，人民政协充分发挥"重要渠道"作用还需要克服这个局限性。

第三，人民政协政治协商的制度化、实体化与实际成效。与其他协商形式相比，人民政协的政治协商形式具有成立时间早、制度化程度高和实效性强的特点。从成立时间看，人民政协的全委会、常委会，人民政协的第一件和提案和建议案都伴随着中华人民共和国的诞生而诞生。人民政协各工作组会议（专委会前身）、双周座谈会（双月座谈会前身）和秘书长会议等各种工作协商形式都是在中华人民共和国成立之后就广泛开展。人民政协的集体视察工作自1955年就正式开始，等等。总之，在协商建国的背景下，人民政协的政治协商形式处于极为有利的政治位置，成立的时间都很早，大量协商形式自中华人民共和国诞生伊始就正式存在，这也是其他协商形式所无法比拟的。

从制度化程度看，人民政协在六十多年的发展中逐渐形成了健全的制度体系。首先，建立了从全国、省（直辖市）、地市和县的各级人民政协机构，政治协商是人民政协的核心职能，人民政协的政治协商高度实体化。其次，除了宪法、政协章程和1989年、2006年下发的两个重要文件之外，还建立了各项具体的协商工作制度。如关于提案，有《中国人民政治协商会议全国委员会提案工作条例》（1991，1994），《关于政协全国委员会办公厅承办提案工作的若干规定（试行）》（1997）；关于视察，有《全国政协委员

① 政协全国委员会办公厅、中共中央文献研究室编《人民政协重要文献选编》（下），中央文献出版社、中国文史出版社，2009，第749页。

视察简则》（1988）；关于常委会工作，有《政协全国委员会常务委员会工作规则》（1988）、《中国人民政治协商会议全国委员会常务委员会工作规则（修正案）》（1996）；关于政协专委会工作，有《中国人民政治协商会议第七届全国委员会专门委员会组织通则》（1988）、《关于全国政协专门委员会调查报告的处理办法》（1989）和《中国人民政治协商会议全国委员会专门委员会通则》（1995）等①。上述制度还是 1999 年以前建立的，1999 年以来又建立了大量新的制度。目前，每年一次的全体会议与人大会议同时进行，每两个月一次的常委会和大约每周一次的主席会议都已经形成了制度化。与之相比较，目前党际协商和党委、政府、人大的社会协商以及各种形式的公民协商都还呈现某种程度上缺乏制度化或制度化程度不足的缺陷。人民政协政治协商与之相比制度化程度要高得多。

从实际成效看，六十几年来人民政协政治协商在推动经济社会发展、改善民生和加强社会建设与社会管理等方面取得了显著成效。例如，十一届全国政协期间，政协委员提交了 28930 件提案，立案 26699 件，已办理了 26583 件提案，办复率 99.57%，其中中央领导同志对重要提案的批示 120 余次。②"召开 11 次专题议政性常委会议和专题协商会议，开展 509 次调研视察活动，提出了一大批高质量的意见和建议。"③ 大量意见建议被采纳，成为了国家经济社会发展战略的重要内容，大量经济发展和社会民生问题通过提案和建议案形式反映给党和政府，最终转变为国家公共政策。人民政协政治协商所取得的实际成效也要高于其他协商形式。这也是人民政协发挥"重要渠道"作用的一个重要体现。

综上所述，与社会主义协商民主体系中的其他协商形式相比，人民政协协商建国，完成了开国建政的历史重任，并通过提案、建议案、集体视察、民主监督、参政议政和政治协商等工作载体与政治体系建立了广泛深入的联系，全面影响整个政治体系，而且实现了高度的制度化、实体化，在推动经济社会发展方面取得了显著的实际成效。这些方面都远远超过了社会主义协商民主体系中的其他协商形式，其他协商形式无论在历史文化特质、制度化

---

① 各项制度的具体内容参见郑万通主编《中国人民政协全书》，中国文史出版社，1999。

② 参见万钢在政协第十二届全国委员会第一次会议上所作《中国人民政治协商会议全国委员会常务委员会关于提案工作情况的报告》，《人民政协报》2013 年 3 月 13 日。

③ 贾庆林：《中国人民政治协商会议全国委员会常务委员会工作报告——在政协第十二届全国委员会第一次会议上》，2013 年 3 月 13 日。

还是实际成效上都比不上人民政协协商，鲜明地体现了人民政协在社会主义协商民主体系中的"重要渠道"作用①。这样，一方面人民政协协商不是社会主义协商民主的"主渠道"，另一方面又是"重要渠道"，二者并行不悖，这一方面意味着我们不能把所有的协商都纳入人民政协，另一方面也意味着人民政协是社会主义协商民主体系中不可或缺的一个重要方面。

　　人民政协在历史文化特质、工作绩效和制度化方面优于其他协商形式，是发扬社会主义协商民主的"重要渠道"，那么人民政协在发挥"重要渠道"作用上是否已经做到了尽善尽美呢？是否还有需要改善和进一步提高之处呢？换句话说，十八大报告对人民政协"重要渠道"的指称是实然性的还是应然性的呢？我们认为，从报告通篇的政治意涵和指导方针作用来看，这个指称应该是应然性的。既然是应然性指称，那么人民政协还需要加强哪些方面的工作以完成十八大报告所赋予的光荣任务呢？这些问题要求我们从人民政协的工作实际出发进一步加强和改善人民政协，推动人民政协协商的进一步发展。

三　人民政协深入发挥重要渠道作用的基本路径

　　人民政协在发挥协商民主"重要渠道"作用方面具有自身的优势，同时还存在一定的缺陷，主要表现在：在政治体系中尚未有正式定位，尚处于政治体系之外，且不是国家机关，这就会影响到协商的权威性和协商的动力；人民政协体制内协商的特点容易导致与体制外的协商需求脱节，从而有被社会边缘化的危险；虽然强调协商于决策之前，但是人民政协在开放性公共决策中有被进一步边缘化的危险。人民政协要充分发挥"重要渠道"作用，除了要充分发挥上一节所提到的优势之外，还要通过克服上述缺陷来进一步推进人民政协协商取得实质性进展。

　　第一，人民政协在政治体系中正式定位。上面曾经指出，人民政协处于我国政治体系之外，既不是国家权力机关和国家行政机关，也不是国家机关，而是统一战线组织，这种定位主要是从党及党的统一战线的角度出发而形成的。如果我们从党的领域进入国家领域，人民政协又是一种民主运行形

①　当然，我们也可以从其他角度来考察人民政协在社会主义协商民主中的重要性，本文的考察角度并不排斥其他考察视角。

式，是发扬社会主义民主的一个重要平台。十八大报告把人民政协作为发扬社会主义协商民主的"重要渠道"，更加重视人民政协作为社会主义民主的一种民主运行形式。其次，人民政协要充分发挥"重要渠道"作用，在各种协商中既要是协商主体（载体），又要具有较强的权威性，二者必须兼备，如果人民政协的协商结果没有权威性，不能对党政部门和社会产生实质性影响，那么一方面协商容易流于形式化，另一方面社会和政治各界也不会具有人民政协进行协商的内在动力。正是基于上述两个方面，笔者从民主运行形式的视角出发给予统一战线在政治体系中一个明确定位：中国共产党领导下与政党机关并立的民主协商机关。一方面要明确人民政协是国家机关，另一方面要明确人民政协作为国家机关能够与政治体系中的政党、政府、人大和司法系统以及各界社会力量进行广泛全面的协商。① 这样一方面能够符合社会主义协商民主的要求，而且能够由于人民政协协商主体地位明确、权威性的增强而切实发挥"重要渠道"作用。十八大报告为人民政协在政治体系中正式定位提供了契机，我们要充分利用这种契机，明确人民政协在我国政治体系中的定位，保障人民政协发挥"重要渠道"作用。

第二，人民政协深入社会现实，与社会内生型协商有机复合。人民政协的政治协商属于政治制度安排和政治运作过程中形成的建构型协商，这种政治协商基于政治制度安排而形成，非常容易"内卷化"，脱离社会现实。李瑞环在1994年指出，"目前，政治协商也好，民主监督也好，参政议政也好，主要是以各级领导机关为具体对象，以会议为主要形式，并依据一定的程序和规则进行。简言之，就是把会议产生的意见、建议、批评以及各类提案，转到中央及中央党政各部门去。光这样做够不够？我曾同有关同志谈过，政协一年开一次大会，几次常委会议，委员一年一次视察，除此之外，委员们见面不多，平常也没什么政协的事可做"。② 李瑞环认为，要解决这种人民政协政治协商、民主监督和参政议政与社会相隔离、人民政协"没什么事可做"的状况，要"让政协委员在他们所属的界别里经常听取下边的意见和建议，并向全国政协反映各阶层群众的意见和建议"。③ 就是要发

---

① 参见拙作《中国政治协商制度研究》，上海人民出版社，2013，第302~314页。
② 全国政协办公厅编《李瑞环同志关于统一战线和人民政协工作的讲话选编》，内部资料（政协工作学习资料之二），1998年9月，第196页。
③ 全国政协办公厅编《李瑞环同志关于统一战线和人民政协工作的讲话选编》，内部资料（政协工作学习资料之二），1998年9月，第196页。

动政协委员面向社会，收集并上报社会信息，为党和国家正确决策服务，这种行为后来被概括为反映社情民意。与此同时，李瑞环还积极推动参政议政，要求各级政协围绕经济社会发展中的热点问题开展调研，撰写调研报告并提交给党委和政府，为党委和政府正确决策服务。自 1994 年开始，参政议政逐渐成为了人民政协摆脱单纯会议形式、贴近社会现实的一种重要手段，也逐渐成为了各级政协开展工作的基本方式。

从人民政协发挥协商民主"重要渠道"作用的视角来看，人民政协在贴近社会现实上还需要再进一步，实现与社会自发产生的基于解决经济社会发展中的现实问题而形成的社会性和非程序性的内生型协商有机复合（公民协商大多属于内生型协商）。这就要求人民政协更加深入地面向社会。具体而言又可以分为两个层面，一个层面是人民政协的建构型协商民主形式更加贴近社会，切实为解决社会现实问题服务。另一个层面是人民政协协商直接与社会上的内生型协商形式相复合，建立社会复合协商形式。在第一个层面上，近年来全国各级政协都在积极探索，产生了大量实例，《人民政协报》也进行了广泛报道，如 2013 年 7～9 月出版的《人民政协报》头版头条就介绍了石家庄政协关注空气质量，福建、河南、杭州等省市政协着力推动新型城镇化建设，湘潭、苏州等市政协大力推动城乡一体化建设，南通市政协关注物流中心建设①，等等。《人民政协报》甚至还报道了人民政协帮助农民卖黄花、帮助解决"黑车"与的士抢生意②等具体问题。总之，推动地方经济社会发展、服务民生、解决地方经济社会发展现实问题是人民政协在这个层面展开活动的基本方式，也是 20 世纪 90 年代以来人民政协工作逐渐社会化所取得的成果。

在第二个层面上，人民政协要与社会内生型协商有机复合，构建政治协商新形式，推动社会主义协商民主体系和社会主义协商民主制度建设。具体而言，一是要推动人民政协政治协商与劳资协商有机复合，使人民政协成为协调劳资关系的一个重要平台，可以通过政协委员作为"公正第三方"介入劳资协商或者人民政协作为协商主体推动劳资双方协商的形式实现二者的有机复合。二是要推动人民政协政治协商与商会和行业协会协商有机复合，

---

① 参见《人民政协报》2013 年 7 月至 9 月报纸的头版头条。
② 参见《集民智知民情暖人心稳人心：长沙市政协搭建"三服务"新平台拓展履职为民"演练场"》，《人民政协报》2013 年 7 月 20 日。

可以通过把行业协会纳入政协界别而进行界别协商，或者推动人民政协成为商会和行业协会与党政领导沟通协商的重要平台。三是要推动人民政协政治协商与公民自治协商有机复合，或者通过在社区设立政协委员联络室、派驻社区政协联络员、政协委员进入社区各界人士代表大会（社区各界人士联谊会）甚至担任一定领导职务等形式嵌入到居民自治协商，或者推动政协委员作为"公正第三方"引导公民理性维权、深入维权现场配合地方政府开展专题协商对话等。上述三个层面只是根据对社会现实的观察而提出的复合协商形式，除此之外，还要就我国社会矛盾、社会冲突如日益频繁的群体性事件等进行协商形式创新①，突破现有协商形式，创造新的协商形式，这是我国政治体制改革的一项重要内容，是协商民主"广泛、多层、制度化发展"和"积极开展基层民主协商"的题中应有之义，也是发挥人民政协"重要渠道"作用的题中应有之义。

　　第三，人民政协在公共决策中"位置提前"，充分发挥人民政协的协商决策作用。衡量政治协商有效性的重要指标就是公共决策，如果政治协商成果能够进入公共决策议程，影响甚至改变公共决策结果，那么这种政治协商的政治有效性就强，否则就弱。而人民政协政治协商的事务主要是"国家和地方的大政方针以及政治、经济、文化和社会生活中的重要问题"，也就是说，人民政协政治协商所涉及的决策主要是重大决策。王绍光把我国党和政府重大决策模式称为共识型决策，共识型决策包括"开门"型参与结构和"磨合"型互动机制两大部分，"开门"型参与结构包括"闯进来"、"请进来"和"走出去"三个部分，"闯进来"是指公民、社会组织和利益团体在公共决策过程中可以通过各种渠道发表意见建议，影响公共政策议程或制定，"请进来"是指决策者为了更好地完善决策主动邀请专家学者、社会组织或利益团体为公共决策提供专业性的意见建议，"走出去"主要是指

---

①　"据有关部门统计，1993年我国发生群体性事件8709起，1995年发生群体性事件1万起。1995和1996年增长速度在10%左右，1997至2004年期间的年均增长速度高达25.5%。1999年发生群体性事件3.2万起，2003年发生群体性事件5.85万起，参与人数300多万人次，比2002年分别上升14.4%和6.6%，2004年发生群体性事件7.4万起，2005年发生群体性事件8.7万起，2006年约9万起，2007年超过8万起，2008年9万起，2009年突破10万起。国家行政学院竹立家说2010年是2006年的两倍，国务院参事牛文元说2011年每天500起。"（http：//blog. sina. com. cn/s/blog_ 72f32b4001019gvi.html）目前人民政协尚未形成行之有效的工作载体来嵌入群体性事件，而人民政协要充分发挥协商民主"重要渠道"作用，就一定要充分嵌入群体性事件的处置与预防之中，而一旦人民政协成功嵌入进去，就能够推动人民政协工作和协商民主取得实质性进展。

决策者深入基层调查研究以获取第一手信息和经验，为完善决策服务。"闯进来"、"请进来"和"走出去"三个有机复合就形成了一个开放式的公共决策方式。"磨合"型互动机制主要是公共决策草案出来之后经过几上几下，多方听取意见，协商修改，查漏补缺，形成合力，最后形成一个成熟的公共决策。"磨合"的方式主要有下层协商、上层协调、顶层协议三种方式。"磨合"型互动机制意味着公共决策草案形成之后的反复协商①。

从参与决策的主体来看，"参与政策制定过程的不仅有党政最高决策者，还有政府各级政府决策部门的政策制定者、智库、相关利益团体、非政府组织、国际组织以及一般民众，参与的范围达到了前所未有的广度"②。决策主体所形成的"政策圈"可分为内圈和外圈，最高决策者、部际协调机构和政策制定部门是政策制定"内圈"，主要制定、讨论决策。有组织利益团体、政策研究群体和普通民众是政策制定"外圈"，主要影响决策。③ 从共识型决策的重大决策模式来看，人民政协协商只是决策过程中的一个环节，而且随着决策的开放性越来越高，"外圈"对决策影响力越来越大，人民政协作为"内圈"中的一部分影响力就会相对越来越小，影响力越小就越会导致人民政协地位作用的下降，21世纪以来中央逐渐意识到了这个问题，所以多次强调指出要协商于决策之前，"三在前，三在先"。

根据王绍光对我国2006～2009年新医改政策制定过程的考察，2007年9月《关于深化医药卫生体制改革的总体方案（征求意见稿）》出台之后，2008年1月就由当时分管医改的国务院副总理吴仪召开座谈会，听取全国政协教科文卫体委员会部分委员的意见，向全国政协征求意见早于向各省市内部征求意见（内部几上几下"磨合"）和向社会公开征求意见（"闯进来"、"请进来"），距离2009年3月正式公布尚有一年多时间④，实现了协

---

① 参见王绍光、樊鹏《中国式共识型决策："开门"与"磨合"》，中国人民大学出版社，2013。
② 王绍光、樊鹏：《中国式共识型决策："开门"与"磨合"》，中国人民大学出版社，2013，第272页。
③ 王绍光、樊鹏：《中国式共识型决策："开门"与"磨合"》，中国人民大学出版社，2013，第99页。
④ 王绍光、樊鹏：《中国式共识型决策："开门"与"磨合"》，中国人民大学出版社，2013，第84～98页。

商于决策之前①。但是从决策的实际效果来看，人民政协协商对新医改决策的影响并不大，甚至有可能不及广大普通群众或某些利益团体，王绍光在详细梳理新医改政策形成的过程中从普通群众、专家学者、利益团体等角度探讨了新医改决策的影响，而对全国政协协商只是一笔带过，并没有把人民政协作为一个重要的协商资源和协商力量，更没有提及人民政协协商对整个新医改决策的影响②。也就是说，从新医改这个牵涉到所有人切身利益的重大决策的协商来看，党中央所要求的"三在前，三在先"形式上做到了，但是缺乏实质内容。

从人民政协发挥协商民主"重要渠道"作用来看，人民政协协商要真正实现协商于决策之前，就要在公共决策中实现"协商点"前移。根据政策过程理论，重大政策制定过程可以划分为议程的设置、政策的辩争以及政策的产生三个环节。第一个环节是设定政策目标，设计备选方案，形成政策草案。第二个环节是对政策草案进行上下多方论证，征求意见，平衡各方利益。第三个环节是形成正式公共决策，公布实施。从这个三个环节来看，目前的人民政协协商处于第二个环节之中，协商状况好一点的处于这个环节的前端，差一点的处于这个环节的尾端，没有进入第一个环节，也不处于第三个环节，处于第三个环节就违背了"协商于决策之前"的基本原则。要改变现有的协商无力、无效状况，就需要把"协商点"前移，在第一个环节增加一个"协商点"，也就是在重大决策草案形成之前即到人民政协协商，草案形成之后再到人民政协协商一次，使人民政协协商能够在政策制定过程的两个环节中都影响公共决策，彻底实现"协商于决策之前"。这样实际上就形成了重大决策的两次协商。两次协商也有利于人民政协真正发挥协商民主"重要渠道"作用。当然，"协商点"前移并不意味着程序上的"没有协商就没有决策"，由于人民政协尚不是权力机构，不具有这样的权力。也就是说，人民政协只有"协商权"，而没有"否决权"，这是人民政协"协商点前移"的一个重要限度。

综合本节论述，人民政协要深入发挥协商民主"重要渠道"作用，首先

① 事实上，新医改协商属于比较好地贯彻了"协商于决策之前"，其他如人事、党代会报告、经济社会发展规划等很多重大决策的协商都不如新医改政策协商，人民政协协商在公共决策中的影响也更为稀薄。
② 参见王绍光、樊鹏《中国式共识型决策："开门"与"磨合"》，中国人民大学出版社，2013。

需要在政治体系中正式定位，明确人民政协为实践社会主义协商民主的协商机关，提升人民政协协商的权威性。其次要与以公民协商形式表现出来的社会内生型协商有机复合，创造复合型协商形式，把人民政协打造成与社会内生型协商有机复合的体制内制度平台，让社会自生自发的声音通过人民政协这个制度平台过滤之后上升为体制内的有序表达。再次要提升人民政协在决策过程中所处的位置，实现"协商点"前移，并由一个"协商点"增加为两个"协商点"，实现重大决策的两次协商。当然，发挥人民政协协商民主"重要渠道"作用并不只限于上述三个方面，本文的研究并未穷尽所有的方面。

四　结论

人民政协是集政党性与国家性于一体的具有双重属性的组织，从政党性角度看，人民政协是党的统一战线组织，党通过这个统一战线平台与各党派和各界社会政治力量进行合作协商，把它们团结凝聚在党的周围。1954 年和 1982 年的章程都规定人民政协的性质只是统一战线组织，1994 年章程在此基础上指出人民政协是中国共产党领导的多党合作和政治协商的结构，进一步从政党角度强调了统一战线中的合作与协商。2004 年的章程实现了人民政协性质上的大飞跃，从政党视角进入了国家视角。从国家性角度看，人民政协是人民民主运行的重要形式，人民政协的各党派和社会各界力量都是人民的组成部分，人民通过这个平台参与国家事务，实现当家作主权利，所以人民政协与人民代表大会一样是运行人民民主的重要制度平台。党的十八大报告与十三大报告相呼应，从发扬社会主义协商民主的视角出发，提出了社会主义协商民主和社会主义协商民主制度，形成了社会主义协商民主体系，与选举民主互为表里，相互补充，并赋予人民政协"重要渠道"作用。对于人民政协而言，这是进一步发展人民政协国家性、推动人民政协作为民主运行形式发展的重要契机。

人民政协政治协商只是社会主义协商民主体系中的一种具体协商，因而不能称为协商民主的"主渠道"，但是人民政协协商建国，开国建政，嵌入了政治体系的各个方面，在制度化、实体化和实际成效方面都具有其他协商形式难以比拟的优势，因而是发扬协商民主的"重要渠道"。根据十八大报告的要求，人民政协要切实发挥"重要渠道"作用。首先，需要在政治体系中正式定位，从人民政协国家性的视角出发进入政治体系，成为与政治体系和社会各界进行协商的民主协商机构。其次，需要与社会内生的各种公民协商形式相复合，通过参与社会建设、化解社会矛盾冲突等方式来使社会充分认识到人民政协的"重要渠道"作用。再次，需要在参与重大决策过程中推动"协商点"前移，实现重大决策两次协商，增强人民政协协商对重大公共决策的影响力和有效性。

2012～2013年上海人大代表
间接选举观察报告

——基于前六届"中国地方政府创新奖"
获奖项目的定量研究

邱家军*

摘　要: 选举观察是落实宪法规定的选举监督权的重要形式。本文以2012～2013年上海市十四届人大代表和十二届全国人大代表的选举作为观察对象,描述了选举管理的具体组织结构、选举单位划分与代表名额分配的基本措施、候选人提名的方式及操作程序、代表候选人与选民见面的基本形式、投票计票的不同方式等数个层面的具体情形,以期为进一步完善人大代表选举的程序,建立独立、公正、透明的人大代表及其他国家公职人员的选举体系作参考。

关键词: 选举观察　间接选举　人大代表

一　选举观察的组织

2011年,研究人员观察了上海市区县、乡镇人大代表的直接选举。①

* 邱家军,同济大学政治与国际关系学院教师。本文是国家哲学社会科学基金一般项目"领导干部公推直选的模式和操作程序研究"(批准文号:09BZZ002)、教育部人文社会科学基金青年项目"优化人大代表选举程序的实证研究"(批准文号:09YJC81005)和上海市教委科研创新项目《上海落实城乡同比选举县乡人大代表的分层研究》(批准文号:20112824)的阶段性研究成果。

① 邱家军:《2011年上海人大代表直接选举观察报告》,《当代中国政治研究报告》(第10辑),社会科学文献出版社,2013。

2012～2013 年，上海市举行了十四届市人大代表和十二届全国人大代表的选举，研究人员观察了这两种间接选举的过程。选举观察（election observation）是选举监督（election monitoring）的一种重要形式，我国宪法规定："全国人民代表大会和地方各级人民代表大会都由民主选举产生，对人民负责，受人民监督。"[①] 这是选举观察和监督活动的宪法依据。选举法规定："全国人民代表大会和地方各级人民代表大会代表的选举，应当严格依照法定程序进行，并接受监督。任何组织或者个人都不得以任何方式干预选民或者代表自由行使选举权。"[②] 这是进行选举观察和监督活动最直接的法律依据。

目前国际上的选举观察，越来越多地着眼于整个选举过程的观察即长程观察（longtermobservation），而不仅仅是在投票日观察（voteday observation）。[③] 观察员所从事的本次选举观察属于长程观察。

本次上海市人大代表换届选举观察的规划始于 2012 年初，到 2013 年 2 月下旬基本结束。上海市人大代表的选举观察以上海市 YP 区为主观察点，全国人大代表的选举观察以上海市十四届人大一次会议为主观察点。

二　上海市人大代表的选举

根据《选举法》关于代表名额数量的规定，上海市十四届人大共需选举市代表 860 名，其中 YP 区选 63 名。YP 区所选代表的提名方式是：市委提名 11 名，市各大口党委提名 29 名，[④] YP 区推荐 20 名，缺额提名 3 名。

---

① 《中华人民共和国宪法》第 3 条。
② 《全国人民代表大会和地方各级人民代表大会选举法》第 34 条。
③ UN, *Declaration of Principles for International Election Observation and Code of Conduct for International Election Obsevers*（New York：the United Nations，2005），p6.
④ 大口党委体制在我国其他地方很少见，原因就在于上海作为直辖市的特殊市情。上海的大口工作党委体制建立于 1983 年，设置大口党委是落实党的领导的一项制度。党章规定："党的中央和地方各级委员会可以派出代表机关"，这是大口党委设置的法定依据。在上海，中央直属的高校、科研院所、企业等机构比较多，各地驻沪机构也比较多，这些机构在党的关系方面采取双重领导的方式。这些大口党委与对应的政府行政委、办合署，政府的委、办主任兼任大口党委副书记职，机关内部实行党政机构分设。政府委、办负责归口系统机构的行政管理，党委负责归口系统机构的党的工作。大口党委作为市委派出代表机关，直接对市委负责，执行市委的决定，确保市委的重大决策在归口系统的贯彻落实。目前上海共有综合、经济、金融、国资、建交、社会、教科、合作交流等八个大口党委，管辖的机构总数在 600 个左右，多的大口有 90 多个，少的口也有 70 多个。"如果没有 （转下页注）

　　按照市委统一部署，YP 区委于 2012 年 9 月 12 日提出初步代表候选人方案，9 月 12 日下午召开党外民主协商会，81 个单位共提出初步代表候选人 218 名。这 218 名初步代表候选人经过酝酿、协商、圈划变成 20 名。9 月 26 日，区委、区政府各系统、街道办、乡镇、人民团体负责人召开会议，按照市代表当选的条件及结构要求，在酝酿、协商之后进行圈划。10 月 29 日～11 月 2 日，区委公示 11 名市委提名的代表候选人听取意见，同时市各大口党委提名的 29 名初步代表候选人和 YP 区推荐的 20 名初步代表候选人即 "29 + 20" 方案在各单位公示。12 月 4 日，市人大代表工作领导小组正式下达代表候选人建议名单。12 月 10 日，区委召开各党派、人民团体负责人会议，进一步酝酿、协商代表候选人，将这 49 名代表候选人向本次大会主席团提交，然后公示正式代表候选人名单。提名为市代表候选人的总体要求是："体现党的领导、依法治国、市委、区委意图和群众意见。"

　　下面是人大代表间接选举的领导及管理架构，从这个架构可以明确看出，是党委及其组织部在换届选举中起着举足轻重的作用而不是人大，人大只是完成党委交办任务的工作机构。

　　缺额提名就是在各政党、各人民团体联合或单独推荐的市人大代表候选人应选名额中，每个区县都 "空出" 2～3 个名额，由区县代表通过 10 人联名的形式推荐市代表候选人，以此填补这 2～3 个 "缺额"。因此，缺额提名就是由 10 名以上代表联名推荐的提名。据了解，上海采用缺额提名是从 2006～2007 年换届选举开始的，一个比较普遍的做法就是：各区县将这 2～3 名缺额提名预留给拟任的区委、区政府主要领导，主要是为届中调整和拟新任（待定）区主要领导（区委书记、区长等）预留的。

　　市委提名的 11 位市人大代表候选人如下（按照区十五届人大二次会议组织者读名的顺序）。

（接上页注④）口党委这个层级，市委每天听 600 多个机构汇报工作都听不完。" 以综合工作党委为例，根据上海市委授权，其负责上海市发展和改革委员会、上海市信息化委员会、上海市规划局、上海市统计局等单位党的工作；负责联系和指导中央在沪单位党的工作，以及信息、航天、核电、贸易等领域的中央在沪企业。综合工作党委设三个职能处室：综合办公室、干部人事处、党群工作处。目前共有归口单位 44 家，职工 5.4 万余人，党员 1.7 万余名，党组织 1200 多个。

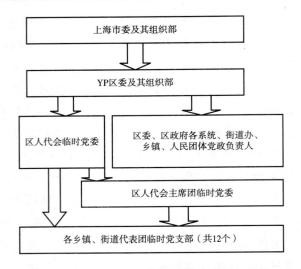

图1　上海市人大代表选举的领导及管理架构

表1　上海市委提名的上海市十四届人大代表候选人名单

姓名	性别	主要职务/工作单位	党派
LG	男	市人大侨民宗委	中共
LBH	男	财政部驻上海专员	中共
YXD	男	市委副书记	中共
WCF	男	上海交大	民盟
CXJ	男	市人大教科文卫	中共
HCP	男	公安部第三所	中共
SRF	男	市人大教科文卫	中共
CYD	男	民建上海市副主委	民建
PG	男	同济大学校长	中共
ZYP	男	市人大常委会	中共
ZFX	男	市委统战部	中共

下面是市各大口党委提名的29人，区委提名的20人和缺额提名的3人，共52位市代表候选人名单（下表按照市人大下发的YP区应选市十四届人大代表名单顺序排列）。按照代表候选人的结构和要求，要有领导3名，这是属于缺额提名的。党员比例约65%，妇女25%，干部6人，工人1人，专业技术人员3人，民主党派、无党派8人，社区1人，非公企业1人。

表 2　上海市各大口党委、YP 区委提名的市代表候选人

姓名	性别	主要职务/工作单位	党派
YY	男	YP 区房管局长	中共
YLY	女	上海大学	无党派※
WY	男	电子所第 23 所所长	中共
YBQ	男	市科技党委书记	中共
ZWD	男	YP 区发改委主任	中共
LM	男	区知联会副会长	民盟
LGY	男	上海港共青团	群众※
LJZ	女	上海通用工会主席	民盟
NB	男	百联汽车党委书记	中共
RJX	男	上海电力学院院长	九三
TW	男	上海建工董事长	中共
TQQ	男	上海水产公司书记	中共
XZ	女	上海外高桥发电书记	中共
XF	男	YP 区市容局局长	中共
SXL	男	复旦大学学生会主席	中共
LYM	男	上海正章总经理	中共
LXM	女	上海华谊	群众
LYJ	女	上海纺织研究院	九三
YX	男	复旦大学	无党派
WM	女	上海交大	台盟
WMJ	女	殷行街道党工委	中共
WXT	男	YP 区老年医院院长	农工
WJM	男	市烟草专卖局	中共
YXH	女	上汽副总	中共
ZWQ	男	世平能源总裁	中共
SH	男	交通部上海打捞局局长	中共
ZL	男	上海体育学院	中共
ZY	女	市经济信息委	农工
ZCJ	女	安信信托董事长	中共
ZLY	女	上海城管职业学院院长	无党派
ZHR	男	国家海洋局东海分局局长	中共
CY	男	YP 区委书记	中共
CYC	男	上海交投总工程师	九三
LY	女	中船重工 711 所主任	群众
MY	女	五角场街道党工委书记	中共
JXM	男	YP 区区长	中共

续表

姓名	性别	主要职务/工作单位	党派
ZM	女	区教育局干部	民进
HKJ	男	区科技党工委书记	中共
YL	男	市公安局党委副书记	中共
YML	男	锦江国际党委书记	中共
GYJ	女	YP区商委主任	中共
XL	女	上海内河航道总经理	中共
XGQ	男	殷行建设集团董事长	民建
XXP	女	上海财大	无党派
HYW	男	市政府合作交流办公室主任	中共
HHM	女	区疾控中心副主任	致公
SAG	男	YP水电安装公司	中共
GJG	男	华电上海公司党组书记	中共
TLP	女	上海电气法务官	致公
ZJ	女	YP区司法局副局长	民革
WD	男	上海电缆所所长	中共
WWM	男	YP区人大常委会主任	中共

* 无党派不是群众，从某种意义上来讲，也是一个党派，组织上叫作无党派。群众是真的没有党派。

2012 年 12 月 12 日 ~ 14 日上海市 YP 区十五届人大二次会议召开，会议的主要任务是选举应由本区产生的市十四届人大代表。12 月 12 日上午 8：30，召开党员代表会议，为选举市代表做"统一思想"的准备。会议由区委副书记 YXF 主持。

根据选举法，间接选举代表差额的比例应在 1/5 ~ 1/2，YP 区选举 63 位市代表，初步代表候选人在 76 ~ 94 人可以直接进行选举。如果超出 94 人，则应采取预选。会议要求，最好不要预选，推荐代表应当尽量集中，最好取最小数，即 76 名候选人。这种事情，在党员中要"把话说透"，各代表团团长要引导代表这样做。因此，大代表团可以推荐 1 ~ 2 名代表候选人，小代表团推荐 1 名。① 要确保一次选举成功，这是 YP 水平的表现，是党性

---

① 实际上，按照最小数的要求，大代表团提名仅限 1 名，小代表团平均不足一名，见后文。

的检验，要保证以"贯彻落实组织意图为重点"。这些要求均来自市委转发的关于选举工作的意见。

为压缩代表候选人名额，YP 区 16 个代表小组（以街道为单位，共 12 个街道、镇即 12 个代表团，大的街道分为两个代表小组）将合并为 11 个大组（按照街道应为 12 组）。候选人与代表见面的时候，代表不提问，候选人也不回答问题。就是这样的见面，也是在确立了 YP 区是国家级创新"试点城区"的基础上才定下来的，否则连见面程序都不走。

为加强党的领导，YP 区十五届人大二次会议主席团成立临时党委，①区委书记 CY 和人大常委会主任 WWM 分别任书记和副书记；各代表团成立临时党支部，街道党工委书记和主任分别任临时党支部书记和副书记。② 会议要求"要深入了解代表情况"。

2012 年 12 月 12 日上午 11 点，YP 区十五届人大二次会议召开预备会议，表决大会主席团、秘书长名单。这个名单是等额的，采取一揽子举手表决的方式，获得出席代表的 2/3 同意即可通过。主席团强调整个选举过程之中的"大局观"。12 月 12 日下午 2：00 小组审议已有的 63 名代表候选人名单，下午 4：00 推荐代表候选人截止，12 个街道镇共推荐 11 人，每个街道镇平均不到 1 人。10 人联名推荐代表候选人时，观察到的 3 个街道镇，街道党工委书记和主任都在唱双簧，不停地说话，代表根本就没有发言的机会。最后提名代表候选人时间要截止时，其中一位说，如果大家没有什么意见的话，就推荐我们的党工委书记或者居委会主任，大家心领神会，10 人提名的代表候选人就这么愉快地决定了。

有一个代表团，街道党工委书记说，其实，看（已定好的）代表候选人名单也就需要 1 分钟时间，2：00 ~ 4：00 酝酿提名候选人，时间已经太多了。这个代表团 2：30 开始酝酿提名，到 2：50 已经没有什么话可说了，

---

① 实践中，人代会临时党委和人代会主席团临时党委可以是"两块牌子，同一班人马"。

② 临时党委（及党支部）的任务是：负责召集党委会议，组织党员活动；组织和教育党员讲党性、顾大局、守纪律，严格依法按章办事，带头执行大会的有关规定和大会主席团的决定；组织和教育党员带头发扬民主，宣传贯彻党的路线、方针、政策，向党员介绍党委的人事安排，引导党员自觉贯彻市委的人事安排意图；及时向市委反映人大代表的意见和建议。根据要求，全体党员代表要从思想上、政治上、组织上、纪律上和在大会各项活动中与大会主席团保持高度一致。要绝对保证大会开好。要按照上级党委的意图和要求，选好新一届市人大代表。在人代会其他选举如区政府及法院和检察院的领导班子的选举之中，临时党委的作用亦复如此。

代表们都默不作声，看得出来大家都在熬时间。2：58分，街道党工委书记说，今天就到这里，请大家悄悄地离开。等出了代表小组会场，笔者仔细看了一下，16个代表小组的这项工作也已经基本结束。

推荐代表候选人时，代表候选人的信息采用的是密件的形式，每一份都有编目，代表看完（大约30分钟）之后随即收回。

会议要求，代表投票时，同意的画○，不同意的画×。另选他人时要注意圈划代表候选人总数是63人，多划或者少划均为废票。也就是说，选举正式代表63人，就必须划63个。与人大代表直接选举不同的是，不可以委托投票。会议特别要求，虽然选票上是76人，但是要保证组织提名的63人当选。希望大家要讲政治，要圈足这63人，尤其是市领导的得票率不能低。这时候有代表提出名单可能不熟悉，于是组织者大都给区代表留下了熟悉市代表名单的时间。有的代表很精明，用一个小纸头记下了那13位陪选者的名字，这时候观察员注意到书记在满意地呵呵发笑。熟悉代表候选人即看名单用时不等，有的代表团用时1分钟左右，可谓闪电速度，有的代表团用时30分钟左右，最长的用了1.5小时。

2012年12月13日下午2：30，是市代表候选人与区代表见面会。16个代表小组被分成7个大组，76位代表候选人被分为6组。见面时，由区委组织部的工作人员带领，每一组12～13人，到了代表团所在的临时组织起来的大组，组织部的工作人员依次宣读介绍代表候选人。见面会的要求是："不向代表候选人提问，代表候选人也不回答问题。"

介绍代表候选人时，每一个人都是格式相同的三句话："×××同志，××党派，××职务。"介绍到哪位，哪位往前迈一步，鞠躬。介绍一组候选人12～13人约用时2分钟。最后，组织部的工作人员再把他们带到另一组去介绍。

2102年12月14日上午9点，投票选举。工作人员佩戴专门的"选举工作证"进入会场。① 会场共设5个票箱，主席台1个，下面4个。代表按照座位区域划定的分组依次投票。投票结束后，进行计票。这时候，主席台开始放电影短片，计票人在主席台后面一个黑暗角落里计票，这不免让人想

---

① 这个证由组织部直接领导的"组织选举组"发放。从这个组的名称上就可以看出，选举实际上是党委组织部领导的而非人大领导的。

到计票处真有点"黑箱操作"的味道。因为，从台下看，幕后几个人影在攒动，也不公开大声唱票，工作人员只是小声地读票。监票人在一旁装着认真的样子时不时地瞟上几眼。

11 点，汇报投票结果，应到代表 332 人，实到代表 285 人，发放选票 285 张，有效票 281 张，弃权 0 票，废票 4 张。不过据笔者根据当场出席的代表所占座位推算，到场投票的代表应当不足 200 人，挨在笔者一旁的一位选举工作人员小声嘟囔说："也就是 150 人投票，怎么有那么多票？"当观察员想给他交流一下时，他就神情慌张地立刻离开了。计票结果，所有的组织提名的 63 人全部当选，所有的 10 人联名的 13 人全部落选，交卷了，胜利了，鼓掌了，放松了。

当选代表最多的票 276 票，最少 188 票，落选的最多得票 80 票，最少得票 32 票。这些数字好像都是真的！

据 HK 区一位人大常委会办公室主任说，这一次市代表换届选举，上海 17 个区县中有两个区没有一次选举成功，只好二次选举。究其原因，是因为"前期工作没做好"，企业老总争取代表资源时表现踊跃，最后为了经济发展的需要，政府部门让了步。

YP 区的一位区代表参加选举市代表以后，观察员去访谈。这位代表说："给你一个名单，让你在 76 人中，选举 63 人（当市代表），填写选票之前，代表团小组召集人找那些他不放心的代表打招呼、暗示选谁。我当时很生气，这是让我们代表履行民主选举权利吗？！"这位代表说完之后，还气呼呼地发牢骚说："这次是我不想当区代表，单位领导非动员我当不可，我当了代表，想履行代表权利，又遇到各种阻力，真是里外不是人！"HK 区的一位区代表说："当时我们不少人在投票选举市代表时，是按图索骥，先找到名字，再圈划选票。"这位代表还说："目前国家大环境都差不多，小环境跟各单位领导有关，如果单位领导有点民主意识，就会多少好一点，但是单位领导也不敢太坚持（民主），如果坚持了，那就意味着他的（官位）不保了，哪里不是这个 X 样，哎，走遍天下，哪里有什么民主选举呀？"看他的感觉，真有点对民主选举绝望了。

三　全国人大代表的选举

2012 年 3 月，十一届全国人大五次会议和 2012 年 4 月十一届全国人大常委会第二十六次会议先后审议通过了《关于第十二届全国人大代表名额和选举问题的决定》以及代表名额分配方案，明确上海市第十二届全国人大代表名额为59名，其中中央提名10名。上海原定提名50名，由于中央需要占用上海名额1名，所以上海提名49名。如果中央提名的10名代表候选人没有当选，其名额由中央另行安排。这59名候选人，实行等额提名制。

2012年12月5日在上海世博中心召开了市十四届人大一次会议筹办会。市十四届人大一次会议是市人大常委会党组向市委请示召开的，具体由人大常委会党组秘书长即人大常委会秘书长提请。

市十四届人大一次会议的主要日程安排如下：2013年1月26日召开预备会议，本次会议共三次选举任务，已经得到市委的批准，具体由市委组织部领导的组织选举组负责。一是全国人大代表的选举；二是市长、副市长，市人大常委会主任、副主任的选举；三是市人大常委会及各专门委会委员的选举。

这一次换届选举，中央明确了换届选举的名单方案并下发了2013年省级换届通知，中组部还会派干部考察组对换届选举进行考察。据介绍，大会主席团、秘书长名单是市委确定的。

选举时，由于第一次使用选举与表决信息系统，采用电子计票，要确保万无一失，避免出现废票，避免无关干扰，确保有关保密文件的检查和回收。

本次会议的总体要求是：要加强党的领导，为此要成立临时党委，在市委的领导下，统一领导党员代表，统一思想。召开会议时，统一使用"同志们"，会议期间播放的歌曲为"唱支山歌给党听"。[1] 大会与政协联动，由"两会"党政负责人对会议进行统一把关。

上海市提名的十二届全国人大代表候选人产生的过程如下（见图2）。中央在部署全国人大换届人事安排工作后，市委组织部于2012年12月9日

---

[1] 一般来说，（上海市各级）人大召开会议的时候，会议前、会中间歇、散会时都播放的是同一首歌曲。"唱支山歌给党听"的演唱者是才旦卓玛，是电影《雷锋》的插曲，蕉萍作词，朱践耳作曲。歌词是："唱支山歌给党听，我把党来比母亲；母亲只生了我的身，党的光辉照我心。旧社会鞭子抽我身，母亲只会泪淋林；共产党号召我闹革命，夺过鞭子揍敌人。共产党号召我闹革命，夺过鞭子，夺过鞭子揍敌人！唱支山歌给党听，我把党来比母亲；母亲只生了我的身，党的光辉照我心，党的光辉照我心。"

会同市委统战部召开区县党委组织部长、统战部长和大口党委等有关单位负责人会议，按照入选条件、结构要求、名额分配和产生办法部署本市十二届全国人大代表候选人推荐工作。

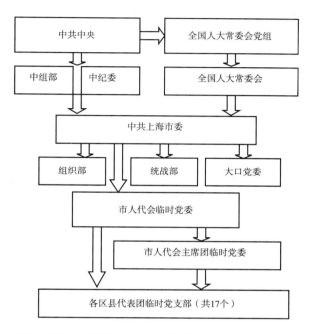

图 2　上海市全国人大代表选举的领导及管理架构模式

2012 年 12 月 21 日，召开市十四届人大一次会议会前动员会议，参加人员是各区县人大常委会办公室和警备区政治部负责人。上海市人大常委会办公室领导明确指示：各代表团团长均在主席团名单中，这个名单由市委组织部提供，跟区委组织部沟通，原则上是各区县人大常委会主任任团长，没有完成市代表选举的区县由书记任团长，这个做法与全国人大是一样的。

会议期间，三次选举（全国人大代表；市长、副市长；市人大主任、副主任和秘书长）都使用专用笔，这个笔是电子科技大学（在四川成都）提供的，墨水添加了特殊材料，不用这个笔画票的话计票系统就不认。所使用电子票箱也具有辨识功能。投票结束以后发给代表的纪念笔与这支笔相似但不相同。

这一次换届选举，中组部专门派来换届选举风气考察班子，并希望大会

1 月 26 日召开预备会议，27 日正式开幕，因此之故，原定 1 月 25 日的预备会只好推迟了一天。据说是中组部人员 1 月 25 日来不及到会考察，会期也由原定的 8 天变成 7 天。可见，中央对地方的影响是非常大的。可能也只有少数省份能像上海这样"迅速"地作出反应，调整会议议程，这样看来上海市人大是非常重视中组部考察人员的建议的。一个比较合乎情理的推测就是，上海市的人大从某种程度上来说是开给上级看的。

关于选举，有一个小的问题需要注意：韩正已于 12 月 20 日免去了市长职务，12 月 26 日市人大常委会已将现在的常务副市长杨雄选为代市长，这次人代会要选为市长。因此之故，原定韩正（市长）作的报告改为杨雄作报告，政府工作报告因此也作了很大的修改。人大常委会的报告依然是现任人大常委会主任刘云耕来做。据介绍，刘云耕等人为了做好这个报告，挑灯夜战，10 多次易稿，很纠结，很痛苦，但是（报告）结果很好（全场哄笑）。

这次人大会，由于会期紧张，主席团晚上要加班开会，时间大多从晚上 6：30 开始。会议中间的午饭和午休时间，各种各样的小会也很多。实际上这种会议有点类似于临时紧急行政决策委员会，主要是为传达精神、指示和通气做准备的。据观察，这种大会期间的小会，多少有点操纵的味道，尤其是在选举的时候。

就会议领导及安排而言，要注意以下几个时间节点：2012 年 12 月 26 日，市十三届人大常委会第三十八次会议，审查代表资格。2012 年 12 月 27 日、28 日代表培训，内容主要是如何履职、如何选举投票等。2013 年 1 月 5 日上午代表团组团活动。2013 年 1 月 6 日，人代会第二次筹备会。2013 年 1 月 10 日，十三届人大常委会第三十九次会议，审议主席团名单和代表名单（草案）。2013 年 1 月 22 日下午 1：30，市委组织召开各代表团党员负责人会议，这个会议非常重要，有关领导都要参加。2013 年 1 月 26 日上午，党员代表会议，市委组织部领导讲话，提出政治要求，统一思想。实际上，这是人代会的制度惯例。

关于人代会的要求，必须注意以下三点：一是保证出勤率，这是选举是否成功的关键，尤其是三个选举的半天要保证出席。二是保证知晓率，主要指的是新当选代表应当知道选举的要求，怎么选很有讲究，这次采用的电子票箱是成都电子科技大学设计的，党的十八大用过，机器有投票记忆功能，选票不能折叠，否则选举就要出问题。三是保证投票率，要告知代表，圈足圈对。要动员告知党员代表，这次选举是政治上的要求，要认真贯彻组织意图，必须明白这一点。

JA 区人大机关有一位领导在会后接受观察员的访谈时说："人大自身要认真研究如何选举代表，怎么选，选谁才能够代表民意，反映民生，特别是市代表和全国人大代表的推选。目前来看，人大机关无权组织选举，而所谓单位选区推举，也是扯淡，（10 人联名）推你（陪选），那就表明你肯定选不上！"

根据要求，这次人代会，要营造安静祥和的氛围，代表 860 名，服务人员约 3000 人。开会时，大会的所有 162 个工作小组必须严阵以待。为保密起见，要求所有的代表和工作人员均不得使用无线路由器和交换器等网络设备。

2013 年 1 月 18 日，市委常委会形成了候选人名单。2013 年 1 月 19 日，市委召开民主协商会，向本市各民主党派市委、市工商联负责人和无党派代表人士、市级人民团体负责人通报名单，与会人员同意将候选人名单向十四届人大一次会议主席团推荐。

2013 年 1 月 25 日上午市十四届人大一次会议召开总联络人会议。会议通报，这次市人大会议，目前准备已经完成。会议所需的材料，市人大和区人大均已准备完成，同一份材料，报给市委、区委和报给政府的落款不同：报给党委的落款是人大常委会党组，报给政府的落款是人大常委会。

这次会议，根据安排，共 7 天半，其中 6 次全体会议，7 次主席团会议，3 次重大选举活动。选举使用的是军用笔。虽然有其他一些议题，但是这次会议的主要任务是选举。

2013 年 1 月 26 日，市十四届人大一次会议，YP 区共 63 个代表，分为 3 组，每组 21 人，各有两个负责人，配备 3 名服务人员。这种分组方式，实际上是对代表的一种行政分割，便于引导、监控和管理。这种分组就像是一种摆了好多蜂箱的"蜂窝式"分组，便于以行政分割化的方式解决组织领导问题。有一位区人大机关领导说，"人大不是行政主导，也不是人大主导，就是党的领导"。

下午 4 点，每一位代表都拿到了这次会议应选全国人大代表的名单，名单上印的是"十一届全国人大代表候选人"，[①] 实际上应当是"十二届全国

---

① 这时候有代表说：有笑话看了，人大连多少届都弄错。

人大代表候选人"。小组主持人 SRF 用眼睛打量了一下 21 位代表，然后问："大家有什么意见吗？"这时候，会场出现了惊人的无声，作为观察员兼服务人员，第一次感觉到这么冷场，你也可以说是"死寂"。十几秒之后，SRF 说，"既然大家都没有意见和建议，我们就随大流"。这样，讨论"钦定"的代表候选人名单就结束了。

2013 年 1 月 27 日下午，各代表小组负责人（每组两人）先开了 15 分钟的通气会，然后于 2：20 分回各小组传达精神：这一次人大会议，共选全国人大代表 59 名，中央提名 10 人，市各政党、人民团体联合提名 49 人，17 个区县共提名 12 人（陪选），要保证中央和市提名的代表当选，各区县保证各区县提名的（陪选）名额获得一定票数。此时，还把代表候选人样张发给大家熟悉熟悉。这个名单要等到 1 月 29 日第五次主席团会议才能通过。

中共上海市委常委、组织部长李希在主席团第三次会议上作了中央提名和本市各政党、人民团体联合提名的十二届全国人大代表候选人名单的说明。由上海市选举的这 59 名全国人大代表候选人的基本构成情况如下：中共党员 38 人，占 64.4%，非中共党员 21 人，占 35.6%；妇女代表 15 人，占 25.4%；归侨代表 2 人，少数民族代表 4 人，其中回族代表 1 人，工人农民代表 7 人，其中农民工代表 2 人；社区基层代表 1 人；大学以上学历 48 人，占 81.4%；50 岁以下 17 人，占 28.8%。11 届全国人大代表 26 人，占 44.1%。①

下面是中央提名的十二届全国人大代表 10 名候选人名单（按原名单排名，不是根据姓氏笔画）。

表 3　中央提名应由上海选举的十二届全国人大代表候选人

姓名	性别	籍贯	主要职务/工作单位	党派
习近平	男	陕西	总书记、主席	中共
韩正	男	浙江	上海市委书记	中共
GYD	男	上海	全国人大环资委、中国科学院	中共
WNK	女	天津	全国政协、残联、妇联领导	中共

① 这个代表比例及要求早就安排好了，提名候选人时有不少层面就是按照这个代表构成比例按图索骥的。

续表

姓名	性别	籍贯	主要职务/工作单位	党派
SXZ	男	陕西	中国社科院领导	中共
CHS	男	福建	中科院领导	中共
LY	男	福建	全国政协、中国动漫集团党委书记	中共
GJ	男	上海	农工党北京副主委、北大	农工党
FY	女	山东	政协委员、中央芭蕾舞团团长	无党派
JFL	女	陕西	民建中央委员、商务部	民建

上海市各政党、人民团体联合推荐的 49 名代表候选人名单（按原名单排名，是根据姓氏笔画）。

表 4　上海市各政党、人民团体联合推荐的 49 名全国人大代表候选人

姓名	性别	籍贯	主要职务/工作单位	党派
ML	女	山西	复旦大学	无党派
MXL	男	河南	东航党组书记	中共
WZ	男	浙江	市委副秘书长、上海社院院长	中共
WX	女	辽宁	上海华谊集团副总	无党派
WJJ	男	浙江	全国工商联、吉祥航空董事长	无党派
FJ	男	江苏	市电力公司党委副书记	中共
ZZW	男	福建	复旦大学党委书记	中共
ZZY	男	江苏	中科院上海常务副院长	中共
ZGP	女	江苏	长宁区虹桥社区居民区书记	中共
ZXQ	女	江苏	上海华日服装工会主席	中共
LWG	男	江苏	市委副秘书长	中共
XLD	男	湖南	中国银联党委书记	中共
SYM	男	上海	奉贤区南桥镇杨王村书记	中共
HB	女	江苏	市监察局副局长	民盟
YCZ	男	浙江	东华大学	民革
LL	男	山东	中科院上海分院	无党派
LB	男	江苏	上海电气	中共
LBY	男	台湾	台盟市委秘书长	台盟、中共
杨雄	男	浙江	市委副书记、市长	中共
YMJ	男	云南	上海期货交易所党委书记	中共
HWB	男	辽宁	宝钢总经理	中共
YY	男	浙江	市高级法院院长、党组书记	中共
SZG	男	河北	民盟中央常委、市委副主委	民盟

续表

姓名	性别	籍贯	主要职务/工作单位	党派
ZQ	男	江苏	农工中央常委、市委副主委	农工
ZZA	男	浙江	民建市委副主委	民建
ZWH	男	江苏	中国电信上海分公司书记	中共
CX	男	上海	市检察院检察长、党组书记	中共
CXY	男	上海	上海港党委书记	中共
CZL	男	上海	民进市委副主委	民进
CJY	女	福建	上海对外贸易学院	农工
SZQ	男	江苏	致公党上海市委副主席	致公
LYM	女	江苏	市人大常委会副秘书长	无党派
JF	男	江苏	上海打捞局	中共
JDH	男	浙江	中央候补委员、中船重工	中共
ZZB	男	河北	上海德力西集团书记	中共
SC	男	上海	上海烟草董事长、党组书记	中共
YHT	男	浙江	市人大常委会委员	中共
JWP	女	江苏	市六医院院长	九三
XL	男	上海	市委常委、浦东区委书记	中共
XXP	男	上海	上海大众	中共
殷一璀	女	浙江	市人大常委会主任	中共
XMJ	女	上海	中国文联副主席	中共
HDN	男	浙江	上海电气党委副书记	中共
CKF	男	上海	上海新娱乐传媒	中共
SYF	男	上海	松江区委书记	中共
GJJ	男	上海	民建市委副主委光明集团副总	民建
LCY	男	四川	上海音乐学院	九三
FY	女	上海	上海富申评估董事长	无党派
WYJ	男	山东	武警上海总司令	中共

上海市人大代表 10 人以上联名推荐的 12 名陪选候选人（按姓氏笔画排序）。

表 5　上海市人大代表 10 人以上联名推荐的 12 名候选人

姓名	性别	籍贯	主要职务/工作单位	党派
WYH	男	江苏	上海洪智贸易董事长	民建、中共
LTM	女	上海	复旦大学	农工
ZF	男	上海	崇明县陈家镇裕丰村书记	中共
ZB	男	上海	金山区枫泾镇党委书记	中共

续表

姓名	性别	籍贯	主要职务/工作单位	党派
LF	男	湖北	浦东新区工商联副主席	中共
XH	女	江苏	上海吴淞国际港	中共
GX	男	浙江	市延安中学校长	中共
TZP	男	上海	嘉定区安亭镇联西村书记	中共
HZ	男	广东	上海佳园装潢公司董事长	致公
HQW	男	河南	普陀区长寿社区书记	中共
XRR	女	浙江	虹口区人大常委会副主任	民建
ZJ	女	上海	YP 区司法局副局长	民革

　　YP 区提名陪选的代表候选人是 ZJ。提名的方式是，区人大常委会主任在提名会议之前先开了 15 分钟的小会，参会人是 YP 区 3 个代表小组的 6 个组长和副组长。实际上就是通知一下该提谁。到了小组之后，区人大常委会主任先来了个开场白，说 YP 区应当只提一位代表候选人，然后说提议 ZJ 如何？大家没有意见，让工作人员跟其他两组沟通，结果自然一样。实际上，提谁陪选是党委早就定好了的，主要考虑因素有性别、年龄、籍贯、党派、职业、是否干部、群众、知识分子等。这样就可以使整个代表候选人名单"看起来更美"。ZJ 推辞了一下，就接受了提名。这时候，区人大常委会主任说，很高兴我们这组能够推举出一位全国人大代表候选人，能够跟习主席在同一个名单上。不管能不能选上，能够跟习主席出现在同一张选票上就是一种光荣。这时候，全场人会心领受，然后哄堂大笑，这是全部会议期间唯一的一次哄堂大笑。

　　2013 年 1 月 29 日下午，被提名陪选的候选人集体合影。下午，工作人员接大会秘书组通知，ZJ 等 12 位陪选候选人到一个房间拍照留念。先是一个一个地拍，然后集体拍照。拍照后给了照片和纪念品。这实际上是一种安抚，拍照就是"光荣了"，中国话还有一层意思，就是"牺牲了"。据了解，有的被推上陪选的代表候选人确有感动之意，最起码全上海的人大代表有可能知道他的名字；也有的确有失落之意，因为觉着有点被要了。

　　2013 年 1 月 30 日上午 9：00，投票前动员（"投票洗脑"）会议。SRF 主持会议，他问："各位还有什么问题吗？"没有人回答。于是，SRF 强调了以下几点：1. 要保证中央提名的同志高票当选，尤其是总书记。① 2. YP区代表团 10 人以上联名推荐的 ZJ，投票时要有一定票数。3. 最重要的是选足 59 个。4. 草表不要投进票箱中去，不要和正式选票搞混。也就是说，代表怕投不准、划不对、圈不足可以带草表进场，到投票时，照葫芦画瓢。5. 划票时，只有两个选项，赞成的，涂划前面的小长方形，反对的，涂划后面的小椭圆形。没有弃权选项。6. 只要填 59 个赞成的就可以，多划一个就是废票，不必反对，也不必填 71 个。也可以另选他人，不过总数不能多，但是另选他人栏没有对应的赞成或者反对选项。7. 特别注意的是，那陪选的 12 人不要填反对，不好看。8. 这次投票，有专用军工笔，其他的笔不能使用，也读不出来。9. 市里推举的 49 人，不要全部赞成，（每个区）要空一个，留给区里推选的，我们区推举的 ZJ 要有票数。

这个时间总共用了 7 分钟，可谓快速的选举操纵。然后，SRF 问大家有没有什么意见？没人说话。

2013 年 1 月 30 日上午 9：30，投票选举和计票。中组部、中纪委派 5人工作组到场督战。主要任务是严控"拉票、贿选"。投票时，全场按照既定格局分为 9 个投票区，主席台 1 个，下面 8 个。放在前后座椅之间宽敞的走廊当中。每个票箱前有两个监票人。投票过程中，有 7 位代表要求换票，因为多划了一个人，就成了废票，这时候给换了，这在选举观察中还是第一次遇到。②

统计选票时大会暂时休会，代表都回来了。中组部、中纪委工作人员，计票人员计票，监票人共 18 个，其中女监票人 14 人。观察员不准进入观察计票过程。

上午 10：45 召开主席团常务主席会议，听取全体会议选举结果的报告。11：00 继续进行全体会议，宣布选举结果。组织提名的 59 人全部当选，代表联名提名的 12 人全部落选。交差了，胜利了，放心了。值得一提的是，有一位代表 10 人联名的候选人竟然得了 149 票，这在上海是史无前例的。

回到代表小组，SRF 夸奖 ZJ 说："ZJ 为选举作了贡献。"然后鼓掌。随后，市委组织部找 ZJ 谈话表示感谢。

---

① SRF 在单位是书记，所以他提到习近平应选为全国人大代表时，不说习主席，而是按照习惯说总书记。实际上，这也是长期以来形成的惯性思维所致。

② 按理说，这属于违法操作，因为《选举法》并没有规定可以这样做。

中组部在投票选举之后，给每一位代表下发了"换届风气测评表"，测评包括全国人大代表选举，还包括没有投票的市人大常委会主任、副主任、秘书长、委员，市长、副市长，市高级人民法院院长，市人民检察院检察长等换届选举风气的测评。中组部、中纪委也在弄虚作假，还没有选举投票的那一部分，怎么提前就测评了换届的风气呢？回收这些测评表的白色小盒子就放在代表小组房间的门口，市委组织部受中组部、中纪委委托派专人来收。从神情举止上来看，组织部和纪委工作人员的眼神都不能用正大光明这个词来形容，倒是有点像地下工作者。

2013 年 1 月 31 日下午，审核市人大、市政府候选人名单。这个名单包括：市人大常委会主任、副主任、秘书长、委员，市长、副市长，市高级人民法院院长，市人民检察院检察长。这时候没有一个代表就名单问题发言，整个小组明显冷场，大家都在闲聊熬法定的审议时间。有代表小声嘟囔说："人大是越来越规范了，越来越软了。"有不少代表谈论的话题都是 2013 年中央"八项规定"之后，上海市做得真是"太"好了。比如，为了节约，1 月 26 日的午饭代表们大多数都没有吃饱。后来提了意见，27 日就吃饱了。审议时间到了，大家鼓掌通过，然后散会。

接下来的市人大常委会主任候选人 YYC，市长候选人 YX，市高级人民法院院长候选人 YY，市检察院检察长候选人 CX，人大常委会秘书长候选人 YTH，都是等额选举。

主席团提名的人大常委会 6 位副主任，57 位常委会委员，8 位副市长，与 30 名以上代表联合提名作陪选的市人大常委会 1 名副主任，6 名常委会委员，1 名副市长，同进正式候选人名单。这些选举的结果，与人大代表选举相同，组织提名的全部当选，代表提名陪选的全部落选。整个选举操作的程序与全国人大代表选举的操作程序如出一辙。

四　结论

通过本次选举观察，可以发现我国人大代表的间接选举，从头到尾都体现出了党的领导尤其是地方党委的领导所发挥的重要作用。从代表候选人的提名到选举程序的设计，从组织选举到组织投票，从选举管理到选举控制，无一不体现出地方党委在人大代表换届选举中起着举足轻重的作用。一方面，这与我们国家的权力结构及权力运行方式有关。另一方面，这种选举确实有一种安排性选举、命令式选举的味道。这就使得本来应有人大负责的代表选举工作，变成了党的领导和地方党委的领导，尤其是党委组织部在整个选举过程之中都深度参与其中。比较显见的是，目前的制度设计，使得人大及其常委会并没有切实行使宪法所赋予的应有权力。因此，在选举中，尤其是在间接选举中，人大基本上就是一种完成党委所交办工作的行政部门。地方人大在间接选举中基本上处于一种无地位，没有作为的状态，主要原因是地方党委在选举时统一思想，大包大揽。

就制度设计而言，是地方党委招兵，人大用兵，这是两条线，招兵用兵不一致。地方党委及其组织部门也很累，这种双轨制使得地方党委和人大都很累。就人大部门而言，组织选举的时候大多表现出没有信心，没有底气，认为是在完成党委交办的任务，是在搞形式，代表也普遍认为目前的选举是在搞形式。如果仔细考察一下每届代表有几位认真履职的，这个问题就了然若揭了。

当下的问题是，要弄清楚如何解决党的领导与国家权力机关依法履职之间的关系，就代表选举而言，首先要赋予人大以预先知情权和考察权，通过调查摸底，弄清楚到底有多少人想当人大代表？如果自己不想当，只是把代表当作荣誉的话，在选举时就要建议地方党委及其组织部门坚决不让这些人上候选人名单。如果说目前大多数代表连自己的职责都没有搞清楚的话，这肯定与目前地方党委及其组织部门安排的指派性选举是有关的。这种指派，既不能真正加强党的领导，又不能真正强化人大权威，更关键的是不能切实保障人民当家作主。由此看来，如何通过选举制度设计，才能保障在人大代表间接选举中真正体现"党的领导、人民当家作主与依法治国相统一"的确是一个值得认真探究的命题。

地方政府创新

中国地方政府创新的
类型与趋势（2000～2012）

——基于前六届"中国地方政府创新奖"
获奖项目的定量研究

何增科[*]

摘　要： 2000 年以来六届"中国地方政府创新奖"共有 135 个政府创新项目获奖（不含获得特别奖的中央国家机关以及其他相关奖项）。本文对 2000～2012 年 12 年间这 135 个获奖项目的类型分布和变动趋势进行了统计分析，有助于认识这 12 年间地方政府创新的活跃程度及其发展演变规律。

关键词： 地方政府创新　类型分布　变动趋势

改革开放 30 多年来，地方各级公共权力机关及其领导人发起实施了大量的政府创新实践。[①] 这些地方政府创新实践构成了当代中国政治改革和民主治理实践的一个重要组成部分，并为全国范围政治领域内的改革创新开辟了道路，发挥了试验田和开路先锋的作用。研究地方政府创新的发展历程，有助于认识全国范围内政府创新的发展趋势。从 2000 年开始，中央编译局比较政治与经济研究中心、中央党校世界政党研究中心和北京大学中国政府创新研究中心联合发起了"中国地方政府创新奖"评选奖励活动。"中国地方政

---

[*]　中央编译局世界发展战略研究部主任、研究员，政治学博士。
[①]　所谓政府创新，按照俞可平教授的定义，就是指各级公共权力机关为了增进公共利益或者提高行政效率而进行的创造性改革。各级公共权力机关，在当前中国包括各级党的机构、行政机关、司法机关、人大、政协和工会、共青团、妇联等群团组织。本文采用这一定义。

府创新奖"每两年一届，到 2012 年为止已举办了六届，共收到 1756 个申报项目。六届"中国地方政府创新奖"获奖项目共有 135 项（不含获得特别奖的中央国家机关项目和其他相关奖项项目，下同），包括了优胜奖和提名奖等各类获奖项目，其中优胜奖每届 10 名，提名奖等其他奖项各届数目不等。这 12 年间先后获奖的 135 个项目约为所有申报项目的 8%，是中国地方政府优良实践的一个高度浓缩和极具代表性的样本。本项研究是对 2000～2012 年这 12 年间六届"中国地方政府创新奖"获奖项目的一个统计分析和定量研究，其目的是考察中国地方政府创新的类型分布和变动趋势。

对 2000 年以来六届"中国地方政府创新奖"获奖项目的类型、数量及其分布比例进行统计分析和定量研究，可以发现这 12 年间政府创新的演变趋势或发展轨迹。

"中国地方政府创新奖"获奖项目可以分成四大类，即政治改革类政府创新，行政改革类政府创新，公共服务类政府创新，社会管理类政府创新。政治改革类政府创新又可以进一步细分为 7 个子类：民主选举类，民主决策类，民主管理类，民主监督类，政务公开类，提高立法质量类，司法改革类。行政改革类政府创新也可以进一步细分为 7 个子类：改善监管类，节约成本类，提高效率类，绩效管理类，行政问责类，依法行政类，专业行政类。公共服务类政府创新可以进一步细分为 7 个子类：服务特殊人群类，保护弱势群体类，扶贫济困类，社区服务类，社会保障与社会救助类，服务方式创新类，基本公共服务均等化类。社会管理类政府创新也可以进一步细分为 7 个子类：社会组织管理类，社区管理类，流动人口管理类，信访体制改革类，利益协调与纠纷调处类，社会治安管理类，社会应急管理类。[①] 具体分类见表 1。

表 1　中国地方政府创新的类别划分

大类/子类	政治改革	行政改革	公共服务	社会管理
	民主选举	改善监管	服务特殊人群	社会组织管理
	民主决策	节约成本	保护弱势群体	社区管理
	民主管理	提高效率	扶贫济困	流动人口管理

① 上述四大类 28 个子类的划分，吸收借鉴了俞可平、杨雪冬等同事在"中国地方政府创新奖申请表"上就申请项目归属所做的三大类 32 个子类的研究成果，同时又根据研究的需要进行了调整和修正。对申请表分类感兴趣的读者可登录中国政府创新网：http://www.chinainnovation.net。

续表

大类/子类	政治改革	行政改革	公共服务	社会管理
	民主监督	绩效管理	社区服务	信访体制改革
	政务公开	行政问责	社会保障与社会救助	利益协调与纠纷调处
	提高立法质量	依法行政	服务方式创新	社会治安管理
	司法改革	专业行政	基本公共服务均等化	社会应急管理

　　2000 年以来历届"中国地方政府创新奖"地方政府获奖项目共 135 个，都可以归入这四大类 28 个子类之中的某一类。① 本项研究将对这 135 个项目的大类分布比例、子类分布比例、政府创新实施机构的类别分布比例、行政区划层级分布比例、区域分布比例、创新活跃省份分布和城乡分布比例及其变动趋势等逐一进行考察。②

（一）这 12 年间政府创新四大类别各自分布比例及其变动趋势

　　这 12 年间，政治改革类政府创新所占比例最高居于首位，随后依次为公共服务、行政改革和社会管理。四大类政府创新的分布比例见图 1。

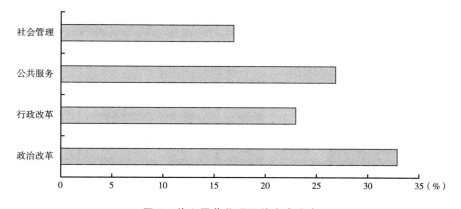

图 1　前六届获奖项目的大类分布

---

① 对这些获奖项目的简要介绍感兴趣的读者可登录中国政府创新网"地方政府创新奖"栏目：http://www.chinainnovation.net。
② 需要说明的是，大类和子类归并方面对于综合性创新项目，本研究仅选择其最有创新性的内容来进行归类，比例单位为百分比，比例计算方面采用的是小数点后数字四舍五入进位和整数保留法，因此百分比加总后有极少数计算结果为 101 或 99 而非恰好 100 的结果。以下处理方法均相同，不再一一加以说明。

　　四大类政府创新在这 12 年中的变化趋势各不相同。政治改革类政府创新获奖项目比例经历了一个由高到低再升高的波浪式起伏的变化态势。2000 ~ 2002 年政治改革呈现一个高潮，2005 ~ 2006 年曾出现一个政治改革的小高峰随后又开始下降，2011 ~ 2012 年又再度上升。行政改革类政府创新获奖项目比例的变化也经历了类似的变化趋势。2000 ~ 2002 年行政改革频率较高随后下降，2007 ~ 2008 年曾出现行政改革类政府创新的小高潮随后又开始下降，2011 ~ 2012 年又有所上升。公共服务类政府创新获奖项目在 2000 年以后经历了一个由低到高再逐步下降的变化过程。社会管理类政府创新获奖项目比例总体上呈现明显的上升趋势，但 2011 ~ 2012 年又呈现下降态势。具体变化态势见图 2。这四类获奖项目的变化趋势在很大程度上反映了中国政府创新在这 12 年间的总体演变趋势。

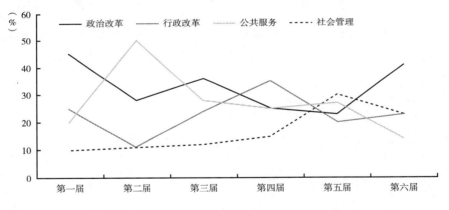

图 2　前六届获奖项目大类分布比例变化趋势

　　这四大类政府创新中各个子类的变化趋势又有很大的不同。下面进行具体的分析。

（二）这 12 年间政治改革中各个子类分布比例及其变动趋势

　　在政治改革类政府创新中，这 12 年间经历了一个从民主选举类政府创新向民主决策、民主管理和民主监督等后选举治理创新转变的趋势。这一时期的民主选举类政府创新包括：村委会"海选"，"两票制"选举农村党支部书记，"三轮两票制"选举镇长，"公推公选"乡镇长和乡镇党委书记，乡长候选人直选，村妇代会直选，乡镇（街道）团委书记直选，县级党代表直选，"公推直选"乡镇党委书记，乡镇人大代表直选等。这一时期民主选举的探索既有党内民主选举实验，也有人民民主实验，以及群团组织内部民主选举实验，但探索最多的还是乡镇党政领导产生方式的改革，并出现了一些突破性变革。但近年来，民主选举类政府创新比例有明显下降趋势，与此同时民主决策、民主管理、民主监督三类政府创新日趋活跃，出现了开放式决策、民考官、公民导向的政绩考评、参与式预算、民主恳谈、农民议会、人大在线预算监督、村务监督委员会、网络民主监督等具有推广价值的政府创新卓越实践。政务公开类政府创新在《政府信息公开条例》颁布后有减少的趋势，但电子政务、电子党务等新的公开形式日益活跃。提高立法质量的政府创新相对来说较少，地方层级的司法改革类政府创新则更为少见。政治改革类政府创新中 7 个子类的分布比例及其变化趋势可见图 3 和图 4。

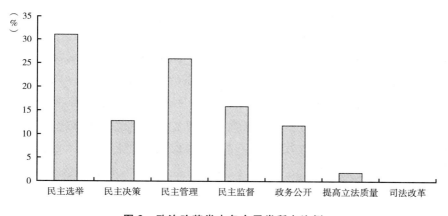

图 3　政治改革类中各个子类所占比例

（三）这 12 年间行政改革中各个子类的分布比例及其变动趋势

对 135 个获奖项目的统计分析发现，这 12 年间，提高效率、改善监管、节约成本、行政问责 4 个子类的行政改革所占比例较高，绩效管理、依法行政、专业行政 3 个子类的行政改革所比例较低。但从 12 年的变化趋势分析则发现，行政改革的重点呈现从改善监管、节约成本、提高效率等 3 类改革向依法行政、行政问责、绩效管理、专业行政转变的趋势。行政

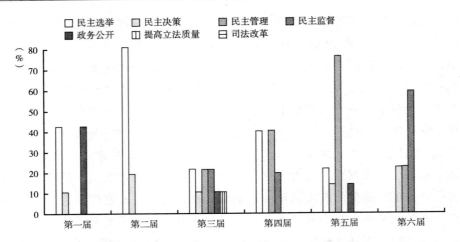

图4 前六届获奖项目中政治改革类中各个子类分布比例变化趋势

审批制度改革、政府采购制度、政府工作流程再造、以精简撤并为主的街道管理体制改革、超时默许、网上办事、街道管理实行"大综管"体制等政府创新在改善监管、节约成本、提高效率方面发挥了重要的作用。近年来自由裁量权的规范化细化、行政审批电子监察系统、外聘专家建立行政复议委员会的行政复议机制改革、领导干部经济责任审计、公共部门绩效评估、办公室引入ISO9000质量管理体系、技能型政府建设等项政府创新在推进依法行政、强化行政监督问责、建设专业政府等目标发挥了重要的作用,显示出旺盛的生命力。行政改革类政府创新中各个子类的分布比例及变化趋势见图5和图6。

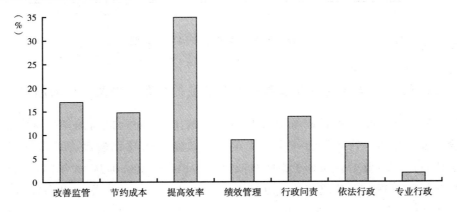

图5 行政改革中各个子类分布比例

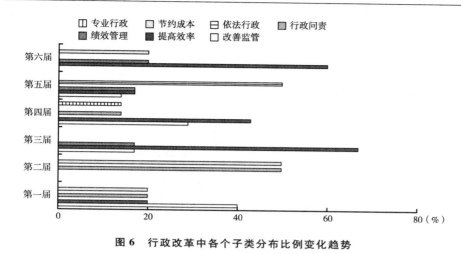

图 6　行政改革中各个子类分布比例变化趋势

（四）这 12 年间公共服务类政府创新中各个子类的分布比例及其变动趋势

对六届获奖项目的统计分析发现，这 12 年间，在 7 个子类的公共服务类政府创新中，服务方式创新所占比例最高，服务特殊人群、保护弱势群体、社会保障与社会救助所占比例较高，社区服务、扶贫济困、基本公共服务均等化所占比例较低。对 12 年间变化趋势的分析表明，扶贫济困类、基本公共服务均等化等类公共服务创新项目经历了一个从高到低的变化过程。而服务方式创新、社区服务、保护弱势群体、社会保障与救助类公共服务创新项目则经历了一个逐步递增的过程。综合来看，扶贫济困、社区服务、基本公共服务均等化方面项目总体数量仍然偏少。扶贫项目民营业主负责制、为老服务康乐工程、流浪乞讨儿童救助教育制度、农村留守儿童关爱教育长效机制、五保村建设、外来工之家、工会为外来工和外出务工人员维权、农事村办服务机制、流域生态补偿机制、妇女维权、巾帼维权岗、预防和制止家庭暴力等公共服务创新项目在扶贫济困、服务特殊人群、保护弱势人群等方面发挥了重要的作用。政府购买社会组织服务、公共服务行业市场化和民营化改革、一站式服务、为民服务代理制、农村宅基地换养老、教育券、农村卫生服务券、阳光救助、市民健康电子信息系统等公共服务类政府创新项目在创新公共服务方式、促进教育和公共卫生等基本公共服务均等化、完善社会保障与社会救助等方面发挥了重要的作用。在公共服务类政府创新中，社区服务方面创新相对薄弱，需要加强。7 个子类公共服务的类别分布及变化趋势见图 7 和图 8。

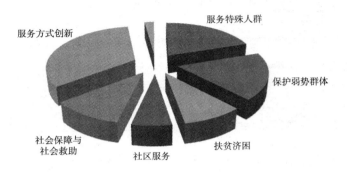

图 7　公共服务中各个子类分布比例

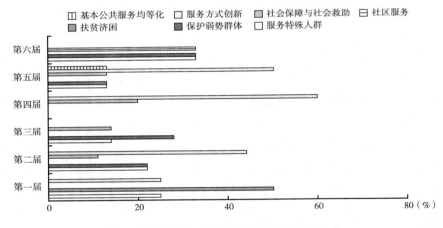

图 8　公共服务中各个子类分布比例变化趋势

（五）　这 12 年间社会管理创新中各个子类的分布比例及其变动趋势

对六届获奖项目的统计分析发现，这 12 年间，在 7 个子类的社会管理创新中，社区管理、社会组织管理所占比例较高，随后依次为信访体制改革、流动人口管理、利益协调与纠纷调处、社会应急管理和社会治安管理。对这 12 年间的变化趋势分析发现，社会组织管理、社区管理、社会治安管理等类社会管理创新日趋活跃，利益协调与纠纷调处、流动人口管

理、社会应急管理、信访体制改革等类创新一度较为活跃，社会治安管理
创新成为新的活跃点。社区社会矛盾调解中心、社会应急联动系统、地级
市户籍制度改革等创新项目成为利益协调与纠纷调处、流动人口管理体制
改革、社会应急管理体制改革方面的先进范例。社区公共服务平台建设、
社区社会组织备案制度、有选择地实行社会组织直接登记制、建立社会组
织孵化基地、阳光信访、信访大厅制等类社会管理创新成为近年来社会管
理创新的新的亮点。7 个子类社会管理创新的分布比例及变化趋势见图 9
和图 10。

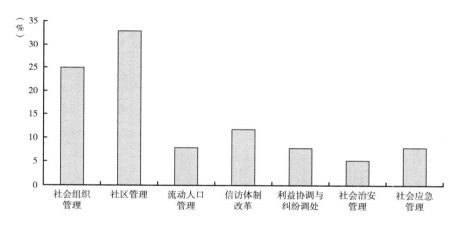

图 9 社会管理中各个子类分布比例

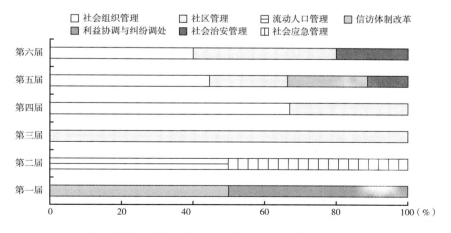

图 10 前六届获奖项目中社会管理类中各个子类分布比例变化趋势

（六）这 12 年间政府创新的主体分布比例及其变动趋势

对六届获奖项目的统计分析发现，行政机关、党的机关、群团组织和人大成为过去 12 年政府创新中十分活跃的创新主体。行政机关在行政改革中独领风骚，在公共服务、社会管理类政府创新中也十分活跃。党的机构不仅在政治改革类政府创新中处于主导地位，而且近年来在与政府联合发起实施行政改革类政府创新、公共服务类政府创新以及社会管理创新方面表现日益活跃。人大在民主选举、民主监督等类政治改革中的作用日趋重要。群团组织在实行内部直接选举、维护所代表群体权益、服务所代表群体等政治改革以及公共服务创新方面有着亮丽的表现。司法机关和政协在发挥自身作为政府创新主体作用方面仍有很大的努力空间。六大主体在政府创新中的分布比例、在四大类政府创新中所占比例及其变化趋势见图 11、图 12 和图 13。

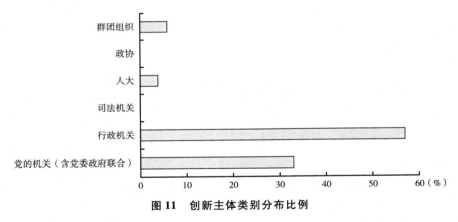

图 11　创新主体类别分布比例

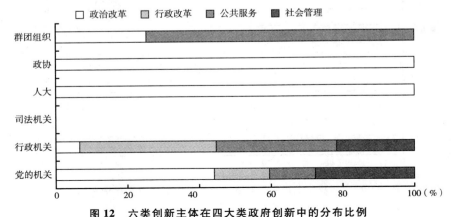

图 12　六类创新主体在四大类政府创新中的分布比例

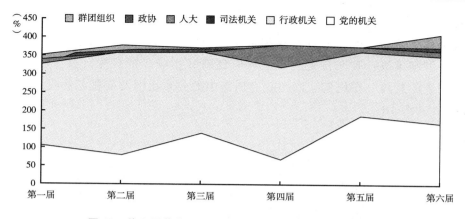

图13　前六届获奖项目不同创新主体分布比例变化趋势

（七）这12年间五大行政区划层级在政府创新方面的分布比例及其变动趋势

对135个获奖项目的统计分析发现，区县级在五大行政区划层级发起实施的政府创新中所占比例最高，随后依次为地市级、副省级和计划单列市以及省级，乡镇级所占比例最低。进一步的分析发现，在政治改革方面，五大行政区划层级所占比例依次为乡镇、地市、区县、省级以及副省级和计划单列市。在行政改革方面，副省级城市和计划单列市所占比例最高，随后依次为省级、地市级和区县级，乡镇发起的行政改革几乎没有。在公共服务创新方面，各个层级所占比例依次为乡镇级、区县级、省级、副省级和计划单列市。在社会管理创新方面，各个层级所占比例依次为副省级和计划单列市、地市、区县和省级，乡镇发起的社会管理创新几乎没有。对12年间的变化趋势分析表明，政府创新主体的行政区划层级有逐步向上延伸的趋势，副省级城市、计划单列市发起实施的政府创新逐步增加，省、自治区、直辖市等省级行政区发起实施的政府创新日益增多，而且创新内容涵盖了四大类政府创新。县级行政区在这12年间始终是最为活跃的政府创新主体，发起实施的各类创新居于各层级行政区之首，地级市和副省级城市在发起实施政府创新方面都非常活跃，后者甚至有后来居上之势。但值得注意的是，乡镇级行政区在行政改革、公共服务和社会管理三大方面的政府创新有趋于沉寂的倾向，政治改革类政府创新比例也在逐步减少。县级、地市级、副省级、省级行政区的自主权都在逐步增强，可以利用的资源也在逐步增加，而乡镇改革后乡镇级行政区的自主权和可支配资源有减少的趋势，这或许可以部分解释该级行政区自主发起的政府创新日益减少的现象。五个行政区划层级的总体分布比例、四类政府创新中的分布比例及变化趋势见图14、图15和图16。

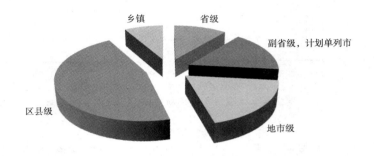

图14　前六届获奖项目的行政区划层级总体分布比例

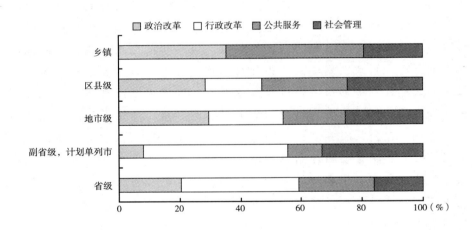

图15　前六届获奖项目不同行政区划层级的子类分布比例

（八）这12年间政府创新在经济发达程度不同的三大地区中的分布比例及其变动趋势

对135个获奖项目的统计分析发现，这12年间，在按经济相对发达程度划分的三大经济带中，东部地区所占比例最高，远远超过中西部地区，而西部地

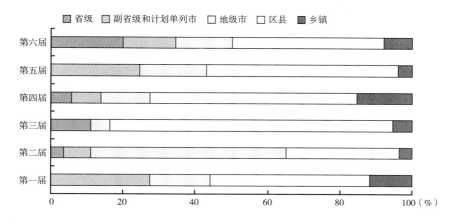

图 16 前六届获奖项目的行政区划层级分布比例变化趋势

区所占比例又明显高于中部地区。① 进一步的分类分析发现，东部地区在四类政府创新方面均很活跃且所占比例较为平衡，西部地区在政治改革方面所占比例最高，中部地区则在社会管理创新方面所占比例最高，东部地区在行政改革和公共服务方面所占比例均高于中部和西部地区。对变化趋势的分析表明，东部地区在政府创新高度活跃基础上保持了上升的态势，而西部地区和中部地区中间虽有起伏但总体上呈现下降趋势。就政治改革而言，东部地区在政治改革方面经历了一个从不太活跃到日益活跃的转变，中部和西部地区在政治改革方面均经历了一个活跃程度从高到低的逆向转变过程，中部地区这种转变的程度尤其显著。东部地区曾经连续三届包揽了所有行政改革类政府创新获奖项目，显示其行政改革高度活跃。随后西部地区和中部地区在行政改革方面急起直追，西部地区领先于中部地区。东部地区和西部地区在公共服务类政府创新方面获奖项目比例总体上均呈上升趋势，而中部地区在公共服务类政府创新方面获奖项目比例先高后低，呈现明显的下降态势。中部地区在四大类政府创新中社会管理类政府创新相对活跃，但即使这类创新活跃程度也呈现逐步下降的趋势，而东部地区和西部地区在社会管理方面的政府创新则显得更为活跃。三大地区政府创新总体分布比例、分类分布比例及总体变化趋势见图17、图18和图19。

① 按经济相对发达程度划分东、中、西部地区三大经济带。东部沿海地区包括辽宁、河北、北京、天津、山东、江苏、上海、浙江、福建、广东、广西、海南 12 个省区市；中部内陆地区包括黑龙江、吉林、内蒙古、山西、河南、安徽、江西、湖北、湖南 9 省区；西部地区包括陕西、甘肃、宁夏、青海、新疆、四川、重庆、贵州、云南和西藏 10 个省区市。

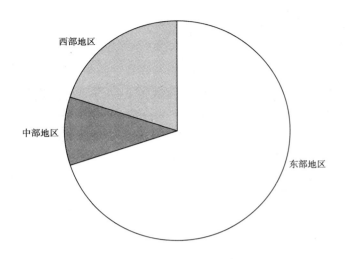

图 17   各类创新项目的地区分布比例

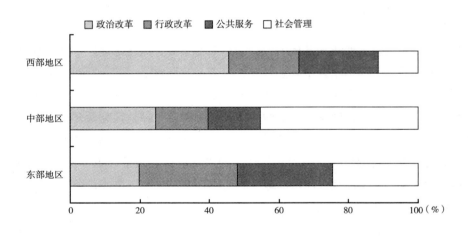

图 18   不同地区创新项目的子类分布比例

（九）这 12 年间各省政府创新活跃程度分析

对 135 个获奖项目的统计分析发现，不同省份创新活跃程度存在着很大的差别。如果以 12 年中曾获得 5 个以上（含 5 个）中国地方政府创新奖为创新高度活跃的标准，那么有 9 个省份属于政府创新高度活跃的省份，它们

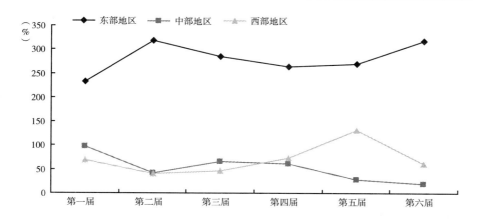

图19　前六届获奖项目地区分布比例变化趋势

是：浙江、广东、江苏、河北、北京、上海、山东、广西、四川。在这9个
省份中，除了四川外均为东部地区省份，中部地区没有一个省份进入上述创
新活跃省份的行列。获得2～4项地方政府创新的省份可以归入较为活跃或
中度活跃的省份，中度活跃的省份有11个，它们是：海南、湖北、河南、
江西、黑龙江、安徽、重庆、新疆、陕西、贵州、云南。这11个省市中
除了海南外，均为中部或西部地区。过去12年仅获得过1次地方政府创新
奖的省份可归入不太活跃的省份之列，这类省市共有8个，它们是：天
津、福建、辽宁、吉林、内蒙古、湖南、西藏、宁夏。这8个省市东、
中、西部地区均有。这12年间1次地方政府创新奖也没有获得的省份可以
归入创新不活跃的行列，这类省份共有3个，它们是：山西、甘肃和青
海。其中甘肃、青海属西部地区。我们可以根据中国地方政府创新活跃程
度绘制中国政府创新地图，见图20。对创新活跃省份（包括高度活跃和较
为活跃）具体创新内容的分析发现，在政治改革类政府创新方面活跃的省
份包括浙江、四川、江苏、河北、山东、广东、北京、重庆，它们在六届
获奖项目中至少有两项政治改革类创新项目获奖。在行政改革类政府创新
方面活跃的省份包括浙江、广东、江苏、广西、海南、黑龙江、四川。在
公共服务类政府创新方面活跃的省份包括浙江、河北、北京、福建、山
东、上海、广东、广西、陕西。在社会管理类政府创新方面活跃的省份包
括广东、浙江、上海、江苏、江西等。前六届获奖项目创新活跃程度省份
分类分布情况可见表2。

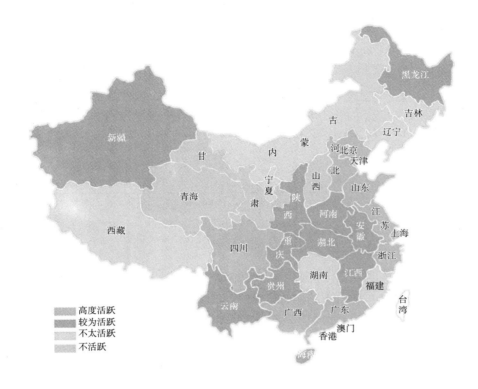

图 20   中国政府创新地图（根据前六届各省获奖
项目数量确定其创新活跃程度）

表 2   前六届获奖项目创新活跃程度省、市、区分类分布

创新活跃程度	政治改革	行政改革	公共服务	社会管理
高度活跃	浙江、四川（西部）	浙江	浙江、河北	
中度活跃	江苏、河北、山东、广东、北京、重庆（西部）	广东、江苏、广西、海南、黑龙江（中部）、四川（西部）	北京、福建、山东、上海、广西、广东、陕西（西部）	广东、浙江、上海、江苏、江西（中部）
不太活跃	上海、海南、湖北、湖南、安徽、吉林、河南	福建、上海、北京、辽宁、天津、湖北	海南、湖北、安徽、河南、四川、重庆、云南、新疆	广西、北京、辽宁、河南、湖北、内蒙古、四川、西藏、宁夏
不活跃	山西（中部）、甘肃（西部地区）、宁夏（地区）			

（十）这 12 年间政府创新的城乡分布比例及其变动趋势

对 135 个获奖项目作统计分析发现，总体来看这 12 年间城市地区政府创新比农村地区所占比例更高，因此要更为活跃一些。城市地区在政治改革、公共服务、社会管理等三类政府创新方面获奖项目比例在这 12 年间总体上处于上升态势，而农村地区政治改革、公共服务类政府创新获奖项目表现出相反的趋势，即先高后低逐步下降的趋势，农村地区社会管理类政府创新则呈现起伏波动较大的态势。城市地区曾经包揽了四届地方政府创新奖行政改革类项目，这说明城市地区行政改革要远比农村地区活跃。获奖项目城乡分布比例和分类分布比例见图 21 和图 22。

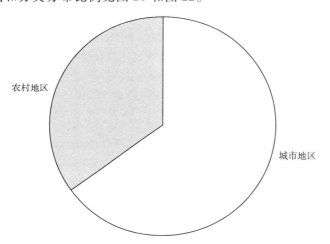

图 21 获奖项目城乡分布比例

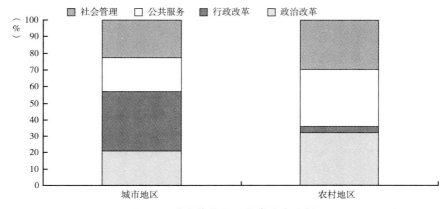

图 22 城乡获奖项目分类分布比例

　　对 2000～2012 年中国地方政府创新类型分布及其变动趋势的统计分析中一些有趣的发现，如有的创新主体、有的地区、有的行政层级所发起的四大类政府创新较为均衡，有的则明显偏向某一特定种类，不同类别政府创新活跃程度的演变趋势出现明显的差异。如何解释这些有趣的发现，构成下一步研究的一个重要的努力方向。

地方治理的"双轨共治"趋势

——基于地方政府创新的初步观察

徐晓全[*]

摘　要：本文通过对社会组织参与地方治理案例的分析，指出中国地方治理的趋势既不是继续维持国家主导一切的单一治理，也不是走向西方多元治理，而是走向一种以"强国家–强社会"为特征的"双轨共治"。双轨共治趋势在中国具有深刻的内在原因，首先是市场经济发展的要求；其次是体制演进逻辑的必然；再次是"政策试验"的推动。

关键词：政府创新　地方治理　双轨共治　社会组织

一　问题的提出

2000 年以来，受西方"新公共管理运动"、"重塑政府"等治道变革的影响，我国地方政府纷纷通过"创新"寻求破解治理危机之道，政府创新遂成为学术界观察中国改革以及构建本土化理论的切入点。

国内对政府创新与中国改革关系的研究主要围绕两条特定的主线：一是把地方政府创新作为总体性改革的探索，即在宏观的政治改革无法推进的情况下，通过微观的政府创新为宏观改革探路。陈雪莲和杨雪冬认为，由地方

---

* 徐晓全，清华大学社会科学学院政治学系博士研究生，主要研究方向：中国地方治理与政府创新。

政府推动的创新是中国政治体制改革的风向标。地方政府创新的发展逻辑和发展进程为我们透过地方政府创新看中国政治发展进程提供了一些清晰的线索（陈雪莲、杨雪冬，2009）。韩福国认为，地方政府创新为整体性制度变迁提供了地方性的经验支持，从而形成了"中国整体性社会治理危机的地方化解构"路径和格局。中国的政治改革实际上是通过地方政府的创新载体，在具体的地方实践中而不是整体的国家制度上获得了更为深刻的进展。30 年的地方政府创新实现了中国从政治集权下的经济自治到行政改革的差异化发展，从而为政治改革的探索和可能性提供了一个具有现实意义的路径（韩福国，2011、2012）。二是聚焦于政府创新对地方治理变革的影响。这一视角与西方对政府创新的研究相类似，更多具有政府职能转变和治道变革色彩。陈家刚通过"中国地方政府创新奖"案例分析了地方政府的创新实践对地方治理变迁的推动作用（陈家刚，2004）。何增科通过对"中国地方政府创新奖"63 个案例的经验研究，分析了政府创新与政治合法性的关系（何增科，2007）。俞可平指出了政府创新的五个趋势，即从管制政府走向服务政府，从全能政府走向有限政府，从人治走向法治，从集权走向分权，从统治走向治理（俞可平，2008）。李凡研究了地方政府创新式民主的出现和发展对中国民主化的意义。他把地方政府自主推动的民主改革，即"选举改革"、"对话式的参与民主"、"政府治理式的参与民主"以及"党内民主"等称为创新式民主，并认为其在中国民主化进程中具有重要意义（李凡，2008）。

然而，总体上看，对于政府创新的研究呈现理论碎片化现象，目前还大多停留在概念化阶段，缺乏系统化的理论范式。特别是没有形成系统解释政府创新与中国改革关系的理论。地方政府创新与中国改革机制的关系是什么？在经济社会环境的巨大变迁中，政府权力是在收缩还是在不断强化？地方治理将呈现一种怎样的治理模式？为什么会出现这一治理模式？本文尝试对这些问题作出回答。

二　研究方法

本文将采取国内政府创新主流的研究方法——案例研究法，以实地调研的 W 县"乐和协会"、X 市"平安协会"和 Y 市"自然村乡贤理事会"为分析对象。对于案例的研究主要依托于田野调查中收集的文本材料和访谈记录。

三个案例在地域分布与发起类型方面具有多样性和代表性。在地域上，W县位于西部地区，X市位于东部沿海省份，Y市位于东南沿海省份。在发起上，W县乐和协会是非政府组织、公益基金会与地方政府共同发起，X市平安协会是地方政府发起和培育，Y市自然村乡贤理事会是地方政府主动为社会组织"正名"并积极引导和培育。三个具有差异性的案例能够较好地弥补单个案分析的不足，有利于得出更具普遍性的结论。

三　案例分析

新型社会组织参与地方治理是近年来我国地方政府创新的普遍趋势。W县乐和协会、X市平安协会和Y市自然村乡贤理事会均是这一类创新的典型代表。

W县是位于西部地区的山区县。2010年，在友成企业家扶贫基金会的支持下，该县引入北京地球村公益人士廖晓义倡导的"乐和"理念，在农村和城市社区开展"乐和家园"建设，以成立乐和协会为依托，倡导"乐和治理"、"乐和生计"、"乐和人居"、"乐和礼仪"、"乐和养生"五个乐和。其中"乐和治理"是核心，乐和协会参与四方联席会议，参与村庄与社区事务的治理，负责动员群众和实施具体村务等，友成基金会也参与其中，负责提供环保文教等专业性公共服务。

X市是位于东部沿海省份的县级市。2006年，X市汶南镇55个农民企业家自发组建了以巡逻队夜间巡逻为主要手段、以看家护院为主要职能的平安协会。2008年，X市政法委开始有计划地在全市推广平安协会，同年6月成立了市级平安协会。从2009年开始，平安协会向乡镇协会、村级分会和行业协会延伸。目前，X市20个乡镇街道以及916个行政村基本都成立了平安协会分会，同时也成立了横向的教育、卫生、农电三个行业协会，形成了市、镇、村、行业纵横交错的网络组织体系。目前平安协会的功能也扩展到了参与治安防范、调解矛盾纠纷、宣传法律政策、搜集社情民意信息以及预警突发事件五大职能。

Y市是位于东南沿海省份的山区地级市。2011年6月，Y市的Z县率先给农村依托宗族等成立的各种非正式组织正名，试点培育"组、村、镇"三级理事会（村民理事会、社区理事会、乡民理事会），协同党委政府开展农村公益事业建设和社会管理。2011年12月，Z县三级理事会作为Y市社

会建设创新项目被省社会工作委员会确定为第一批省社会创新观察项目并在
Y市全市迅速推广。2012年起，Y市重点培育自然村乡贤理事会。目前，Y
市所辖的各个区县共培育和发展自然村乡贤理事会8000多个，实现自然村
全覆盖。

三个县市经济发展水平差异很大，社会组织产生的方式和承担的职能也
不同，但是它们却反映出了当前我国社会组织参与治理的诸多共同规律。

（一）社会的自治性与参与性不断增强

W县乐和协会参与社会治理，改变了村委会单一治理的模式，增强了
社会的自治性，大大缓解了村支两委的压力。同时它调动了民众参与的积极
性，满足了民众对公共事务的参与需求，激发了民众参与热情，增强了民众
的主体地位。正如乐和理念的倡导者廖晓义所说，"四方共治"的格局让老
百姓满足了参与感，调动了责任感，激发了道德感，生出了自豪感，从而获
得了幸福感。

X市平安协会不仅在化解矛盾纠纷、预警突发事件中发挥了重要作用，
而且职能不断扩展，也承担着聚集民意、利益表达、重建民间互信和参与协
商的作用。平安协会已经在帮助群众实现经济利益和政治权利方面有所作
为，在某种意义上已成为作为群众利益代言人的社会组织，发挥着连接党委
政府与群众的桥梁作用。

Y市乡贤理事会的主要职责是协助兴办公益事业和协助村民自治，例如
协助参与自然村（社区居民小组）分类评级；协助发动群众申报和建设竞
争性"以奖代补"项目、村级公益事业建设一事一议财政奖补项目；协助
农业龙头企业推动现代农业经营体制机制创新，促进农民增收；协助落实村
规民约促进乡村治理；协助组织村民代表或户代表集中议事等。自然村乡贤
理事会弥补了村委会能力的不足，搞活了农村自治，大大提高了村民参与
性，推动了农村公益事业发展。

由此可见，三个县市的社会组织参与治理都不同程度地改变了党委政府
主导的单一治理模式，社会的自治能力不断增强，群众的参与性不断提高。

（二）社会组织完全处于政府控制之下

虽然三个社会组织产生的环境与方式不同，但在与政府的关系上，它们
的共同点是完全处于政府控制之下。

W县乐和协会的成员由村支两委严格审核，确保其成员符合村支两委的意图。成员大多为当地有威望的退休干部、老党员等具有体制内特征的人员。在四方联席会议中，乐和协会发挥协同作用，更多的是执行村支两委的决策，而村支两委则具有一票否决权和压倒一切的决定权。

X市平安协会是在民政部门依法注册的非官方社会组织，其会员是通过个人申请、综治部门推荐、党委审查、选举产生的。其中党委的审查发挥着决定性作用，符合党委政府意图是平安协会会员的起码要求。其核心成员主要是与体制具有密切关系且一般不会对体制构成威胁的"老党员、老干部、老模范"。

Y市乡贤理事会的成立需要报乡镇政府备案，理事成员产生方式是由自然村（村民小组）在经济文化管理能人、老党员、老干部等有威望、有能力的乡贤和热心为本村经济社会建设服务的人士中推荐提名，经村（社区）党支部审核，由自然村（村民小组）公布后确认成为理事成员。除了理事会成员均需党委把关以外，同时又通过村民小组组长兼任理事长，理事会接受驻村干部的指导，确保党委政府对理事会的绝对控制，确保理事会不会去挑战村委会的权威。

由此可见，三个县市的社会组织都不是独立于政府之外的社会组织，而是完全在政府的控制之下。社会组织在治理中发挥协同作用，以不威胁政府的主导地位为前提，社会组织参与治理对于政府而言是完全可控的。

（三）社会组织成为党委政府的得力助手

W县在成立乐和协会之前，已经在加强社会管理方面作了很多探索。2007年开展网格化管理，将县城按区域划分为110个网格，机关干部、企事业单位、乡镇社区、群众监督员等共同管理网格。随后成立了群众工作部，形成了五项职能、三级网络、三个中心、三个机制的"五三三三"大群众工作体系。2010年成立乐和协会后，乐和家园建设与网格化管理和群众工作体系相融合，根据官方说法，它构建了以自治为基础、共治为主体、法治为保障的社会治理格局，形成了"党支部为核心、村委会负责、乐和协会协同、公益机构助推、网格单位支持"的共治模式。

X市在平安协会的参与下，形成了"党委领导坐镇指挥，平安协会打头阵，公安干警压住阵，基层群众组织迅速跟进"四位一体的"立体三角处突机制"，平安协会对于协同政府维护社会稳定发挥了重要作用。同时，引导平安协会参与"平安灯"和"天目工程"建设，通过更为精细化的控制手段加强了政府对社会的控制力。此外，由于平安协会职能的扩展和广泛参与村社治理事务，在某些社区已经形成了"社区两委－群团组织－平安协会"的多方协同治理机制。

Y 市自然村乡贤理事会加强了政府对自然村的控制能力。在自然村乡贤理事会成立之前，Y 市农村治理面临自治能力缺失和新式精英得不到整合的困境。特别是乡贤在社会治理中是把双刃剑。一方面，大批乡村精英尤其是外出商业精英，怀有落叶归根、反哺家乡的愿望；另一方面，乡贤有威望、有能力、见过世面、号召力大，如果不纳入体制内，可能成为政府对立面。因此，吸纳地方精英参与自治，给他们一个平台，把他们由"对手"变为"帮手"，把潜在的威胁转化为政府的支持者，既满足他们参与家乡建设管理的需要，又能借他们的力量搞好社会公益事业，既缓解了地方自治能力缺失的问题，又消除了新式精英得不到整合给体制带来的潜在威胁，成为实现政府与社会双赢的理性选择。

由此可见，三个县市的社会组织都没有动摇党委政府的地位，相反这些新型社会组织在参与治理中却处处体现了党委政府的意图。

总之，三个县市依托社会组织参与治理，使地方治理生态逐渐发生改变，既增强了政府的行政控制力，又提高了社会的自治能力，对于破解我国基层政府普遍面临的纵向政府行政治理能力不足和横向社会自治能力缺乏的困境具有积极意义。

四　地方治理的趋势：双轨共治

由以上对三个县市案例的分析可以看到，当前我国社会组织参与治理，正逐渐推动着地方治理模式发生改变。

第一，不同于全能主义治理模式，具有"强社会"趋势。新中国成立后，通过高度集权的体制实现了国家社会的高度一体化，国家公权力实施全能主义治理，政府包揽一切经济事务和社会事务，执政党和政府依靠严密的社会控制来维持社会秩序，国家占据了整个社会的空间，整个社会笼罩和生活在一个全知全能的强大国家和政府之下，单位制和人民公社制使政权延伸到社会最底层，自上而下建立起一套严密的管理控制体系。虽然改革开放以来，城市与农村治理结构发生了深刻变化，但总体上来看，我国的地方治理仍然具有浓厚的全能主义特征。社会组织参与治理打破了政府行政力量垄断一切的局面，增强了社会自治力量，提高了社会参与性，在不威胁政府权威的前提下，社会自治的空间不断扩展，因而具有明显的"强社会"趋势。

第二，不同于传统社会的"双轨政治"，具有"强国家"趋势。在中国两千多年的传统社会中，皇权止于县，地方依靠乡绅、地主和宗族制度实施乡村自治以弥补县政权力量的不足。费孝通先生通过研究传统社会士绅在沟通民众与国家政权之间所发挥的重要作用，认为中国传统的治理模式是一种双轨政治，即由自上而下的皇权和自下而上的绅权所构成的政治格局，县以上通过官僚集团实现政治整合，县以下乡村则通过士绅实现社会整合。费孝通实际上指出了传统社会并存的两种治理主体——皇权与士绅，两者分别有各自的治理领域。然而，当前我国社会组织参与治理并不同于费孝通所言的双轨政治。当前的社会自治是在行政权力延伸到最底层，并且仍在不断强化的同时产生的，政府行政权力并没有退出所及的范围，国家对社会的控制并没有减弱，相反却在持续加强对社会的控制，呈现出明显的"强国家"倾向。

第三，不同于西方多元共治，并未出现完全独立于政府的治理主体。西方国家的多元治理最早源于古希腊和罗马时代的民主与共和传统，近代国家产生于具有自治传统的城市，政府基于"社会契约"而建立，政府治理结构具有分权制衡的特点，市场经济的发育又增强了社会的自治性，国家与社会具有明确的边界，政府之外存在大量具有独立地位的治理主体广泛参与社会治理。我国的社会组织是在政府有意扶植中产生的，具有浓厚的官方色彩，不具有独立性。社会组织的发展不以侵蚀政府的权力为前提，不以牺牲和动摇政府的主导地位和治理权权威为代价，社会自治力量的增强并没有削弱政府的地位，相反却强化了其权力和地位。因此我国的社会组织参与治理并非西方意义上的多元共治。

由此可见，我国的地方治理正朝着一种既不同于全能主义，又有别于传统社会和西方多元共治的治理模式发展。应如何来概括这一模式？对于这种把新型社会组织纳入治理结构的地方政府创新方式，有学者将其归结为"嵌入式发展"模式，即作为治理组织嵌入政府主导的地方治理结构之中，同时又以或强或弱的依附状态与政府保持合作关系。这种新型社会组织一方面关注公共事务，活动于基层社会的公共领域，与基层社会具有天然的紧密联系；另一方面又与政府保持或合作或依附的关系，并在政府主导的地方治理结构中生存发展。其治理功效的发挥离不开地方政府的支持，这种嵌入式发展为社会的重建提供了一种现有制度格局下的可选择路径（张小劲、李春峰，2012）。本文将这种嵌入式发展作为观察中国改革路径和地方治理方向的切入点，将社会组织参与地方治理的治理模式概括为"双轨共治"。

"双轨"即自上而下的政府行政权力和自下而上的社会自治力量，"共治"即政府与社会共同开展社会治理。国家与社会在双赢的前提下不断扩展自己的空间，各自沿着自己的轨道不断强化，国家控制力不断增强，对社会的控制越来越精细化，社会自治空间也不断扩展，自治性和参与性都不断增强。政府在保证对社会组织绝对控制的前提下有意引导和扶植社会组织的发展。政府与社会组织通常具有天然内在联系并呈现一种良性互动关系，社会组织扮演政府治理得力助手的角色，社会组织具有"法团化"特点。这种政府与社会共同治理的模式，即实现了政府对社会的控制，又调动了社会力量参与治理，从而使体制在利益多元化的社会变革中不仅不会僵化，相反其开放性推动其不断充满活力。政府与社会组织的关系不是此消彼长，而是呈现一种"强国家－强社会"趋势。

五　双轨共治原因的初步考察

在全球化的今天，我国地方治理的双轨共治趋势，除了受人类社会总体的治道变革影响之外，更有其内在原因。具体来说，主要受市场经济发展、体制演进逻辑以及"政策试验"的影响。

（一）市场经济发展的要求

市场化改革带来了社会结构变迁，社会利益不断分化，体制外资源的大量涌现使得社会各个群体都不同程度地分享了日益分散化的社会资源，并且催生出了大量自主性不断增强的社会组织。国家与社会一体化、政府统揽包办一切社会事务的单一治理模式显然无法适应社会发展的要求。一方面，必须满足社会的参与要求，自治空间需要进一步扩展。由于我国社会组织总体发育不完善，积极培育社会组织成为政府义不容辞的职责。另一方面，政府必须提高自身治理水平，治理能力需要进一步加强。因此，市场经济发展使政府与社会都向着强化的方向发展。尊重社会多元主体的利益，整合体制内外资源，形成合力共同推动社会治理成为地方政府的理性选择。这种选择意识又被中央开放的特定政策窗口强化，如 2011 年以来中央频繁强调加强和创新社会管理，给地方政府创新带来了机遇。

（二）体制演进逻辑的必然

中国古代自秦以降是典型的中央高度集权的官僚帝制体制，皇权依托官僚体系延伸到了当时所能触及的最大底层——县级。县以下依靠乡绅治理，具有自治特征。然而皇权之所以止于县，并非是国家充分给予社会自治空间，自治从来都不是社会与国家博弈的产物，而是主要由当时的经济社会发展水平所决定。实际上郡县制取代分封制是一种行政权力不断扩张的集权逻辑，奠定了政治主导一切的"强国家"取向。近代以来，中国体制的"强国家"取向不但没有改变，反而由于赶超型现代化而不断强化。高度集权体制首先完成了民族独立。新中国成立后，中国共产党建立了国家与社会一体化的高度集权的全能主义体制，把行政权力延伸到了社会最基层，实现了对社会的全面渗透。改革开放以来，市场化改革虽然使政府退出了某些领域，但没有改变政府主导一切的实质，面对经济社会环境的变化，强国家取向的治理模式没有改变，政府依然在不断强化在治理中的主导作用。

（三）"政策试验"的推动

近年来，越来越多的学者聚焦于一种解释中国改革机制的政策试验说，以德国学者韩博天（Sebastian Heilmann）提出的"分级制政策试验"理论为代表。中国政府在经济转型过程中经常运用一种"试点"的方法，即允许地方政府根据当地实际情况摸索各种解决问题的方法，成功的地方经验会被吸收到中央制定的政策中，继而在全国范围推而广之。通过这种中央与地方的互动方式，地方创新精神被有机融合到中央主导的政策制定过程中，从而提高了中国政府整体的创新能力和适应能力（韩博天，2008）。政策试验得益于在中国革命实践中形成的以"抓住不确定性"为核心特征的游击政策风格（韩博天、裴宜理，2010）。中国共产党最有可能实施渐进的改革：到处试验新的方法，然后逐步在全国范围推广，接受那些成功的经验，放弃其他失败的经验（沈大伟，2012）。从毛泽东时代到现阶段，开放式的政策试验一直都推动着政策制定过程，中国体制的学习能力和适应能力远比韩博天理解的要强得多（王绍光，2008）。政策试验的最大好处在于能够抓住不确定性。中国改革是一个分批的过程，很少具有整体配套改革的特征。其好处不在于统一性而在于开放性，意料之外、试验性的政策解决方案一旦出现就被立刻抓住。从长期局部政策试验中获得的经验才是重大决策得以出台的基础（韩博天，2009）。政策试验使体制始终保持开放性和灵活性。政府主动寻求变革，根据环境变化试验各种新方法，善于吸收新东西，把世界各国的治理经验纳入现有体制中，在不改变现有体制的前提下，能够把自治的力量与行政的力量巧妙结合起来，从而实现政府与社会的双赢，使"强国家"与"强社会"能够相融合，走出了"强国家－弱社会"、"弱国家－强社会"之外的第三条道路。

小　　结

双轨共治是基于当前地方政府创新经验的初步观察，用来描述我国地方治理的发展趋势。或许伴随着经济社会结构的深刻变革，双轨共治会被新的模式取代。但一种模式在完成它的历史使命之前，是有其存在的合理性的。一个恰当的概念和理论体系对于理解纷繁复杂的政治现象和推动政治发展具有积极意义。双轨共治既是一种改革路径又是一种改革方向。只有正确把握了这种趋势，才能认识到改革将去向何方，明确为什么走这样的路以及如何才能实现。当然，本文对于双轨共治的研究只有一个初步的结论，今后至少需要从两个方面开展研究：一是需要理清中国治理模式变迁的逻辑起点与演进脉络，这是中国治理模式的传统根基；二是扩大案例样本，个案研究与多案例比较研究相结合，这是建构普遍理论的必要途径。

参考文献

陈雪莲、杨雪冬：《地方政府创新的驱动模式——地方政府干部视角的考察》，《公共管理学报》2009 年第 3 期。

韩福国：《政府创新：持续力何在?》，《浙江人大》2011 年第 11 期。

韩福国：《地方政府创新与区域经济增长的关联性——基于中国区域间地方政府创新差异的跨案例分析》，《浙江大学学报》2012 年第 2 期。

陈家刚：《地方政府创新与治理变迁——中国地方政府创新案例比较研究》，《公共管理学报》2004 年第 4 期。

何增科：《政治合法性与中国地方政府创新：一项初步的经验研究》，《云南行政学院学报》2007 年第 2 期。

俞可平：《改革开放 30 年政府创新的若干经验教训》，《国家行政学院学报》2008 年第 3 期。

李凡：《地方政府创新式民主的出现和发展》，《今日中国论坛》2008 年第 6 期。

张小劲、李春峰：《地方治理中新型社会组织的生成与意义——以 H 市平安协会为例》，《华中师范大学学报》（人文社会科学版）2012 年第 4 期。

于晓虹、张小劲：《中国基层治理与创新：宏观框架的比较》，《江苏行政学院学报》2012 年第 5 期。

沈大伟：《中国共产党：收缩与调试》，中央编译出版社，2012。

王绍光：《学习机制与适应能力：中国农村合作医疗体制变迁的启示》，《中国社会科学》2008 年第 6 期。

Sebastian Heilmann, "From Local Experiments to National Policy: The Origins of China's Distinctive Policy Process", *The China Journal*, No. 59, 2008.

Sebastian Heilmann, "Policy Experimentation in China's Economic Rise", *Studies of Comparative and International Development*, Vol. 43, No. 1, Mar. 2008.

Sebastian Heilmann and E. J. Perry, "Embracing Uncertainty: Guerrilla Policy Style and Adaptive Governance", *China Mao's Invisible Hand: The Political Foundations of Adaptive Governance in China*, Cambridge, Harvard University Press.

大部制改革中的自我建构与改革误区

董　阳[*]

摘　要： 自 2008 年以来，我国推行了新一轮行政体制改革——大部制改革。和历次机构改革相同，本次改革的中心议题是转变政府职能，是政府的一次自我建构的过程，这体现在两个向度上：既有自上而下的观念扩散和实践动员，也有自下而上的环境调适和组织学习。但是，在议题偏移和组织压力两个内在动因的作用下，大部制改革走入误区：改革目标的偏移，改革动力的缺失，以及改革方式的不足。针对这一问题，文章提出了对策性思考。

关键词： 大部制改革　自我建构　组织学习　转变职能

一　政府机构改革的中心议题——转变政府职能

自从 1982 年以来，我国共进行了 7 轮行政体制改革。其中，1982 年的改革重心在于解决"机构臃肿"的问题，主要是围绕政府权力结构，尤其是政府规模来做文章，是以一种外显化的形式展开的。而 1988 年之后的历次改革，重心都在于强调"转变职能"，逐步地"摒弃了就机构改机构的套

---

* 董阳（1989～），男，安徽舒城人，中国科学院大学公共管理与科技政策系博士研究生，研究方向：公共政策，公共组织管理。

路"，尝试通过职能的转变来带动行政机构的重组[1]，以期实现职能转变与机构改革的互动，使改革获得了更深层次的动力。可见，转变政府职能已然成为了历次政府机构改革的"中轴"[2]。

表1　1988年以来历次《国务院机构改革方案》中对于"转变职能"的强调

时间	内容
1988年	今后五年改革的目标是，转变职能、精干机构、精减人员，提高行政效率，克服官僚主义，逐步理顺政府同企事业单位和人民团体的关系、政府各部门之间的关系以及中央政府同地方政府的关系；这次国务院机构改革的基本要求是：减少政府机构直接干预企业经营活动的职能，增强宏观调控职能，初步改变机构设置不合理和行政效率低下的状况
1993年	着重搞好转变政府职能，精简内设机构和人员，加强宏观调控和监督职能，弱化微观管理职能，以适应建立社会主义市场经济体制的需要
1998年	改革的目标是：建立办事高效、运转协调、行为规范的政府行政管理体系，完善国家公务员制度，建设高素质的专业化行政管理队伍，逐步建立适应社会主义市场经济体制的有中国特色的政府行政管理体制；改革的原则是：按照社会主义市场经济的要求，转变政府职能，实现政企分开；按照精简、统一、效能的原则，调整政府组织结构，实行精兵简政；按照权责一致的原则，调整政府部门的职责权限，明确划分部门之间的职责分工，完善行政运行机制；按照依法治国、依法行政的要求，加强行政体系的法制建设
2003年	改革的指导思想是：以邓小平理论和"三个代表"重要思想为指导，按照完善社会主义市场经济体制和推进政治体制改革的要求，坚持政企分开，精简、统一、效能和依法行政的原则，进一步转变政府职能，调整和完善政府机构设置，理顺政府部门职能分工，提高政府管理水平，形成行为规范、运转协调、公正透明、廉洁高效的行政管理体制；这次改革要抓住重点，解决行政管理体制中的一些突出矛盾和问题，为促进改革开放和现代化建设提供组织保障
2008年	改革的主要任务是，围绕转变政府职能和理顺部门职责关系，探索实行职能有机统一的大部门体制，合理配置宏观调控部门职能，加强能源环境管理机构，整合完善工业和信息化、交通运输行业管理体制、以改善民生为重点加强与整合社会管理和公共服务部门

资料来源：作者整理。

从"精干机构、精减人员"到"大部门体制"，每一次改革都试图以一种范式替代的方式来展开，寻求一个新的话语以回应环境的需求，并增强自

---

[1]　汪永成：《新一轮行政改革应选择新的战略方向》，《理论学习月刊》1998年第2期。

[2]　根据丹尼尔·贝尔的中轴原理（Axial Principle），在一切逻辑中都有一个作为首要逻辑的动能原理，或称为社会的核心规则，不同领域的行动可以用不同的中轴原理来作为衡量的标准。

身的合法性。然而，无论是机构的撤并，还是人员的精减，都不是改革的目的。机构改革真正的核心议题应当是职能的转变，机构撤并和人员精减都只是围绕于这一中轴结构①周围，并服务于这一核心目标的。并且，伴随着改革的深化，从1983年的"目标"，到1988年的"着重"，再到1998年被上升为"原则"，以及2003年的"指导思想"和2008年的"主要任务"等话语的应用，都凸显出"转变职能"这一中心议题在机构改革中的地位不断得到突出和加强。尤其是在2008年的大部制改革中，"职能"一词在《关于国务院机构改革方案的说明》中出现次数达15次之多，均与职能转变的目标与路径紧密相关，由此可见，"转变职能"依旧是一个不容忽视的主线。

大部制改革是"在合理划定政府职能的基础上，把政府相同及相近的职能进行整合，归入一个部门管理，其他相关部门协调配合；或者把职能相同及相近的机构归并成一个较大的部门，由其统一行使职权，把原来的政府部门或改革为内设的职能司局，或改革为大部门管理又具有一定独立地位的机构；同时，把该由政府管理的事项切实管好，把不该由政府管理的事项转移出去"。②

政府职能转变意味着政府要向市场放权，向社会放权，并有效地规范政府自身的行为，意味着政府要主动"削权"并斩断或多或少存在的利益链，建设"服务性政府"。在这一系统工程中，撤并机构是推动职能转变的一条实现路径。机构的规模、数量构成了大部制改革的一个关节点，而机构的规模、数量，关键又在于定位政府职能。只有在机构撤并的同时，政府职能同步转变，才能建立起"职能科学、结构优化、廉洁高效、人民满意的服务型政府"。

当前"以大部制为标志的部门合并重组已基本到位，理顺职责分工将成为改革的重点内容"，但是，"机构重组具有高度可见性、阶段性和突击性等特征，而运行机制和管理方式的改进却是一个长期的过程，理顺职责分工也是一个需要审时度势、与时俱进的长期任务"。③ 因此，在新一轮的行政体制改革中，应该更加突出强调"转变职能"的核心议题，从而实现改革的深化。

---

① 严翅君、韩丹、刘钊：《后现代理论家关键词》，凤凰出版传媒集团、江苏人民出版社，2011，第4页。

② 谢志岿：《中国大部制改革的谜思与深化改革展望》，《经济社会体制比较》2013年第2期。

③ 周志忍：《论宏观/微观职责在部门间的合理配置》，《公共行政评论》2011年第5期。

二　大部制改革是政府的自我建构过程

大部制改革不仅仅是为了政府自身的转型，最终目的在于为社会治理探索出一条可行的路径。因此，大部制改革是基于组织环境变化的一次自我建构，其建构过程应当包含"自上而下"和"自下而上"两个向度。

（一）自上而下：观念扩散和实践动员

"大部制"改革是中央政府所采用的一种动员性话语工具：伴随着外界环境的变化，中央政府依照其自身运转的管理逻辑，在庞大体制内进行的自我建构式的观念扩散和实践动员[①]。尤其是中共中央十七届二中全会通过的《关于深化行政管理体制改革的意见》提出"深化行政管理体制改革的重要性与迫切性"，文辞中使用了"关键时期"、"势在必行"等词语，诸如此类的词语背后蕴涵着一种逻辑：党对于自身执政能力以及合法性危机的一种深切的自觉。

"大部制"即大部门体制，其源于对发达国家的政府体制的理论归纳和学习。当"大部委"在中共十七大报告中被首次提出，并出现在 2008 年"两会"上批准的国务院机构改革方案中，意味着"大部制"从理论层面走向实践层面，并俨然成为一个国家命题。"大部制"从中央政府的层级上依次扩散开来，逐渐成为了各级政府的最主要的改革话语。

组织传播有着三个主要特征：等级秩序、相互依存和可渗透性。[②] 文件、会议是权力组织化传播的最主要载体，中央政府希望通过自上而下的话语传播和进路，实现"凝聚共识"的目标。[③] 当上级以文件、会议等组织传播形式传达"大部制"等话语，就推动了一次观念扩散和实践动员。在现行有强大动员力的体制下，各级政府迅速地对上级政府的改革话语作出回应，对自身的机构进行调整。因此，改革需要共识，需要利益结构的支持，也需要适当的权力结构，有必要"从结构上来认识改革的动力和阻力，并

---

①　李春峰：《中国共产党的自我调适：多种研究路径的述评》，载景跃进、张小劲、余逊达主编《理解中国政治——关键词的方法》，中国社会科学出版社，2012，第 43 页。

②　凯瑟琳·米勒：《组织传播》，华夏出版社，2000，第 63 页。

③　蒋旭峰：《抗争与合作：乡村治理中的传播模式》，浙江大学出版社，2011，第 61 页。

形成有效的改革共识，并在利益和权力结构上支持有效的改革"①，并使改革的成果得到结构性的巩固。

（二）自下而上：环境调适与组织学习

对于政府而言，大部制改革是一次基于环境变迁的调适性演变和旨在实现可持续发展的组织学习。职能的形成，就是政府为了"专门处理自己与相关环境中的各个重要关节之间的关系，这是环境对组织内部结构最初影响的结果"②。正如全钟燮教授所言，"只有那些处于组织与环境之间交合处的成员才能感知到哪里是真正要学习的，因为，他们是实际工作的具体承担者，他们直接与组织外部的人发生联系"③，因此，组织学习的经验应当来源于基层和一线，行政管理行动是嵌入或渗透在复杂的社会实践中的。

大部制改革的核心是职能转变，而职能转变则是一个典型的问题导向的行为，就是在具体的管理实践中，根据市场、社会、环境等因素的变化，进行自身结构的调适，从而更好地适应新的环境。在一个高度复杂和快速变革的社会中，政府的体制结构应当具有极强的回应和创新能力，能够快速地回应环境的要求，并有效地开展组织变革。

在具体的管理实践中，基层机构和一线人员通过与民众的互动、对话与信息分享，促成新的理解和思维方式，从而对体制本身形成一种"倒逼"。在不断回应环境的过程中，完成行政体制的重构。在基层的大部制实践中，就出现了"深圳模式"、"顺德模式"、"富阳模式"和"随州模式"等多种典型，丰富了改革的内涵，并增强了改革的多元化程度。从改革的过程方面而言，这些案例各有不同的侧重点，分别是侧重于体制改革和机制调整，体制改革着力于对政府组织机构作结构性的变更，机制调整则是着眼于政府运行中具体的流程性、技术性的要素作优化；而从改革的成果方面而言，地方改革的实践则是取得了内、外部两种效益，随着政府职能转变目标的提出，改革的成果"逐步从行政体系内部延伸到行政体系外部，又从行政体系外部反射到行政体系内部"。④ 因此，根据改革的过程和成果两

---

① 毛寿龙：《从结构层面看行政改革动力与阻力的博弈》，《行政管理改革》2012 年第 10 期。
② 李友梅：《组织社会学与决策分析》，上海大学出版社，2009，第 146 页。
③ 全钟燮：《公共行政的社会建构：解释与批判》，北京大学出版社，2010，第 5 页。
④ 胡伟、王世雄：《构建面向现代化的政府权力——中国行政体制改革理论研究》，《政治学研究》1999 年第 3 期。

个维度，可以建构一个分析框架，将地方大部制改革实践分为四种典型模式。

表 2　地方大部制改革实践中的典型模式

		改革成果的侧重点	
		外部效益	内部效益
改革过程的侧重点	体制改革	顺德模式：党政联动	随州模式：多牌同挂
	机制调整	深圳模式：行政三分	富阳模式：专委会制

注：作者自制。

顺德模式是一种典型的体制改革，力度较大，将原有 41 个党政群部门以及双管直管单位合并为 16 个大部门，在构建大规划、大经济、大建设、大监管、大文化、大保障的思路下进行党政部门的整合，加强党的领导和政府政务联动管理协作。并以此为契机，转变职能，削减和下放不必要的审批权限，共计清理 500 多项审批项目，在全国率先实施商事登记改革，从而减弱了政府对市场的干预，大幅降低了企业进入市场的门槛。[1]

深圳模式的改革侧重于政府运作机制的调整，以决策、执行、监督适度分离的改革理念，在政府领导和专业职能的两分基础上在职能层面进行适当分立而对政府架构作重新设定，是内部权力机构的业务重组。按照行政决策、执行和监督的职能来调整政府部门设置，重新定义了"委"、"局"、"办"的属性与职能，规范权力运行方式，实现了行政决策、执行、监督三方制衡，提高了行政绩效，有效地实现了职能转变的目标。

随州模式将"职能基本相近的单位能合并的尽量合并设置"，通过"联合挂牌"实现了机构的合并，完成了体制上的改革。例如，文化局、文物局、体育局、新闻出版局合并统称为"文体局"。内设机构设置时，不是"上下对口"，而是综合设置科室，统一确定机关人事、财务，不单设科室，工作由各单位办公室负责承担，科室领导职数统一定为一科（室）一职。相比于前两种模式，随州模式在职能转变这一外部效益的表现上尚不明显，但是取得了较好的内部效益，编制缩减了 20%，实现了机构"瘦身"。

富阳模式则是一种"神变形不变"的改革尝试，在不改变原有机构设

---

[1]　刘学民，林明哲：《大部制改革之"顺德模式"思考》，《人民论坛》2013 年第 7 期。

置和人员编制的基础上，先后设置计划统筹、规划统筹、公有资产管理运营、土地收储经营、体制改革、社会保障、工业经济、环境保护等 13 个"专委会"，不行使重大事项决策权，仅作为市政府的统筹协调执行机构存在。这一改革在不减机构、不增编制的前提下，通过机构调整，实现了政府机构一定程度的职能整合、运转顺畅的目标，显示出较好的内部效益。

大部制改革的动因通常源自两个方面：第一，针对特定的问题，"这使得一些职能尽管相去较远但性质相同的部门也会被合并到一起"；第二，出于管理上的需要，"主要想解决部门职能分工导致的部门和部门之间协调困难的问题，以提高管理的效率"。[①] 可见，这样的逻辑使得改革的效果并不一致，再结合改革过程中所采取的不同方式和方法，将会产生不同的改革模式。这些来自地方大部制改革实践中的经验模式，"既表明中央对于地方大部制改革的多种探索持鼓励和支持态度，也表明实践中的大部制改革还存在地域、问题、战略以及理念等诸多差异"[②]，对于大部制改革本身也起到了良性的建构作用。

政府改革的自身逻辑和外部逻辑是相互嵌套的，两者共同演化。[③] 改革的话语源自对理论和实践的学习，经历了"自上而下"和"自下而上"两个向度的进路，以外部压力是改革的原初动力，将政府官员的"自觉意志"作为改革的"直接动力"，使得"大部制"等词语既具有超越性，又具有世俗性[④]，形成了各级政府的共享知识，并逐渐成为一种具可操作性的主流意识形态。所以，大部制改革在两个向度力量的助推下，完成了政府本身的一次自我建构。

三　大部制改革的误区：内在动因与表现形式

大部制改革本应是一个政府基于环境变化而进行的自我建构过程，其中心议题是政府职能的转变。但是，大部制改革的过程中却存在着重机构轻功

---

① 竺乾威：《"大部制"刍议》，《中国行政管理》2008 年第 3 期。

② 陈家喜、刘王裔：《综合配套改革试验区的大部制改革：模式与趋势——深圳、浦东、滨海的比较研究》，《深圳大学学报》（人文社会科学版）2013 年第 5 期。

③ 李文钊、毛寿龙：《中国政府改革：基本逻辑与发展趋势》，《管理世界》2010 年第 8 期。

④ 陈明明：《政治话语的转换——改革开放以来主流意识形态的调适性变迁》，载景跃进、张小劲、余逊达主编《理解中国政治——关键词的方法》，中国社会科学出版社，2012，第 3 页。

能的现象，即"将政府机构改革仅仅当作政府部门的调整，却忽视了政府机构功能与职能的划分，这样就陷入了一种单纯的技术主义视角怪圈"。①同时，单纯的部门合并而形成的大部门，不免会成为一种非常不稳定的体制结构，最终难免会进入部门间横向上的"合并—分开—再合并—再分开"的怪圈，从而无法使改革成果进一步巩固。

（一）改革误区的内在动因：议题偏移和组织压力

大部制改革的一个重要动力就是政府体制内自上而下关于改革话语的组织传播。然而，组织传播本身又是一个互动建构的过程，在层层向下传达的过程中，"文件"本身可以保持不变，但是各级的机构可以在解读文件时侧重于不同的关注点，并赋予其不同的含义。以大部制改革为例，2008年的国务院机构改革方案中，"大部制"作为一个新的语词出现在官方的文件中，并立刻被凸显出来，尤其是成为了各级政府的一个"热词"。而文件中同样强调的"职能转变"等命题则不具有如此的"新意"，而是被淡化。越来越多的人会关注每一轮行政体制改革中"机构撤并"和"人员精减"等议题，甚至会把撤并机构多少当成是检验改革力度大小的标准。在"大部制"这一话语的引导下，无论是政府机构还是公众的注意力②似乎都更加关注机构的规模和数量，偏离了"职能转变"这一核心议题。

同样，当"大部制"成为一种单纯的自上而下的动员口号的时候，其"职能转变"这一内在机制就被忽视了，改革就失去了其原本的意义。在中国的行政体制中，存在着"上下对口，左右对齐"③的现象，每一级政府都会自觉地根据上级政府要求，设置大体相同的政府组成部门。大部制改革的初衷是一个管理导向的问题，但是由于自上而下的压力和指标层层分解④，使得改革逐渐量化和"指标化"，"职能转变"这个无形目标被"机构撤并"的有形指标所取代，"机构撤并"的力度成为了检验官员政绩的标尺。

---

① 朱中原：《"大部制"将引领机构改革》，社会学视野网，http：//www. sociologyol. org/shehuibankuai/shehuiredian/dabuzhigaige/2008 - 03 - 10/4821. html，2008 - 03 - 10。

② 弗兰克·鲍姆加特纳、布莱恩·琼斯：《美国政治中的议程与不稳定性》，北京大学出版社，2011，第78页。

③ 朱光磊、张志红：《"职责同构"批判》，《北京大学学报》（哲学社会科学版）2005年第1期。

④ 杨雪冬：《压力型体制》，载景跃进、张小劲、余逊达主编《理解中国政治——关键词的方法》，中国社会科学出版社，2012，第169页。

最终，大部制改革从一个管理导向的问题演变为一个政治导向的问题。

正是基于议题偏移和组织压力这两大动因，大部制改革在政府改革的实践中不断偏离主旨，甚至使改革又重新退回了起点。

（二）改革误区的表现形式

1. 改革目标出现了偏移，过分强调机构调整。大部制改革的核心议题在于转变政府职能，1988年第一次提出转变政府职能的改革目标，但其后数次改革，职能转变只是停留在口号上。2008年的大部制改革，更是在无意间凸显了"大部门"，而忽略了"职能转变"的改革初衷。改革不是为了改革而改革，改革的成果应当得到巩固，并能够在相当长的时间内得以维系。然而，在机构编制部门却流行着这样一个说法，"五年改一次，一次改五年"。如果缺乏一个真正具有顶层设计意义的改革目标，改革就会进入一种"零敲碎打"的渐进式社会工程，并有可能陷入一个"精简—膨胀"的闭路循环中。[1] 侧重于机构调整的改革过程是以"组织逻辑"代替了改革应有的"职能逻辑"，从而使得"职能逻辑"成为了改革的阻力，阻碍了改革的进程。[2] 机构调整固然重要，但这不是改革的本质，职能转变才是精髓。大部制改革，不仅割肉整容，还应当进行功能改造。政府往往具有自我膨胀的欲望和动机，当职能转变没有实现的时候，政府在一个不受制约的独断框架中，就显然无法避免机构规模和数量的再度膨胀。改革前的所有弊端，都可能因为职能的全盘照收而承续在新的体制中，核心职能上存在机构职能重叠、政出多门、扯皮推诿，又会重新形成冗余重叠的机构和工作环节。而这样的体制，充其量只是新瓶装老酒，没有质的改变。

2. 改革动力逐渐地缺失，主观色彩过于浓厚。一个"善治"的政府，应当具有一种重要的品质，即"回应"。回应（responsiveness），从某种意义上说是责任性的延伸，意味着公共管理人员和管理机构必须对公民的要求，对环境的变迁作出回应，基于此对自身的结构、功能和行为作出相应的调整。回应性越大，善治的程度也就越高。[3] 因此，可以得出这样的结论，改革的动力应当是来源于环境[4]，来源于客观现实，一个新的行政体制应当

---

① 卡尔·波普尔：《开放社会及其敌人》，中国社会科学出版社，1999，第18页。
② 毛寿龙：《中国政府体制改革的过去与未来》，《江苏行政学院学报》2004年第2期。
③ 俞可平主编《治理与善治》，社会科学文献出版社，2000，第11页。
④ 周志忍：《论行政改革动力机制的创新》，《行政论坛》2010年第2期。

是由调适、建构而产生的，而不是设计的直接结果。从这个意义上来讲，必须落定在现实坐标上来看中国行政管理体制改革，改变试图实现一个完美政府体制的改革期望。而在改革的过程中，却存在着较为浓厚的主观色彩。以北京市为例，某个新机构设立，编制部门的主要领导被委派去作了说明和汇报，当时说明设立的原因是为了改革。然而，短短一年之后，这个机构又撤销了，撤销时该领导又要"在同样的范围内作说明和汇报"。他不知道该怎样说明，"好在中国的语言丰富"，他那次找的理由是"深化改革"。① 这个现象体现了改革的渐进性和长期性，另一方面也或多或少暴露了改革的主观性和不确定性。改革的实践中，诸如此类的问题屡见不鲜，这些改革并不是以问题为导向，而是照着上级机构"依样画葫芦"，或是凭着领导者的主观意志"设计"改革思路和改革方案，从而并不能真正解决改革中所需要解决的问题。

3. 改革方式有不足，缺乏对基层经验的学习。政府改革不仅仅是一个行为，而是一个过程，因此，改革的过程实质上也是一种学习的过程。② 从基层的角度来看，大部制改革的目则在于打造一个可以应对更多更复杂社会问题的治理型政府。良性的组织学习不仅有自上而下的学习，同样也强调自下而上的学习。正如托克维尔所说，"真正的知识，主要来自经验"③，行政体制的变革与发展是知识与实践共同演进的结果④。从或进或退的步伐中，公众试图看清这个"摸着石头过河"的行政架构的未来。大部制改革自提出以来，诸如深圳模式、顺德模式、随州模式、富阳模式等形形色色的地方模式已经相继涌现。各地改革的样板纷纷树立，对于全国范围的行政体制改革自然是有极大的助益。不过，同时也必须看到，这些较为成功的地方大部制改革模式往往只能停留在舆论宣传的层面，并不能获得高层的真正支持和认可。通过开放式的实践来积累创新的发展，并不意味着知识是没有用的。只有在开放式实践的基础上进行开放式的研究，在积累开放式实践的经验和教训的基础上，积累开放式研究的知识，并通过实践者的开放式的选择，中国行政体制改革的发展才将越来越顺利。在中国的现行体制之内，自

① 张国：《防止机构改革改来改去》，《中国青年报》2012 年 3 月 12 日 T02 版。
② 杨雪冬：《简论中国地方政府创新研究的十个问题》，《政府创新与政治发展》，社会科学文献出版社，2011，第 345 页。
③ 托克维尔：《论美国的民主》，商务印书馆，2004，第 353 页。
④ 毛寿龙：《政治发展中知识与实践的制度基础》，《天津社会科学》2003 年第 5 期。

上而下的组织传播和组织学习占据了主导地位。在自上而下的压力传动和分解之下，下一级政府往往会参照上一级政府的改革模式和过程对自身的体制机制进行改革。然而，地方政府更多承担执行职能，中央政府层面的大部制不一定是地方政府唯一的选择。自下而上的组织学习却没有得到明显的体现，地方的改革更多呈现一种"强制创新"而非"自发创新"①。当顺德模式等地方改革模式取得较为明显的成功后，其先进经验却未能被更高层级的行政体制改革所吸纳，从而当前的改革方式基本上是来源于自上而下的经验学习。

四　对策性思考：走出大部制改革的误区

要顺利走出大部制改革的误区，就必须牢牢把握住大部制改革的内在实质，将改革重新收敛回其原有的中心议题，即职能转变，切实抓住这个中轴，从自上而下和自下而上的两个向度上完成政府的自我建构。

（一）实现职能整合，而非职能聚合

实行大部制要注重顶层设计，优化政府部门的结构，实现部门的职能整合（integration）。而现行的很多部门合并只实现了职能聚合（aggregation）。"职能聚合"仅仅意味着新合并的大部门将原先分散在各部门的职能合并、聚集到一起。而"职能整合"则指的是，把原先零散的职能进行衔接，从而实现大部门系统的资源共享和协同工作，并最终形成有价值有效率的一个整体。②

简单把几个职能相近的部门并在一起，不是"大部制"，大部门容易出现一个不容忽视的问题——"貌合神离"。"各个进入大部的原有部门会对内部利益（比如资金、职位）的分配非常敏感，它们会为获得这些利益而互相竞争。在此类问题的分配上稍有不慎，就会引发内部的不和与冲突，难以形成大部运作所需的内部凝聚力。"③例如，研究"十二五"规划时，

---

①　毛寿龙：《制度创新与政府功能》，《浙江学刊》1995 年第 5 期。

②　詹姆斯·G. 马奇、约翰·P. 奥尔森：《重新发现制度：政治的组织基础》，三联书店，2011 年，第 118 期。

③　竺乾威：《大部制改革：问题与前景》，《21 世纪的公共管理：机遇与挑战》，上海人民出版社，2010，第 362 页。

交通运输部居然向发改委了解民航的发展规划思路，二者已合并为同一个部门，内部工作机制却未作调整，就不能视之为落实了改革。① 如果得不到有机整合，"大部制"就失去了意义，只有真正实现职能的整合，才能推动从"物理变化"到"化学反应"。

大部制不是简单地等同于部门拼凑，而应有着更深刻的理念跟进。大部制应该将根据职能业务的雷同性、共性和重合性合并一些政府部门，但权力相互监督的部门不应该融合到一个部门里。"自己制定政策，容易自我确定利益；自己执行政策，就是亲自去实现利益；自己行使监督，就是去降低部门利益被查处的风险。"②

一个整合了不同部门职能的大部门，可以打破现有部门利益格局，消解部门之间的掣肘因素，压制部门利益追求冲动，从更宏观和科学的角度进行政策决策、执行和监督。在大部制下，机构内部的磨合，外部的磨合，上下之间的磨合，与执政党的机构设置如何对接，怎样才能不重复、不重叠等，都在考量大部制的生存系数。

（二）打破职责同构，完成职责异构

大部制改革基本上沿袭了前几轮改革的做法，仍然属于横向上的部门间的"职责板块的水平化移动"；纵向上的"不同层次职责的跨部门系统整合"没有得到足够的关注。因此，真正意义上的大部制改革必须触及中国政府体制中长期存在的"条块矛盾"的现象，而"条块矛盾"的一个重要原因则是当前中国政治话语中所强调的"职责同构"现象。职责同构指"政府间纵向关系中，不同层级政府在职能、职责和机构设置上的高度统一及雷同，简言之，就是指在中国每一级政府都管理相同的事情，相应地在政府机构设置上表现出'上下一致'的特点"③。

职责同构正是政府不能实现自下而上的组织学习的一个重要原因，政府间纵向关系的"职责同构"是将直接导致政府职能自上而下的自我封闭，而无法实现职能转变的真正完成。同时，职责同构下的"全能"政府管理模式阻碍着市场和社会结构领域的重构，并有可能导致"政绩"导向体制

---

① 白皓：《职能转变："责"在前"权"在后》，《中国青年报》2012 年 3 月 12 日 T02 版。

② 石亚军、施正文：《我国行政管理体制改革中的"部门利益"问题》，《中国行政管理》2011 年第 5 期。

③ 张志红：《当代中国政府间纵向关系研究》，天津人民出版社，2005，第 269 页。

和滋生官僚主义。因为市场经济和公民社会发展的内在逻辑要求必须改变国家控制一切的状况，若要真正实现职能转变和机构调整，就必须打破各级政府的职责同构现象。

因此，应当打破职责同构，完成职责异构。其中，最重要的一步就是要理顺政府间纵向的职责划分。不同层级的政府职能、事权应当进行有效的划分，而非自上而下"一竿子插到底"的集中式行政管理模式。中央政府和地方政府之间，以及地方各级政府之间的职责必须有所区别，可以根据决策性与执行性、管理性与服务性、全国性公共产品与地方性公共产品等不同的标准和因素，对不同层级的政府职能予以划分，并依据各自的职能，设置机构和编制，完成"三定"方案。

实现职责异构，是转变政府职能的重要基础。纵向间政府关系的职责同构、职能重叠，以及条块分割的状况，严重阻碍了改革的深化，导致政府既会在某些领域管得过多过细，又会在一些领域造成职能的真空。因此，只有完成各级政府间的职责异构，理顺政府间的职能划分，才能为打造"服务型政府"创造条件。

（三）维护中央权威，下放地方权力

对于大部制改革而言，深化改革就意味着必须调动地方的积极性，使之在宪法和法律的框架下"先行先试"，开发出适合自己本地实际情况和自身发展阶段的改革模式，为自下而上的组织学习提供源源不竭的动力。但是，如果过多地强调地方权力的下放，又必然会导致中央宏观调控能力的弱化。因此，在中央和地方权力的分配与博弈的过程中，如何避免"一收就死，一放就乱"的不良现象，是改革中必须要解决的一个重要课题。

针对于此，其解决的思路应当是继续维护中央的权威，同时加大力度向地方下放权力。首先，应当从概念上对权威（Authority）与权力（Power）进行廓清。陈伟在研究中国共产党和人民代表大会之间的规范关系时，曾借用汉娜·阿伦特对于"权威"和"权力"的解释。其中，"权威"指的是"被要求服从的人必须对权威毫无异议地认可，不需要任何强制和说服"，是以等级秩序为前提的，"权力"指的是使人们"联合行动（Act in Concert）的能力"，并基于此提出"权力在人大，权威在中国共产党"。[①]

---

① 陈伟：《论中国共产党与人民代表大会的规范关系》，《学海》2008 年第 3 期。

在中央和地方关系的处理上，同样可以采用"权威—权力"二分的方式。维护中央的权威，是基于中央与地方之间天然存在的等级秩序，强化中央的领导地位，提升中央政府的宏观调控能力，使之能够对地方政府的改革方式和改革过程进行有效的指导，同时又能够赋予地方政府足够的空间，鼓励其在不同的方向上进行试验。

同时，也要加大力度向地方下放权力。全国统一"模板"的大部制改革不能适应当前经济社会发展的实际情况，更不能符合中国的国情，如何鼓励各级、各地都根据自身的实际情况，开发出具有典型性和代表性的地方大部制改革模式，是大部制改革深化过程中至关重要的一环。为此，必须在坚持大部制改革的前提下，给地方多一些自主权和选择余地，避免一刀切。在中央和地方之间构建一个"松散联结"（Loose-coupling）①，向地方放权，使之从政府与社会的联结处开展组织学习，根据"地方性知识"总结提炼经验和模式。并且，加强不同地区、不同层级的地方政府间的自主交流，使之可以有序、有效地开展组织间的学习。

（四）借助政策资源，开发制度资源

大部制改革是对行政体制进行改革。然而，体制往往具有较为长期的稳定性，同时体制改革的成本较大，风险也较大，不宜轻易进行改革。为此，朱光磊提出"机体并重"的观点，将体制改革与具体运作机制的调整有机地结合起来，② 使改革在宏观层面和微观层面形成有效的呼应，从而将改革不断推向深入。

从政府的组织学习的角度而言，其主要的机制就是公共政策，政策往往是政府与社会之间的一种联结机制，因此，应当借助于政策资源来更好地开发制度，实现一种"政策主导型的渐进式改革"③。改革开放以来，中国的政治发展正是在保持整体制度结构稳定或"不变"的前提下，通过政策诱因来促进制度创新和变革，主要有两种表现形式：一是"在政策推动下形成新的根本制度"；二是"政策推动的制度微调或制度变革"。

政府职能，尤其是对经济、社会等公共事务的管理职能，往往是通过政

① 周雪光：《组织社会学十讲》，社会科学文献出版社，2003，第333页。
② 朱光磊：《当代中国政府过程》，天津人民出版社，2011，第225页。
③ 史卫民：《政策主导型改革》，载景跃进、张小劲、余逊达主编《理解中国政治——关键词的方法》，中国社会科学出版社，2012，第145页。

策来实现的，可以将政策的制定与执行视为组织环境变迁和政府职能转变的晴雨表。通过具体的、微观层面的政策及其效果来体现和反馈社情民意，试探政府职能的边界，将有利于开发制度资源，拓展制度空间，推动制度创新。

"政策主导型的渐进式改革"是循着"政策调整—职能转变—机构调整"的演进路径，是一种真正意义上的问题导向的改革，是基于职能转变的体制改革。在这一过程中，应当提升政策的科学化和民主化程度，并强化对于政策过程的全面质量管理（Total Quality Management），以及加大政策效果的评估和反馈力度，使政策工具更好地为大部制改革服务。

通过政策的反馈，增强制度对于环境的调适性，既要为政策的有效推行克服相关的"制度性障碍"，将政策压力转换为制度微调或制度变革，使制度适应政策，又可以在一定的范围内全面地创设全新的制度架构，对既有的制度进行补充和完善，从而更好地开发现有的和潜在的制度资源。

（五）增强制度化水平，减少主观性色彩

改革与领导者的个人品质有着较强的关联，依赖于"变革型"的领导者。早期的改革者往往拥有浓厚的理想主义色彩，以及"振臂一呼，应者云集"的强大动员能力。此外，早期的改革通常是一种"帕累托改进"的改革模式，因此，改革的过程比较顺利，结果也能够令人满意。[①] 然而，伴随着改革进入"深水区"，许多领域的改革从原先的非零和博弈变为了零和博弈，改革者的理想主义品质也逐渐淡化，仍旧依托于领导者个人主观愿望的思路必然会把改革引入一条不归路。

基于以上分析，必须增强改革过程的制度化水平，减少领导者的主观性色彩。应当建构一种"具有持续弹性或常规变革能力的组织形式和政治形式"，行政体制改革应当具有更多的"公共性"（Public）、"规定性"（Prescriptive）和"规范性"（Normative）。[②] 加强改革的基础性制度建设，建立科学规范的政府职责体系，是政府履行和转变自身职能的重要前提。

应当形成一种制度性、结构性、程序性的改革，运用系统的管理思维推进改革的深入开展，为新的改革理念提供全面的技术支持，即具体的配

---

① 周志忍：《深化行政改革需要深入思考的三个问题》，《中国行政管理》2010 年第 1 期。

② H. 乔治·弗雷德里克森：《新公共行政》，中国人民大学出版社，2011，第 6 页。

套措施和有效的政策工具，使改革不仅仅停留在目标、方向或意图的宣示层面上，还能够切实地落地生根。同时，还要实现严肃的改革规划与严格的监督落实相匹配，从而对改革的过程进行严格把控，确保新制度的有效落实。

需要强调的是，增强改革的制度化水平，并不意味着忽视改革者的作用，而是要形成有效的激励制度，使改革者在制度的框架内更好地推进、深化改革。当前的状况是，各层级的地方政府及其领导者往往是"眼睛向上看"，基于自上而下的政绩考评体系，一味地与上级的改革力度和改革步伐看齐，从而导致改革脱离了本地区、本阶段的实际情况，也忽略了对公众需求的回应性。因此，应当健全和完善官员的激励体系，使之突破单纯的自上而下对齐的改革模式，更多地关注到经济社会发展的具体实际，回应本地区公众的需求，并据此提出改革的方案和时间表，有序地调整本地的政府机构设置，使政府从全能型、控制型政府向监管型、服务型政府转变，从而有效地呼应"转变政府职能"这个改革的根本目标。

2013年的"两会"上，备受关注的中国国务院机构改革和职能转变方案正式对外披露，新一轮国务院机构改革也随之启动。新一轮的机构改革可以简单地概括为"以大部制为外在形式、以转变政府职能为本质内涵的政府公共治理变革"，其显著特征有四个：一是突出了问题导向；二是突出了转变政府职能这个核心；三是突出了构建政府管理的基础性制度；四是突出了整合。① 显然，本轮大部制改革是对上一轮大部制改革的一次"纠偏"，尤其是十八届二中全会上突出强调了改革的原则：以职能转变为核心，继续简政放权、推进机构改革、完善制度机制、提高行政效能，稳步推进大部门制改革。新一轮的大部制改革中，无论是政府的文件中，还是相关负责人的解读中，都无一例外地将"职能转变"这一核心的改革话语置于突出地位，这也预示着本轮大部制改革已然将"职能转变"放在了顶层设计的高度上，并使之成为贯穿改革全过程的"中轴"。顶层设计固然重要，需要"割肉"般的勇气，但细微之处的改革，也许才最能体现此次改革的漫长、艰辛与烦琐。

---

① 汪玉凯：《大部制不是部门越大越好》，《中国青年报》2012年3月27日02版。

公共组织改革

制度设计与中国反腐败

——以党风廉政建设责任制与党政领导干部选拔任用制为例*

Melanie Manion　袁柏顺**

摘　要： 反腐倡廉的各种规范可以根据各自的动因结构区分为规则与制度。制度是包含内在激励因素从而可以有效规范相关行为使之符合制度设计之目的的规范，而规则则相反。党风廉政建设责任制与党政领导干部选拔任用制可以分别视为规则与制度。中国特色社会主义反腐倡廉建设需要重视制度设计，评估各种规范内在的动因结构。

关键词： 制度设计　反腐倡廉　党风廉政建设责任制　党政领导干部选拔任用制　制度廉洁性评估

反腐倡廉需要规范体系的支撑。"文化大革命"结束至今，中国大陆一直在探索适合中国国情的反腐倡廉道路，制定了大量的法律法规和党内法规，试图建立相应的规范体系。迄今为止的实践表明，业已制定的规范在效率与效能方面有着十分巨大的差别。不少规范被证明是一纸空文，而有的规范则已稳固建立，并发挥着规范作用。本文将规范区分为规则（rules）与

---

* 教育部 2011 年重大攻关项目"教育系统党风廉政建设责任制评估指标体系研究"（项目编号：11JZD045）的阶段性成果。本文的主要思想曾在"反腐败：经验与启示"国际学术研讨会（上海，2009）主题演讲当中作过陈述。

** Melanie Manion, Professor of Political Science, La Follette School, University of Wisconsin-Madison, USA；袁柏顺（1970～），男，湖南邵阳人，湖南大学政治与公共管理学院教授。

制度（institutions），认为其中的差别源于制度设计制度本身。从规则与制度的区分出发，我们发现党风廉政建设责任制更大程度上仍体现为一种规则，而党政领导干部选拔任用制则日渐证明其为一种制度。

制度设计与反腐败改革

一般来说，反腐倡廉的有效方式，往往是通过惩治与预防的手段进行。而惩治的加强与腐败的预防当中，制度设计至关重要。如果说腐败行为的控制之道在于增加腐败交易的成本、增大腐败交易被发现和惩治的机会，从而降低腐败交易收益及收益预期，制度设计对于反腐倡廉的相关改革来说，其价值在于可通过它来重构交易、以减轻腐败的动因（它不依赖于腐败率本身）和腐败交易的机会。

制度设计有各种方式。第一种方式是重新编程（或去掉某些程序）。对于有些程序来说，它没有足够合理的政策合法性，其运行大致会产生贿赂，因此去除程序是合理的[1]。此类程序在发展中国家不胜枚举，如做生意时需要大量的行政许可即属此例[2]。制度设计的第二种方式是使易于产生腐败的行为合法化，从而重新设计程序的动因。例如，当香港的赛马赌博合法化之后，相关人员通过贿赂寻求警察保护不再是必要的了，而这有助于降低集团化的警察腐败。制度设计的第三种方式是对官僚机构进行"竞争性"的重新组织，使多位官员可提供同样的政府服务。当官员们缺乏垄断权力的时候，贿赂就会减少，因为顾客会寻求最不腐败的官员。

上述各种制度设计方式当中，一个共同的关键点在于着眼改变规则、程序背后的激励结构。去掉行政许可、审批等程序，使原本非法而又难以禁绝的行为合法化，都会使得行贿成为不必要之举。而更多的制度设计在于增加行贿的成本，增加行贿结果的不确定性，增加行贿受贿行为被发现和惩处的可能性，从而降低腐败收益，不管这种收益是现实的还是预期的。政府部门当中多重的否决权——诸如执行与立法权力的分开，立法机构要求压倒多数，宪法法院等——类似地限制任何单一政府机构的权力，使行贿者难以施

---

① 苏珊·罗斯·艾克曼：《腐败与政府》，新华出版社，1999，第111页。

② Nathaniel H. Leff, "Economic Development through Bureaucratic Corruption," *American Behavioral Scientist*, vol. 8, no. 3 (1964): 8-14.

加影响以获得非法收益，因为每一个决策点都必须要买通，行贿的成本就大大增加，请托之事成功的可能性大大降低。在政府采购方面，密封的竞标要求以及使用私人市场的价格作为基准也能减少腐败。法令为举报者提供保护和奖赏可以为政府官员前去揭发腐败提供激励。又如，在治理选举腐败尤其是买票贿选的腐败行为方面，制度设计降低了腐败的收益，有效地改变了选举腐败的激励结构。1872 年的投票法（Ballot Act）引入了秘密投票，这一法令创造了对特定买票的回报方面的不确定性。它也使选举直到结束之前其接近度难以判断，因此也就难以判断贿赂是否是一项值得的投资。学者一般认为投票法有助于减少选举腐败，他们将之视为一系列结构性影响当中唯一的因素。这一制度设计辅以其他相关法令，如 1884 年的第三次议会改革法（The Third Reform Act）与 1885 年的重分议会席次法（Redistribution of Seats Act）增加了投票区域的规模。而更大的投票区域需要更广的买票才能奏效，尤其加上秘密投票法所带来的不确定性，更增加了买票被发现的可能性。

反腐败规则与制度

制度设计的内在原理使我们思考在包括反腐败改革在内的各种改革当中各种规范本身的性质。我们认为，各种规范可以区分为规则与制度。正如前文定义与例证已经表明的，制度的界定在于其动因结构。动因会约束博弈者，使之按特定方式行事，可以规范相关行为使之符合制度设计之目的。对于反腐败改革来说，改变动因是一种制度设计取向。改变制度设计不同于改变规则。规则只是一些命令（即命令官员们必须做的）和禁令（即官员不许做的）。规则包括各种法律但也不止是法律。例如，在中国大陆规则还包括党内规定。规则是否在本质上约束博弈者按照特定方式行事？或者说，规则是否必然地具有内在的力量？这是一个复杂的问题，但我们基本的回答是否定的。

在法治已经牢固树立的背景下，任何单一的法律可能都有力量，因为它是一大堆规则（包括规章、法律乃至政治制度）之一部分，而此前这一大堆规则已经获得力量。在这种背景下，政治当局通过的规则具有力量，因为在这种背景下大部分民众遵从大部分法律，并且他们期待政治当局遵守法律，并惩罚违犯者。在这种情况下，整堆规则具有内在的力量；特定的规则可以从规则整体当中获得力量；然而，如果腐败是普遍的，那么就不会是一种业已确立的法治背景，这几乎光从腐败的定义就可判断。在中国大陆，法治水平仍然相对较低。各种规则（包括法律）不具有内在的力量，因为它们是一堆本身还不具有内在力量的规则之集合的一部分。

那么，在一个法治尚未牢固建立的背景下，某一特定规则何时才会有力量？我们认为这只有在它成为一项制度时才会如此。换言之，在它拥有动因，以限制各方使之按特定方式行动之时。如果规则没有力量，强大的博弈者一旦面临规则与其偏好发生冲突之时，就会视规则为无物。如果一项规则是一项制度，那就意味着强大的博弈者并非常常能得到他们想要的结果。至少有时候，规则（制度）的存在迫使他们按对于他们不利的方式行事。如果出现这种情况，那就很好地表明，制度是强有力的。

在中国大陆反腐败的规则体系之中，"党风廉政建设责任制"与"党政领导干部选拔任用制"的相关规则无疑占有十分突出的地位。基于本文对规则与制度的区分，我们认为前者在很大程度上只可称为一种规则，而后者则可视为一项制度。

作为规则的党风廉政建设责任制

"党风廉政建设责任制"试图建立的是一项各级党委（党组）、政府（行政）及其职能部门的领导班子、领导干部在党风廉政建设中应当承担责任的制度，其标志是以中共中央、国务院于 1998 年 11 月 21 日下发的《关于实行党风廉政建设责任制的规定》①。它的依据是执政党和国家的根本大法——中国共产党党章和中华人民共和国宪法，具有很高的权威性，时至今日，仍被视为所有党风廉政建设工作的龙头，在 2005 年中共中央《关于建立健全教育、制度、监督并重的惩治与预防体系实施纲要》颁布实施以前，这一制度被视为党风廉政建设规则体系的龙头，它的条文规定除了适用于各级党的机关、行政机关之外，还适用于人大机关、政协机关、审判机关、检察机关，以及人民团体、国有企业、事业单位，具有很大的适用范围。它所设定的机制是将责任主体明确为各级党政领导班子及其成员，各级党政领导班子中的正职为本地区、本部门、本单位党风廉政建设第一责任人，党风廉政建设被纳入党政领导班子、领导干部目标管理，与经济建设、精神文明建

①　该规定已经在 2010 年 12 月得到修正。

设和其他业务工作紧密结合，一起部署，一起落实，一起检查，一起考核，一级抓一级，层层抓落实。

党风廉政建设责任制这一制度试图改变的，是将反腐败工作和廉政建设由纪委担任独奏者，改为由党政共同担纲的大合唱；将反腐倡廉由一首单曲，变为党的建设和政权建设交响乐中的一部分。

从初衷来说，这似乎是一项近乎完美的"制度"设计。然而，迄今为止的反腐倡廉实践表明，作为一项具体制度，党风廉政建设责任制并未如其制度设计之初衷，它在反腐倡廉建设当中建功甚少。官员们与学者们一般认为之所以如此，是一个落实与执行的问题，而不是制度设计本身的问题。然而，在我们看来，这一"制度"本身因为缺乏动因的刺激，在很大程度上只是一项规则，而不是一项制度。

其一，各项工作当中反腐败工作的重要性仍不能与其他工作，尤其是经济发展工作、业务工作的重要性相提并论。作为党政领导班子一把手的盘算是十分清楚的。真正起作用的考核制度，即令是在科学发展观指导一切工作的今天，仍然是导向于经济及业务工作，经济与业务工作方面的成绩在很大程度上仍然决定了官员的业绩评价乃至升迁。另一方面，反腐倡廉工作做得不好，惩罚措施就相当宽松。还有，相较于经济与业务工作有着相对统一的评判标准，对于廉洁状况和反腐倡廉工作的评价仍然缺乏可以操作的标准。反腐倡廉工作的成绩好坏，很大程度上，取决于重大腐败案件的被发现。只要不是重大的腐败问题，小的问题都可以作为发展中的问题、改革中的问题、前进中的问题而一笔带过；发生重大腐败问题，只要未被发现就没有太大关系；被发现了，只要不造成恶劣影响就行，而大部分时候，主要领导们有足够的决心与能力限制一些事件的影响。在反腐倡廉工作与经济工作问题上失衡的官员们甚至能够得到相当比例民众的同情。

其二，从各责任主体的利益来看，该项"制度"实施的结果更容易偏离其反腐败制度设计之初衷。在这一规则所涉及的博弈者当中，有三个至为关键：身负主要廉政责任的党政一把手、组织协调反腐败工作的纪委书记、从事腐败行为的腐败者。腐败者与党政一把手之间在客观上容易形成利益共同体，上级责任追究越严厉，这种共同体关系越紧密。之所以如此，是因为腐败行为一旦被发现并造成较大的社会反响，会直接影响党政一把手的业绩评价与升迁，可能导致相应廉政责任的追究。因此，腐败行为被容忍，甚至因这种容忍而受到激励。与之相反的是，纪委组织协调的反腐败工作受到负向激励。虽然纪委组织协调反腐败工作因为《党风廉政建设责任制》的规定，有了更好的环境，可以获得来自规则的"法理"支持。但这里，"法理"与"利益"之间发生了矛盾。反腐败工作愈有成效，查处的腐败问题越多，党政一把手的责任就越大。在纪委一把手受党委一把手领导的情况下，纪委一把手受到的压力越大，工作积极性就可能越低。

作为上述矛盾最终的解决结果是一种妥协。党委不能不支持反腐败工作，纪检监察机关不能不履行组织协调反腐败的职责，导致不少地方和部门将一些并非直接属于反腐败工作的责任追究，算成是反腐败和党风廉政建设责任制贯彻落实的结果。从某市四年来党风廉政建设责任追究案件的分类统计情况来看，在全部909起案件中，属安全生产事故责任追究的为529件，经济活动造成损失责任追究的为30件，这两项占所有案件的61.5%。在其余350起案件中，违反计划生育政策、学校乱收费、泄密、越级上访等问题责任追究的占了绝大多数，真正属于党风廉政建设责任追究的案件只有8件，仅占0.88%①。上述情况并非该地独有之现象，而具有相当的普遍性。

上述情形的理论预设，尚排除党政一把手不存在滥用职权谋取个人私利。倘若将这一可能考虑进去，情形更是不利于反腐败。从潜规则来说，如果考虑到腐败对自己的好处，反腐败则有更大的坏处。对于少部分官员来说，腐败可以使其致富，可以使其官职升迁；而反腐败有可能使自己成为"劣币驱逐良币"困局当中的"良币"。对于政治生态环境恶化的地区与部门，情况尤其如此。从这一情形下来说，负激励因素就更多了。在这种情况下，党风廉政建设责任制内部所含的动因结构表明，该"制度"在更高程度上只应视为一项规则，而不是一项制度。

作为制度的党政领导干部选拔任用制

中国共产党对于干部一直有着高度的重视。这从毛泽东那句广为人知的名言当中可以发现："政治路线确定之后，干部就是决定的因素。"② 因此，

---

① 青阳：《落实党风廉政建设责任制的问题与对策》，《中国监察》2002年14期。
② 毛泽东：《中国共产党在民族战争中的地位》，《毛泽东选集》（第二卷），人民出版社，1991，第2版，第526页。

党管干部成为中国共产党一直以来的一项原则。然而，改革开放以来，选拔和任用干部，尤其是党政领导干部成为腐败的"重灾区"①。为了惩治和预防这一领域的腐败和不正之风，中共中央于 1995 年颁布了《党政领导干部选拔任用工作暂行条例》，2002 年颁布了《党政领导干部选拔任用工作条例》，试图以之作为从源头上预防和治理用人上不正之风的"有力武器"。在此前后，中共中央一直未曾停止制度设计的探索。

党政领导干部选拔任用领域腐败发生的一个关键，在于党委一把手。党管干部的原则，落实在微观制度的安排上，往往是由各级党委的全委会、常委会或书记办公会按照干部管理权限讨论决定干部的任免，而讨论决定的基本规则就是酝酿制②。由于中国共产党特殊的权力结构，党委一把手拥有高度集中的权力，其个人偏好，对于干部的选拔任用起着至关重要的作用，因此也成为最容易发生腐败和不正之风的关键环节。为此，通过程序的设计与资历的刚性规定，限制主要领导人凭个人偏好行意志之治，就成为这一制度设计的重要初衷。

选拔任用制度的设计，首先是对于拟选拔任用干部的资历作了刚性要求。这些资历包括了工作经历要求，如提任县（处）级领导职务的，应当具有五年以上工龄和两年以上基层工作经历；也包括了学历要求，如提任县处级干部一般应当具有大学专科以上文化程度，其中地（厅）、司（局）级以上领导干部一般应当具有大学本科以上文化程度；此外还有健康、经过培训、党龄等方面的要求。要同时具备这些条件，作为被选拔任用者来说，并非一朝一夕即可具备，也很少有哪位一把手敢于轻视这些关于资历的基本要求。

选拔任用制度的设计，其次是对程序的设计。毫无疑问，党委讨论决定是所有程序当中最关键的一环。但程序设计一方面在讨论决定的程序之前设计了一系列程序，包括民主推荐、考察、酝酿等一系列程序，最终才由党委讨论决定。而讨论决定之前的一系列程序设计，引入了民主因素，增加了选人的透明度。例如，领导班子换届的民主推荐程序对推荐者作了详尽的规定，包含了党委成员；人大常委会、政府、政协的党组成员或者全体领导成员；纪委领导成员；人民法院、人民检察院、党委工作部门、政府工作部

---

① 任建明：《我国干部选拔任用腐败行为原因的研究》，《学术界》2006 年第 5 期。
② 任建明：《我国干部选拔任用腐败行为原因的研究》，《学术界》2006 年第 5 期。

门、人民团体的主要领导成员下一级党委和政府的主要领导成员等。尽管有批评认为这仍然属于以官荐官，难以称得上是真正的民主，但毫无疑问，被选拔对象要想通过贿赂等获得民主推荐，其行贿成本无疑大大增加了。

上述程序与资历的限制，其要求是完全刚性的。中共中央强调，选拔任用干部必须按照《干部任用条例》的规定办事，严格把关。对本级管理的干部任用，不符合《干部任用条例》规定的不上会讨论；对上级管理的干部任用，不符合《干部任用条例》规定的不上报；对下级报来的干部任用，不符合《干部任用条例》规定的不审批。违背这些关于资历与程序的要求，会受到责任追究，这对于任何受贿卖官者来说，所要付出的成本是比较高昂的。因此，在很大程度上，作为主要决定者的党委一把手，或者是整个会议的偏好，并不能够轻易地、经常得以实现。

同样重要的是，党政干部选拔任用机制引入了较多的监督力量，从而加大了违背机制行为被发现和惩处的机会。由于干部选拔任用所具有的竞争性，落选者成为了有力的监督力量。上述在程序与资历、程序方面的刚性要求，为监督者识别违规行为提供了有力支撑。信息化时代的到来，为违规行为的揭发提供了渠道。

需要指出的是，即使有了上述关于程序与资历等制度设计，仍然无法完全杜绝在党政领导干部选拔任用方面的腐败。可以说，一把手负责制的权力结构不改变，上述制度运行中仍然会存在一些问题。一些已经被发现、被查处的用人腐败案件，如吉林省白山市政协原副主席、市委统战部部长李铁成，在担任县党政一把手时卖官受贿140余万元，却完全是在按照党政领导干部选拔任用的"正常程序"的情况下进行的，以至有论者认为这是将卖官隐藏在"正常程序"之中①，或者说"程序其外，卖官其中"②。事实上，类似事例恰恰表明，党政领导干部选拔任用制的程序设计业已发生有力的作用，这一制度即令与腐败者的利益严重相左亦不得不被腐败者所遵守。因此，党政领导干部选拔任用制可以被视为制度而非规则。

结　　论

改革开放以来的中国反腐败改革，经过约30年的摸索，到今天已经在

① 董长征：《卖官隐藏在"正常程序"之中》，《领导科学》2003年第11期。
② 陆彩鸣：《警惕"程序其外，卖官其中"》，《党政干部论坛》2003年第10期。

力图通过教育、制度、监督并重，来建立健全惩治与预防腐败体系。"制度"在反腐败改革当中尤其被认为具有至上的重要性。然而，在中国这样一个法治水平相对不高的国家进行以制度为取向的反腐败改革，却并非一件易事，不是单纯通过一系列规则条文的制定就可以轻易实现，"制度"是否具有内在动因，从而可以真正成为制度而非规则，需要进行评估，这也是近年来致力推行的制度廉洁性评估应该重视的工作内容。本文在规则与制度之间作出区分，其目的正在于提醒这一点。而本文选取在中国的反腐败规则体系内具有至关重要性的"党风廉政建设责任制"与"党政干部选拔任用制"，分析其制度设计当中的动因结构，以之分别作为规则与制度的典型，这在很大程度上只是就其基本方面所作的一种理想类型的分析。这些分析或者未必确切，同时时代与环境等相关因素、外在因素的变迁亦可能导致规则与制度的相互转化。但我们深信关于规则与制度的区分及制度设计的思考，有助于我们更进一步思考中国特色社会主义反腐倡廉建设效率与效能的提升；通过包括考核评价机制设计在内的制度设计以改变相关规范的动因结构，从而使相关规范由规则转变为制度，更是值得努力的方向。

谁是平衡发展最好的政府

——对全国 336 个地区的绩效评估

樊　鹏[*]

摘　要：平衡发展能力是今天中国行政能力建设的重要内容，除了传统的以消除城乡差异、区域差异作为主要政策目标外，中国还致力于实现绿色发展，平衡经济增长与环境保护的关系被纳入发展的议题之中。本文将环境保护、城乡差距以及区域差距作为衡量平衡发展水平的三个代理变量，通过收集全国 317 个地市级行政区、4 个直辖市及 15 个副省级城市的数据，在科学的指标构建和数据分析基础上，对 336 个地区平衡发展的分领域绩效和综合绩效进行了排序、比较，并试图探析其规律性特征。

关键词：政府绩效　行政评估　平衡发展　公共行政　指标设计

发展是人类社会恒久不变的主题，尤其是进入市场经济时代之后，发展被各国视为解决大部分社会问题的前提和基础。但是随着人类进入工业社会发展的高级阶段，发展本身所产生的问题也日益突出，并为各国政府所重视，这其中最大的挑战之一在于"不平衡发展"（uneven development）现象及其所产生的一系列问题。

政治经济学所讲的平衡，是指国民经济和社会发展各组成部分处于一

---

* 樊鹏，北京大学中国与世界研究中心。本文为作者参与的中国社科院政治学研究所"中国地方政府绩效评估体系研究"创新项目组阶段性研究成果。

种结构合理、区域均衡、相对协调的状态，此时政治系统功能和社会关系达到相对最优。而不平衡则是指相反的状态，不平衡是绝对的、长期的，平衡则是相对的、暂时的。从政府和政策角度来讲，对平衡发展的追求才是绝对的、长期的，这体现了政府对执政合法性、公平正义和优良政绩的追求。

纵观历史发展与现实经验，各国政府对平衡发展的重视，已经不仅作为一种执政理念而存在，而是逐渐具体化为一系列关于如何改善、维持平衡发展的衡量标准。从国际和国内相关学术研究和政策实践来看，有关平衡发展的指标体系先后经历了三个不同的范式：发展型平衡指标体系、分配型平衡指标体系以及综合型平衡指标体系。

第一，发展型平衡指标体系。

发展型平衡指标体系出现于工业化发展的初期阶段和上升阶段。不平衡现象是随着发展过程自然呈现出来的，最初的原因在于不同地区在资源基础、地理环境、劳动力分布等基本结构方面的差异；在工业经济社会发展进入资本与人力高速流动的市场经济阶段后，不平衡的现象更加突出。世界上最发达的市场经济国家在"效率优先"的市场法则引导下，虽然国民经济得到较快发展，但仍然存在区域间经济发展严重失衡的问题。在这一背景下，发展型平衡指标体系主要关注区域之间经济发展结构和发展水平的差异，常见的指标包括地区之间工业发展水平、GDP 产出水平、三级产业布局的结构平衡等。而基于这一指标体系而产生的政策，则主要致力于消除发展本身的非平衡性，追求国民经济的平衡发展。

在中国，直到 20 世纪 90 年代，当人们谈到差异、差距以及平衡发展的时候，主要指的还是区域经济发展的不平衡问题，指标的选择主要使用人均GDP、人均财政收入以及地方财政收入占地方 GDP 比重等。① 而当人们讨论地区或区域平衡发展政策和策略的时候，也主要指的是区域经济发展和调控政策，而主要的政策工具则集中在税收及产业政策。②

---

① 王绍光、胡鞍钢：《中国地区差异报告》，辽宁人民出版社，1995；施琳：《差异、差距与不平衡发展——兼论引起我国区域经济不平衡发展的主要因素》，《中央民族大学学报》1998 年第 3 期。

② 朱江：《论地区平衡发展战略中的政府公共政策回应与创新》，《攀登》2001 年第 2 期；李敏：《税收促进我国区域经济平衡发展的思考》，《工业技术经济》2003 年第 2 期；欧阳德云：《增值税、分税制与区域平衡发展》，《地方财政研究》2005 年第 8 期。

第二，分配型平衡指标体系。

分配型平衡指标体系主要出现于工业发展的上升期和矛盾凸显期。这一阶段，经济学和社会学方面的研究注意到，经济发展不平衡的影响往往并不局限于经济领域本身，而是会"外溢"到社会领域，这体现为不平衡发展带来一系列的社会分化。有时，即使通过经济政策做到了区域间经济的相对均衡，但区域内部不同社会群体之间的社会分化仍然十分严重，主要体现在教育、收入、住房等各个方面，这使得国家不得不关注收入分配和社会公平公正的问题，最终将与分配相关的指标纳入平衡发展的范畴。例如居民平均收入差异、地区之间收入差异、城镇之间收入差距等指标被纳入平衡发展的范畴。在西方发达国家，早在20世纪五六十年代，就已经开始将分配性指标纳入平衡发展范畴，政策也开始随之调整。在欧美发达国家，人们除了关注基尼系数（Gini Coefficiency）这类能够反映社会收入差距整体状况的指标外，还十分关心家庭收入差距的不平衡性对社会冲突带来的潜在风险。① 近年来，西方发达国家又开始关注一个新的衡量分配不平衡指标，这就是高收入群体与社会大众收入水平之间的相对不平衡性。根据世界经济合作组织（OECD）对31个成员国的统计显示，过去20年，占人口10%的最高收入人群的收入增长幅度是占人口10%的最低收入人群的9倍。其中，美国占人口10%的富有人群收入增长幅度最快。② 这些指标的变化反映了人们对"平衡发展"的理解逐步深化。

在中国，从20世纪90年代末期开始，有学者就已经开始将分配问题纳入衡量中国平衡发展的范畴，胡鞍钢、王绍光和康晓光等人在这一时期的著作已经开宗明义提出发展应重视社会分配的问题，并将分配公平作为中国长期平衡发展的基础。③ 近年来，人们又认识到有效的公共服务和广泛的社会政策在降低社会分化方面的正面作用，于是又提出了"基本公

① David Jacobs, "Inequality and Police Strength: Conflict Theory and Coercive Control in Metropolitan Areas," *American Sociological Review* 44（1979）: 913 – 925; David Jacobs and Ronald E. Helms, "Testing Coercive Explanations for Order: The Determinants of Law Enforcement Strength over Time," *Social Forces* 75（1997）: 1361 –92; David Jacobs and Stephanie L. Kent, "Social Divisions and Coercive Control in Advanced Societies: Law Enforcement Strength in Eleven Nations from 1975 to 1994," *Social Problems* 51（2004）: 343 – 61.

② 参见 OECD, "Divided We Stand: Why Inequality Keeps Rising," OECD Publishing, 2011. 根据这项报告，低于9倍平均值的国家主要是北欧诸国，高于平均值的主要是意大利、英国、美国、以色列以及南美的墨西哥和智利。

③ 王绍光、胡鞍钢：《不平衡发展的政治经济学》，中国计划出版社，1999。

共服务均等化"、"公共服务水平初步均等化"等概念，并将之纳入平衡发展的范畴。大批学者和党政决策者开始越来越重视通过统筹协调战略来解决发展中国出现的不平衡问题，目标指向经济和社会的双平衡发展，并根据适龄儿童入学率、普九人口覆盖率、千人拥有的病床数、人均卫生事业费、城乡居民平均寿命等指标，测算综合指数，用以衡量平衡发展水平。[①]

第三，综合型平衡指标体系。

综合型平衡指标体系出现在工业化发展的后期，虽然经济和工业始终是政府关注的核心问题，但是进入这一阶段的公民对发展有了更新的认识和诉求，他们除了关心增长、就业以外，还更加关注健康的卫生、无污染的环境、高质量的饮水等。这种新的平衡发展理念一方面建立在西方新古典经济增长模型基础上，主张地区间、产业间平衡发展，强调产业间和地区间的关联性和互补性，主张在各产业、各地区之间均衡部署生产力和资源，实现区域经济协调发展。另一方面，综合型平衡发展理念强调发展的可持续性，强调发展过程中要做到经济、社会和生态的综合平衡，这意味着发展本身不能有悖于那些对于长期发展具有潜在贡献的因素，例如自然环境、公共卫生甚至人所生活的人文环境，都应当得到最大限度的观照和考量。在这一背景下，综合型平衡指标体系应运而生，它除了保持发展型指标体系和分配型指标体系的一般要求外，还将环境保护、公共卫生、空气质量等指标纳入平衡发展范畴。在国际上，除了学术研究机构之外，许多国际性组织也开始使用综合性指标体系来衡量各国发展的绩效。[②]

在中国，随着"科学发展观"的提出，人们也开始更加认可平衡发展的综合性。在思考平衡发展战略的时候，开始逐渐将经济、社会和生态发展统合考量。俞可平将生态文明与"科学发展观"联系在一起，[③] 清华大学国情研究中心胡鞍钢教授编撰的《2030：中国迈向共同富裕》一书中，首次将"绿色中国"与习近平总书记提出的"中国梦"联系起来，[④] 而在他最新的一本著作中，则用"绿色发展"的概念来指代低消耗、低排放、生态

---

① 肖昌进：《不平衡发展与统筹协调战略》，《党政论坛》2005 年第 12 期。
② 国际上有关平衡发展的讨论，可以参见"平衡发展中心"（Central for Balanced Development），网络资源：http://www.cbdus.org/。
③ 俞可平：《科学发展观与生态文明》，《马克思主义与现实》2005 年第 4 期。
④ 胡鞍钢：《2030：中国迈向共同富裕》，中国人民大学出版社，2011。

资本不断增加的经济社会发展模式，将建设"环境友好型社会"视为实现绿色发展与平衡发展最重要的支柱。[①] 配合这一理念方面的变化，国家监管部门和政策实施部门也开始在行政评估和干部考核体系中更多地强调环境保护和生态平衡的重要性，这在后文将要讨论的环境保护部分有所说明。

改革开放 30 多年来，我国经济社会发展取得了举世瞩目的巨大成就。但也出现了较严重的发展不平衡问题，主要体现在区域发展不平衡、城乡发展不平衡、居民收入差距不断扩大、经济社会发展不平衡、经济发展受到资源与环境的约束加剧等方面。今天的中国正处于从工业化发展初期阶段向更高级阶段转变的历史时期，更由于中国广袤的东西差异和战略纵深特点，在今天中国的部分东部发达地区，开始显示出向后工业化阶段转变的症候，这主要体现在人们对工业经济对公共卫生、环境所可能产生的破坏等因素的忧虑，以及对人类"宜居"环境的期待。

考虑到中国发展阶段的这种多重性、复杂性，本文将主要使用综合型指标体系，作为衡量全国各地区平衡发展能力和绩效的标准。为了衡量分配型平衡发展能力，文章主要选用了城乡收入差距和地区收入差距两类指标。就城乡收入差距来说，现有的研究和评估主要以省级为单位，但是本文将经验分析的基础延伸到了地级市一级，将大大丰富有关地区分配差异格局的认识；就地区收入差距来说，本文的指标设计采用了能够反映相对差距水平的极值比较，能够更好地反映各地区内部收入结构的平衡能力。为了衡量经济发展与环境保护的平衡发展能力，在指标的具体选择方面，主要参照了国家环境保护部针对城市环境保护设定的考核指标，这也是为了使得分析结果可以更好地与国家层面的倡议与考核衔接起来，为公共评估和决策提供参考。有关更具体指标的选择及解释，将在正文主体部分说明。

在样本的选择方面，本文除了涵盖 317 个地级市之外，还将上海、深圳、重庆、天津四个直辖市以及包括广州、厦门等在内的 15 个副省级城市纳入分析之列。在分析方法方面，由于考虑到环境保护指标体系可能存在的层次性（即一般性环境保护绩效和提高性环境保护绩效），本文将主要使用计量经济学中的因子分析法，具体使用主成分分析法，以便更好地对指标体系进行细化分析，在各成分得分基础上，本文还将计算各领域综合得分以及平衡发展综合得分，并进行相应的排序。

---

① 　胡鞍钢：《中国：创新绿色发展》，中国人民大学出版社，2012。

一　平衡发展的基本状况

（一）环境保护

2008 年，根据第十一届全国人民代表大会第一次会议批准的国务院机构改革方案和《国务院关于机构设置的通知》（国发〔2008〕11 号），设立环境保护部为国务院组成部门，将原国家环境保护总局的职责划入环境保护部。新成立的环保部仍负责拟订并实施环境保护规划、政策和标准，组织编制环境功能区划，监督管理环境污染防治，协调解决重大环境保护问题，还有环境政策的制定和落实、法律的监督与执行、跨行政地区环境事务协调等任务。环境保护监管治理机构的升格，反映出环境保护在我国中央监管职能序列中和政策议程领域的上升。与此同时，环境保护也成为中央与各级政府对下级政府实施监督、测评的重要领域，环境保护的绩效也被纳入地方干部政绩评价体系。

1. 指标选择与变量特征

从国家层面拟定的对环境保护的评估指标体系来看，经历了一个从粗犷的整体评估到以分类量化指标为基础的计量评估的发展过程。根据国家环境保护部 2011 年发布的《"十二五"城市环境综合整治定量考核指标及其实施细则（征求意见稿）》，对城市环境保护的指标体系多达 16 项，并分别按照权重给出了各指标得分总数。他们分别是：①环境空气质量（15 分）；②集中式饮用水水源地水质达标率（8 分）；③城市水环境功能区水质达标率（8 分）；④区域环境噪声平均值（3 分）；⑤交通干线噪声平均值（3 分）；⑥清洁能源使用率（2 分）；⑦机动车环保定期检验率（5 分）；⑧工业固体废物处置利用率（2 分）；⑨危险废物处置率（12 分）；⑩工业企业排放稳定达标率（10 分）；⑪万元工业增加值主要工业污染物排放强度（3 分）；⑫城市生活污水集中处理率（8 分）；⑬生活垃圾无害化处理率（8 分）；⑭城市绿化覆盖率（3 分）；⑮环境保护机构和能力建设（7 分）；⑯公众对城市环境保护满意率（3 分）。

在指标的选择方面，本文除了参照国家环境保护部的指标体系外，还考虑到各地区的情况与城市稍有不同，前者包含城乡两块内容，因此指标的选择不宜过细、过多，又结合可获得的数据，最终选取了 9 个有代表性的指标，数据基本情况如表 1。

表 1　描述统计量

	N	极小值	极大值	均值	标准差
环保资金支出占地方财政一般预算支出的比重（%）	336	.35248297	14.30112400	3.4027626137	1.65259528431
森林覆盖率（%）	336	1.3200000	83.9000000	36.211547641	19.8117788849
工业固体废弃物综合利用率（%）	336	4.560000	143.240000	78.35836327	22.907201589
工业废水排放达标率（%）	336	13.989090	100.000000	88.46997220	15.633165911
城市空气质量指数（%）	336	26.300000	137.677500	90.20614549	12.070103592
城市区域环境噪音指数（市区区域环境噪音平均等效声级值）（分贝）	336	36.066666	84.000000	61.88037945	13.270339892
生活垃圾无害化处理率（%）	336	14.500000	129.517500	77.98258437	22.662028131
城镇生活污水处理率（%）	336	9.120000	100.000000	67.88720234	20.861082461
人均园林绿地面积（平方米/人）	336	.09346821	97.95347600	11.7990045250	15.55988231924
有效的 N（列表状态）	336				

2. 基于因子分析的地区排名

通过对 9 个选定指标进行初步探索性因素分析，KMO 值为 0.693，符合因子分析的要求。Bartlett's 球性检验达 0.000 显著水平，以主成分分析法和方差最大正交旋转抽取因子，按照特征值大于 1 的原则，最后留下 7 个指标，共构成 3 个维度（因子）。根据对近因子变量的特征分析，分别将这些因子命名为：基本人居环境，提高性人居环境和环保财政投入。三个因子累积解释变异量为 53.88%。

表 2　解释的总方差

成分	初始特征值			提取平方和载入			旋转平方和载入		
	合计	方差的%	累积%	合计	方差的%	累积%	合计	方差的%	累积%
1	2.493	27.701	27.701	2.493	27.701	27.701	2.266	25.177	25.177
2	1.272	14.137	41.838	1.272	14.137	41.838	1.411	15.683	40.860
3	1.084	12.042	53.880	1.084	12.042	53.880	1.172	13.020	53.880
4	.949	10.541	64.421						
5	.850	9.440	73.861						
6	.794	8.827	82.688						

成分	初始特征值			提取平方和载入			旋转平方和载入		
	合计	方差的%	累积%	合计	方差的%	累积%	合计	方差的%	累积%
7	.608	6.757	89.445						
8	.527	5.857	95.302						
9	.423	4.698	100.000						

提取方法：主成分分析。

表 3　旋转成分矩阵ª

因子命名	因子		
	1	2	3
	基本人居环境	提高性人居环境	环保财政投入
包含变量	• 工业固体废弃物综合利用率(%) • 工业废水排放达标率(%) • 生活垃圾无害化处理率(%) • 城镇生活污水处理率(%)	• 森林覆盖率(%) • 城市空气质量指数(%)	• 环保资金支出占地方财政一般预算支出的比重(%)
环保资金支出占地方财政一般预算支出的比重(%)	-.099	-.050	.718
森林覆盖率(%)	-.152	.830	-.044
工业固体废弃物综合利用率(%)	.555	.188	-.354
工业废水排放达标率(%)	.645	.427	.013
城市空气质量指数(%)	.366	.671	.094
城市区域环境噪音指数(市区区域环境噪音平均等效声级值)(分贝)	-.223	-.134	-.650
生活垃圾无害化处理率(%)	.641	.072	.060
城镇生活污水处理率(%)	.808	-.017	.043
人均园林绿地面积(平方米/人)	.512	-.170	.304

提取方法：主成分。
旋转法：具有 Kaiser 标准化的正交旋转法。

（1）基础性人居环境排名

基础性人居环境反映的主要是对工业化发展自身的平衡水平，代表性指标包括工业固体废弃物综合利用率、工业废水排放达标率、生活垃圾无害化处理率以及城镇生活污水处理率等。

　　根据所选样本 336 个城市在基本人均环境方面的得分，图 1 显示了排在前十位的城市。图 2 则显示了排在后十位的城市。通过比较可以看出，基本人均环境较好的地区主要集中在排在前十位的这些地区，不仅是由于其工业化已经达到一个较高的水平，更主要原因在于它们较好地解决了工业化过程中所可能出现的对环境生态产生的负面影响，实现了工业化发展与基本环境保护的合理适度平衡。

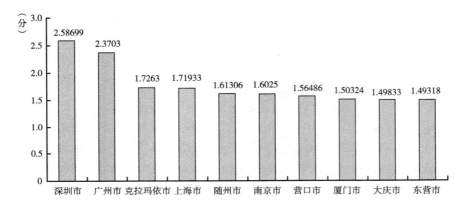

图 1　基础性人居环境得分前十位

数据来源：基于 336 个地区单位数据的因子分析。

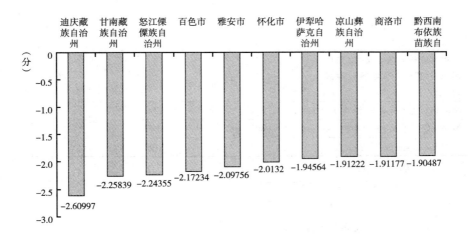

图 2　基础性人居环境得分后十位

数据来源：基于 336 个地区单位数据的因子分析。

从排在后十位的地区情况来看，这些地区大多处于工业化发展的初期阶段，虽然多数属于环境优美的地区，但是基础性人居环境更多依赖于工业化发展水平基础上对环境保护的控制能力，因此这些地区的得分普遍较低。

（2）提高性人居环境排名

提高性人居环境顾名思义，反映的是在基本人居环境基础上地方的"宜居"环境水平，这里的"宜居"，并不仅仅衡量是否具备优美的自然环境，而是在基本人居环境基础上同时具备优美、健康的人居环境。提高性人居环境的代表性指标包括森林覆盖率和城市空气质量指数。

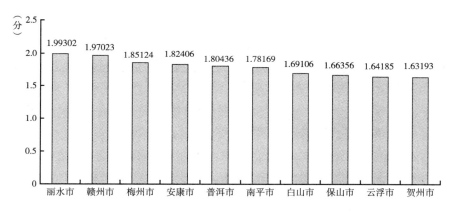

图3　提高性人居环境得分前十位

数据来源：基于336个地区单位数据的因子分析。

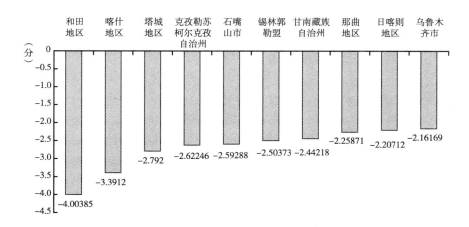

图4　提高性人居环境得分后十位

数据来源：基于336个地区单位数据的因子分析。

（3）环保投入排名

环保财政投入则主要反映的是地方对环境保护工作的重视和投入的相对水平，代表性指标是地方环保财政投入占总财政支出的比重。

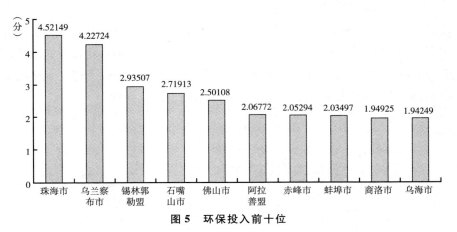

图5 环保投入前十位

数据来源：基于336个地区单位数据的因子分析。

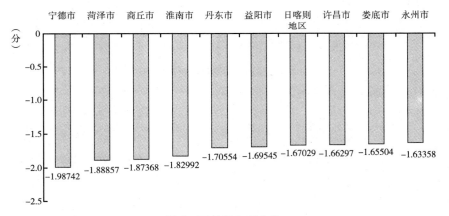

图6 环保投入后十位

数据来源：基于336个地区单位数据的因子分析。

3. 基于指标构建的"环境保护"地区排名

为了能够反映"环境保护"的总体水平，我们需要在因子分析基础上构建一个新的指标，以此计算综合得分，用以反映基础性人居环境、提高性人居环境以及环保投入三个方面的总体综合水平。

在因子分析部分，已经得出三个因子的分别得分。为了得到综合得分，我们可以在分别得分基础上，用旋转后的方差贡献率当作各个因子的系数（权重），从而计算出三个因子的加总总得分，即"环境保护"这一指标的综合得分。公式如下：

综合得分 ＝ 因子 1 的得分 ＊ 因子 1 的方差贡献率(0. 27701) ＋ 因子 2 的得分 ＊
　　　　　因子 2 的方差贡献率(0. 14137) ＋ 因子 3 的得分 ＊
　　　　　因子 3 的方差贡献率(0. 12042)

经过计算之后得到各地区得分。图 7 与图 8 是根据环境保护总得分对前十位与后十位的排名：

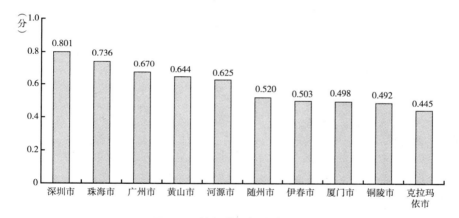

图 7　环境保护总得分前十位

数据来源：基于 336 个地区单位数据的因子分析。

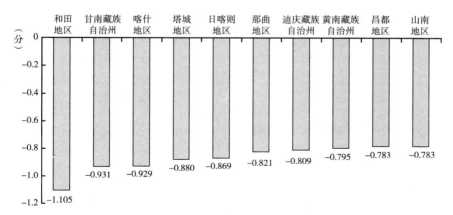

图 8　环境保护总得分后十位

数据来源：基于 336 个地区单位数据的因子分析。

（二） 城乡差距

城乡差异是衡量平衡发展的另外一项基础性指标。在国际上，平衡发展通常并不是在城乡意义上而言的，而是基于在一定行政区域内部个人或家庭收入的差异程度，尤其是家庭收入之间的比较常被作为衡量平衡发展的重要指标。然而在中国的背景下，很难获得详细且准确的分地区家庭收入数据。不过，不少研究已经验证，在中国城镇内部、农村内部以及城乡之间收入差距的状态可以反映整体的收入格局。以全国为样本，中国城乡之间的收入差距可以解释（构成）全国总体居民收入差距的75%以上。[①] 实际上，采用城乡收入差距作为总体收入差距代理变量的方法在有关平衡发展的研究文献中非常普遍。[②]

1. 指标选择与变量特征

基于上述理由，我们将城乡差距纳入平衡发展的指标体系。城乡差异指标通常采用反映地区城乡发展水平的绝对值来表示（例如采用人均GDP、人均/家庭收入、人均/家庭消费或多项指标加权的综合指数）来表示，也可采用相对差距（例如大值与小值之差）或高低差距（最高收入与最低收入的倍数）来计算。为了更好地综合衡量城乡差距，我们选用了"农村家庭居民人均纯收入增长率与城镇家庭居民人均可支配性收入增长率之比（%）"、"农村家庭居民人均纯收入绝对值与城镇家庭居民人均可支配收入绝对值之比（%）"以及"农村家庭人均生活消费支出与城镇家庭人均消费支出之比（%）"三个指标作为代理变量。表4是三个代理指标的基本特征情况。

表 4　描述统计量

	N	极小值	极大值	均值	标准差
农村家庭居民人均纯收入增长率与城镇家庭居民人均可支配性收入增长率之比(%)	336	5.785124	670.909100	134.14891651	51.06450294

---

① 李实：《中国个人收入分配研究回顾与展望》，《经济学季刊》2003年第2卷第2期，第379~405页。

② 陆铭、陈钊：《城市化、城市倾向的经济政策与城乡收入差距》，《经济研究》2004年第6期，第50~58页。

续表

	N	极小值	极大值	均值	标准差
农村家庭居民人均纯收入绝对值与城镇家庭居民人均可支配收入绝对值之比（%）	336	3.4885063	100.0000000	37.689668227	10.23171562
农村家庭人均生活消费支出与城镇家庭人均消费支出之比（%）	336	14.789000	100.000000	36.31907934	9.636526387
有效的N（列表状态）	336				

2. 基于因子分析的地区排名

基于以上三个指标提取了两个因子，但是 KMO 值仅为 0.415，无法通过因子分析检验。根据对旋转成分矩阵的分析，去掉"农村家庭居民人均纯收入增长率与城镇家庭居民人均可支配性收入增长率之比"这一指标后，重新进行，KMO 为 0.500，基本通过，同时考虑到这两个指标在经验意义上十分接近，因此可以进行因子分析，成功提取一个因子，这个因子累积解释变异量为 76.875%。由于成功提取了一个因子，因此不需要再进行新的指标构建，可以将这个因子视为"城乡差距平衡发展"的代理变量，并进行地区排名。

表5　解释的总方差

成分	初始特征值			提取平方和载入		
	合计	方差的%	累积%	合计	方差的%	累积%
1	1.537	76.875	76.875	1.537	76.875	76.875
2	.463	23.125	100.000			

提取方法：主成分分析。

从选取的指标来看，"农村家庭居民人均纯收入绝对值与城镇家庭居民人均可支配收入绝对值之比（%）"和"农村家庭人均生活消费支出与城镇家庭人均消费支出之比（%）"两个值越高，意味着城乡差距越小，因此因子得分越高的，表明在城乡差距方面的平衡发展程度越高。

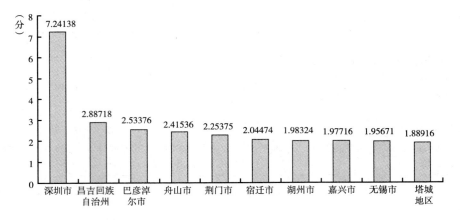

图 9　城乡差距平衡发展得分前十位

数据来源：基于 336 个地区单位数据的因子分析。

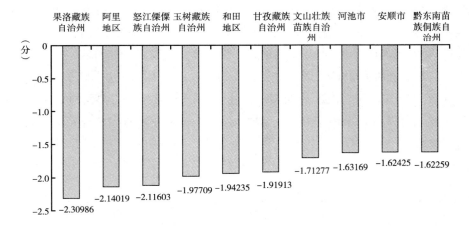

图 10　城乡差距平衡发展得分后十位

数据来源：基于 336 个地区单位数据的因子分析。

（三）区域差距

考虑到地区比较的需要，我们还将区域差距纳入衡量平衡发展的指标体系。从地方发展和政策制定的实践角度来看，通常各级政府所关心的区域内部差距除了城乡差距之外，最主要的还包括区域内部发达与落后处在两极的典型地区的差距，地方政府的政策制定也倾向于盘活地方资源、促进投资和生产要素的流动，以便使最高发达地区与最落后地区的差异有所"收敛"。

1. 指标选择与变量特征

为了更好地反映上述区域差异的内涵，本文的指标设计采用了能够反映相对差距水平的极值比较，选择了"区域间人均 GDP 极值差距指数（%）"、"区域间人均一般预算收入极值差距指数（%）"以及"区域间城乡收入极值差距指数（%）"三项指标。区域间人均 GDP 的极值反映的是实际发展水平的相对差距，区域间人均预算收入的极值反映的是地方政府的财政汲取能力的相对差距，区域间城乡收入的极值反映的是地方民生水平的相对差距。

表 6   描述统计量

	N	极小值	极大值	均值	标准差
区域间人均 GDP 极值差距指数（%）	336	.0066418014	.8658655000	.332681780772	.1736802237038
区域间人均一般预算收入极值差距指数（%）	336	.005679007	.842920100	.25488959537	.165809648042
区域间城乡收入极值差距指数（%）	336	.008028256	1.000000000	.62553778204	.202510144496
有效的 N（列表状态）	336				

2. 基于因子分析的地区排名

基于以上三个指标进行因子分析，KMO 值为 0.524，成功提取一个因子，这个因子累积解释变异量为 54.472%。由于成功提取了一个因子，因此不需要再进行新的指标构建，可以将这个因子视为"地区差异平衡发展"的代理变量。基于这个因子的得分，可以反映各地区内部收入结构的平衡能力，图 11 和图 12 是因子得分排名情况。

表 7   解释的总方差

成分	初始特征值			提取平方和载入		
	合计	方差的%	累积%	合计	方差的%	累积%
1	1.634	54.472	54.472	1.634	54.472	54.472
2	.938	31.258	85.729			
3	.428	14.271	100.000			

提取方法：主成分分析。

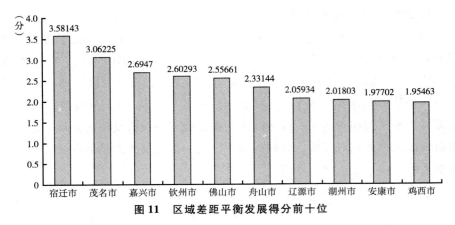

图 11　区域差距平衡发展得分前十位

数据来源：基于 336 个地区单位数据的因子分析。

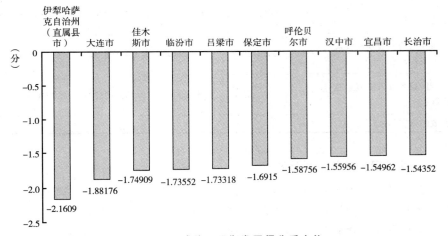

图 12　区域差距平衡发展得分后十位

数据来源：基于 336 个地区单位数据的因子分析。

二　平衡发展综合指标构建与地区比较

（一）综合指标构建

在平衡发展三项二级指标得分基础上，我们将构建平衡发展的综合指标并计算得分。平衡发展的三项二级指标包括环境保护、城乡差距以及区域差距，我们考虑到在科学发展观指导下，以及新一届中央领导集体提出的实施新城镇化战略的背景下，地方环境保护绩效、城乡平衡发展绩效以及区域平衡发展绩效具有同等重要的意义，因此最终选择将三者得分累计加总，计算平衡发展综合指标得分，公式如下：

$$平衡发展综合得分 = 环境保护总得分 + 城乡差异平衡发展总得分 + $$
$$区域差异平衡发展总得分$$

（二）地区综合排名

图 13 和图 14 分别是综合得分排在前十位与后十位的地区。我们将这一结果与赋值排序法进行了比较，发现使用因子分析法计算二级指标得分并累计相加得出的综合得分，与赋值排序法得出的结果就前十名与后十名的内容而言，基本相似，只是它们之间的前后顺序略有不同。这说明，我们对这些地区的排名，具有较为可靠的数据经验基础，即使统计方法不同，也没有改变那些地区能够进入绩效优异的序列这一事实。

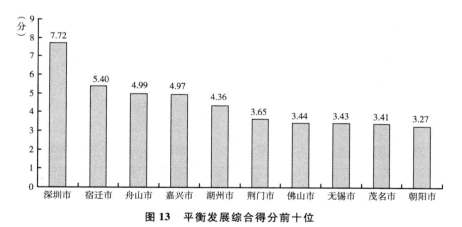

图 13　平衡发展综合得分前十位

数据来源：基于 336 个地区单位数据的因子分析。

三　区域间比较

在平衡发展各指标领域得分排序综合得分排序基础上，这部分将针对环境保护、城乡差异、区域差异三个指标领域得分以及平衡发展综合得分情况，进行区域间的比较与分析。为了更好地对比不同省份、不同区域（东部、中部、西部、副省级城市及直辖市）之间的绩效水平，将主要采用两个标准。

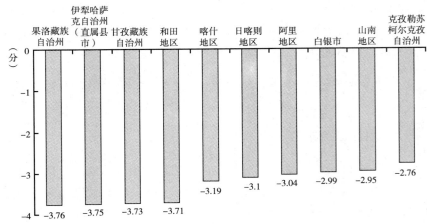

图 14　平衡发展综合得分后十位

数据来源：基于 336 个地区单位数据的因子分析。

　　第一，不同省份、区域之间的均值比较。均值代表一个省份和区域的平均水平，我们将根据均值对各省的平衡发展绩效和能力进行排序。

　　第二，我们将绩效总水平划分为 A、B、C、D 四个档次，它们分别为：A. 得分高于平均值基础上增加一个标准方差的区域；B. 得分高于平均值但低于平均值基础上增加一个标准差；C. 低于平均值但高于平均值基础上较少一个标准差；D. 低于平均值基础上较少一个标准差。

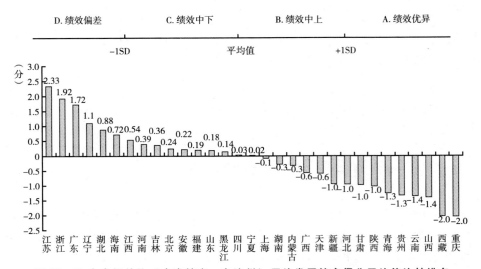

图 15　31 个省级单位（含直辖市、自治州）平均发展综合得分平均值比较排名

表 8　省城绩效比较

级别	四级绩效 < -1.62						三级绩效 > -1.62, <0					二级绩效 >0, <1.62					一级绩效 >1.62			
数量（单位：个）	58						116					113					49			
省份所占数量（只列前三）	云南	山西	贵州	陕西	甘肃	西藏	安徽	山东	河南	河北	内蒙古	四川	湖北	浙江	广东	山东	江苏	广东	辽宁	浙江
	8	7	5	5	5	5	9	8	8	8	8	13	8	7	7	7	11	10	5	4

四　基本结论与政策建议

综合以上数据分析，我们基本可以得出以下四个结论。

（一）不平衡发展源于经济因素，但实现综合平衡发展仍需持续的经济发展与增长

不平衡发展的问题源自经济发展本身，尤其在市场经济条件下，资本和其他生产要素往往流向最有利于投资回报的地区，这些地区无论在公共设施建设、公共服务等"硬件"方面，还是在法制水平、政策环境等"软件"方面，都会因资本存量而得到改善，这种改善往往又会促进新一轮的经济投资和增长。而反观那些欠发达地区，则是由于各方面条件的差距而得不到优质资本和生产要素的青睐，从而造成长期的落后。资本和生产要素有时也会自然地向欠发达地区转移，在发达地区和欠发达地区之间实现所谓的"收敛"，但是这往往需要一个很长的时间。更多情况下，不平衡发展问题的解决者仍然是政府，确切地说，是政府依靠有形的"政策之手"通过调整产业政策、进行二次分配等各种手段实现促进生产要素流动、缩小地区差异，但前提则依赖于持续的经济增长与财政收入。

本文的数据分析在一定程度上验证了这样一种观察和逻辑。改革开放之前，中国就已经存在明显的城乡差距和区域不平衡问题，但是较为严重的城乡差距和区域不平衡问题主要产生于改革开放以后，尤其是在步入社会主义

市场经济发展阶段。从长时期来看，经济发展水平越高的地区，所产生的不平衡发展的问题越突出。这也往往成为许多人反对发展的一个理由，认为是发展导致了不平衡性——这不仅包括城乡不平衡、区域不平衡，而且包括近年来人们所十分关注的环境的平衡性，因此不少人主张，为了实现平衡，要放慢发展，甚至放弃发展。但是这一研究表明，在今天的中国，以全国 336个行政区域为代表，其平衡发展绩效最突出的地区仍然是东部沿海地区，从综合排名和各领域排名来看，绩效表现突出的地市级行政区主要集中在东部沿海一线。例如，在平衡发展绩效方面得分前 20 名的地区，有超过一半属于沿海一线开放地区。又例如，在消除城乡差距方面，无论是从综合平均水平，还是跻身优异序列的数量规模，广东在城乡差距平衡发展方面的优势都毋庸置疑，而这个省份正是中国经济总量最高的省份。这说明，发展中产生的问题，还得依靠发展来解决。

（二）东部沿海地区平衡发展绩效领先，但不同区域之间存在明显的"相对比较优势"

从平衡发展综合绩效的评估来看，走在前列的城市主要是中国东部沿海省份，尤其是广东、浙江、江苏这三个省，无论是所属城市综合排名，还是跻身绩效优异序列的城市数量规模，都稳居中国 27 个省级单位前列。显然，在中国改革开放以来外向型经济发展的战略蓝图中，东部占据绝对主导地位，随着经济增长，区域内部不平衡问题也主要是率先从东部地区开始突破。但是如果我们细分领域、细分地区特征来对这一分析结果进行深入观察，可以发现，在追求和实现平衡发展方面，不同区域或者不同"战略圈"之间，存在着较为明显的竞争关系，绩效水平格局的分布有一定的结构性可循。

研究结果发现，以广东省的地市级行政区为代表的珠三角区域，在城乡差距平衡发展能力和绩效方面的表现十分优异，全国 317 个地市级行政区城乡差距平衡发展绩效排名前 20 名中有 9 个为广东省所辖地区，这是它们在平衡发展综合得分方面占有的主要"贡献者"。但是在环境保护和区域差距方面，广东要明显落后于以浙江、江苏为代表的"长三角"经济地区以及以山东为代表的"渤海经济圈"，尤其在环境保护领域，广东的综合水平甚至落后于河北和湖北。相比而言，以浙江、江苏为代表的"长三角"区域以及以山东为代表的"渤海经济圈"，则在环境保护平衡发展方面率先突破。尤其以山东和广东两地的比较最为突出，在山东的 15 个地市级行政区中，4 个东部沿海地区全部进入前 20 名的优异序列，而广东省 20 个地区中只有 3 个进入，且排名落后于山东。我们认为这是由于两个省份的经济结构差异和不同的转型压力造成的结果。

除了"珠三角"和"长三角"这两大战略经济圈之外，我们发现东北地区也在一些领域异军突起，寻求自己的一席之地。在城乡差距、环境保护两个方面，东北地区尤其是黑龙江和辽宁地区的表现十分耀眼，不仅在全国 317 个地市级行政区中，数个东北地区行政区跻身前 20 的序列，而且从各省的平均水平比较来看，东北地区的表现也相当好，在城乡差距平衡发展方面，东北地区三个省份全部超过全国平均水平，其中黑龙江排在第二，仅次于广东，继黑龙江之后，辽宁排在第四，吉林排在第十。分析认为，东三省在这一领域的"相对优势"，与在这一领域同样表现优异的广东存在很大不同，后者是经济总量高位状态下实现的平衡发展，而前者则是在经济总量尚不能与东部沿海平均水平相比较的状态下，所进行的政策调整的结果，是地方积极的管理体制和政策创新的结果。

（三）环境保护成为同等经济发展水平下提升平衡发展绩效的重要突破口

平衡发展综合绩效水平的提高在很大程度上依赖于持续的经济发展与增长，这也是东部沿海地区在绩效总排名方面领先的主要原因。同时，在平衡发展综合绩效排序方面，东、中、西部梯队特征十分明显，这更进一步验证了经济发展水平对于提高平衡发展能力的主导性意义。但是，这意味着经济发展水平较弱的地区就没有实现平衡发展"赶超"的可能了吗？或者说，在同等经济发展水平下，一个地区凭借何种最佳策略实现脱颖而出？我们发现，这个突破口主要在环境保护领域。

分析发现，同平衡发展综合绩效排名中东、中、西部明显的梯队特征不同（城乡差距和区域差距的平衡发展能力同样呈现这一特征），环境保护领域的绩效排名梯队特征不太明显。在排名优异的序列中，既有东部沿海省份的地市级行政区如浙江、江苏和广东，也有中部省份的地市级行政区，如湖北、江西、安徽等省份。尤其是超过平均值水平的前 8 名中，并没有如平衡发展综合绩效水平那样，完全被浙江、江苏和广东这些经济巨量沿海省份所独占。相反，除了两个城市都在浙江，其他则分布于其他六个省份。

这一绩效水平的均衡分布，是一个好现象，这在很大程度上说明，环境平衡发展能力虽然不能脱离经济发展能力和可支配资源的水平，但它不像城乡差异和区域差异那样，与经济发展水平和规模有着那样显著的关系，通过积极的政策之手和管理体制的创新，环境保护是一块可能突破的"处女地"。

（四）省内区域间绩效能力差异化现象显著，可能成为未来平衡发展"软肋"

分析发现，省级行政区内部各地市级行政单位之间存在着明显的行政绩效能力的差异化，尤其是在行政绩效水平较高的东部沿海省份，内部绩效差异化的现象比中西部地区更显著。

本文所讲的平衡发展能力，包括环境保护、城乡差异以及区域差距，都是针对各地市级行政区域内部而言的，衡量的是各城市之间的水平差异，当我们将比较的单位上升到省一级的时候，我们除了通过一系列的指标设计（例如平均值，各省进入前20名的数量规模等）来衡量省级行政区之间总体绩效水平的差异外，同时也利用了反映样本数据之间离散度的标准差来衡量省份内部就平衡发展绩效与能力（包括细分三个领域）的内部均等化程度。

我们发现，平均水平与均等化程度完全是"两张皮"。有些东部沿海省份，在平衡发展的综合绩效及各分领域绩效上均排在前列，显示了相对于省份的优势。但是我们发现，在这些绩效水平较高的省份，其地市级行政区之间的内部均等化程度相当低，不少东部省份甚至低于全国27个省的平均水平。例如，在平衡发展综合绩效方面，浙江的平均水平位列全国27个省级单位第一名，但是内部地市级单位绩效均等化方面，却排在倒数第四位。这说明，浙江作为一个沿海经济重镇，其平衡发展能力虽然总体高于全国其他地区，但是它在内部不同地区之间的平衡发展水平并不一致，其地区之间在促进平衡发展方面仍然存在较为严重的能力悬殊。

广东存在同样的问题，前文分析表明，广东在缩小城乡差距方面的绩效表现十分突出，处在沿海一线省份，因此我们将这一领域视为广东在平衡发展方面的"相对比较优势"。但是如果换个角度来看，广东省内部不同地市级行政区在消除城乡差距方面的能力是十分不均衡的，以标准差来衡量，广东内部的绩效和能力均衡程度排在全国27个省的平均水平之下。这一结果说明，虽然广东地区在消除城乡差距方面有了一定举措，也取得了显著成绩，但这些努力基本都是以市为单位，表现的是每个地市级行政区域区域内部平衡发展的水平，可是就区域之间而言，广东省的内部能力不均衡问题要明显比浙江和江苏等地区严重。广东和浙江的例子说明，区域不平衡现象在今天的中国可能是下一步追求综合平衡发展的"软肋"。这意味着在将来的行政绩效改善目标中，要以提升区域行政绩效能力水平的均等化为优先目标，这是追求平衡发展这一基础目标的基础。

当代中国行政机构升格现象研究

张金阁[*]

摘　要： 中共十八大报告指出，要稳步推进大部制改革，健全部门职责体系，优化行政层级和行政区划设置，严格控制行政机构编制并减少领导职数。然而与之相伴随的是，近年来越来越多的行政机构升格蔓延成风，这已然成为当前公共行政学研究的热点问题。一方面，诸多相关实例论证了当前行政机构升格的合理性；另一方面，行政机构升格又集中表现出"失范"现象，如违反相关法律法规而擅自升格、受"长官意志"影响而升格、借行政区划调整和改革而升格、高规格配备领导干部而升格以及解决官员待遇问题而升格等。这种现象不仅助长了官僚主义组织文化，不利于推进行政法治建设和巩固行政机构改革成果，而且还带来阻碍政府职能转变等诸多消极后果。由此，未来规范行政机构升格需要大力培育现代行政文化并转变政府管理方式，建立健全行政组织领域的各项法律法规，准确定位并切实转变政府职能，完善行政监督体系以及确立刚性的财政约束机制等。

关键词： 政府改革　行政机构　升格　失范　规范

---

* 作者简介：张金阁（1990～），女，山东济南人，上海交通大学国际与公共事务学院博士生，研究方向：公共政策与治理创新。

一 问题的提出

公共行政组织是按照一定的组织结构、职责功能和行政体制建立起来的复杂的组织系统，必须随着外部环境及其内部要求的变化而对其结构、职能和体制进行相应的变革与调整，以适应社会政治经济不断发展的需要。可见，行政组织是随着变革的逐步推进而不断发展和完善的，行政组织的变革是一个持续不断的动态过程。中华人民共和国建立后，尤其是改革开放伊始，政府进行了多次大规模的行政机构改革，取得了一定的成效，政府职能得到一定程度转变，机构设置和编制管理逐步规范，行政组织法制建设不断完善，行政体制机制不断创新，行政效能明显提高。但是，由于改革不彻底以及缺乏有效的理论指导，我国行政机构改革一直处于"精简—膨胀"不断反复的循环怪圈。2012 年中共十八大报告进一步指出，要稳步推进大部制改革，健全部门职责体系，优化行政层级和行政区划设置，严格控制行政机构编制并减少领导职数。然而，近年来越来越多的行政机构热衷于提高机构规格及增加领导职数，行政机构升格蔓延成风，造成了许多消极影响。这是因应政府机构改革的必然趋势，但也在一定程度上加剧了政府机构改革的双面效应。可见，行政机构升格已然成为当前我国行政体制改革过程中急需解决的一个热点问题，研究行政机构升格无疑具有重要的意义。

更具体地说，近些年来，越来越多的行政机构提交了增加编制和机构升格的申请，行政机构升格之风越刮越烈，许多行政机构唯恐官阶不够高、领导职数不够多、机构规模不够大。尤其是在行政机构改革中，利用改革之名，擅自提高本机构的行政级别并增加其领导职数，行政机构升格现象愈演愈烈，蔓延成风。这种现象与我国的《中华人民共和国国务院组织法》、《中华人民共和国地方各级人民代表大会和地方各级人民政府组织法》、《国务院行政机构设置和编制管理条例》、《地方各级人民政府机构设置和编制管理条例》、《关于严格控制机构编制的通知》、《关于严格控制增设机构和机构升格的通知》、《关于进一步加强管理严肃干部人事工作纪律有关问题的通知》等法律、条例、通知中关于行政机构设置及编制管理的规定不相符合，与政府机构改革强调的精简精神、有限政府理念相悖。这是对国家政策法规的变相规避，干扰了我国行政机构改革的正常进行，造成了许多严重的后果。因此，我们有必要对我国行政改革与发展过程中出现的这一行政现象作出科学的分析与研究。

二 文献综述与简评

（一）国外研究综述

行政组织结构理论的研究对于行政组织的发展具有重要意义。20 世纪70 年代末以来，西方发达国家政府面临着严重的财政危机、政治危机、社会危机和信任危机，于是纷纷进行了一场广泛的持续三十多年的政府改革运动，试图重塑政府，并取得了显著的效果。然而，国外没有行政机构升格这一提法，国外学者更没有直接对行政机构升格问题进行系统化研究。不过，西方国家学者对行政机构的结构功能及其调整改革等问题却进行了系统研究。他们的相关研究主要表现在以下几个方面。

1. 西方行政组织结构理论的研究

西方学者对行政组织结构理论的研究始于 19 世纪末 20 世纪初，西方行政组织结构理论可以分为三个历史发展阶段：古典组织结构理论、行为科学组织结构理论、现代组织结构理论。

古典组织结构理论是在 19 世纪末 20 世纪初形成的。该学派研究者侧重于静态组织结构的研究，注重总结和概括一些组织原则，认为这些组织原则具有普遍适用性，可以在许多组织之中得到运用，并利用这些组织原则来分析组织结构的变化规律。[1] 这一时期的代表人物主要有泰勒[2]、法约尔[3]、韦伯[4]。古典行政组织结构理论适应了当时（主要是工业社会）生产力发展的要求，提高了组织效率。但是，该理论过于强调等级、命令、效率，把人看成是机器的附属物，忽视环境对组织的影响，陷入一种封闭的组织理论研究误区。

---

① 吕佳：《组织结构的复杂性及协同研究》，天津大学出版社，2009。

② F. W. Taylor, *Principles of Scientific Management* (New York and London: Harper brothers, 1911).

③ Henri Fayol, *General and Industrial Management*(Paris: H. Dunod et E. Pinat, OCLC 40204128, 1916).

④ 李晓春：《70 年代以来组织结构理论的发展趋势》，《中国工业经济》1998 年第 10 期。

行为科学组织结构理论形成于 20 世纪 30～60 年代。该学派学者不再从静态组织结构的角度研究组织问题，而开始从动态层面、从心理学的角度来研究组织问题。主要代表人物包括梅奥①、巴纳德②等人。行为科学组织结构理论把组织系统看成是一个社会系统，人是"社会人"，这是对古典组织结构理论研究的补充和修正，从而丰富和发展了组织结构理论。但是他们过分强调心理因素的作用，忽视了专业化，这也会影响组织效率。

现代组织结构理论产生于 20 世纪 60 年代前后。该学派学者对组织不仅进行了静态研究，也进行了动态研究，注重组织与内外环境的相互适应，从而可以全面深刻地理解有关组织的问题。这一时期的代表性理论主要有以下这些。

系统权变组织结构理论。卡斯特和罗森茨维克等人主张"用系统、权变的观点来考察组织结构问题，视组织为一个开放的动态系统，认为系统既影响环境，又受环境影响，管理者必须根据组织环境的变化不断调整组织结构"。③

环境决定组织结构理论。该学派认为"主导组织结构变革的不是管理者，组织环境是组织结构的主要决定力量"。④

经济学组织结构理论。这一理论从经济学的角度探讨了组织结构问题，认为人都是理性经济人，具有自利性，人会为了自己的利益而损害组织的利益，是不值得信赖的，所以对他们必须加强控制。

新组织结构理论。这一理论是以充分吸收各个学派有关组织结构方面的理论和成果为基础的。主要代表人物之一是明茨伯格，他在 1983 年的《"五"字组织结构》中提出组织结构的五种协调机制、组织结构的五个基本组成部分以及组织结构的五种流程系统。⑤

2. 西方行政机构改革的研究

20 世纪 80 年代以来，适应工业社会发展的传统官僚制已无法适应全新环境的变化，也无法解决政府面临的各种问题，其局限性和弊端日益凸显。在此背景下，西方发达国家又开始了一场被称为"政府再造"运动的行政

① Elton Mayo, *The Human Problems of an Industrial Civilization* (New York：Macmillan, 1933).

② Chester I. Barnard, *The Functions of the Executive* (Cambridge：Harvard University Press, 1966).

③ Richard Arvid Johnson, Fremont Ellsworth Kast, *The Theory and Management of Systems* (New York：Mcgraw-Hill, 1963).

④ H. E. Aldrieh, J. Pefeffer, *Enviroments of Organizations* (NewYork：Annual Review of Sociology, 1976).

⑤ Henry Mintzberg, *Structure in Fives：Designing Effective Organizations* (Englewood Cliffs, NJ：Prentice-Hall, 1983).

改革运动，尝试运用公共选择理论、新公共管理理论、企业型政府理论和新公共服务理论等新的理论主张对行政管理体制（包括政府组织体制）进行调整和改革，实现从传统行政管理模式向新的行政管理模式的转换，如奥斯本和盖布勒提出的改革政府的十大原则①。约翰·密尔认为"最好的政府形式是代议制政府"。②彼得斯在《政府未来的治理模式》一书中通过总结各国政府改革实践，归纳了四种未来的政府治理模式："（1）市场式政府；（2）参与式国家；（3）弹性化政府；（4）解制型政府。"③拉塞尔·M.林登在《无缝隙政府：公共部门再造指南》一书中认为，"行政组织变革的方向应是创建一个无缝隙的政府，整合各种力量和资源，满足顾客无缝隙的需求，与顾客保持密切联系"。④奥斯本和普拉斯特里克在《摒弃官僚制：政府再造的五项战略》一书中认为："行政组织变革有以下五项战略：核心战略、后果战略、顾客战略、控制战略、文化战略。在核心战略上要明确组织目标，后果战略主要用于创设绩效后果，顾客战略将顾客置于优先位置，控制战略把控制从中央和高层移走，文化战略则用于创造企业家文化。"⑤

（二）国内研究综述

我国自改革开放以来，不断根据经济社会发展的实际需要进行了多次大规模的行政机构改革，虽取得了一定的成效，但仍存在许多问题。与此同时，许多行政机构假借改革之名，擅自提高机构规格，增加领导职数，行政机构升格蔓延成风。然而，国内学术界对行政机构升格问题的研究和探讨仍然不多，可谓凤毛麟角，没有形成系统的理论体系，本研究可借鉴的文献资料非常少。本文梳理国内专家学者对行政机构升格问题的相关研究如下。

1. 国内行政组织结构方面的研究

我国学者关于组织结构方面的研究起步比较晚，直到20世纪七八十年

① David Osborne, Ted Gaebler, *Reinventing Government：How the Entrepreneurial Spirit is Transforming the Public Sector*（New York：Plume, 1993）.

② John Stuart Mill, *Representative Government*（New York：Forgotten Books, 1861）.

③ B. Guy Peters, *The Future of Governing：Four Emerging Models*（Lawrence：University Press of Kansas, 2001）.

④ Russell M. Linden, Seamless Government：A Practical Guide to Re-engineering in the Public Sector（San Francisco：Jossey-Bass Publishers, 1994）.

⑤ David Osborne, Peter Plastrik, *Banishing Bureaucracy：The Five Strategies for Reinventing Government*（Massachusetts：Addison-Wesley, 1997）.

代，国内才逐步有少数学者将西方的组织理论进行翻译并引进到国内来。主要包括三个方面的内容。

一是翻译西方有关组织理论的著作。例如，彭和平等学者翻译的《组织理论精粹》①；竹立家、李登样等专家编写的《国外组织理论精选》②；李维安等人翻译的《组织理论与设计精要》③；扶松茂、丁力等人翻译的《公共组织理论》（第五版）④ 等，他们不断向国内学术界介绍西方组织理论的发展历程和前沿成果。

二是国内学者对西方组织理论的不同认识。朱国云首次系统而详尽地阐述了西方组织理论形成和发展的社会背景、影响因素、历史沿革及学术流派，对西方组织理论作出较为客观公正的评价。⑤ 吴培良等学者在阐释组织理论的同时，着重研究组织结构的设计，注重理论与实践的紧密结合。⑥ 李晓春概括了 20 世纪 70 年代中期以前组织结构理论演变的基本脉络以及 70 年代中期以来的发展趋势，并指出进一步发展组织结构理论面临的挑战以及管理者对组织结构变革的影响。⑦ 何鸣认为，根据西方的政府组织理论，政府职能转变不能解决我国当前面临的各种问题，提出了解决问题的中国式方法。⑧ 胡爱本等人充分吸收了卡斯特等人的学术观点，将组织作为一个内部具有目标价值、技术、管理、结构、社会心理等五个子系统，外部处在一个动态环境中的系统，并以此来分析它的行为规律及研究对组织管理的问题。⑨

三是国内学者不断探索中国式的组织结构理论。孙平提出了建立以决策为中心的组织即网络制组织的基本原则和总体框架。⑩ 李水金提出了"三维型"的行政组织结构。⑪ 刘刚等学者对行政组织结构在信息化过程中的变革

---

① D. S. 皮尤：《组织理论精粹》，彭和平译，中国人民大学出版社，1990。
② 竹立家、李登样：《国外组织理论精选》，中共中央党校出版社，1997。
③ 理查德·L. 达夫特：《组织理论与设计精要》，李维安译，机械工业出版社，1999。
④ 罗伯特·登哈特：《公共组织理论》（第五版），扶松茂、丁力译，中国人民大学出版社，2011。
⑤ 朱国云：《组织理论：历史与流派》，南京大学出版社，1997。
⑥ 吴培良、郑明身、王凤彬：《组织理论与设计》，中国人民大学出版社，1998。
⑦ 李晓春：《70 年代以来组织结构理论的发展趋势》，《中国工业经济》1998 年第 10 期。
⑧ 何鸣：《西方政府组织理论述评》，《浙江社会科学》2007 年第 1 期。
⑨ 胡爱本、包季鸣、季路德：《新编组织行为学教程》，复旦大学出版社，1996，第 5 页。
⑩ 孙平：《论以决策为中心的管理组织》，《社会科学研究》1997 年第 1 期。
⑪ 李水金：《三维行政组织结构：一种新的研究视角》，《云南行政学院学报》2007 年第 3 期。

进行了研究，以期促进我国电子政务的健康发展。[①]

2. 国内行政机构改革领域的研究

行政机构改革一直是国内学术界的一个热点问题。近年来，国内相关学者对行政机构改革的研究不断深入，并取得了许多优秀的研究成果。不同的研究视角、研究方法以及众多的研究成果在一定程度上代表了国内行政改革的研究现状，为进一步研究行政机构改革奠定了基础。从宏观上看，国内学者关于行政机构改革的研究可以分为以下几方面。

一是关于行政机构改革的历程回顾。从中华人民共和国建立开始，我国进行了多次的行政机构改革，学者们的研究大体上分为改革开放前和改革开放后两个历史阶段。相关研究文献主要有：汪玉凯撰写的《中国行政改革：历程、战略与突破》[②]、崔华华撰写的《新中国成立以来我国历次国务院机构改革述评》[③]、张翔等人撰写的《中国政府行政机构改革的历史回顾与思考》[④] 等。

二是关于行政机构改革与政府职能转变之间关系的研究。大多数学者认为，政府职能转变是政府机构改革的关键。比如，李金龙提出了确立"小政府、大社会"目标模式的途径：将国有企业塑造为独立的市场主体、积极培育"第三部门"以及进一步强化社区建设等。[⑤] 李文良认为，今后要在改革中重新理清政府机构改革与政府职能转变之间的关系，机构改革首先要以职能转变为依据。[⑥] 李军鹏指出，新时期推进行政管理体制改革，要正确处理好政府职能转变与机构改革的关系，推进政府职能转变与政府机构的配套改革，坚持全面、统一、精干、效能的原则，稳步推行"大部制"，优化政府组织结构。[⑦]

三是关于行政体制改革的研究。如果要从整体上审视和看待行政机构改革，就必须把行政机构改革纳入行政体制改革乃至政治体制改革之中。如李

---

① 刘刚、娄策群：《政府信息化对行政组织结构变革的影响》，《科技进步与对策》2007 年第 4 期。

② 汪玉凯：《中国行政改革：历程、战略与突破》，《国家行政学院学报》2009 年第 4 期。

③ 崔华华：《新中国成立以来我国历次国务院机构改革述评》，《山西大学学报》（哲学社会科学版）2011 年第 1 期。

④ 张翔、张帅、王洪标：《中国政府行政机构改革的历史回顾与思考》，《河北联合大学学报》（社会科学版）2012 年第 1 期。

⑤ 李金龙：《"小政府、大社会"应成为我国政府机构改革的目标模式》，《湖南行政学院学报》2001 年第 6 期。

⑥ 李文良等：《中国政府职能转变问题报告》，中国发展出版社，2003，第 60~66 页。

⑦ 李军鹏：《新时期推进政府职能转变与机构改革的新思路》，《行政论坛》2007 年第 5 期。

军鹏指出，我国要提高政府的服务质量，就必须建立以公民权利为基础的服务型政府。① 汪玉凯指出，探讨今后行政管理体制改革的推进策略，这对于加快我国行政管理体制改革和全面深化行政体制改革具有重要的意义。② 薄贵利指出，行政管理体制改革应在以下几方面继续深化：由行政管理体制走向公共行政体制，由长官意志走向民主法治，由权力下放深化到合理分权，由政府职能转变深化到政府职能科学定位，由精简机构深化到优化结构，由体制改革拓展到机制创新。③

四是关于大部门体制改革的研究。大部门体制是关于我国行政机构改革的一种新提法，是我国未来行政机构改革的重要内容与基本目标。在这方面的研究成果主要有以下这些。李军鹏指出，大部门体制意指为推进对政府公共事务的综合管理，按照政府综合管理职能设置政府部门，组成超级大部的组织体制。④ 贾凌民、胡仙芝认为，机构改革是一个持续不断的动态过程，推行职能有机统一的大部制，需要在整合职能、优化机构的基础上进行。⑤ 汪玉凯指出我国目前实行大部制改革的难点主要包括：在决策权、执行权、监督权制衡基础上，怎样重构政府权力机构和运行机制、能不能有效遏制部门利益的膨胀、可能会牵动政治体制改革、大部制改革的策略和方法问题。⑥

目前，随着越来越多的行政机构热衷于提高行政级别、增加领导职数，行政机构升格问题日益凸显，对行政机构升格问题的研究也要逐步加强和不断推进。规范我国行政机构升格，防治行政机构升格失范现象对于丰富和发展行政组织理论、优化政府组织结构、规范机构设置、转变政府职能、完善行政运行机制和管理制度、推进政府职能有机统一的大部门体制具有重要作用。为此，研究当前我国行政机构升格问题具有重大理论意义和实践意义。

三　行政机构升格现象的理论分析

长期以来，我国的行政机构是非常讲究行政级别的，而且行政级别往往

① 李军鹏：《推进我国行政管理体制改革的战略性思考》，《长春市委党校学报》2002 年第 4 期。
② 汪玉凯：《把推进行政管理体制改革作为整个改革的关键》，《前线》2005 年第 12 期。
③ 薄贵利：《深化行政管理体制改革的核心和重点》，《中国行政管理》2009 年第 7 期。
④ 李军鹏：《建立与完善社会主义公共行政体制》，国家行政学院出版社，2008，第 135 页。
⑤ 贾凌民、胡仙芝：《实行大部门体制与转变政府职能》，《中国行政管理》2008 年第 4 期。
⑥ 汪玉凯：《中国的"大部制"改革及其难点分析》，《学习论坛》2008 年第 3 期。

是行政待遇的象征，几乎每一个行政机构，如果觉得有可能都会有一种升格的冲动，然而行政机构升格既有它的合理性，又有升格失范带来的消极影响。需要从相关概念入手，着重从理论层面来深度解析行政机构升格现象。

（一）相关概念界定

综合国内外定义，我们认为升格就是指行政升级，即我国的党组织、政府部门、企事业单位等社会组织及其相应组成人员的行政地位、行政级别提高或上升。升格失范，就是指党组织、各级政府部门、企事业单位等组织及其人员在提高其行政级别或地位时，由于国家相关机构或部门没有制定有关升格的法律法规，或者制定的法律法规本身模糊不清难以遵循，抑或为实现政府部门利益及领导职数最大化而违背相应的法律法规擅自升格等原因，从而造成的一种社会组织无序升格状态。在本文中，行政机构意指中央和地方各级人民政府及其所属工作部门［含地方各级人民政府设立的具有行政管理权限（一般为设立机构授权）的各种高新区、开发区之类的准政府管理机构］。

综合以上关于升格的内涵、行政机构的内涵的阐释，行政机构升格是指依法建立、享有行政权力、担负行政职能的中央和地方各级人民政府及其所属工作部门（含地方各级人民政府设立的具有行政管理权限的各种高新区、开发区之类的准政府管理机构）行政级别的平地升迁以及行政地位的提高（即行政机构由原来较低层级依序提升到较高层级）。

（二）研究行政机构升格问题的理论依据

行政组织结构功能主义理论旨在通过完善行政组织结构来更好地履行组织的功能。该理论揭示了行政组织结构与组织功能之间的密切关系：结构是功能的结构，功能是结构的功能，结构和功能相互依存，互为条件。具体体现为：一方面，结构决定功能，有怎么样的结构就会产生怎么样的功能；另一方面，功能反作用于结构，功能的变化会导致结构发生相应的变化。总之，结构具有功能才有价值，功能借助结构才能发挥。行政机构升格与行政组织结构功能主义理论密切关联，因为行政机构升格是对原有行政组织结构的改变与调整，自然会导致行政组织功能的变化，功能又会反作用于结构，不断循环。

行政组织变革是行政组织为适应组织内部条件和外部环境的变化以及提

高行政效率，而对组织的结构、职能范围、组织人员、权责体系和运行机制等方面进行的变革与调整。行政组织变革是一个组织与外部环境、与内部要素之间相互制衡的过程，是一个牵一发而动全身的过程。行政机构升格会对行政组织的结构、机构设置、职能目标、职位设置、组织人员、管理方式、权责体系、法律规范等方面产生相应的影响，属于行政组织变革的范畴之一。行政机构升格的组织变革视角必须考虑以下两个因素：一是要以达成行政组织目标、提高行政效能为前提。二是要防止利用变革行政组织的机会变相增加人员，扩大组织规模。

根据国家行政学院李军鹏教授的观点，"职能是机构存在的依据，机构是履行职能的载体，职能的合理配置是优化行政组织结构的基础，科学的机构设置是正确履行职能的保证"。[①] 一方面，职能是机构设置和升格的依据，政府职能的变化会促使行政机构发生相应的变化以适应政府职能的要求，换言之，行政机构升格只能以不断增加的行政职能为基本依据；另一方面，机构是政府履行职能的载体，行政机构升格会使得行政机构发生一系列的变化，政府职能也相应地会受到影响。行政机构与政府职能之间的这种关系原理要求我们必须通过科学设置行政机构促进政府职能转变，行政机构升格需要在新的政府部门之间理清职责分工，明确各自职能，提高行政效率。

行政机构升格之所以与政府组织适度规模理论相关，是因为行政机构升格会导致政府组织规模的扩张，有一定的合理性，但是，政府组织规模的过度扩张会对社会发展产生严重危害，这就需要防止政府组织规模的过度扩张，将政府组织规模控制在适度的范围内。根据政府组织适度规模理论，针对行政机构升格会带来政府组织规模扩张问题，行政机构升格要做到：一要真正转变政府组织行政理念，也就是说，我们不能把行政机构升格视为行政改革或政府组织规模扩张的唯一选择；二要准确定位政府组织职能，将政府组织的职能限定在政府应该管好的事务范围内，行政机构能不升格尽量不升格；三要完善约束机制，从立法、财政、竞争机制等方面入手约束行政组织规模的过度扩张和行政机构升格。[②]

---

① 李军鹏：《建立与完善社会主义公共行政体制》，国家行政学院出版社，2008，第63页。
② 朱立言、孙健：《政府组织适度规模研究》，中国人民大学出版社，2007。

四 当前我国行政机构升格的现状分析

（一）当前我国行政机构升格的合理性

有效管理社会公共事务。行政机构需要相应地根据公共事务的性质和需要来转变政府职能，以更好地解决公共事务，进而政府职能的转变必然要求行政机构进行相应的调整，包括行政机构的规模以及行政层级。然而，虽然有些行政机构具有一定的行政权力，位居一定的行政层级，但是在管理某些社会公共事务上却缺乏相应的权威、权限。因此，行政机构需要进行升格，提高该行政机构的行政级别和扩大它的行政权限以满足处理社会公共事务的客观需要。例如，组建国家环境保护部是国家环境保护总局的升格，意味着环境保护部成为国务院组成部门，环境保护部门的权威和地位得到进一步提升，对协调解决重大环境问题具有重要作用。

统筹协调部门关系。为了缓和各种矛盾，实现行政目标，提高行政效率，就要提高行政机构及行政人员的协调能力。然而，目前许多行政机构因为其行政级别比较低，没有足够的权限对部门内外各种关系进行协调，严重影响了行政目标的实现。因此，有必要升格行政机构，提升行政机构的级别和规格，以统筹协调各部门之间的关系，促使行政目标的实现。例如，江西省水文局升格为副厅级参公管理事业单位，设区市的水文机构仍为副处级事业单位，将设区市水文机构升格为正处级，有利于协调水文上下级部门之间的关系，完善内部管理体制，协调水文机构与地方政府的关系，统筹协调各部门关系。

更好地应对对外合作和交往。在处理繁杂的社会公共事务、维护国家主权方面，当前我国有些行政机构由于行政级别偏低，无法有效地进行对外交往，所以，有必要对这些行政机构进行升格。例如，2012年6月21日，国务院批准撤销海南省西沙、中沙、南沙群岛三个办事处，设立地级市三沙市。近年来南海周边国家不断侵占中国南海岛屿，然而我国设立的三个群岛办事处由于行政级别低，而且具有临时机构的色彩，其行政职能和行政权力有限，不便于管理南海岛屿。新成立的地级市三沙市，是一级政府组织，拥有更多的自主权，可以灵活地处理相关事务，维护国家主权。此外，升格为地级市，可以对南海资源进行开发，并进行经济合作，加强对外交流。

（二）当前我国行政机构升格失范的主要表现

1. 违反相关法律法规而擅自升格

《中华人民共和国国务院组织法》、《中华人民共和国地方各级人民代表大会和地方各级人民政府组织法》、《国务院行政机构设置和编制管理条例》、《地方各级人民政府机构设置和编制管理条例》等法律和行政法规都对各级行政机构设置、编制管理、监督检查、法律责任等进行了详细明确的规定，为行政机构升格提供了可以遵循的法律法规依据，使得行政机构升格有法可依，否则将受到相应的惩处。

然而，当前我国许多行政机构却违反法律法规中关于机构设置及编制管理的相关规定升格，是一种行政机构升格失范的行为。比如，江西省南昌市四县（南昌县、新建县、安义县和进贤县）公安局未经市编制委员会同意擅自提高部分直属机构的规格并增加领导职数；河南省漯河市部分县区和市直单位随意设立机构、擅自升格机构、超职数配备领导干部等；湖南省委省政府没有经编制管理委员会审核就作出恢复省农机局副厅级机构规格的决定。这些现象与《地方各级人民政府机构设置和编制管理条例》第九条中关于行政机构升格的规定不相符合，是一种行政机构升格失范的表现。

2. 受"长官意志"影响而升格

在我国，受"长官意志"的深刻影响，许多政府职能部门不是根据工作的现实需要，而是根据领导对工作的重视程度来区分工作的重要性。只要领导干部重视某项工作（也许该项工作事实上确乎重要），就会增设机构，增加编制，核拨一定的经费，管理该工作的行政机构随之升格，以保证此项工作得以落实，这在我们国家似乎已经形成惯例，是一种"行政依赖症"的表现，导致一些地方出现机构臃肿、部门林立、人浮于事等问题。

比如，根据甘肃省庆阳市机构编制网监督检查科的一个案例，"近年来 A 市 S 县招商引资成效显著，为体现县委、县政府对招商引资工作的重视，除了经济上要有奖励外，还要将县经济发展局的 4 个股级内设机构升格为副科级"。黑龙江省各县市领导十分重视扶贫工作，单独设置扶贫开发的主管部门，并升格为正科级，到目前为止全省已独立设置县市扶贫办43 个；为了加强财政监督功能，2008 年安徽省机构编制委员会将财政监督检查局由处级升格为副厅极，同时增加行政编制等。这些都是在"长官意志"影响下，因领导高度重视某项工作而增加机构，并对行政机构进行升格的案例，体现了"长官意志"、"一言堂"的行政力量，而没有真正根据公共事务治理的客观需要而升格，自然也是一种行政机构升格失范的不良行政现象。

3. 借行政区划调整和改革时机而升格

近年来，我国多个城市地区为了创建改革示范区陆续进行了行政区划调整和改革，主要包括上海、天津、重庆、深圳、沈阳等地。同时，在省直管县改革不断推进的背景下，部分大中城市也开始着手进行行政区划调整与改革。城市地区行政区划调整现象日益普遍，并有可能形成一个趋势，起到某种示范效应。许多地方政府以期借行政区划调整和改革之机将原有的行政构架升格，提高原有市辖区政府的行政级别，增加领导职数与行政待遇，达到行政机构升格的目的。

例如，2000 年上海市浦东新区人民政府正式成立，升格为国家第一个副省级新区；2010 年 1 月，天津市滨海新区人民政府机构正式揭牌，升格为第二个副省级新区；2010 年 6 月，重庆市两江新区正式挂牌成立，正式升格为继上海浦东新区、天津滨海新区之后国家第三个副省级新区；2011 年 6 月，舟山群岛新区升格为第四个副省级的国家级新区，也是首个以海洋经济为主题的国家级新区；2011 年 10 月，国务院同意重庆市调整部分行政区划，撤销万盛区和綦江县，设立綦江区；撤销双桥区和大足县，设立大足区，新设立的两区随之升格为正厅级；2012 年 8 月，兰州新区升格为第五个副省级的国家级新区；2012 年 9 月，国务院正式批复《广州南沙新区发展规划》，标志着南沙新区成为第六个副省级的国家级新区。此外，一些城市的开发区、高新区整建制地升格，甚至出现开发区行政级别高于地方政府行政级别的异常现象。2010 年 11 月，湖南省宁乡县宁乡经济开发区升格为长沙第 3 家副厅级国家级经济技术开发区；2012 年 3 月，福建省龙岩市龙岩经济开发区升格为福建省第 5 家副厅级国家级经济技术开发区；2013 年 4 月，内蒙古自治区级开发区呼伦贝尔经济开发区升格为副厅级国家级经济技术开发区；同月，江苏省苏州市浒墅关镇浒墅关经济开发区升格为国家级经济技术开发区，成为苏州大市范围第 12 家副厅级国家级开发区等。

4. 高规格配备领导干部而升格

有些行政机构通过高配领导干部，下属官员也会出现高配，为地方领导干部提供升职空间，这是一种变相的行政机构升格现象，从而提高行政机构的地位，增加行政机构的待遇，达到行政机构升格实际的效果。例如，广东省自2005年实行"优秀县委书记连任5年即可原地提拔为副厅级"的规定，打破原有的行政级别序列，实现行政职务与级别分离；湖北省省委常委范锐平兼任襄阳市委书记；四川、江苏两省实行地级市副市长（副厅级）兼任县委书记的方法，实现领导干部高配；浙江、广西、吉林等省区让县委书记同时兼任市委常委，行政级别相应提高至副厅级；在深圳市领导干部任前公示通告中存在着大批干部高配副局级的现象；湖南省则将部分县（市、区）委书记升格为副厅级，以调动其工作积极性等。

5. 解决官员待遇问题而升格

政府官员不仅作为"政治人"追求公共利益最大化，同时也作为"经济人"追求自身利益最大化，"在价值上以'公共人'为导向，在事实上以'经济人'方式生活，他们是政治人与经济人有机结合的'理性公共人'"。①《公务员法》对公务员的奖励、晋升、工资、福利待遇等一系列权利进行了规定，然而有些行政机构却无法满足政府官员合理现实的利益需求。同时，受到封建等级观念的影响和浸润，一切利益的大小均与官位的高低有关。然而，一个行政机构的领导职数总是有限的，为了解决官员的级别和待遇问题，便萌生了行政机构升格的想法。例如，许多地方行政机构由股级升格为科级、由科级升格为处级、由处级升格为副厅级、副厅级升格为正厅级的现象十分普遍；一些乡镇也设置了在过去从未有过的副乡级内设机构；还有些省辖市擅自将原来的处级党政工作部门升格为局级，其内设机构也由科级升格为处级等。总之，各种形式的行政机构升格蔓延成风，为了官职利益要求对行政机构升格，这显然是一种违反行政机构升格程序、行政机构升格失范的表现。

（三）当前我国行政机构升格失范的原因分析及消极后果

1. 当前我国行政机构升格失范的原因分析

"官本位"行政文化的消极影响。"官本位"思想是中国最具代表性的传统行政文化，其本质是对权力的追逐。在"官本位"行政文化影

---

① 吴金群：《行政人是"经济人"还是"公共人"：事实与价值之间》，《探索》2003年第5期。

响下，政府官员往往存在官职崇拜，一切为了做官，以彰显其社会地位和人生价值（可通过广义政府就业人口占总人口比例来体现，具体数据见表1）。然而，行政机构的领导职数是相对固化和有限的，于是一些官员萌生了寻求通过行政机构升格来解决领导职数的想法，从而导致行政机构升格失范。

表1　广义政府就业人口占总人口比例 *

单位：万人

年份	总人口	国家机关、党政机关和社会团体工作人员人数	国家机关、党政机关和社会团体工作人员占总人口比例（%）
2005	130756	1213	0.92
2000	126743	1104	0.87
1996	122389	1093	0.89
1993	118517	1030	0.86
1991	115823	1136	0.89
1990	114333	1079	0.96
1985	105871	799	0.75

＊朱立言、孙健：《政府组织适度规模研究》，中国人民大学出版社，2007，第91页。

职业利益的不当诱导。政府官员是集公共利益和私人利益于一身的"理性公共人"，其合理的自我利益应得到尊重和满足。然而，现有的许多行政机构由于各种原因却无法满足政府官员正常的利益需要。因此，越来越多的行政机构诉诸行政机构升格来增加领导职数以满足官员的待遇需求。

政府职能转变不到位。政府职能界定不科学、转变不到位，在客观上为政府职能泛化提供了可能，导致无法科学地设置行政组织机构，无法优化行政组织结构，滋生了行政机构升格的温床，并期望通过行政机构升格达到履行政府职能的目的，最终导致行政机构升格失范。

行政组织法律制度不健全。由于行政组织法律体系（包括行政组织法、公务员法、行政编制法）不健全，法律条文规定过于简单笼统，现行立法缺乏法律责任的规定以及缺乏相应的惩处规定，导致各级行政机构升格出现有法不依、执法不严、违法不究的严重后果，致使行政机构编制管理法规得不到有效地贯彻和落实，出现行政机构肆意升格的不法行政现象。

2. 当前我国行政机构升格造成的消极后果

助长官僚主义组织文化。当前许多行政机构升格失范是迷恋权力、任由"官本位"观念沉渣泛起所致，会造成政府组织规模过度扩张，助长一种权责不清、人浮于事、官僚主义盛行的官僚主义组织文化，助长"官本位"思想，是社会政治生活中的一种"疾病"，严重影响着各国政治生活的行为方式。

不利于全面推进行政法治。首先，行政机构没有以《组织法》、《编制管理条例》等法律法规为依据而强行升格，行政机构设置和编制管理缺乏科学的论证程序和法理依据。其次，有些行政机构升格是为了官职利益考虑，是为了提高原有行政级别，利用高行政级别指挥和协调低级别行政机构及其人员，依靠行政权力的力量推动政府的管理和服务工作，体现的仍是人治，与行政法治要求相悖。

无助于巩固行政机构改革成果。最近兴起的行政机构升格失范会带来层级过多、机构重叠、领导职数增加、编制扩大等问题，冲淡和抵消了历次行政改革精减人员和机构的成效。同时，行政机构升格后其内设机构也随之升格，并设置新科室，增加新的办事人员，导致部门林立、人浮于事、职责交叉、效率低下等，这与我国历次行政机构改革的精简精神相悖，不利于优化政府组织结构。

阻碍政府职能转变。行政机构升格失范会带来机构臃肿、部门林立、职责交叉等消极后果，不利于政府组织结构的优化以及行政机构的合理设置，使政府在应该管理的公共事务领域的角色定位不准、不能全面正确地履行自己的职能，导致政府职能出现越位、缺位、错位、不到位等问题，不利于推动政府职能有序良性地转变。

增加政府财政负担。当前，我国的行政管理体制从中央到地方分为五级政府，存在着管理层次过多、机构臃肿、人员膨胀等弊端。根据相关数据显示，近年来，行政机构和人员的膨胀使国家财政支出结构中的行政管理费用急剧增加，财政不堪重负，具体见表2。在这种情况下，如果行政机构不根据处理繁杂的公共事务的需要来升格，而是肆意擅自增加机构数量和领导职数、提高机构规格，从微观来看，会使一个行政机构的行政开支加大；从宏观来看，整个国家的行政机构和人员编制全面失控，给国家和地方财政造成沉重压力，财政负担沉重。

表2　国家财政支出结构（费用）*

单位：%

年份	经济建设费	社会文教费	国防费	行政管理费	其他
2005	27.46	26.38	7.29	19.19	19.68
2004	27.85	26.29	7.72	19.38	18.75
2003	28.04	26.24	7.74	19.03	18.95
2002	34.24	27.58	7.63	18.58	11.97
2001	34.24	27.58	7.63	18.58	11.97
2000	36.18	27.6	7.6	17.42	11.19
1999	38.38	27.59	8.16	15.32	10.54
1998	38.71	27.14	8.66	14.82	10.68
1997	39.5	26.74	8.8	14.72	10.24
1996	40.74	26.21	9.07	14.93	9.04
1995	41.85	25.74	9.33	14.6	8.47

* 朱立言、刘生、邓春玲：《论建构政府组织之适度规模》，《公共管理高层论坛》2007年第1期。

五　未来规范行政机构升格的策略选择

本文的研究基调既不是支持行政机构升格，也不是反对行政机构升格，而是在肯定行政机构升格具有一定合理性和成效的基础上，针对当前我国行政机构失范的现状，力图提出规范我国行政机构升格的建议，以深化行政管理体制改革，巩固行政机构改革的成果。

（一）　行政机构升格应遵循的原则

法制原则。法制原则是行政机构升格要遵循的首要原则，该原则要求行政机构升格必须符合国家法律的相关规定，行政组织的设立、运行和调整都要依据法律进行，受法律制约。

适应职能目标需要原则。行政组织的设计和调整是为了实现行政组织的职能，行政机构升格实际上是对行政机构的重新设置，是对行政组织结构的再设计与调整，因而它必须适应行政职能目标的需要来进行。

适应环境原则。行政组织需要保持一定的弹性，根据它所面临的外在环境和内在环境的变化作出适当的调整，以适应环境变化的需要，保持与环境的平衡与协调。

权责一致原则。行政机构升格会使行政级别提高，行政权力扩大，要妥善处理行政职权与职责的关系，不能扩大职权而不增加职责，要使行政权力与行政责任成正比，理顺职权、职责的关系，做到权责一致。

（二） 规范行政机构升格的策略

1. 培育现代行政文化并转变政府管理方式

培育现代行政文化是规范行政机构升格的思想前提和理论先导，要逐步实现由管制型行政文化向服务型行政文化的转变，由全能型行政文化向有限型行政文化的转变、由封闭型行政文化向透明型行政文化的转变，由以官为本的行政文化向以民为本的行政文化转变。传统的政府管理方式具有浓厚的命令性、强制性，以行政权力为本位，对社会进行全方位的管制，其弊端不言而喻。因此，要转变政府管理方式，由人治转变为法治，由管理转变为服务，由行政手段为主转变为多种手段相结合，由微观管理、直接管理为主转变为宏观管理、间接管理为主，压缩传统政府管理方式的适用空间，以适应经济社会发展的迫切需要。

2. 健全行政组织法律体系

首先要树立现行行政组织法律法规的权威。如前所示，现行法律法规对行政机构升格提供了相应的法律法规依据，对于规范当前我国行政机构升格失范现象起到了一定的强制性和规范性作用。必须树立这些法律法规的足够的权威，发挥它们的强制性和约束性作用，为规范行政机构升格提供法制保障。其次需要健全行政组织法。在中央层面，完善《国务院组织法》，具体制定国务院各部委、直属机构、办事机构的组织法；在地方层面，将地方政府组织法与地方权力机关组织法分立，并单独制定省、市、县、乡、镇的行政组织法。再次要加快行政机构编制立法。要尽快制定和完善行政编制法，将行政编制纳入法治轨道，设定严密的监督机制，增强编制管理的规范性，提高对行政机构升格的约束效力。

3. 切实转变政府职能

处于社会转型期的我国，转变政府职能具有其合理必要性，要明确政府在应该管理领域的角色定位。据周志忍教授的观点，"新时期政府职能转变的侧重点不再是政府应该管什么、不应该管什么，而是政府在应该管理的领域中的角色定位问题"。① 探寻政府职能转变可从财政预算着手。财政预算作为政府运行的血液和基础,根据行政机构编制确定财政预算,加强预算控制,对于规范行政机构升格具有重要的约束作用。首先,实现财政预算的法制化。其次,加强税收管理。再次,强化财政监督管理。

4. 完善行政监督体系

完善行政监督体系是规范行政升格失范现象的重中之重。

(1) 健全完善内部行政监督体制和外部监督体制。内部监督中心任务是保持行政活动的统一,提高行政效率。从内部监督行政机构升格,就要加强一般监督和专门监督:一般监督是行政监督中最经常、最直接的监督方式,是行政机关自上而下、自下而上以及相互之间进行的监督,包括层级监督、职能监督、主管监督以及行政复议等;专门监督是行政机关内部专职监督权的机关对行政机关及其人员进行的监督,分为行政监察和审计监督。同时对公共行政的监督还需要从外部入手。外部监督是行政系统以外的各监督主体依法对行政机关及其人员进行的监督,主要有权力机关的监督、司法机关的监督、政党监督以及社会监督。

(2) 建立行政监督协调机制,实行行政监督的垂直领导体制。要建立行政监督协调机制,加强总体协调,使各监督主体相互配合,形成监督合力,发挥行政监督的整体功能。例如,建立综合协调机构,建立各监督部门之间的联系制度,建立行政监督信息情报网等。同时要建立行政监督的垂直领导体制,使监督机关从行政机关中独立出来,并赋予其相应的职责权限。在经济上不依赖同级行政机关,从而保证监督的独立性,独立开展监督工作,提高行政监督效率。

(3) 加快行政监督立法。行政监督立法是有效开展行政监督的前提和基础,行政监督必须以法律为准绳。要加快行政监督立法,制定专门的行政监督法律法规,如《行政监督法》,以便将行政监督纳入法制化轨道,使行政监督有法可依,提高行政监督的权威和效能。

(4) 建设高素质的行政监督队伍。要提高行政监督效率,就必须提高行政监督人员的素质,建设一支高素质的行政监督队伍。一方面应该对行政人员进行培训和教育,提高行政监督人员的综合素质,建设高素质的行政监

---

① 周志忍:《新时期深化政府职能转变的几点思考》,《中国行政管理》2006年第10期。

督队伍；另一方面，要继续完善法律制度，用法律来约束行政监督人员的行为，加强对行政监督人员的法律监督。

六　结论

改革开放以来，我国先后进行了 7 次大规模的行政机构改革，几乎每五年就对行政机构进行一次大的调整，分别是 1982 年、1988 年、1993 年、1998 年、2003 年、2008 年和 2013 年的行政机构改革，取得了显著成效，行政机构和人员得到精简，政府职能得以转变。但是，各种社会问题仍然层出不穷，改革的道路依然漫长而艰辛。党的十七大提出，要探索实行职能有机统一的大部门制，旨在精简机构，减少行政层级，根据综合管理职能设置政府部门，实行行政管理体制的横向改革。党的十八大进一步指出，稳步推进大部制改革，优化行政层级和行政区划设置，严格控制机构编制，减少领导职数，降低行政成本。与此同时，越来越多的行政机构却热衷于提高机构规格以及增加领导职数，行政机构升格蔓延成风。

从本质上来看，行政机构升格属于典型的政府机构改革的类型范畴和附属衍生品，其直接动因为行政区划改革，诱因本质是上海交通大学公共政策和治理创新研究中心团队提出的代理型地方发展主义模式中的凝闭型政策体制约束[1]，目标指向当代中国府际关系治理失衡格局，未来导向需要通过公共组织的变革来进行策略优化和路径调整。尽管本文较为详尽系统地对当代中国行政机构升格现象进行了研究，但是必须指出的是，作为一种事后评判的局中人，如何用适当的局外者清的意识设定来合理看待行政机构升格的失范现象？回答是好的或坏的是一个价值问题。价值问题的争论总是有必要的，但讨论行政升格现象的好与坏，容易使我们在还未找到圆满解决方案的时候，就已经陷入"白马非马"、"指鹿为马"的困境了。所以，面对当前行政机构升格过程中客观存在的失范现象，我们应该坚持"一分为三"的分析思维，不仅关注行政升格行动主体本身的行动逻辑和思考理路，而且也要关注行动客体可被型塑和勾画的治理向度与转变空间。

任何一种公共行政或者公共政策问题，都不是在政治真空和社会蒸馏瓶

---

① 彭勃、杨志军：《从"凝闭"走向"开放"：治理公共事件的政策体制转向》，《探索与争鸣》2013 年第 9 期。

中产生和演变的，而是一种不断与社会进行互动的连续性过程，这也是政治与行政以及政策走出历史、走进现实发生变迁的原因。归根结底，探讨行政机构升格的规范化、科学化和民主化最终体现的是政治的成熟度。目前改革所能带来的发展红利正在遭受到变迁社会与风险社会的双重影响，逐渐被侵蚀和削弱，越来越不能体现社会主义制度的优越性。因此，未来我们必须关注并强化行政机构升格完成后的治理实效，研制更加科学规范的有效手段，以使行政机构升格的合理成效得以充分发挥并避免其消极后果。

选拔制下干部年轻化的挑战与极限[*]

——以改革开放以来中央委员会平均年龄变化为例

杨小辉　顾　闻^{**}

摘　要： 20 世纪 70 年代末 80 年代初，在干部队伍老龄化严重的背景下，中共中央自上而下大力推动干部年轻化政策，通过"年龄限制"与"任期制"的配合结束了实际上存在的"领导职务终身制"，较好地解决了政治继承问题。但现阶段由于对"职务历练"和"逐级晋升"的强调，尤其是为选拔体制自身所束缚，干部年轻化也面临在中央委员层级难以继续深入推进和破格提拔的年轻干部遭遇合法性质疑等诸多问题与挑战。实际上，这一切均植根于现行选拔制度的内在逻辑。从根本上来说，只有减少行政层级，实现从自上而下的选拔制向自下而上的选举制的转变，上述问题和挑战才能迎刃而解。

关键词： 选拔制　干部年轻化　年龄限制　职务历练　逐级晋升

精英问题是了解社会和政治变化的核心问题。因此，拉斯韦尔（Harold

* 本文得到了 2010 年教育部人文社会科学基金项目"对中国模式的挑战：纵向民主与中产阶层发展问题研究"（10YJA810011）以及 2010 年上海市教委科研创新项目"踯躅于'革命'与'宪政'之间"（10YS225）的资助。

** 杨小辉，上海政法学院国际事务与公共管理学院讲师，研究方向：近代中国知识阶层转型与中国政治、近代中国文武关系的演变。顾闻，上海师范大学政治学理论专业硕士研究生。

Lasswell）一针见血地指出："政治研究就是对权势和权势人物的研究。"[①]
史天健在《中华人民共和国的文化价值与民主》一文中也强调：中国政治
的未来既不是由全球化的力量塑造的，也不是由市场化的逻辑来改变的，而
是由中国的政治精英来左右的。"正是中国的精英，在中国未来是否发生政
治变化上发挥关键作用。"[②] 如果我们接受史天健的观点，并认可乔万尼·
布西诺（Giovanni Busino）"更加专业化的政治精英始终是政治权力的垄断
者，并领导着社会生活中所有重大的变革"的论断，[③] 那么要了解中国改革
开放以来的巨变，我们就必须密切关注中国政治精英的新陈代谢问题。而在
中国语境里，官员年龄与干部年轻化政策则是观察这一问题的一个能够量化
的关键指标。[④] 有鉴于此，本文以改革开放以来中央委员会平均年龄演变为
例，聚焦选拔制下的干部年轻化问题，重点讨论"年轻化"政策所面临的
挑战以及选拔制下这一政策的极限。

一　以党管干部为核心的组织人事制度

1949 年中华人民共和国成立之后，中共沿用武装斗争时期根据地政权
建设的经验，短时间内即在全国范围内建立起了党国同构、党国一体、党国

---

① 〔美〕哈罗德·拉斯韦尔：《政治学——谁得到了什么？何时和如何得到？》，杨昌裕译，商
　务印书馆，1992，第 3 页。

② Tianjian Shi, "Cultural Values and Democracy in the People's Republic of China", *The China
　Quarterly*162（2000）：558.

③ 转引自〔法〕艾米莉·唐《中国的党校与领导精英的培养》，载吕增奎主编《执政的转型：
　海外学者论中国共产党的建设》，中央编译出版社，2011，第 169 页。

④ 国内对于干部年轻化问题的研究主要聚焦于以下两个方面：其一是梳理邓小平、陈云等作
　为这一政策倡导者对于干部年轻化问题的论述和思考，其二是从理论上讨论干部年轻化的
　问题，越来越多的学者注意到其中存在的"一刀切"倾向所带来的负面效应，提议用"合
　理化"代替"年轻化"。既往研究存在的问题一方面是缺乏经验研究尤其是数据上的支撑，
　另一方面则是并未将有关干部年轻化问题的讨论放置到整个组织人事制度当中去分析，进
　而过分强调其负面效应，相对忽略了其在政治继承层面的意义。海外研究中最有代表性的
　学者当推台湾政治大学的寇健文，他将中共干部年轻化政策放到了政治继承的理论脉络中
　来讨论。寇以"梯队接班"模式为核心，通过"年龄限制"、"任期制"、"职务历练"、
　"逐级晋升"等关键词，着重从制度化的角度分析了干部年轻化政策，相关论述细致、深
　入、到位。唯一令人遗憾的是他的讨论更多聚焦政治局委员这一层级以上的党和国家领导
　人，并未深入分析中央委员这一群体。有鉴于此，本文聚焦中央委员这一政治精英群体，
　重点讨论选拔制下干部年轻化政策的极限与限度问题。

一家的党国体制,① 形成了"党的中央集权"。② 为了更好地实现党政合一,新中国成立初期中共在中央政府的内部建立了党委和党组,以保证党对中央政府工作进行有效监控,并管理中央政府内部的党员。地方则仿照中央的模式设立了党的各级委员会,与之对应的各级地方政府成为其政策执行机构。通过各级党委,中共建立了集权的组织基础,并逐步形成了一整套干部人事管理制度,编织出一个严密的权力网络。整个制度中,第一位的是"党管干部"的原则,中共在干部任免方面具有决定性的权力,干部提名、考核、任免等管理权限集中到组织部门。其次是"分部分级管理"。"分部管理"就是按照工作需要把全体干部分为九类,在中央及各级党委组织部的统一管理下,由中央及各级党委的各部进行具体管理;"分级管理"则是指在中央和地方各级党委之间,建立分工管理各级干部的制度。在 1984 年 7 月之前,中国推行的是"下管两级"的政策,中央负责省和地区一级干部的任命,省级政府负责县乡两级干部的任命,之后改为下管一级的管理体制。③ 2002年 7 月颁布的《党政领导干部选拔任用工作条例》适应新时代的需要进一步明确了上下级党委的权限。《条例》规定:"选拔任用党政领导干部,应当按照干部管理权限由党委(党组)集体讨论作出任免决定,或者决定提出推荐、提名的意见。属于上级党委(党组)管理的,本级党委(党组)可以提出选拔任用建议。"④ 但实际上,目前,大部分地方仍是下管"一级半"。⑤ 比如,按照下管一级的要求,县级党政主要负责人应由地(市)委来管理,但由于县域经济发展的重要性,绝大多数省区市对县级党政主要负责人实行直接管理。⑥

　　党政干部选拔任用制度是现行干部人事制度最重要的组成部分之一。从遴选规则和条件看,现行干部选拔制度设置了严格细致的标准,既包

---

① 陈明明:《党治国家的理由、形态与限度》,载陈明明主编《共和国制度成长的政治基础》,上海人民出版社,2009;〔匈〕科尔奈:《社会主义体制——共产主义政治经济学》,张安译,中央编译出版社,2007,第 37 页。

② 林尚立:《中国共产党与国家建设》,天津人民出版社,2009,第 170 页。

③ 参见周黎安《转型中的地方政府:官员激励与治理》,格致出版社、上海人民出版社,2008,第 102 页。

④ 《党政领导干部选拔任用工作条例》,http://news. xinhuanet. com/ziliao/2003 - 01/18/content_ 695422_ 1. htm。

⑤ 参见周黎安《转型中的地方政府:官员激励与治理》,格致出版社、上海人民出版社,2008,第 102 页。

⑥ 林学启:《完善干部分类管理体制》,《学习时报》2012 年 2 月 13 日。

括选拔对象的政治素质、政治信仰，也包括年龄、学历、职级等，门槛较高，入口较严。从起点看，它是自上而下进行的，贯彻上层意图、体现上层意志是其本意。从政治动员过程和性质来看，它走的是上层路线，民众呼声难以得到充分尊重和反映，上级在圈定人选后，只是通过一定的形式和程序确认其"合法性"。从组织机关扮演的角色来看，在选拔制度下，组织机关实行控制性管理，对选拔人才的方式、步骤乃至具体人选，事先都作好了安排，整个过程都要贯彻组织机关的意图。从群众的角度来看，在选拔制度中，由于候选人一般都是预定的，因此群众较为被动，很多情况下，群众均无从了解候选人及其政治倾向、施政纲领和目标。此外，公众也没有有效办法对选拔产生的官员进行有效监督。从候选人的角色看，在选拔制度中，候选人倾向于接近和取悦领导，不但在选举时，而且在平常工作中，只怕上级不满意，不怕民众不高兴。从性质看，它是一种定性的、主观的人才选拔制度，随意性较强，透明度不高，人治色彩浓厚，体现的是领导的意志。综合言之，选拔制度具有很强的计划性、目标性和针对性，可以根据需要进行培养和选拔，从整体上保证了人才的配置能够实现上层的意图。用好这一制度，可以选拔出一批有治国能力的技术官僚。但是，现行党政干部选拔任用制度也存在着难以克服的弊端：它一般是自上而下的单向行为，整个模式是由少数人在少数人中间选人，透明度不高，民意难以体现，上层操纵比较普遍，而且容易沦为"暗箱操作"。[①]

　　综合来看，中国现行的党政领导干部选拔任用制度主要是一种干部任命制。它使从中央到地方的各级党委在各自管理权限范围内对于各种职位官员的选拔具有排他性权力。[②] 而且政治层级体系中的提拔机会往往会被领导们作为激励手段来回馈支持者，用以建立支持者团队，这种现象被魏昂德称为"有原则的任人唯亲"。[③] 简而言之，现行的党政领导干部选拔任用机制是作为中国唯一执政党的中共按照自己的意志和需要，设定程序，挑选代理人的过程。因此，选拔产生的人选未必是民意的真实反映，其权

---

①　参见唐元松《选拔制度与选举制度辨析及启示》，载黄卫平主编《当代中国政治研究报告 I》，社会科学文献出版社，2002，第 210～222 页。

②　John P. Burns, *The Chinese Communist Party's Nomenklatura System* (Armonk, NY: M. E. Sharpe, 1989).

③　魏昂德：《共产党社会的新传统主义》，龚晓夏译，（香港）牛津大学出版社，1996。

力来源于上级的授予，因而其对上级负责是有保证的，但却未必会对下（即向公众）负责。现行选拔制度最大的症结就在于自下而上的"权为民所赋"过程的缺失，以及由此衍生出来的各种问题，尤其是合法性上的挑战。可以说，干部年轻化政策所面临的挑战与极限问题均植根于现行选拔制度的内在逻辑。

二　改革前中委老龄化问题与改革之初干部年轻化的举措

中共建政之后，中央委员的年龄逐步增大，"文化大革命"结束之初已经出现严重的老龄化问题。1945 年中共七大选出的中央委员会的平均年龄是 46.3 岁，1956 年八大上升到 56.4 岁，1969 年九大则达到 61.4 岁。① 20 世纪 70 年代选出的两届中央委员会的平均年龄分别是 62.1 岁（1973 年十届）和 64.4 岁（1977 年十一届）。而且 60 岁和 70 岁以上的委员比例在 1969 年、1973 年和 1977 年的中央委员会中稳步上升。② 1976 年，78 岁的国务院总理周恩来、90 岁的全国人大常委会委员长朱德、83 岁的党中央主席毛泽东先后辞世，他们的平均年龄达到 83.7 岁，执政长达 27 年，再加上 1975 年去世的两位政治局常委董必武（89 岁）和康生（77 岁），此时十届一中全会选出的政治局常委会仅剩下王洪文、叶剑英、李德生、张春桥 4 人。另据统计，1965 年，国家机关 30 多个单位主要领导人的平均年龄是 55 岁，其中 55 岁以下的占 70%，66 岁以上的只占 5.7%。而到了 1980 年，平均年龄变成了 63 岁，其中 55 岁以下的仅占 9%，66 岁以上的占了 40% 以上。③ 这一切均表明这样一个不容回避的事实，即中共建政 30 多年之后，由于事实上的领导职务终身制，包括中央委员会在内的整个干部队伍的上层已经严重老龄化了。因此，1979 年 9 月，叶剑英在国庆 30 周年大会讲话中批评当时的干部人事制度存在严重缺陷，不利于人才选拔和培养，并

---

① 年龄数据是笔者根据贺国强主编、中共党史出版社 2004 年 11 月出版的《中国共产党历届中央委员大辞典（1921～2003）》统计计算而来。中共七届中央委员会 77 名成员中有 67 名当选为八届中央委员，这一事实即能大体解释中央委员会的平均年龄从 1945 年的 46.3 岁上升到 1956 年的 56.4 岁。

② 数据来源同上，同时亦可参见〔美〕詹姆斯·R. 汤森、布兰特利·沃马克《中国政治》，顾速、董方译，江苏人民出版社，2007，第 193～195 页。

③ 陈凤楼：《中国共产党干部工作史纲》，党建读物出版社，2003，第 223 页。

呼吁各级领导班子多增加中青年干部。① 1980 年 8 月，邓小平在会见意大利记者奥琳埃娜·法拉奇的谈话中也坦陈："我们存在一个领导层需要逐渐年轻化的问题。……过去没有规定，但实际上存在领导职务终身制。这不利于领导层更新，不利于年轻人上来，这是我们制度上的缺陷。这个缺陷在六十年代还看不出来，那时我们还年轻。这不是一个人的问题，是整个制度的问题。"②

　　这种选拔培养年轻干部的紧迫性③在当时两位主要领导同志邓小平和陈云的诸多讲话及文章中得到了淋漓尽致的体现。简单统计《邓小平文选》第 2 卷和《陈云文选》第 3 卷，我们就发现陈云同志至少 3 次专门强调这一问题，如果将涉及的也包括在内则有 5 次，而邓小平同志在讲话中强调这一问题的地方也有 5 次。其中，陈云同志一篇题为《提拔培养中青年干部是当务之急》的文稿还曾印发 1981 年 6 月举行的中共中央政治局扩大会议和十一届六中全会。④ 在邓小平和陈云的大力推动之下，当时组织人事工作的重心很快就转移到了甄别提拔有能力、教育水平相对较高的年轻梯队上来。

　　为了缓解当时干部队伍"青黄不接"的严重状况，中央开始成千上万地选拔和培养中青年干部。在陈云的建议下，1980 年 2 月 28 日，十一届五中全会重新设立了书记处。由此，中共中央形成了中央书记处、中央政治局

---

① 叶剑英：《向着四个现代化的宏伟目标前进》（1979 年 2 月 19 日），见中共中央文献研究室主编《十一届三中全会以来重要文献选读》（上册），人民出版社，1987，第 794 页。

② 《邓小平文选》第 2 卷，人民出版社，1994，第 350 页。

③ 这种紧迫性还来自这样一种刺激，那就是王洪文"10 年后再看"的叫嚣。事件的经过是这样的：1975 年 2 月，周恩来病重，71 岁的邓小平实际上主持中央日常工作。当时王洪文作为党中央的副主席，是排在毛泽东、周恩来之后的第三号人物，对此感到十分不满，41 岁的他跑到上海肆无忌惮地叫嚷："10 年后再看。"王的话传到了中南海，引起了邓小平的警觉。邓小平找到李先念等老同志交换对王洪文这句话的看法，说：10 年之后，我们这些人变成什么样子？从年龄上说，我们斗不过他们啊！

　　"文化大革命"结束，邓小平第三次复出之后，至少曾 4 次提到王洪文"10 年后再看"这句话，3 次收入了《邓小平文选》第 2 卷，分别在第 192 页、第 225 页、第 280 页，一次出现在《陈云文选》题为《成千上万地提拔中青年干部》讲话的插话中。插话具体内容如下："王洪文讲什么？（邓小平同志插话：一九七五年他到上海、杭州，第一句话就说，十年后再看。这句话可触动了我们，引起了我们的注意。）"（《陈云文选》第 3 卷，人民出版社，1995，第 302 页。）王的狂言，给邓、陈等人以极大的刺激，促使他们思考和改革党和国家领导干部体制，废除领导职务终身制，逐步建立领导人新老交替的制度安排。

④ 《陈云文选》第 3 卷，人民出版社，1995，第 292～297 页。

和中央政治局常委会三个层次的领导体制。① 但当时书记处 11 名成员的平均年龄也超过 65 岁,不算年轻。于是,陈云郑重提出:"书记处和全党的一个重要任务,是要在各级选择合格的年轻干部。"② 1980 年,邓小平在著名的"8·18讲话"中强调指出:"组织上,迫切需要大量培养、发现、提拔、使用坚持四项基本原则的、比较年轻的、有专业知识的社会主义现代化建设人才。""但是目前的主要任务,是善于发现、提拔以至大胆破格提拔中青年优秀干部。这是国家现代化建设事业客观存在的迫切需要,并不是一些老同志心血来潮提出的问题。"③ 1981 年 5 月,陈云写了一份建议,分送邓小平、胡耀邦。他在建议中提出:"从现在起,就成千上万地提拔中青年干部。""我们所要提拔培养的干部,不仅是年龄在 50 岁左右的人,而且在数量上占多数的应该是 40 岁左右的人、40 岁以内的人。让他们在各级领导岗位上经过几年以至十来年的锻炼,就可以成为大量提拔高级领导干部的后备力量。"④ 这里所说的后备力量,就是后来提出的"第三梯队"。1981 年 7 月 2 日,邓小平在中共省、市、自治区委员会书记座谈会上的讲话中,再次提出选拔培养年轻干部是个战略问题,是决定我们命运的问题。"老干部第一位的任务是选拔中青年干部";"我们两个人(邓小平、陈云——引者注)的主要任务是要解决这个问题";"解决干部年轻化这样一个大问题,我们老同志要开明,要带头。"⑤

据统计,截至 1982 年,在大革命时期、土地革命时期、抗日战争时期和解放战争时期参加革命的老干部还有 250 万人健在,其中绝大部分还在工作岗位上。⑥ 有鉴于此,1982 年 2 月,中共中央作出了《关于建立老干部退休制度的

① 叶剑英同志在当时的讲话中指出:"中央书记处,我考虑就是准备接中央的班的"(《三中全会以来重要文献选编》(上),人民出版社,1982,第 388 页),并要集体交接班,而不是个人交接班,因此,中央书记处要成为培养锻炼党的高级干部的场所。《关于成立中央书记处的决议》(1980 年 2 月 28 日通过)也解释说,重设书记处的目的是:"为了便于中央政治局和它的常务委员会能够集中精力,考虑和决定国内外事务中的重大问题,同时使党的各方面大量日常工作能够及时地有效率地得到处理"——http://cpc.people.com.cn/GB/64162/64168/64563/65373/4441912.html。有关中央书记处的组织沿革与功能变迁请参见李林发表在《中共党史研究》2007 年第 3 期上的《中共中央书记处的组织沿革与功能变迁》一文。
② 《陈云文选》第 3 卷,人民出版社,1995,第 270 页。
③ 邓小平:《党和国家领导制度的改革》,《邓小平文选》第 2 卷,人民出版社,1994,引文见第 322 ~ 327 页。
④ 陈云:《提拔培养中青年干部是当务之急》,《陈云文选》第 3 卷,人民出版社,1995。
⑤ 邓小平:《老干部第一位的任务是选拔中青年干部》,《邓小平文选》第 2 卷,人民出版社,1994。
⑥ 陈凤楼:《中国共产党干部工作史纲》,党建读物出版社,2003,第 231 页。

决定》，规定担任中央或地方省部级领导干部的同志，正职一般不超过 65 岁，副职一般不超过 60 岁。① 基于现实考虑，《决定》替邓小平、陈云、叶剑英等人保留了不受退休年龄限制的权利。《决定》写道："在党和国家领导人中，需要保留少量超过离休退休年龄界限的老革命家。特别是当前和今后一个时期的历史条件下……更需要有若干位经验丰富、德高望重，能够深谋远虑、统筹全局，而且精力上能工作的老同志，留在党和国家的中枢领导岗位上。"② 换言之，中共干部退休制度在创立之时并不是一个完整、完善的制度。但从制度层面来说，《关于建立老干部退休制度的决定》是中共建立党政干部退休制度、推进干部年轻化政策所迈出的第一步，也是最重要的一步。根据这一决定，大批老干部退出领导班子，大量中青年干部走上了领导岗位。③

　　1982 年 3 月，中央政治局常委会举行会议，再次讨论培养提拔中青年干部问题。邓小平在会上表示，他对中组部提交的优秀中青年干部名单不满意，认为存在两大问题：第一，年龄偏高；第二，文化程度太低。大学毕业的很少，没有几个大学毕业生。④ 陈云同意邓小平的意见，要求组织部门在知识分子中多选拔培养一些中青年干部。⑤ 1982 年 3 月，根据陈云的提

---

① 《中共中央关于建立老干部退休制度的决定》（1982 年 2 月 20 日），中共中央文献研究室编《十一届三中全会以来重要文献选读》（上册），人民出版社，1987，第 414 页。其实在《决定》正式出台之前，以邓小平、陈云两位元老为首的中共中央已经做了不少工作。1979 年 7 月，邓小平提出建立党的退休制度。1980 年 4 月 23 日，中共中央政治局会议通过《中共中央关于丧失工作能力的老同志不当十二大代表和中央委员会候选人的决定》。决定指出，为了使出席中共十二大的代表和大会选举的中央委员会中具有相当比例的年富力强的同志，使党的领导机构能够适应社会主义现代化建设繁重任务的需要，保证党的路线、方针、政策的长期连续性，中央决定，凡年事已高、丧失工作能力和生活自理能力的老同志，不能当中央的十二大代表和中央委员会候选人。这是废除实际上存在的干部职务终身制和逐步更新领导班子的前奏。1980 年 12 月，邓小平在中央工作会议上再次提出实行干部离休、退休制度。1981 年 6 月 8 日，陈云主持起草了《关于老干部离退休座谈会纪要》。《纪要》指出干部实行离退休制度是根本办法，这是一件十分重要而且必须做好的大事，它关系到成千上万应该离退休的干部，而且也关系到每个干部将来所必须面对的现实。《纪要》还建议制定干部离退休的条例。

② 《中共中央关于建立老干部退休制度的决定》，中共中央文献研究室编《十一届三中全会以来重要文献选读》（上册），人民出版社，1987，第 415 页。

③ 据统计，到 1986 年底，全国共有 137 万 1949 年前参加工作的老干部离休或退休。参见陈凤楼《中国共产党干部工作史纲》，党建读物出版社，2003，第 233 页。

④ 有统计数据表明：1980 年，在全国 2000 多万干部中，大学毕业的只占 20% 左右，初中文化以下的在 40% 以上。参见陈凤楼《中国共产党干部工作史纲》，党建读物出版社，2003，第 223 页。

⑤ 参见熊亮华《十一届三中全会后中央高层决策选拔年轻干部内幕》，http://leaders.people.com.cn/GB/107021/9398333.html。

议，中组部内新成立了具体落实这一政策的机构"青年干部局"，首任局长李锐。① 是年 6 月，十一届六中全会通过的《关于建国以来党的若干历史问题的决议》正式确定："废除干部领导职务实际上存在的终身制，改变权力过分集中的状况，要求在坚持革命化的前提下逐步实现各级领导人员的年轻化、知识化和专业化。"② 《关于建立老干部退休制度的决定》和《关于建国以来党的若干历史问题的决议》，从制度层面废除了领导职务实际上存在的终身制，为实现干部的年轻化、知识化、专业化奠定了人事管理的制度基础，进而为党和国家政治权力稳定的代际转移奠定了基础，同时也有利于从根本上保障党和国家政治生活正常进行和健康发展，保持领导机构的生机与活力。

1982 年 9 月召开的中共十二大，顺理成章地将"革命化、年轻化、知识化和专业化"作为干部队伍的培养目标写入了党章，③ 并设立顾问委员会作为必要的过渡性措施。十二大上通过的党章明确规定，党的各级领导干部，无论是选举产生的还是由领导机关任命的，他们的职务都不是终身的，都可以变动或解除。因年龄和健康状况不适宜继续担任工作的干部，应当按照党和国家的规定年龄离休和退休。但是党章并没有规定中央领导人的退休年龄，也没有对领导人的任期作严格的限制。根据胡乔木当时的解释，这种针对领导人个人的工作任期"因人因事而异"的做法，是经过反复认真考虑的，是在党章修改过程中最后作出的慎重决定。④ 中共十二大的决议和党章的修改均表明党内领导人人事变动、离休和退休开始趋于制度化，但还没有彻底规范化和程序化，这一切还需要有一个过渡阶段。⑤

领导干部的"四化"，尤其是"年轻化"首先是从中央领导机构开始的。十二大上，一大批德高望重的老同志退出第一线，一大批相对年轻、精力充沛的干部进入了中央委员会。在十二大选出的 348 名中央委员和候补委员的名单中，新当选的委员和候补委员有 211 人，占 60.6%，其中三分之

① 崔武年：《我的八十三个月》，（香港）高文出版社，2003，第 4 页。

② 《关于建国以来党的若干历史问题的决议》（1981 年 6 月 27 日中国共产党第十一届中央委员会第六次全体会议一致通过），http：//cpc. people. com. cn/GB/64162/64168/64563/65374/4526454. html。

③ 参见中共十二大通过的《中国共产党章程》第三十四条，http：//cpc. people. com. cn/GB/64162/64168/64565/65448/6415246. html。

④ 见《胡乔木同志就党章修改问题答新华社记者问》，载《中国共产党第 12 次全国代表大会文件汇编》，人民出版社，1982，第 242 页。

⑤ 参见胡鞍钢《中国领导人新老交替的制度化、规范化和程序化》，载胡鞍钢、王绍光、周建明主编《第二次转型：国家制度建设》（增订版），清华大学出版社，2009，第 176 页。

二年龄在 60 岁以下，具有大专以上学历的有 120 人，专业技术人员增加到 159 人。① 十二大结束不久，根据中央的安排，由政治局委员宋任穷任组长、中央委员李锐任副组长的省市机构改革领导小组旋即挂牌并开展工作。为了保证干部调整工作的顺利开展，领导小组采取了两个"三分之一"的强硬措施，规定省委常委中 50 岁以下的要占三分之一，大学文化程度的要占三分之一。② 此后，全国各级领导班子按照"四化"的标准进行了调整。中央和国家机关率先进行，国务院所属 41 部委的正副部长、主任平均年龄由原来的 65.7 岁下降到 54 岁，具有大专以上文化程度的人数由原来的 35.5% 提高到 52%。经过此次调整，省级领导班子的平均年龄由原来的 62.3 岁下降到 55.5 岁，其中 55 岁以下的由原来的 15% 提高到 48%，40 岁以下的有 9 人。具有大专以上文化程度的由原来的 20% 提高到 43%，其中新进班子的人员中，大专以上文化程度的占 71%。③ 1984 年 4 月，中共进一步调整省级党政领导班子，"调整后的省、区、市党委常委和正副省长、主席、市长，平均年龄由 57 岁降为 53 岁。绝大多数省、区、市的领导班子都有 40 岁左右、50 岁左右、60 岁左右的干部，初步形成梯形的年龄结构。具有大专文化程度的人，从上次调整后占 43% 上升到 60%"。④

　　仔细分析起来，20 世纪 80 年代干部年轻化政策力度大且执行比较得力的原因大致有以下一些。

　　首先是政策发动者邓小平、陈云富于政治智慧，站在政治继承的高度，从制度层面入手来思考并解决领导干部的老龄化问题。王洪文 1975 年"十年后再看"的叫嚣所激发的政治紧迫感，使得他们对于领导干部的老龄化问题有着清醒的认识。邓小平曾为此大声疾呼"错过了时机，老同志都不在了，再来解决这个问题，就晚了，要比现在难得多"⑤。20 世纪 80 年代，

① 上述数据是笔者根据贺国强主编、中共党史出版社出版的《中国共产党历届中央委员大辞典（1921～2003）》统计计算而来。另参见周黎安《转型中的地方政府：官员激励与治理》，格致出版社、上海人民出版社，2008，第 104 页。

② 参见周荣初《李锐：仍骑虎背进诤言》，《名人传记》2005 年第 6 期。

③ 参见陈凤楼《中国共产党干部工作史纲》，党建读物出版社，2003，第 234 页。另参见周黎安《转型中的地方政府：官员激励与治理》，格致出版社、上海人民出版社，2008，第 104 页。

④ 《人民日报》1985 年 9 月 9 日，引自"政治体制改革资料选编"编写组《政治体制改革资料选编》，南京大学出版社，1987，第 264 页。

⑤ 邓小平：《党和国家领导制度的改革》，《邓小平文选》第 2 卷，人民出版社，1994，第 327 页。

邓具有决定权，陈有否决权，两人达成一致，事情基本可以办成。在这一问题上，两人有着共同利益并达成了高度一致，而且年事已高的他们由于在党和国家的中枢领导岗位上发挥着难以替代的作用，因此能超脱于年轻化政策的冲击之外。最为重要的是邓、陈二人更多是站在制度层面的高度来思考这一问题的，他们大力推动党和国家领导干部体制的改革，废除实际上的领导职务终身制，通过年龄限制与任期限制的配合初步建立起了以"梯队接班"为核心的领导层新老交替的制度安排。

其次是"干部年轻化"的政策，中央层面率先垂范，严格执行，然后再自上而下地深入到每一个层级。中共十二大之后，率先按照"四化"标准进行调整的国务院所属 41 个部委，其正副部长、主任平均年龄由原来的65.7 岁下降到 54 岁。1982 年 10 月省级领导班子开始调整，经过此次调整，省级领导班子的平均年龄由原来的 62.3 岁下降到 55.5 岁。地、市、州党政领导班子的调整从 1983 年 2 月份开始，县级党政领导班子 1983 年底开始调整。① 更为重要的是层级越高年轻化的力度越大。这就告诉我们：像中国这样中央集权的国家，涉及政治层面的改革往往需要由上层来推动，而且要想取得良好的效果，通常还需要中央率先垂范自上而下的严格执行。只有这样才能平息地方官员对于政策合法性、合理性的质疑，大大减少政策执行的阻力。

再次，中央通过建立离退休制度和设立顾问委员会，渐进、平稳地实现了大批"文化大革命"中被迫"靠边站"、粉碎"四人帮"之后才纷纷恢复工作的老干部退下去的艰巨任务。老干部的离退休为中青年干部的提拔打下了良好的基础，进而为"干部年轻化"政策的落实提供了保障。当时一个重要的过渡性举措就是设立中央和省级顾问委员会，作为新老干部交替的过渡机构，其他措施还包括维持退休老干部的政治待遇、提高老干部的离退津贴、公开表扬老干部退休行为等。正如小平同志所说："顾问委员会……是我们干部领导职务从终身制走向退休制的一种过渡。我们有意识地采取这个办法，使得过渡比较顺利。"②

最后，退休制度让中青年干部成为受益者，使得他们成为改革开放路线的最佳执行者，而且当时的中共中央总书记胡耀邦作为干部"四化"政策

---

① 参见陈凤楼《中国共产党干部工作史纲》，党建读物出版社，2003，第 234 页。另参见周黎安《转型中的地方政府：官员激励与治理》，格致出版社、上海人民出版社，2008，第 104页。

② 《邓小平文选》第 2 卷，人民出版社，1993，第 413～414 页。

的主要执行者为人公道、正派。因此，这一时期年轻干部的选拔任用风气比较正，较少出现后来"任人唯亲"、"跑官、买官、卖官"的现象。以当时建立的"第三梯队"为例，其中所谓"劳动人民家庭出身"的占83%，"剥削家庭出身"的占11%，而出身于干部家庭——亦即"副部以上的高干子弟"——才5%多一点。这足以说明当时基本上做到了按制度选拔，按制度考察，按制度管理，由把制度真当制度的机构负责。用亲历其事者的话来说就是：第一，选拔时有明确的目标——就是选拔标准；第二，工作中严格执行了程序——就是考察制度；第三，每年都有常规考核，滚动调整，有进有出——就是管理制度；第四，对大部分人都有一定的培养措施——这也是一种制度性的"继续教育"；第五，从中央组织部到省市委组织部都有一个真诚的、认真的、负责任的、把制度真当制度的专职机构进行管理——这个机构在中央是青年干部局，在省市是青年干部处。①

三　中央委员会平均年龄的演变趋势

在回顾了改革开放之初中共所面临的领导干部老龄化问题，以及解决上述问题的种种应对举措（即提出干部"四化"方针，废除实际上存在的领导职务终身制，逐步建立以年龄限制为基础的离退休制度，大力推动并落实"干部年轻化"政策的来龙去脉）之后，我们便可以展开对于中共建政以来历届中央委员会平均年龄演变趋势的分析，并透过这种分析揭示"年轻化"政策所面临的各种障碍和挑战。

从图1中我们不难看出，自1956年中共八大之后，中央委员会的平均年龄不断上升，并在1977年达到64.4岁这一中共历史上的顶峰，如果不考虑其中的人员变动，十一届中委任期届满时的平均年龄则更是达到惊人的69.4岁。也就是说，从平均年龄的角度来看，十一届中央委员会是老龄化最严重的一届。此后，由于邓小平和陈云两位元老以及时任总书记胡耀邦大力推动"干部四化"方针，尤其是落实其中的"年轻化"政策，中央委员会的平均年龄逐届下降。1985年和1987年是其中值得特别注意的两个时间节点。1985年9月，叶剑英、邓颖超、徐向前、聂荣臻等54位德高望重的

---

① 崔武年：《从"第三梯队"说起——关于政治进步的严肃的浪漫的杂谈》，http://blog.sina.com.cn/s/blog_ 9e81c6b801017q43.html。

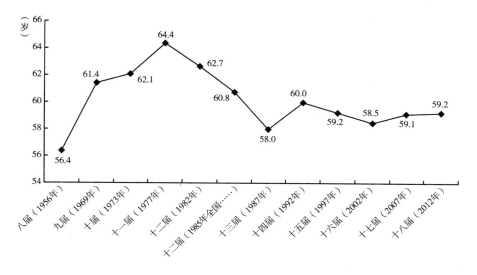

图1　中共建政以来历届中委平均年龄演变趋势*

　　* 12～16届数据根据贺国强主编、中共党史出版社2004年11月出版的《中国共产党历届中央委员大辞典（1921～2003）》统计计算得到。而17～18届中央委员的数据则来源于新华网、人民网等发布中央委员简历的权威网站。下文图表中的数据出处也和此处一样，恕不再一一注明。

老同志在十二届四中全会上辞去了中央委员的职务。在与此同时召开的中国共产党全国代表会议上，丁关根、李铁映、邹家华、迟浩田、胡锦涛、钱其琛、尉健行等56位相对年轻、精力充沛的干部被增选为中央委员。这一退一进之间便使得增选、递补后的十二届中央委员会比之前降低了差不多2岁。① 对于1985年全国代表会议的增选，邓小平同志十分满意，他表示："这次三个委员会成员的进退，工作做得很好，特别是中央委员会的年轻化，前进了一大步……这次增选的中央委员，新近上任的部长、省委书记，

---

① 实际上，有关工作早已展开。1983年12月，当时分管组织工作的政治局委员宋任穷到中组部听取后备干部工作情况的汇报，催促早日拿出"一千人名单"，显示出中央领导层非常重视"第三梯队"的工作。议到年龄情况时，"宋任穷说：年龄上可注明一下，特别是对五十岁以上准备就用的，八五年要开一次党代会，所以，实际上八五年就要用。耀邦讲八五年中央委员要更新一批，更新的来源主要就在这里面。当李志民说到为便于中央了解，这一千个人每人搞个四百字的小传时，宋任穷说：四百个字？这些人是要报给小平、陈云同志看的，一人四百个字加起来就是四十万字！怎么看得过来？要搞个简本！耀邦同志讲，可以一批批地给，有计划地给，成熟的先给。"——崔武年：《我的八十三个月》，（香港）高文出版社，2003，第14页。

都比较年轻。一般是五十多岁，有的才四十出头。"① 这次增选对后来中共高层的人事变动有着十分重要的影响，前面所列被增选进中央委员会的同志后来都相继进入到了政治局，跻身党和国家领导人行列。这种干部年轻化的势头在中共十三大上得以延续和进一步加强。1986 年，邓小平提出党的十三大领导层年轻化的目标还要前进一步，希望中国能够出现一大批三四十岁的政治家、经济管理家、军事家、外交家。② 他还表示说："如果有一天在我们的干部队伍中四十岁左右的占了主导地位，那是我们的事业兴旺发达的标志。"③ 因此，十三大人事安排贯彻了一个重要原则，即十二届中央委员和候补中央委员，年龄在 66 岁（含 66 岁）者，一般不再提名。④ 结果，150 名中央委员和候补中央委员没有进入十三届中央委员会，这使得十三届中央委员会的平均年龄达到改革开放以来的最低点 58 岁，如果把候补中委也算进来，平均年龄则为 55.2 岁，比上一届降低了近 4 岁，有大专学历的人数增加了 18%。⑤ 十三届中央委员会因此也就成为了改革开放以来最年轻的一届。如果缩小范围，只计算政治局常委会、政治局和中央书记处的平均年龄的话，年轻化趋势更明显。1987 年选举产生的十三届中央政治局常委平均年龄由上一届的 73.8 岁下降为 63.6 岁，下降了 10.2 岁，其中胡启立58 岁，李鹏59 岁，乔石63 岁；政治局委员由 71.8 岁下降为 64 岁，年轻了约 8 岁，江泽民（61 岁）、李瑞环（53 岁）进入了政治局；中央书记处成员由 63.4 岁下降为 56.2 岁，下降了 7.5 岁，温家宝（45 岁）开始担任书记处候补书记。

如果我们对中共十二大以来历届中央委员会的年龄结构（见图 2）进行分析，所得到的结论也与前面从图 1 得到的结果大致类似。从图 2 我们可以看出 54 位老同志辞职之前的十二届中央委员会和 1985 年全国代表会议补选56 位年轻同志之后的年龄结构柱状图均显示：61 岁以上的中央委员是十二届的"主力军"，分别占 69.9% 和 54.7%。十三届中央委员的年龄结构则变

---

① 《邓小平文选》第 3 卷，人民出版社，1993，第 145～146 页。
② 参见《关于政治体制改革问题》第四部分，《邓小平文选》第 3 卷，人民出版社，1993，第 179 页。
③ 《邓小平文选》第 2 卷，人民出版社，1993，第 265 页。
④ 周黎安：《转型中的地方政府：官员激励与治理》，格致出版社，2008，第 105 页。
⑤ 数字根据贺国强主编、中共党史出版社 2004 年 11 月出版的《中国共产党历届中央委员大辞典（1921～2003）》统计计算而来，并参见周黎安《转型中的地方政府：官员激励与治理》，格致出版社，2008，第 105 页。

得较为合理，呈中间大两头小的格局，位于中间的 51～60 岁年龄段共有中
央委员 100 人，占 55.4%，是改革开放来以来梯队结构最为理想的一届。
十四届中央委员会中，61～65 岁的委员占比达到 40.7%，是拉高这一届年
龄平均数的主要人群，而且像刘华清、张震这两位在 1985 年曾辞去中央委
员职务的老将军又重新回到了中央委员会，而此时他们分别已届 76、78 岁
高龄。十五、十六、十七、十八这三届中央委员会中 56～65 岁的委员占绝
大多数，这是导致这几届平均年龄在 59 岁上下徘徊的主要原因。十七、十
八届中央委员会由于 65 岁以上中委所占比例有所增加，所以平均年龄对比
十六届的 58.5 岁有所反弹，重新回到了 59.1 岁和 59.2 岁。

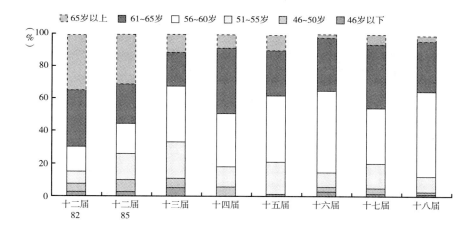

图 2　十二大以来历届中央委员会年龄结构

此外，在江泽民和胡锦涛同志担任总书记期间，干部年轻化工作还在以
下两个方面取得了进展：其一是在省部级以下加大了力度，不同级别干部的
年龄限制已经完全规范化、程序化，干部到点即退居二线或退休；其二是年
龄限制从中央委员层级一步一步向上延伸至党和国家领导人行列，对最高层
的领导人来说，年龄红线也逐渐从"软性约束"发展成了"硬性规定"，而
且"七上八下"也成为领导人普遍遵守的"共识"，此前"因人因事而异"
的变通做法成为了历史。①

---

① 所谓"七上八下"即 67 岁及以下的政治局委员的领导人可以寻求连任而 68 岁及以上的领
导人必须退休，这是社会上对这一年龄红线的通俗说法。

　　之所以这么说是因为，如果我们将每一届中央委员会中年龄最大的那（几）位成员单独罗列出来（见表1）就可以看出，历届中委中最年长者的年龄逐渐降低。及至十六届、十七届和十八届，中央委员最年长者都是67岁。这表明自1982年2月，中共中央作出《关于建立老干部退休制度的决定》，规定"担任中央或地方省部级领导干部的同志，正职一般不超过65岁，副职一般不超过60岁"以来，年龄限制逐渐从一般原则发展成硬性规定，并演变成任何领导人都不能逾越的"年龄红线"。

表1　十二届至十八届中央委员年龄最长者*

届别	年龄（岁）	姓名
十二届（1982）	85	叶剑英
十二届（1985）	83	彭真
十三届	80	杨尚昆
十四届	78	张震
十五届	71	江泽民
十六届	67	司马义·艾买提、罗干、曹刚川
十七届	67	梁光烈、华建敏、何勇、贾庆林、廖锡龙
十八届	67	俞正声、吴胜利、刘延东

　　*十五届中央委员中年龄最大的是76岁的华国锋，但此时他已不担任除中央委员之外的任何实际职务，其进入本届中央委员会的象征意义大过实际意义，故此处列出的是71岁的江泽民同志。

　　实际上，1982年《关于建立老干部退休制度的决定》曾指出，在党和国家领导人中需要保留少量超过离退休年龄界限的老革命家，这是全局的需要，是保持国内安定团结和正确处理国际关系的需要，是完全符合党和人民根本利益的。因此，1982年的党章既没有规定中央领导人的退休年龄，也没有对领导人的任期作严格的限制。但自1985年以来，随着中国政治的发展，领导人的退休年龄一步一步地逐渐有了一个为政治精英所共同接受的界限。1985年党的全国代表大会上，88岁的叶剑英率先提出不再担任中央政治局常委；1987年十三大，83岁的邓小平、82岁的陈云、78岁的李先念一同退出政治局常委会，他们的平均年龄为81岁；1992年十四大，75岁的姚依林和宋平退出中央政治局常委会；1997年十五大，73岁的乔石和81岁的刘华清退出中央政治局常委会；2002年十六大，江泽民（76岁）、李鹏（74岁）、朱镕基（74岁）、李瑞环（68岁）和尉健行（71岁）、李岚清（70岁）等6人退出中央政治局常委会，常委会的平均年龄从而降至62.1

岁。而且十六大首次确立了超过 67 周岁的中央政治局常委不再寻求连任，而应退休的惯例。2007 年十七大，68 岁及以上的原十六届中央政治局常委曾庆红（68 岁）、吴官正（69 岁）、罗干（72 岁）等 3 人退出了新的中央委员会和中央政治局及其常务委员会，平均年龄为 69.7 岁，这再次表明 68 岁正是原中央政治局常委不再谋求连任的退休年龄。① 2012 年十八大，除习近平和李克强两位同志以外，68 岁及以上的原十七届中央政治局常委胡锦涛（69 岁）、吴邦国（70 岁）、温家宝（70 岁）、贾庆林（72 岁）、李长春（68 岁）、贺国强（68 岁）、周永康（69 岁）等 7 人退出了新的领导班子。由此可见，68 岁作为中共领导人的"年龄红线"从十六大开始正式成为了一条任何人都不能突破的"硬规则"。② 这是十四大以来领导人新老交替在规范化、制度化、程序化层面最大的进展。此外，观察中央政治局常委会、政治局和书记处成员的平均年龄的演变趋势（见表 2），我们也会发现，1987 年的十三大是一个分水岭，十三大之后这三个机构成员的平均年龄对比此前有明显的下降，而且同一领导机构内部成员的年龄相对接近，不像之前成员的年龄差距那么大。

表 2　十二届至十八届中央领导机构成员平均年龄

单位：岁

	十二届	十三届	十四届	十五届	十六届	十七届	十八届
政治局常委	73.8	63.6	63.4	65.1	62.1	62.1	63.4
政治局委员	71.8	64	61.9	62.9	60.7	61.4	61.2
中央书记处书记	63.4	56.2	59.3	62.9	59.7	56.7	61.9

---

① 参见胡鞍钢《中国领导人新老交替的制度化、规范化和程序化》，载胡鞍钢、王绍光、周建明主编《第二次转型：国家制度建设》（增订版），清华大学出版社，2009，第 183～184 页。

② 但上述"年龄红线"对于中央军委主席这一职位并不适用。1987 年，中共十三大"因人因事而异"特意将党章第二十一条"中央军事委员会主席，必须从中央政治局常务委员会委员中产生"的条款修改为"党的中央军事委员会组成人员由中央委员会决定"，[《中国共产党章程部分条文修正案》（1987 年 11 月 1 日，中国共产党第十三次全国代表大会通过），http://cpc.people.com.cn/GB/64162/64168/64566/65447/4441815.html]，这样邓小平以"一名普通党员的身份"在十三届一中全会上连任中央军事委员会主席，直到 1989 年 85 岁的邓小平才辞去了这一职务。2002 年，中共十六届一中全会上江泽民亦以普通党员的身份连任中央军事委员会主席，2004 年 9 月，也是在两年之后 78 岁的江泽民才辞去了这一职务。最新的发展是，十八大上，69 岁的胡锦涛同志不仅退出了中央政治局及其常委会，更是高风亮节一步到位地退出了中央军事委员会。

　　尽管十四大以来，中央高度重视干部年轻化问题，但由于现行干部人事制度所限，十四届至十八届中央委员会的平均年龄无法继续下降，始终在58～60岁的狭小区间窄幅波动。其制度层面的原因，我们大致可以在2002年7月23日中共中央印发的《党政领导干部选拔任用工作条例》中找到些许端倪。《党政领导干部选拔任用工作条例》明确了拟提拔担任县（处）级以上党政领导职务的干部所应具备的诸种资格："（一）应当具有五年以上工龄和两年以上基层工作经历。""（二）一般应当具有在下一级两个以上职位任职的经历。""（三）由副职提任正职的，应当在副职岗位工作两年以上，由下级正职提任上级副职的，应当在下级正职岗位工作三年以上。""（四）一般应当具有大学专科以上文化程度，其中地（厅）、司（局）级以上领导干部一般应当具有大学本科以上文化程度。（五）应当经过党校、行政院校或者组织（人事）部门认可的其他培训机构五年内累计三个月以上的培训，确因特殊情况在提任前未达到培训要求的，应当在提任后一年内完成培训。"① 此外，《党政领导干部选拔任用工作条例》第八条还强调："党政领导干部应当逐级提拔。越级提拔的，应当报经上级组织（人事）部门同意。"② 也就是说，在目前行政层级过多的大背景下，现行选拔任用体制对"职务历练"与"逐级晋升"的强调是导致年轻化在中央委员会这一层级踟蹰不前的主要原因。具体来说就是，现有的选拔体制一方面强调被选拔的干部要有一定的基层工作经验、经历，另一方面又强调要按部就班一个台阶、一个台阶地上，这两者无疑有它的合理性，但它们却直接导致了中央委员层级的领导干部的平均年龄难以进一步下降。举例来说，一名干部40岁左右当上县委书记，应该说是比较年轻的了。但要从县委书记提拔到省委书记，通常要经过副市长、常务副市长/市委副书记、市长、市委书记，再到副省长、常务副省长/省委副书记、省长最后到省委书记这8个台阶。顺利的话，副职一级台阶2年，正职一级台阶3年，到省委书记这个位置已经60岁左右，已算不上年轻。从上述《党政领导干部选拔任用工作条例》的规定和相关例子的分析中，我们基本上找到了十三大之后中央委员会平均年龄在58～60岁这一狭小区间窄幅波动的体制根源。

---

　　① 参见《党政领导干部选拔任用工作条例》第七条，http：//www. people. com. cn/GB/shizheng/16/20020723/782504. html。

　　② 《党政领导干部选拔任用工作条例》，http：//www. people. com. cn/GB/shizheng/16/20020723/782504. html。

　　综合前面的分析，中共建政以来中央委员会平均年龄的演变趋势，简单归纳起来就是，前三十年由于革命氛围高涨，干部离退休意识的缺失与实际上的领导职务终身制导致包括中央委员在内的中共政治精英日渐老化，及至十一届三中全会召开之时，十一届中央委员会的平均年龄已经达到65.4岁。有鉴于此，邓小平和陈云两位元老率先提出"干部四化"方针，大力推动领导干部的年轻化，重点选拔"第三梯队"。从十二大开始，中央委员会的平均年龄稳步下降。1987年召开的十三大选举产生的中央委员平均年龄下降到58岁，成为改革开放以来最年轻的一届中央委员会。但此后中央委员会的年龄由于"职务历练"与"逐级晋升"等因素的约束而有所反弹，始终在58～60岁的狭小区间徘徊，而在此期间，最大的进展是68岁的"年龄红线"逐渐从一般的"软约束"变成普遍的"硬规则"。也就是说，在"退休制"和"任期制"的配合下，干部退休的"年龄红线"逐渐得到严格执行。

四　结语："干部年轻化"的极限与挑战

　　在改革开放以来的政治发展过程中，中共领导人主要权力的来源逐渐从邓小平时代的"个人权威"转变为江泽民、胡锦涛时代的"职务性权力"，这为"干部年轻化政策"的夯实与细化提供了主要动力。

　　20世纪80年代初期，"个人权威型"的政治强人邓小平、陈云等扮演了制度建立者的角色。拥有坚实个人权威与职务权力这两点使得他们比较容易维持多数联盟。这意味着他们拥有足够强的力量去推动"年轻化"这一对党和国家长期发展有利但损及"文化大革命"之后复出的高级干部权益的改革。[①] 作为第二代领导人的核心，邓小平以身作则，尽量鼓励自己的同辈、同事退休。通过日益细化的"年龄限制"并辅之以"任期制"，领导干部新陈代谢的机制初步确立了起来。

　　及至20世纪90年代中期，制度建立者退场以后，"职务权力型"领导人真正接掌决策权力。但他们缺少坚实的个人权威，中央政治局（及其常委会）逐渐成为决策中心，集体领导与个人分工相结合的制度趋向稳定，

①　参见寇健文等《制度化对中共精英增补之影响：评估十七大政治局的新人选》，《东亚研究》2006年第37卷第2期。

权力格局相对平衡，这一切均有助于邓小平、陈云二人所奠定的、干部年轻化的制度精神的延续，以及相关规范的繁衍。① 具体来说，一方面是制度密度不断增加。在这个过程中，个别细部规范不断新生、修正，制度精神得以延续。另一方面制度约束力逐渐增加，制度规范得以强化。因此干部退休、集体领导、分工负责等原则逐渐成为社会主流的价值标准，无形中增强了制度发展的力量。这两点，在"年龄红线"从"因人而异"的"软性约束"逐渐向上延伸至党和国家领导人层级并发展成具有普遍约束力的一般原则即"硬杠杠"的过程中，表现得十分明显。以上这一切均表明，20 世纪 80 年代奠基的"梯队接班"模式与干部年轻化原则已逐渐发展成为政治精英内部得到普遍遵守的共识。此一时期，年龄限制（强制性的退休年龄）、任期制、最低学历标准和相应的职务历练，这些在 20 世纪 80 年代逐步引入的干部人事制度得到了更为严格的执行。

但是由于政治体制改革在 20 世纪 90 年代以来进展不大，实际上还是沿用了传统的选拔任用体制，而且更加强调"职务历练"与"逐级晋升"等因素，因此"年轻化"在中央委员这一层级遭遇了体制"限度"问题。图 1 即显示出自十四届中央委员会以来，历届中央委员的年轻化趋势已经停滞，中央委员会的平均年龄始终在 58～60 岁这一狭小区间徘徊。更让人担心的是年龄结构的优化势头也停滞了下来，具体来说就是 60 岁以上年龄段的比重对比 20 世纪 80 年代有所增加，而 55 岁以下者的比重则降低了，且十七、十八两届 65 岁以上者还有所增加。这似乎表明，在现行党政干部选拔体制下，中央委员这一层级的领导干部的年轻化基本走到了尽头，根本无法实现邓小平当年设想的涌现出一大批 30～40 岁的政治家、外交家、经济管理家的愿景。

现行选拔体制的另外一个阿喀琉斯之踵就是无法回避的合法性挑战。由于竞争性选举的缺失，被破格提拔者，尤其是那些跻身中央委员和政治局委员序列的年轻干部，往往会陷入同僚和公共舆论质疑的风暴眼中，即便是正常的人事安排往往也面临着"有原则的任人唯亲"的派系政治的拷问，而且这种质疑之声此起彼伏，大有向整个体制蔓延的趋势。所以通过民主制度

---

① 参见寇健文等《制度化对中共精英增补之影响：评估十七大政治局的新人选》，《东亚研究》2006 年 7 月第 37 卷第 2 期。另参见寇健文《中共与苏共高层政治的演变：轨迹、动力与影响》，《问题与研究》2006 年第 45 卷第 3 期。

来真正落实"权为民所赋"的理念乃是当前干部人事制度改革的第一要务。

　　发达民主国家的一些经验或许能够为我们改进当前的人事制度，化解社会舆论对于破格提拔者的合法性质疑，继续推动党和国家领导层的年轻化提供参考。民主国家的领导人往往通过竞争性选举上台，竞争性的选举程序本身就为官员执政的合法性提供了基础，这就从根本上破解了其他体制所面临的合法性困境。民众既可以选出年轻如克林顿者也可以选出年迈如里根者，社会舆论不会因为克林顿和里根的年龄而质疑他们当选的合法性。2008 年美国总统大选，70 多岁的麦凯恩败给 48 岁不到的奥巴马也很少有人将之归结为年龄问题。所以正如赵鼎新所论："民主有效地解决了现代国家的合法性问题。对于现代国家来说，民主选举为国家提供了最为稳定的合法性基础。"[1] 因此，从发达民主国家的经验，我们可以看出，干部年轻化其实是一个非普遍性的命题。只有权力授予机制是自上而下的中央集权国家才会为了保持党和国家领导层的活力而提出干部年轻化这一方针。这给予人们的启示是：竞争性选举是保持领导层活力与朝气的有效途径。它一方面可以解决干部年轻化政策的瓶颈，另一方面也可以确保不因龄选才和因龄废才，进而消除目前体制在年龄问题上搞一刀切所蕴含的不合理因素。这也就意味着如果我们想破解破格提拔的"合法性"难题，继续推进中央委员会的年轻化进程，从选拔逐渐过渡到选举才是正途。而且，当今世界，用程序化的民主方式即竞争性选举来产生领导人的做法已经成为潮流。从这个意义上说，中国的民主转型将是一种必然。

---

　　[1]　赵鼎新：《民主的限制》，中信出版社，2012，第 68 页。

底层政治发展

制造确定性：中国城市社区选举中的违规操作现象分析

李　辉[*]

摘　要： 在对上海市城市社区 1999 年到 2009 年十年间的居委会换届选举的实地观察的基础上，对选举过程中的违规操作的具体形式进行了归纳，发现在大部分的社区中，选举规则被一些违规操作所扭曲，损害了基层民主的质量。之所以出现违规操作的原因在于：第一种我们可以称为行政压力型违规，在不断加码的政绩驱动下，居委会对于投票过程的操作会逼不得已地采用许多不符合选举法规定的手段；第二种是一些街道和居委会为了追求结果的确定性（贯彻候选人的组织意图）而进行的违规操作。

关键词： 社区选举　基层民主　违规操作

一　中国基层社区选举与民主化进程：来自上海的经验

自 1999 年第六届居委会换届选举开始，上海市的基层民主自治实践踩着有节奏的步伐，遵循着循序渐进的规律稳步地，并且完全可以说是大踏步

* 李辉，复旦大学国际关系与公共事务学院。基金项目：教育部社会科学基金项目"东亚儒家文化圈预防腐败制度的比较研究及启示"（批准号：10YJC810022）；国家社科基金项目，"东亚儒家文化圈预防腐败制度研究及对中国的启示研究"的阶段性成果，批准号：11CZZ015；复旦大学新教师科研启动基金"中国地方腐败治理体系与部门协调机制研究（1993～2010）"。

地前进。民主化最直接也是最基本的反映就体现在选举形式上，没有选举形式的民主化，其他一切都无从谈起。选举形式是在规则和制度上对民主程度的制约和保证，在这十年的实践过程中，上海市在城市社区居委会的换届选举中主要采取了两种形式的选举办法：居民直接选举与居民代表选举。

其中居民直接选举又分为两种：一种是有候选人的选举，即先由过半数有选举权的居民提名候选人，确定正式候选人名单后，再正式选举产生居委会成员；一种是无候选人的选举，简称"海选"，这是由过半数选民直接选举产生居委会主任、副主任和委员。而居民代表选举，则只需要3人以上的居民代表就可以联合提名候选人，确定正式候选人名单后，再由全体居民代表投票，从中选举出居委会成员班子（《上海市居民委员会选举手册》，2009）。

那么如果单纯从选举规则的角度进行比较，我们可以发现，在以上三种方式中，海选的民主程度要高于有候选人的居民直接选举，而居民直接选举又要高于居民代表选举。因为在民意的体现方面，居民直接选举在民意体现的直接性上要高于代表选，而海选不仅在直接性上更高，还弱化了组织机构对于候选人提名的控制。那么，从上海市10年以来的选举实践中，我们可以看到选举形式正在一步步走向民主化。

据统计，在上海市第六届也是第一次在居委会选举中尝试采取直接选举形式时，只有1.7%的居委会采取了直接选举形式，而到第七届时，这一比例就迅速攀升至31.4%，当年全市共有766个居委会采取了直接选举方式。并且这一攀升速度并没有下滑，而是像前面所说的"大踏步"地前进，第八届居委会直选率达到了53%，这一比例在本次选举中达到历史高峰的84%，在图1中我们可以清晰地看到这一可喜的变化趋势。

从图1中我们只能看到采取直接选举形式的居委会的比例在不断上升，而在图2中我们可以更为直观地看到，直接选举的居委会的绝对数量也在迅速上涨中。据统计，第七届共有766个居委会采取了直接选举形式，第八届大约为1786个（没有确实数字，用参选居委会数量×直选比例计算出来的约数）。到本届选举时，这一比例达到了空前的3029个，如果以区为单位来计算，可以发现其中黄浦、卢湾、长宁区直选比例达到100%，徐汇、嘉定、浦东新区直选比例达到90%以上。

但是华丽的数字只能说明城市社区中的基层民主在"数量"上的重大突破，我们需要进一步追问的是，这些选举的"质量"如何？通过对几届选举

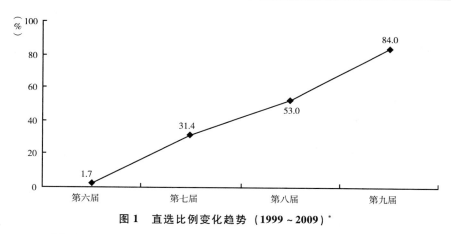

图 1　直选比例变化趋势（1999～2009） *

　　* 数据来源：《上海市历届居（村）委会换届选举报告（1999～2009）》，上海市民政局内部印发。

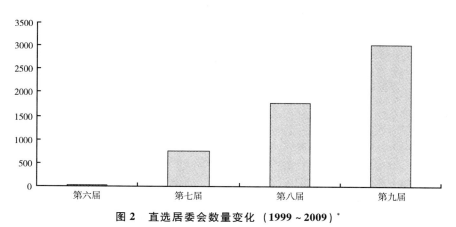

图 2　直选居委会数量变化（1999～2009） *

　　* 数据来源：《上海市历届居（村）委会换届选举报告（1999～2009）》，上海市民政局内部印发。

过程的田野观察，我们也发现了一些不规范的行为，这些行为有的是忽略了选举办法的具体要求，有的是钻了选举办法的空子，在一定程度上损伤了社区选举的民主性程度，在本文中我们称之为"违规操作"（malpractice）。

二　行政压力与选举结果的确定性：
违规操作的原因分析

　　根据对往届选举观察的经验，以及对本届选举三个居委会案例的观察，我们认为大致可以将违规分为两种：一种我们可以称之为行政压力型违规，即上级政府从制度上确定了对选举结果"双过半"的行政性要求（居民投票率超过 50%，同时当选人得票率超过 50%）。而这个过 50% 还只是最低要求，在实际选举过程中，街道干部和居委会给自己设定的目标会远远超过这个数字，在访谈中很多社区干部表示他们要求双过 80% 或 90%[①]。在这种不断加码的政绩驱动下，居委会对于私自更改对投票过程的实际操作，整个选举过程不再是对民主程度的追求，即对居民表达选举意愿的追求，而是变成了对最大化投票率的追求，一个很明显的结果就是过高的委托投票率[②]；第二种可以称为"组织意图"型违规，是一些街道和居委会为了追求结果的确定性，主要是为了贯彻候选人的组织意图而进行的违规操作。在田野观察中，我们发现大多数居委会的选举背后都会有一些上级政府一般是街道对于"当选人"人选的事先安排，我们把这种安排称为组织意图。组织意图一般会在选举动员阶段，由居委会书记传达给"选举委员会"，或者在选举动员阶段，告知所有参与选举的"积极分子"们[③]。这些行为严重影响了选举过程的规范性和选举结果的公正性，而且这些违规是可以通过加强监督和制度设计来加以避免的，如陪选、批量填写、样板票、半废票、引导投票等。

根据以上分析，笔者提出以下两点解释违规操作出现的解释机制。

机制 1：在对选举投票率的行政要求越高的情况下，就越容易出现违规操作。在这一机制中，还有一个中间变量，那就是社区的类型。在上海目前主要有两种类型的社区，一是 20 世纪 80 年代兴建的老社区，一般称为"老工房"，这类社区的老年人比较多，选举动员相对容易，投票率自然相对较高，因此也没有那么强的违规操作。但是在 21 世纪刚刚兴建的高档商品房社区里，居民主要以双职工白领阶层为主，选民的规模比较大，而又是参与率比较低，那么在"双过半"的追求下，就更容易出现严重的违规操作。

机制 2：选举前对于候选人的"组织意图"越强，对于结果要求的精确性程度越高，就越容易出现违规操作。这个精确性不是单单指上级政府要求

---

① H 街道选举负责人访谈，2009 年 6 月，李辉整理。

② 熊易寒：《社区选举：在政治冷漠与高投票率之间》，《社会》，2008 年 3 月，第 180 ~ 227 页。

③ 李辉：《社会报酬与社区积极分子：上海市 S 社区楼组长群体的个案研究》，《社会》2008 年第 3 期，第 97 ~ 117 页。

的双过半，很多街道甚至要求双过90%，而且指对候选人当选几率要求的精确性。如X居委会9个候选人中选出8人，那么要把票数集中在其中8名身上，这种情况下精确性要超过5选4类型的。另外，选票分为三部分，主人票、副主任票和委员票，主任2选1，副主任3选1，委员9选6，那么这种精确性要超过只有主任和委员的。

三　案例分析：X居委会2009年换届选举

根据最近几届换届选举的观察，大部分街道的违规操作大体是相似的，因此这里仅举其中一个作为剖析的案例，笔者在2009年6月到8月全程参与了这个居委会的换届选举。在J街道下面有两个明星居委会，从整个选举过程的规则的遵守程度来看，C居委会在整个选举过程中的违规程度明显低于X居委会，在作了粗略比较之后，我们发现X居委会的以下几点特征是与其在投票过程中的违规程度有关的。

一是在人员构成上，X居委会组成人员资历较浅，权威性不够。在X居委会现任的一个主任①（一肩挑）和7个委员中，只有1位资格较老，从2003年开始在居委会任职而另外有5位是在2006年的换届选举后上任的，这几位在X居委会就算是老资格的成员了。这次选举上任的主任是2008年3月临时安排过来的，根据简历来看，这位主任的工作能力很强，曾经在大型国有企业担任经理和负责党委工作，但是在社区工作只有工作能力是不够的，还需要足够的社会资本和权威感，要获得社区积极分子群体的认可，这是合法性的最重要来源。在对社区积极分子的访谈中，我们也发现，他们普遍对上一任的老居委会主任非常认同，这无形给现任居委会主任造成一定压力，在这种情况下，从街道到居委会都对这次选举的结果有些担心，深恐主任会在此次选举中落选。因此，在选举过程中就形成了对X居委会选举的"组织意图"：要让新主任和另外5位委员当选。

还有另外两名资历最浅的委员，是2009年3月街道以招聘的名义进来的，一位是下岗职工，一位是刚退休人员，从对二人的访谈中发现，其加入居委工作的原因非常简单，就是为了1000多元工资，补贴家用。而且，因为其进入居委会的方式是街道招聘的方式，因此对通过选举上任的形式

---

①　一肩挑：居委会主任和书记由同一个人来担任。

颇有怨言："我们过五关斩六将，进过笔试面试终于进了居委会，结果还要通过选举，选举不上还不算，真让人头疼死了。"在这里，选举赋予的合法性与街道的行政合法性发生了冲突，在这一冲突过程中，街道表现出了强烈的维护自身合法性的冲动，即要通过此次换届选举来贯彻自己的意愿。

二是 X 居委会所在的社区类型。X 居委会由三个社区组成，这三个社区都是清一色的高档住宅小区，房价在 2009 年的时候已经超过大部分周边小区，其居民以企事业单位的中高级白领工作人员以及部分政府公务员为主体，社区的老龄化程度不高。在实地观察中可以发现，一般这类小区的居民业余闲暇时间比较少，收入高但工作比较繁忙，因此对社区事务的参与程度也相对较低。X 居委会在日常工作开展的过程中经常面临无人可找的窘境。在居委会办公室旁边的"居民活动中心"，硬件设备很好，整齐摆放着崭新的体育和娱乐设施，但在整个观察期间基本无人问津，社区内部的各种自治组织和团队与老工房社区相比起来，简直要用"贫瘠"来形容。在这种高政治冷漠的社区中，要想在完全遵守规则的情况下使得投票率和候选人得票率"双过半"，那简直就是天方夜谭。

四　陪选、制造误差与样板票："看上去很美"的选举

上面的背景其实表达了在上海大量社区选举中存在的普遍性冲突：第一个背景其实告诉我们，在 X 社区，"组织意图"与实际的候选人个人在社区的权威形成了冲突，街道对于结果不确定性的担心和贯彻组织意图的意愿在这种冲突中就更被放大和加强了。第二个背景其实是居民实际中的"政治冷漠"和政府希望制造"看上去很美"的选举二者之间的冲突，这一冲突更加激励了街道和居委会希望控制选举结果和采取非常规操作手段的冲动。这主要表现在三个阶段。

1. 选举的准备和动员阶段

选举并不仅仅是投票，投票可以说是选举的最后一个环节，在这之前居委会要做大量的选前准备工作，包括选民登记、发放选民证、动员选民参选、对候选人进行选前的竞选宣传等，这些都是选举规则里允许的一般动作，但是也有一些选前活动是不太为人所知的，这些行动其实对于选举的结果影响来说更为重要，那就是"陪选人"的挑选，对投票人数的"摸底"，

以及对选举结果误差的控制。

陪选人：在 X 居委会的案例中，我们也发现了比较明显的陪选现象，选择了一位以前在其他居委工作过的退休人员作为陪选，整个选举阶段，陪选人都没有露面，也没有对其作任何宣传，只有一张简历。关于陪选现象，中心已经有单独的报告，这里不再赘述了。

楼组长摸底：除了陪选人的选择之外，为了投票当天的过程是可控的，在投票前一天，居委会召开了选前楼组长大会。主要内容是第二天投票的注意事项，还有就是需要楼组长提前"摸底"，即选举日当天"到底多少人能来"。这个摸底对于选举日当天的过程控制是非常重要的，因为要保证来投票的人可以拿到选民证和选票，这样就可以计算剩余的选票数量和选民证数量，以作安排。

制造误差：除了摸底之外，居委会交代楼组长，每个人手里要留一些选票，不能使最后的回收率到100%，因为投票总要有误差的，但是按照现行的办法，是不会产生误差的，因为所有的选票都由楼组长分别管理和控制，因此制造误差的工作也只有交给楼组长去做了。

2. 投票阶段

选前指导和"圈足"原则：照例，在选举日当天，居委会召集居民代表和楼组长召开选前指导大会，公布工作人员名单和展示密封好的票箱，以及最重要的部分，对居民代表和楼组长进行选票填写上的技术指导，这个过程本意是为了降低废票率，帮助选民正确行使自己的民主权利。但是在黑板上醒目的三个原则却有一定的误导性，这三个原则就是："差额选，不重复，要圈足。"其实在选举日前夕，调研人员就观察到居委会内部对选票填写方法非常不熟悉，在对"包含法"的含义上产生了严重分歧，最后调研人员不得不介入进行解释。而不重复和要圈足这两个原则并不是包含法所必需的，选票填写名单是可以重复的，只要总数不超过候选人数量，当然也不用圈足，完全可以少于候选人数量，这两个原则主要是用来帮助得票率最大化的，并不是正确的填写指导方式。

分发选票：在选前大会结束后，选票按照楼组分发下去，另外领票处也是按照楼组分类的，5 个楼组一个领票处，选民到投票现场时，去相应的楼组领取选票。如此安排的本意是为了防止会场过于混乱，但结果却是楼组长控制了所有的选票和选民证，成为了选举当天最为重要的"工作人员"和"投票者"。

批量填写：一方面，楼组长要"管理"选票和选民证，使其可以一一对应起来。由于前一天摸底过后，楼组长对哪些人会亲自来投票做到了心中有数，因此会把这部分选票和选民证挑选出来，等待选民前来领取选票。而另一方面，更多的选票是没有人前来领取的，就由楼组长大把拿着，最后按照居委会的意图填写、投票，调研人员在现场观察到批量填写选票的现象比较严重。

选讫章：与批量填写选票相应的就是在选民证上盖选讫章，这个是选举日当天的"重活"，因为要不停歇地连续盖很多选讫章，这部分工作一般都交给身强力壮的年轻人去做了。

样板票：在投票过程中，除了选前指导之外，还有一种指导是由楼组长与选民面对面进行的。在大部分前来填写选票的选民中，楼组长会以稍微有些隐晦的方式指导选民如何填写，但是在这次 X 居委会的案例中，我们还看到了另外一个现象，就是在一些领票处出现了样板票，即一张填写好的选票，用来供选民抄写的。

内部工作人员：摸底会有误差，可能有临时看到选举很热闹而来填选票的，但是这部分选票可能已经被楼组长填写了并且投掉了，那么几个工作人员手中的预留空白选票就派上用场了，只要把投票人的选民证拿来，和空白选票对上就可以了。

委托书失灵：由于整个选举日当天，楼组长成为了选民证和选票的管理者，因此委托书整个失灵了，整个程序只需要将选民证和选票对应起来即可，这也应对了在选举前居委会主任所说的："委托书就是走走形式的。"

3. 计票阶段

五花八门的计票方法：计票阶段完全没有统一的规则，由于选票数量巨大，X 居委会总共回收了 3308 张选票，因此计票阶段以尽量少唱票为原则进行，能够直接计算的就直接计算，实在不能计算的才唱票。

选票的分类：按理说，9 选 8，还分为主任副主任和委员三部分的选票，算是非常复杂的选票，其排列组合形式也多出很多，但是我们在最后的分类中，依然可以挑选出接近 1800 多张的"标准票"，实在不知道该如何称呼这些选票，即和预订结果完全吻合的选票。在 G 居委会，3300 多张选票中，最后出现了 2010 张标准票，不过 G 居委会的选票相对于 X 居委会要简单许多，5 选 4，而且只有主任和委员两部分，因此出现标准票的排列组合几率也要高出很多。

半废票：在计票的时候，还出现了半废票的情况，即如果主任票、副主任票和委员票，在填写中只有其中一部分填写错误，那么另外两部分的票还是起作用的，只有填写部分作为废票，这也是明显有违计票原则的。

五　结论与讨论：迈向"质量"取向的基层民主

一般认为，中国城市社区的基层民主的发展已经非常迅速了，但是在笔者看来目前的发展还停留在对"数量"（quantity）的追求上，而且从本文开篇的数据来看，这一对量的追求已经快到达到顶峰，当上海所有的社区都实现了所谓的直接选举之后，下一步还要做什么？这是一个非常值得思考的问题，笔者对这一问题的回答是：要迈向一种"质量"取向的基层民主。

在目前对民主的研究中，民主的质量重新作为一个重要问题被提出来。自熊彼特之后，"程序"民主这一概念在政治科学中大行其道，这一定义虽然有着很多的弊端，但是却比较容易用来标准化和操作化。民主的程序性定义，强调的是实现民主所要满足的基本"必要条件"，这些条件主要表现为一系列的制度安排："民主方法就是那种为作出政治决定而实行的制度安排，在这种安排中，某些人通过争取人民选票取得作决定的权力。"[①] 较早的尝试可以追溯到罗伯特·达尔的工作（1971），在《多头政体》一书中，达尔认为真正的民主应该满足 9 个标准，结合后来的研究，其中已经基本达成共识的程序性民主所包含的基本条件包括以下几点：

（1）自由、公正、公开的周期性选举；

（2）政府被选民有效控制；

（3）充分的言论自由；

（4）公民拥有充分的可供选择的信息来源；

（5）加入组织、集会和结社的自由；

（6）受法律保护的普选权，并在选举和政治参与上没有任何的歧视和排斥[②]。

---

①　约瑟夫·熊彼特：《资本主义、社会主义与民主》，吴良健译，商务印书馆，2000，第 395～396 页。

②　罗伯特·达尔：《多头政体——参与和反对》，谭君久、刘惠荣译，商务印书馆，2003，第 13～14 页。Jorgen Moller and Svend-Erick Skaaning：*Requisites of Democracy：Conceptualization，Measurement and Explanation*，London and New York，2011.

　　而对民主质量的研究则关注，在一个具体的政权内部，安装（install）了最基本的民主程序之后，究竟在多大程度上实现了这些要求。李奥纳多·莫林诺（Leonardo Morlino）和拉里·戴蒙德认为应该从五个维度对这一问题进行衡量，包括法治、纵向责任、回应性、自由、平等①。莫林诺认为可以从三个角度来对"质量"进行一般化的理论建构：

　　"1. 一个高质量的产品，一定是经过一套精确地、受控的和标准化的程序生产出来的，这里强调的是程序；

　　2. 一个高质量的产品拥有一整套结构化的特征，例如设计、材料或功能，这里强调的是内容；

　　3. 一个高质量的产品还需要来自消费者满意程度的评价，而不论它是如何生产的以及内容是什么，这里强调的是社会回应的结果。"②

　　而在上海市基层选举中所发现的这些违规操作的细节，其实在很大程度上损伤了基层民主的"质量"，造成了众多"掺水"的和"去功能"的选举。同时，这些看似细节的程序更能够给选民和群众留下深刻负面印象，影响大家对社区选举民主程度的判断。

　　笔者认为，居委会选举不能仅仅追求制造一个"看上去很美"的选举，应该降低强烈的"组织意图"，对投票率和参选率的行政性追求也是不合适的。相反，街道应该以提供选举过程中的服务为主，为选民提供更好的投票环境，为候选人提供更多的与选民接触和宣传自己的途径和平台，同时还应该加强对选举过程的监督，更加细化和严格选举程序。因此低质量的选举，最后损害的不是选举本身，而是居民对政府的信任，以及居委会自身的权威性和合法性。

---

① Larry Diamond and Leonardo Morlino eds., *Assessing the Quality of Democracy*, Baltimore：The Johns Hopkins University Press, 2005.

② Leonardo Morlino, *Changes for Democracy*：*Actors*，*Structures*，*Processes*, Oxford University Press, 2012.

私人治理*

——以豫东城郊 L 村为个案

刘　锐**

　　摘　要：豫东 L 村是一个介于城乡之间的城郊村，在征地拆迁和城市化过程中，村社治理呈现明显的私人化特征，主要表现为：征地拆迁中的"私人治理"、纠纷解决中的"私人治理"、资源下乡中的"私人治理"。"私人治理"是多种因素影响的结果，主要原因有三个：一是税费改革及乡村体制改革使乡村组织的制度性权力大大弱化，供给公共品和维护基层秩序的能力不足；二是农民职业构成分殊、农村经济分化加剧，村庄内生规范的约束力下降，边缘势力迅速崛起；三是在城市化过程中，为完成征地工作，摆平钉子户和混混，维持基层的"善治"局面，要求治理主体创新管理机制。私人治理在维持乡村表面和谐的同时会带来治理合法性危机，要想保证农村社会的稳定有序，必须建立一个强大的基层组织，让乡村政治重新活跃于基层社会。

　　关键词：后税费时代　城郊村　私人治理　门子结构　合法化危机

---

　　* 国家社科基金青年项目：农村集体土地确权中的土地纠纷及其解决研究（13CSH049）。
本文观点的形成得益于与贺雪峰教授、杨华博士、焦长权博士、袁明宝博士、仇叶学妹等人的讨论，特此感谢。

　　** 刘锐，男，汉族，湖北十堰人，华中科技大学中国乡村治理研究中心人员，博士生，主要从事土地问题与基层治理研究。

一　问题提出

目前的乡村治理研究主要沿着两条路径进行。

第一条路径是考察后税费时代国家与农民关系的变化及基层政权的行为逻辑，主要分为两个方面。一是基层治理能力弱化的政治社会后果。贺雪峰、刘岳认为，取消农业税后，基层政权在治理能力弱化和无限维稳的压力中艰难生存，以"不出事逻辑"应对农村社会，造成治理困境和村庄失序[1]。王会调查发现，后税费时代的基层组织面临治权弱化和治责缺失的弊端，干群互动遵行"不得罪"逻辑，乡村治理正在去规则化[2]。饶静等人发现，后税费时代的乡镇政府权威弱化，在压力型信访治理制度下，花钱买平安，无原则妥协，使"要挟型上访"现象增多，进一步侵蚀乡村公正观[3]。二是乡村组织的变迁特征及行为逻辑。周飞舟发现，税费改革使乡镇财政困难格局加剧，基层政府的行为模式发生改变——由过去的"要钱"、"要粮"变为"跑钱"和借债，基层政权与农民的关系从"汲取型"变为松散的"悬浮型"[4]。申端锋发现，税费改革后，乡村组织在现实条件约束下主动进行转型，"将原来的软指标当成硬指标来搞"，资料统一整理、村务规范化管理、检查汇报成为中心工作[5]。饶静、叶静忠调查发现，后税费时代的乡镇财政资源匮乏，人事权和事务权丧失，没有能力和动力提供公共物品，成为高度依赖县级政权的"政权依附者"[6]。

第二条路径是考察利益密集型农村[7]的乡村治理逻辑。李祖佩发现，

①　贺雪峰、刘岳：《基层治理中的"不出事逻辑"》，《学术研究》2010 年第 6 期。

②　王会：《乡村治理中的"不得罪"逻辑》，《华南农业大学学报》（社会科学版）2011 年第 3 期。

③　饶静、叶静忠、谭思：《"要挟型上访"——底层政治逻辑下农民上访分析框架》，《中国农村观察》2011 年第 3 期。

④　周飞舟：《从汲取型政权到"悬浮型"政权——税费改革对国家与农民关系之影响》，《社会学研究》2006 年第 3 期。

⑤　申端锋：《软指标的硬指标化——关于税改后乡村组织职能转变的一个解释框架》，《甘肃社会科学》2007 年第 2 期。

⑥　饶静、叶静忠：《税费改革背景下乡镇政权的"政权依附者"角色和行为分析》，《中国农村观察》2007 年第 4 期。

⑦　"利益密集型农村"概念首先由贺雪峰教授提出，主要指由土地征收、工商业发展、国家资源下乡等造成资源流量增加和获利机会大量涌现的农村，详见贺雪峰《论利益密集型农村地区的治理——以河南周口市郊农村调研为讨论基础》，《政治学研究》2011 年第 6 期。

取消农业税后，随着国家资源的大量下乡，乡村社会出现一个全新的结构，即混混与乡村组织结成新的利益同盟，共同占有自上而下的国家资源和地方公共利益，导致"基层治理内卷化"及基层合法化资源的流失[①]。贺雪峰认为，利益密集型地区的首要治理问题是解决钉子户，在治理能力弱化的背景下，利益密集型农村大多采取"摆平术"，援引体制外社会势力参与正式治理过程，可能导致基层治理的合法性危机[②]。卢福营认为，在非农经济发达、人口流动活跃的农村，村庄成员为维护和扩大自身利益，以利益为纽带组成派系，围绕共同利益展开激烈的派系竞争，建构出独特的村庄权力制衡机制，可能导致农村失序和乡村治理失控[③]。

以上研究为我们呈现新时期乡村治理的若干面向，对于深化理解不同类型的乡村治理逻辑及政治后果提供有益参考，但它还不是乡村治理复杂性的总体描述，且已有研究多局限于考察治权弱化背景下的基层组织运作逻辑，缺乏对农村社会结构变迁的深入考察，对利益密集、治权弱化、基层社会变迁三者关系互动的综合考察较少，对新形势下乡村关系的维系机制和村治精英动力的分析不足，容易造成理论剖析上的以偏概全。笔者所在的团队在豫东城郊 L 村调查发现，在治理能力弱化的背景下，村庄利益流量的增加促使乡村治理模式相应变化，笔者提出"私人治理"[④] 概念，主要指在制度性权力不足的现实条件下，为摆平钉子户，完成征地工作，压制混混势力，维护社会治安，化解村庄纠纷，保证社会稳定，基层组织通过私人化的治理策略来处理乡村公共事务。"私人治理"寻求私对私的摆平化解术而非政府公权力和村庄内生规范来解决利益纠葛与村庄矛盾，它在维持表面乡村稳定团结的同时会带来政权合法性的流失。"私人治理"在后税费时代，具有巨量利益的地区

---

① 李祖佩：《混混、乡村组织与基层治理内卷化——乡村混混的力量表达及后果》，《青年研究》2011 年第 3 期。

② 贺雪峰：《论利益密集型农村地区的治理——以河南周口市郊农村调研为讨论基础》，《政治学研究》2011 年第 6 期。

③ 卢福营：《派系竞争：嵌入乡村治理的重要变量——基于浙江省四个村的调查与分析》，《社会科学》2011 年第 8 期。

④ "私人治理"概念首先由焦长权博士在华中科技大学中国乡村治理研究中心于 2011 年 9 月举办的"中国乡村治理：经验资料与理论提升"学术报告会中提出，笔者深受启发，论文观点的形成得益于与他的深入讨论交流，特此致谢。

存在，厘清私人治理的发生原因、现状特点和政治后果，对于理解转型期乡村利益博弈机制，评估农村治理绩效具有重要现实意义和学理意义。

二　L村的私人治理

基层组织是村社成员共同需要的公共机构，提供的是公共服务，解决的是公共需要，处理的是公共事务，客观上决定了基层治理的公共性特征，基层组织运作必须有公共规则支撑，不以私人意志为转移。正是公权力和公共规则保证了治理活动的正当性，提高了基层组织的治理效能。在后税费时代，为平衡上级压力和公民权利，斩断基层组织作恶的黑手，实现乡村社会的稳定和谐，上级政府创新社会管理手段，实施了一系列化公为私的治理机制，使基层组织的物质资源和权威资源被极大弱化，失去治理乡村社会的能力与积极性。另一方面，各级政府投入大量资源到农村引发混混的介入，再加上市场经济发展与农民经济分化拉大，使本就虚弱的基层组织更加难以应付增大的治理需求与治理难度，"私人治理"即在此大背景下被创造出来，并很快成为基层的主要治理策略。笔者选择L村的征地拆迁、纠纷调解、治理灰黑势力三方面来说明"私人治理"的实践机制。

1. 征地拆迁中的"私人治理"

（1）"不让村干部摸一分钱"，"不给村集体留一分收益"。L村密集的利益流量主要来自农业用地变为工业用地带来的土地经济收益。按照当地政策，土地补偿包括四部分：劳动力安置费、土地使用费、附作物补偿费和青苗费。我国农村实行"统分结合、双层经营"的土地制度，土地所有权归村集体，土地使用权和经营权归农民，村集体对土地享有收益权和处分权，土地收益理应由村集体和村民共同分得。为保证土地收益的公平分配，防止村干部捞取集体收益，上级政府通过弱化村级利益、使村级财政空壳化的制度来维持乡村稳定，主要通过"不让村干部摸一分钱"及"不给村集体留一分收益"的治理体制达到。

L村的征地分为四部分：①政府测量。征地时，乡政府启用测量队对所占土地进行测量，然后通过村级组织将测量数据下达到村民小组。②小组测量。小组将政府数据公布，进行重新测量，测量时必须有组长、村会计及各门子的群众代表到场。如果不请本门子①的群众代表参与，该门子的人一般不认可测量结果，拒绝征地且不领补偿款。③公示领折子。组长将测量数据反馈给乡政府，乡政府进行核实确认，然后公示各户征地面积，直至村民无异议。④土地利益分配，乡政府发放土地补偿款到农户的存折上，不经过村级组织。

1998 年土地二轮承包时，村组织将所有耕地分配给村民，没有留下一分机动地，目前仅有的集体公地是河、道路、沟渠等。征地主要包括两部分，一是个人的承包地，二是一些沟边、河谷等属于集体所有的土地。前一部分土地补偿款的分配较为简单，乡政府直接为村名开户，将征地款打到村民存折上，村民只需到村委会签名确认即可。L 村所在的 B 市对后一部分土地实行"两级同管"制度，如果土地补偿款较多，村委会将补偿款尽数发放给村民，如果补偿款较少，就存放到村账户，存折和密码由乡政府代管，村里需要活动经费时向乡政府申请。

（2）吸纳社会力量进入治理组织。税费改革后，L 村的中心工作转移，征地拆迁逐渐成为村级组织的中心任务。征地带来巨大利益流量，各方主体展开激烈争夺。有巨额利益的地方多会出现钉子户，尤其是耍蛮斗狠的"硬钉子"，对基层干部的素质和能力提出高要求。传统的好人村干部或能人村干部因缺乏与不良势力和钉子户作斗争的勇气和决心，必然要让位于强人村干部，只有那些关系网大、斗勇斗狠、性格刚烈、黑白通吃的强人才能摆平钉子户，保证村级治理的有效②。

2005 年 L 村村干部选举，杨二竞选上村主任，按照当地政策，杨二应同时担任村书记，但乡政府违反常规，只准其任村主任，并操作选举过程，让李志当上村书记。乡政府如此作为，主要是考虑到杨二空有工作热情，缺乏工作能力，没有工作思路，很多征地任务没有完成，引起主要领导的不满

---

① 门子是以血缘关系为基础形成的一个对内合作，对外防御的家庭联合单位，它以五服内的堂兄弟关系为基础，其规模一般在十几二十户。L 村也有"门子"结构，每个村民组都有几个门子，村民以门子为载体争取权益。杜赞奇、贺雪峰、董磊明对门子结构曾有过分析与讨论，详见〔美〕杜赞奇《文化、权力与国家：1900～1942 年的华北农村》，王福明译，江苏人民出版社，2004，第 65～74 页；董磊明：《宋村的调解》，法律出版社，2008，第 50～54 页；贺雪峰：《农民行为逻辑与乡村治理的区域差异》，《开放时代》2007 年第 1 期。

② 贺雪峰、何包钢：《民主化村级治理的型态——尝试一种理解乡土中国的政治框架》，《江海学刊》2002 年第 6 期。

并对其进行替代。杨二不服，针对李志假党员身份发动村民上访，上级遂免去李的职务。但乡政府先后任命的三个挂职书记都很难胜任征地工作，现任的几个村干部工作能力又不太强，只好屈尊下就，亲自给李志做工作，希望其担任 L 村副书记。乡政府如此热心地拉拢李志做村干部，主要是因为李志叔公曾是 B 市市委秘书，姨父曾是 B 市税务局长，且他与道上朋友保持着暧昧关系，个人身上具有强烈的灰色气质，具备摆平各种问题和矛盾的能力和资源。通过"体制吸纳社会"，征地工作顺利完成，李志也获益不少。

李志主政 L 村后，不仅自己捕获大量经济利益，而且转移部分获利机会给村内混混，让一些小混混感恩戴德，再通过权力运作，让好勇斗狠，敢于得罪人的混混当上村民组长。L 村五个村民小组长中的三个都被李志替换掉，原来的村民组长或者维护本门子利益，不配合征地工作，或者曾参与过针对李志"假党员"的上访，或者对李志的村庄治理多有指责，不配合李的调度。通过俘获村内混混，实行村治精英替代，现在的村民组长甘愿为其执鞭牵马，钉子户问题也得到化解。

L 村征地拆迁中的"私人治理"主要表现在治理组织的空壳化与治理主体的灰黑化。一方面，通过土地利益分配的"上移"和"下沉"，村委会失去获取土地级差收益的权利，从制度层面有效防止了村干部的以权谋私和贪污腐化，官民矛盾的发生源被消除。另一方面，村集体失去公共财政资源，制度性权力被大大削弱，失去供给公共品及处理村级事务的能力。进行村级治理本应依赖公共权力，但 L 村的治理体制改革使乡村权力大大弱化，很难完成自上而下的征地任务，稍有不慎，就将造成社会动乱和官民矛盾。在夹缝中生存的基层组织只好变更治理主体，将具有黑灰背景的社会力量吸纳入治理队伍，充当主要的村治力量，使本应具有公共性的治理组织从内到外，从主体到体制，都变成私人性极强的利益组织。

2. 纠纷解决中的"私人治理"

乡村公共品分为物质性公共品与非物质性公共品，前者指具备物质形态的典型公共品，如道路、水渠、水库等；后者指不具有物质形态的非典型公共品，如纠纷解决系统、社会保障制度等①。纠纷解决作为重要的公共品，

①　陈柏峰：《新农村建设要关注非物质性公共品供给》，《调研世界》2006 年第 7 期。

需要纠纷解决主体——乡村权威的供给与保障。我们将乡村权威分为三种类型：原生型内生型权威、次生型内生权威和外生型权威①。其中，原生型内生权威是村庄内部自主解决纠纷的血缘性权威人物，在 L 村是"老总"；次生型内生权威由国家权力制度和村社内生规范保障其纠纷调解的权威性，在 L 村是村干部。外生型权威则是村庄外部的纠纷解决力量，多由法律制度和国家权力保障权威，在 B 市是上级政府、县市法院。L 村的"私人治理"主要表现在原生型内生权威的调解不再；次生型内生权威的调解能力弱化，外生型权威的调解不能达到维护基层稳定有序的目的，基层组织转而利用私人能力和资源来化解村庄矛盾纠纷。

（1）门子结构：从积极到消极。在传统社会，每个门子都有一个年龄和辈分较高的"老总"，对内处理门内的矛盾纠纷，对外代表本门参与村庄公务。新中国成立后，大队干部、小队长成为村庄事务的管理者，老总仍然能调解门内的财产、兄弟纠纷，超出本门的事务不再插手。在 1990 年代前，门子内成员在生产合作与生活交往方面较频繁，产生的摩擦也比较多比较大，不过，门内的纠纷一般请"老总"解决，很少请村干部介入门子内事务，走司法程序的情况更少。对于本门的成员来说，让外人解决门内事务是一件很丢脸的事，即使能公平公正地解决矛盾，胜负者脸上都不会光彩。门内的"老总"则享有很高的权威，受到本门子村民的尊重和爱戴。如果办理红白喜事，本门的人都主动帮忙，只能由"老总"主持仪式。L 村曾在1990 年左右修路，组织者和收钱者都是各门子的老总，他们很顺利地从农户手中收上钱；如果门子内部有不孝敬老人、夫妻闹矛盾、兄弟打架等情况；或者是兄弟分家中的财产分配方案，一般要请"老总"到场，"老总"调解的意见，大家也很信服。总体说来，遭遇现代化冲击之前，无论是保持家庭关系和睦，还是维护村庄基本秩序，门子都能发挥积极作用。

1990 年代以后，随着市场经济的冲击和大众传媒的强力渗透，村民的就业方式发生变化，人际关系变得理性化功利化，社会边界越来越开放，村庄社会关联度降低，门子结构逐渐瓦解，呈现消极面向。当前一些年轻人对门子结构较为淡漠，甚至有人不知道自己属于哪一门；门子在红白喜事上的作用降低，"老总"不再主持仪式，改由与主人关系不错，能说会道的人统筹；随着法制观念的深入人心，老总越来越少地介入家庭矛盾及邻里矛盾的

---

① 陈柏峰：《村庄纠纷解决：主体与治权——皖中葛塘村调查》，《当代法学》2010 年第 5 期。

调解，因为老总的意见年轻人不一定会听，有时甚至公然批评老总的倚老卖老及保守落后；与之相对，现在村民间一旦发生纠纷，多去找派出所调解或诉诸诉讼路线。村民说，"现在的门子是红白喜事的门子"。老总纠纷解决权威的丧失及村庄社会关联度的下降，使 L 村的门子结构在调解村民纠纷、维护村庄秩序方面的作用日趋衰落，村庄生活的维系亟待国家权力介入。

（2）村干部：从治理到摆平。村庄纠纷主要包括家庭内的纠纷，家户间的纠纷，L 村门子结构的存在使纠纷解决主要有两种类型：门子内的纠纷解决与门子间的纠纷解决。与门内的纠纷相比较，门子间的纠纷较为复杂。L 村过去的"门头风"很盛，门子势力小会被欺负，门子大、兄弟多就可以占强，成为村庄精英或当上村组干部，L 村的村委班子基本上是各门子势力大的人。门子大可以多吃多占，说话也横一些，那些门子小的农户遇事会忍气吞声，尽量少出头，"交钱时最先交上，发钱时啥都不知道，只能做个老憋户"①。即使兄弟分家闹别扭，平时互不往来，只要共一个爷爷，一旦兄弟打起架来，还是会兄弟一起上。村干部作为次生型内生权威，解决纠纷的能力既取决于原生型内生权威的协助，也需要国家权力的支持。一方面，1990 年代前的门子间纠纷多呈现强者欺负弱者的"力治"样态，门子的力量，包括暴力和暴力威胁，深刻影响着基层秩序及纠纷解决绩效。另一方面，村干部调解村民纠纷的过程一般是平衡门子力量的恃强凌弱状态，但他必须考虑不同家庭背后的门子力量对比，如果调解结果不让势力强大的门子满意，他们会借机报复，势力较小的门子的安全感也会打折扣。

1990 年代中期以后，一方面，随着法律下乡和市场经济的渗透，过去盛行的"门头风"逐渐减弱，门子的进攻性取向收敛，门子间的恃强凌弱状态不再，村民间一有矛盾多会去找派出所调解。当地人说，"现在的门子不是打架的门子，不存在大门子欺负小门子的情况"。在村干部选举上，现在的村书记并非村庄中势力大的门子，L 村人也不在乎。另一方面，税费改革及乡村体制改革使基层治理能力大大弱化，主要表现在两个方面：一是物质资源匮乏，村集体愈益空壳化，失去创收空间；乡镇财政资源匮乏，失去维护村庄秩序的能力。二是权力资源缺乏。基层组织重要的制度性权力被上

---

① "老憋户"是当地对门子小，能耐低，经济社会条件差的农户的统称。老憋户在村庄中没有话语权，与门子大的农户意见不同时，往往会憋在心里，不随意表达意见，有委屈也不敢说。

收，依法行政和程序管理使村干部治理钉子户、供给公共品的能力不足，只能做服务于村民的"勤务兵"。在治理能力弱化的背景下，村干部也会在意村庄纠纷调解，但他们的行动逻辑发生变化，在稳定压倒一切和个体权利至高无上的政策话语下，村级组织在纠纷调解上缩手缩脚。他们深知，做的事情越多，越可能得罪村民，如果调解方式不当，还会带来极大的麻烦，有时甚至造成农民上访，相反，能拖就拖，维持底线秩序则会获益更多。这使得一方面，村干部在纠纷调解上适时主动转型，对村庄社会矛盾不闻不问，听之任之；另一方面，对影响个人仕途和底线秩序的村庄纠纷，实在拖延不了就采取和稀泥策略或摆平逻辑来息事宁人，私人的能力资源和关系网络在此种考虑下被启动。

L 村孟某曾占得 6 组 2 亩条件较差的荒地，并办理土地承包合同，后来 2 亩地被划入征地范围，6 组村民认为该地是集体地，补偿款应该全组平分，但孟某认为自己耕种该地多年，且具有土地承包合同，补偿款理应归自己所得，双方僵持不下，乡村组织没有去调解纠纷，也没把补偿款打到任何一方的折子上。孟某于是打着横幅到区里上访，区乡两级感觉很无奈，让李志去解决此事，李志去了之后就将横幅摘了下来，孟某一看是黑白通吃的李志，没有恼羞成怒，并同意谈判，并很快被李志劝其回家。此事暂时平息，但并没有得到解决，孟某心底是不服的。他告诉别人，想趁省里领导视察 B 市的机会，披麻戴孝地去拦路上访。乡里得知情况后征求李志的解决意见。李志就到孟国良家拖住他，不给他时间外出上访，同时，李志让乡政府将土地款打到村民小组的折子上，让问题在小组内的门子间解决，且该小组的组长（也曾是混混）跟李志私交甚好，应该能摆平利益矛盾。乡领导照李志的意见去做，此事也得到化解。

当原生型内生权威解决不了本门子纠纷时，村民有矛盾应该找村组干部解决，然后再找上级政府和县市法院调解。但后税费时代的基层组织治理能力大大弱化，在考核机制和压力型体制下，基层干部只需要完成上级交付的任务，获得上司认可和赞誉，同时维持好底线秩序，制止老百姓上访，杜绝群体性事件发生即可。对于村庄纠纷，基层干部很难有能力和动力去排解。外生型权威与内生型权威的不同之处在于：内生型权威的调解是以纠纷解决为目的，它要保证基层秩序稳定与村庄公平观念的维系；而外生型权威或者以法律为准绳，或者以压力型体制为依据，使得纠纷解决要么变成规则之治，要么变成"大闹大解决"的博弈策略。法制与社会间平衡的打破使私人化的治理机制有了发挥空间，基层组织处理公共事务变成以治理主体的私人能量为起点的私对私的摆平化解术。

3. 资源下乡中的"私人治理"

取消农业税后，乡村社会有两大变化。一是基层组织的治理乡村的责任弱化，国家行政力量退出乡村社会，同时，市场化浸染下的农民群体出现社会分化，边缘群体迅速崛起，逐渐影响村治格局。二是大量国家资源进入乡村，不同主体为争夺利益展开激烈博弈，尤其是混混等灰黑势力的介入，带来利益斗争引发的社会稳定问题。L村的"私人治理"主要表现在平衡各主体的利益关系及村治主体的治理动力上。

（1）公共利益：化作"私人治理"资源。低保是国家推行的一项福利政策，旨在保障农民最低生活水平，对农村贫困群体实行社会救助。在实际的政策执行中，低保政策背离政策初衷，变成私人治理的资源手段。L村2006年开始推行低保政策，每年的低保指标都在增加。该村地处城郊，获取经济收益的机会多，真正贫困的人并不多，每个小组只有三五个经济困难的农户，其余的低保指标如何分配成为治理难题。

为减少村委会工作压力，降低确立低保名额的困难，L村实行以村民小组为单位的低保评定策略，即村委会根据各小组情况分配低保名额，再由小组长决定本组的低保户名单。在大部分家户的经济水平相差不大，难以进行量化或排序的条件下，低保的公开评定易引发民众不满情绪，影响村庄社会稳定。在缺乏明确评定标准的背景下，村民小组长自行分配低保名额，并不进行公示。一些小组长利用职权占用低保名额，或者分配给"关系户"，村干部当然清楚这些做法，但他是睁只眼闭只眼，如果太过要求小组长，会打击他们的工作热情，以后的征地任务和村庄事务的开展就会面临更多困难。

将低保名额作为巩固私人关系、收买人心的手段，会增强小组长的影响力与支持力，促成一些村民积极配合征地工作。在村庄权威流失的背景下，用公共利益拉拢关系，扩充私人资源网络，能够更好地完成公共事务，同时造成公共利益受损，低保政策的救助效果大打折扣。

（2）村治动力：获取经济收益。村干部作为村治主体，或者因经济收益，或者因社会收益而积极行动。在市场经济冲击和大众传媒的强力渗透下，原有的村庄文化网络和意义系统逐渐瓦解，现在的L村很少有人为争夺面子或追逐荣誉而当村干部，大家变得理性而实际，经济收益成为谋得村干部职位的唯一标准。

经济收益可以分为两种，一是获取体制内的收入，二是利用体制位置获取体制外收入。L村所在的B市从制度层面斩断了村干部以权谋私，从土地利益中捞取好处，占取村集体收益的黑手，有效缓解了因贪污腐化、分配不公造成的治理性危机，试图通过当村干部来获取体制内收入变得不现实。李志当L村的村干部与其说是抹不开乡政府的人情面子，不如说是受村干部能获取体制外收益的诱惑和激励。

征地收益包括两部分，一是显的经济收益，如征地赔偿款的分配；一是潜在的经济收益，如乡政府拨付的征地工作经费。潜在经济收益与显在经济收益相比，九牛一毛，不值一提，但L村征地工作经费至少有30万元，它们全部落入村干部口袋。潜在经济收益不止于此，新企业落户L村，需要发包些工程，为与村干部建立互惠互利关系，一些老板将工程项目，如修围墙、建办公大楼、修水泥路等发包给村干部，工程项目有大有小，小的有几万元收益，大的则有几十万元收益，这些工程收入与显在经济收益不相上下。

以体制性身份为载体，村干部不仅能获取潜在经济收益，还能活络关系，发展人脉，俘获其他获益机会。例如，杨二利用村主任身份，不仅承包小工程，还做起收麦秸的生意，每年他在邻近的几个村庄可以收上3000～4000吨的麦秸，光卖麦秸收入就有8万～9万元。实际上，麦秸生意不是谁想干就能干的，方圆几十里内就两个人收麦秸，他们各有自己的关系范围，正是得益于体制内身份，杨二与周边几个村书记发展起深厚且密切的关系。他后来在工业园区附近开鹿肉饭馆，也是主要得益于与乡政府发达的私人关系，否则，城管早就拔掉了。

（3）治理混混：感情与利益俘获。为实现基层治理目标，L村的村干部不仅在任务现场运用人情、面子等民间生活原则拉近干群关系，促成正式权力的非正式运作①，而且在日常生活中主动扩展私人关系，将公共身份软化为具有乡土气息的人情逻辑，以此将多数村民纳入私人关系圈子，天长日久，即使是再蛮横的混混，多会被感动，也多少会在利益争夺上卖个面子给村干部。私人情感关系弥补甚至替代了公共权力不足引发的治理困境，带来混混的感激与顺从，维持了乡村表面的善治。

---

① 孙立平、郭于华：《"软硬兼施"：正式权力的非正式运作的过程分析——华北B镇收粮的个案研究》，载《清华社会学评论特辑》，鹭江出版社，2000。

在当前的中国乡村社会，混混的身影到处可见，对于资源下乡背景下的农村，混混势力更容易介入。混混进村主要是利用其灰色背景谋求利益分配中的好处，或者在征地拆迁过程中与钉子户结盟，要挟地方政府，获取较高的利益谈判筹码。当然，也有部分混混势力被基层政府所利用，通过充当政府打手与摆平钉子户来获取利益。L村的混混有两类：一类是被纳入治理组织，充当治理先锋的混混；一类是没有进入体制，在社会中游荡的混混。对于那些活跃于乡村且要蛮斗狠的混混，李志会有意拉近与他们的关系，如时不时走动一下，去他们家里喝喝茶、聊聊天；见到混混打招呼，李志从不摆官架子，直呼其名，而是叫哥、弟、姐、叔，语气平和，笑容满面；本村混混家里办红白喜事，李志都会去捧场，参加酒席，有时还主动为其献言献力，做主持人或支客；对于混混的一些请求，李志一般有求必应，甚至利用自己的社会关系帮助他们解决棘手问题；如果混混要做生意，李志会放宽政策尺度，甚至给予相应的人脉和资金支持。例如，混混王某在B市汽车城的对面开了家面馆，该面馆坐落在公路旁边。按政策不允许公路边有店面存在，王某的面馆也被城管拆过几回，它之所以能生存下来全靠李志和城管打招呼。现在面馆生意兴隆，日进斗金，王某因此对李志感恩戴德。"与人面子，与己面子"，乡村混混多具有暴力属性，他们能达成正规治理体制不能达成之事，与混混搞好关系，不仅会换来他们积极的配合与利益争夺上的适可而止，还会换来运用暴力威胁促成村民妥协与顺从的效果。

在资源下乡的背景下，如何协调好各主体间的利益诉求，维护乡村稳定有序是基层治理的重要目标。进行社会治理不仅需要治理组织，还需要治理资源。在治理需求增大的后税费时代，依靠虚弱的制度性权力与拮据的财政资源显然难以做好利益平衡。通过把国家资源转化为拉近关系、收买人心的手段，把私人间的感情面子转化为混混妥协顺从的资源，使得治理技术变成私对私的礼尚往来，失去公共治理应有的原则性。同时，在资源进村的过程中，基层组织盈利空间增大，满足了治理主体逐渐膨胀的利益诉求，进一步加剧了从主体到资源到体制的"私人治理"色彩。

三　"私人治理"的后果

"私人治理"给村庄社会生活、乡村治理带来一系列恶果，主要表现在两个方面。

1. 乡村治理去政治化

任何社会都存在边缘势力，在正常的社会形态中，乡村治理主要靠社会舆论谴责、主流文化道德束缚，国家权力介入来解决。正是社会核心价值观的深入人心和乡村政治的存在，使得边缘势力不能成为村庄主流，不能对村庄秩序进行持续破坏。乡村治理讲原则，讲正义，讲底线，讲正气，基层组织就能分配集体利益，表达大多数农民的意愿诉求，保证公益事业建设顺利进行，维护乡村社会的稳定团结大局。现实情况是，乡村治理能力大大弱化，基层干部不仅不能供给用于乡村社会发展的公共品，而且失去打击黑恶势力，促进社会公平公正的能力。在压力型体制下，为完成上级任务，获得仕途政绩，维护社会稳定，乡镇政府一方面通过村集体不留一分钱的制度安排消除利益分配过程中可能带来的矛盾和混乱，使得村级组织失去压制边缘性少数的力量，村庄政治消失；另一方面乡镇政府以策略主义逻辑进行治理，与边缘势力达成妥协与默契，或者干脆吸纳社会力量，利用其私人关系和私人能力来维护脆弱的基层秩序。当社会势力有俘获体制外利益的能力时，体制与社会可以互利互惠，相互照应，当社会势力丧失获取外部利益的机会时，他也有可能将利益之手伸入村庄内部，攫取乡村发展成果，造成基层治理内卷化。同时，乡镇政府对社会势力谋求利益的默许、包庇和纵容，客观上为社会势力的发展大开方便之门，当社会势力发展到一定程度，具备与乡镇政府分庭抗礼的能力时，就会严重损害体制利益，导致基层治理合法性资源的严重流失。

2. 乡村社会冷漠化灰黑化

随着我国工业化城市化的快速推进，大批市周边村庄被纳入城市范围，农民的谋生方式和生活方式改变，村庄社会边界更加开放，家户间的关系变得理性化功利化冷漠化，农民对村庄的预期不再长远，传统的内生权威主导的基层秩序不再，村庄由熟人社会逐渐向陌生人社会过渡，农民的社会心理越来越接近城市人，变得功于算计且冷漠无情，以门子结构为载体的乡土逻辑发生变异。同时，随着农民就业方式的变化，乡村社会的经济社会分化剧烈，农民间的贫富差距拉大，村庄边缘势力崛起，他们肆无忌惮地捞取经济好处，破坏村庄社会秩序，乡村正义观大受影响，乡村面临着社会解组危机，亟待国家权力的介入。而乡村体制改革的总体目标却是加强监督考核，遏制基层组织的牟利性冲动，并试图用规则之治代替原有的乡村治理逻辑，使得基层治理能力被严重弱化，失去维护乡村秩序和治理边缘势力的能力与动力。在征地任务和维稳压力下，虚弱的基层组织不得不寻求与具有黑灰背景的社会势力合作，以便利用其关系网络资源维持底线秩序。从某个角度说，无赖户（即硬钉子）和混混都属于社会边缘人，理应受到村庄社会舆论和国家权力的压制，但基层政府出于政绩和稳定的考虑，对社会势力的结盟和侵害集体利益行为进行默许和包容；村庄社会舆论因为公共性的丧失及内生规范的瓦解而不能约束社会势力的肆意侵害行为，村民抱着"事不关己、高高挂起"的态度消极对待村庄事务，客观上激化了边缘者的违法违规行为。社会势力在法制的模糊地带做事，他们虽然可以摆平钉子户，但也有做坏事的能量，在社会势力的强硬工作作风下，村民丧失表达意愿诉求、参与村民自治的权利，变为沉默的大多数，一旦社会势力形成刚性利益集团，攫取乡村资源的力度加大，必将给社会稳定带来重大危害，农村社会将成为没有正义是非，只有身体暴力和混混争斗的乡村江湖[①]。

四　结语

进入 21 世纪后，乡村社会变迁迅速：一是税费改革及乡镇体制改革重塑基层治理逻辑，基层组织与村民间的"制度性社会关联"[②] 被消解，日益悬浮于村庄社会，乡村治理能力大大弱化；二是随着我国经济发展的加快，城市化快速推进，农民就业方式变得多元，农村经济分化剧烈，村庄边缘势力崛起，成为影响乡村治理的重要力量；三是在后税费时代，国家加大对农村的转移支付力度，大量资源涌入村庄，三大形势的交汇造成乡村治理的政治基础、社会基础、经济基础发生转变。利益密集型农村的首要治理问题是摆平钉子户和混混，在公共权力弱化、物质资源匮乏的条件下，乡镇政府与社会势力默契合作，促成"私人治理"，它在维持乡村表面稳定和谐的同时带来深层次的治理性危机及合法性危机。要想实现农村善治，必须建立一个强大的基层组织，让乡村政治重新活跃于基层社会。

---

① 陈柏峰：《乡村江湖：两湖平原"混混"研究》，中国政法大学出版社，2011，第 186～189 页。

② 吕德文：《制度性关联的消解及其对乡村社会的影响》，《西南石油大学学报》（社会科学版）2009 年第 4 期。

当代中国社会抗争的发展及其治理[*]

唐元松[**]

摘　要： 随着改革开放的不断深化，市场经济的不断演进，我国已经迈入经济社会转型和体制机制转轨全面推进的新时期，社会抗争事件频发且呈现新的发展态势。有效化解社会抗争事件、努力维护社会和谐稳定是一项重要的战略任务。为此，需要结合当代中国社会抗争的发展实际和管控规律，采取有效的治理措施。

关键词： 社会抗争　社会治理　治理模式

所谓抗争政治，即"在提出要求者和他们的要求对象间偶尔发生的、公众的、集体的相互作用。这种相互作用发生在：（1）至少某一政府是提出要求者或被要求的对象，或者是要求的赞成方；（2）所提出的要求一旦实现，将会影响到提出要求者中至少一方的利益时"。[①] 随着改革开放的不断深化，市场经济的不断演进，我国已经迈入经济社会转型和体制机制转轨全面推进的新时期。在这一时期，我国新旧社会矛盾和问题日益交织在一起，社会深刻变革，社会阶层分化加剧，利益冲突日益尖锐，许多深层次的

---

　*　本文为笔者主持的广东省哲学社会科学"十二五"规划 2011 年度项目"快速工业化地区新生代农民工社会管理模式转型与创新路径研究"（编号 GD11YGL09）的部分研究成果。
　**　唐元松，广东东莞理工学院管理学院副教授、法学博士。
　①　〔美〕道格·麦克亚当、西德尼·塔罗、查尔斯·蒂利：《斗争的动力》，李义中、屈平译，译林出版社，2006，第 5 页。

社会问题和矛盾聚集,社会抗争事件频发且呈现新的发展态势。① 就其形式看,"有许多社会个体参加的,具有很大自发性、持续性、对抗性的挑战或支持国家的制度外利益诉求行动"。② 从不同角度研究社会抗争,为有效化解频发的社会抗争事件、努力维护社会的和谐稳定提供有效研究理论指导,是一项具有重要理论意义的现实课题。正因为如此,社会抗争成为政界关注的一个重要时代课题,也日渐成为学界研究的热点,不同学科对其均有不同程度的涉猎。本文从当前国内社会抗争的发展入手,对其产生背景、发展态势以及治理趋向进行分析。

一 当代中国社会抗争的时代背景

作为急剧变革的中国社会,其社会抗争的产生和日益频发,具有鲜明的时代背景。

(一) 就社会大环境看,社会转型期具有两重性和极端复杂性

当代中国,处于几千年历史未有之大变局中。随着社会主义市场经济的深刻演变,中国处于政治民主化、经济市场化、文化多样化和社会断裂化等方面的转型期,其社会结构亦随其发生急剧转变。这一时期,整个国家从传统社会走向现代社会、从农业社会走向工业社会、从封闭性社会走向开放性社会。基于中国这样一个欠发达国家的国情,这一转型亦可视为是从一种缺乏效率的传统体制向更有效率的现代体制转变、从农业社会向工业社会、从欠开放性社会向开放性社会的社会变迁与发展。其鲜明特点是:在取得社会进步的同时,付出惨烈的社会代价;在社会不断优化的同时,产生突出的社会弊病;在社会协调不断演进的同时,社会失衡亦随之而生。这种希望与痛苦并存的状态,表现在中国经济社会生活的各个领域,包括:城乡差别、利益分配、社会关系、等级制度、社会控制机制、价值观念、生活方式、文化

---

① 根据《南方都市报》2008 年 3 月 25 日《安定有序是和谐社会基本性的标志》报道,1993 年全国群体性事件共发生 8709 宗,此后一直保持快速上升趋势,1999 年总数超过 32000 宗,2003 年 60000 宗,2004 年 74000 宗,2005 年 87000 宗,上升了近十倍。另据中国社会科学院发布的 2013 年《社会蓝皮书》指出,"近年来,每年因各种社会矛盾而发生的群体性事件多达数万起甚至十余万起"。

② 孙培军:《当前中国社会抗争研究:基于抗争性质、动因与治理的分析》,《社会科学》2011 年第 2 期。

模式、社会承受能力等。① 一旦在某一方面出现问题而得不到有效及时解决，就会使矛盾激化，从而容易导致社会抗争事件。

（二）从社会抗争主体看，权利意识日益明晰的利益主体维权意识不断增强

由于传统中国单一的社会结构、儒家文化的价值取向，以及法律制度的设置理念、目的和内容都是义务导向的，所以，传统中国社会人们的权利意识一直比较淡薄。"在传统社会，政府和政治通常只与少数精英有关。占人口大多数的农民、工匠和商人，他们或许能够认识到，或许不会认识到政府活动是怎样影响他们的生活的。在通常情况下，他们认为试图影响政府的活动是行不通的，因而也没有这种愿望。"改革开放以来，伴随着社会多元化的发展、价值观念的重构和政治制度、法律体系的变革，国人的权利意识不断增长。在市场经济建设过程中，利益的个别化及主体行为的自由化不断发展，利益主体的权益意识日益明晰，价值观也呈现多元性，从而引发利益主体之间的分歧、分化和冲突，导致民众抗争意识的觉醒和外显。另一方面，阶层分化特别是两极分化导致出现阶层的断裂、失衡和博弈，容易引发更强烈的社会冲突。即便是那些"迅速致富"的人，也认为现在和将来"阶级阶层之间的冲突会趋于严重"。② 对于那些在阶层分化中处于劣势的群体，则更是参与社会抗争的主要力量。在这一背景下，这些在阶层分化中的失意者的社会心理失衡，产生了相对剥夺感，表现为当人们将自己的处境与某种标准或某种参照物相比较而发现自己处于劣势时所产生的受剥夺感，这种感觉和判断会产生消极情绪，可以表现为愤怒、怨恨或不满。"相对剥夺感越大，人们造反的可能性就越大，破坏性也越强。"③ 因此，相对剥夺感的大小与阶层意识的感知在很大程度上成为当代中国冲突性集体行动的宏观情境之一。这种相对剥夺感在社会流动不断加剧的今天，以游离于正式体制之外的"游民"最为突出。他们以独特的价值体系、组织模式、行为方式和活动特点，呈现"游民政治"的特

---

① 郑杭生：《改革开放三十年：社会发展理论和社会转型理论》，《中国社会科学》2009 年第 2 期。

② 李培林等：《社会冲突与阶级意识——当代中国社会矛盾问题研究》，社会科学文献出版社，2005，第 267 页。

③ 赵鼎新：《社会运动讲义》，社会科学文献出版社，2006，第 28 页。

点。因此，有学者认为，"如何'化游入土'也成为治理社会抗争的关键"。①

（三）就制度层面看，国家制度性因素是当前社会抗争日益频发的重要原因

社会抗争的出现和发展绝非凭空而生。它深深地扎根于现实，扎根于抗争主体所存在的政治制度之中，因此，政治制度的适应性调整及其结果成为考察社会抗争发展与治理的重要因素。在我国经济社会快速变革的今天，国家制度，包括国家和政府在经济、政治、文化和社会等方面的体制、制度、政策、法律等，难以跟上社会主体和社会结构转型的速度和质量。其结果是不但没能有效地治理抗争，有时甚至成为抗争的对象。这在基层表现得尤为明显，"例如县域往往成为抗争频发的'接点'，呈现'底层政治'和'接点政治'的特色"。② 从宏观角度看，国家为了维护社会稳定，加强宏观调控力度，增强保护国家的能力，不断改造执政合法性基础，力求通过社会控制与经济增长来维持这种合法性基础。在制度层面，政党、人民利益表达制度的困境、信访制度的缺陷、人民代表大会利益表达制度之有名无实、政治协商制度的局限、基层组织社会控制的弱化、社会权威结构失衡以及民间组织的管制等问题尤为突出。这种制度瓶颈导致政府公信力弱化，群众利益被侵害且诉求受阻。在这一背景下，社会抗争作为与选举等常规政治参与方式对应的一种非制度化参与途径，成为公民权益得以表达、整合和实现的重要方式甚至唯一方式，也成为底层社会抗争者权益得以维护和实现的"最后的救命稻草"。特别是在社会多元化时代，社会大众并没有对这种调整表示认同或顺从，相反还以集体行动，即社会控制的形式表示抗议和不满。因此，社会控制紧紧伴随着国家变迁的步伐与轨迹，制度性因素成为当前社会抗争发生的重要原因。

（四）就社会管制看，政府的治理方式容易激化矛盾，引发更多更强烈的社会抗争

改革开放以来，中国的经济发展取得了巨大成就，但是社会和政治发展

---

① 刘义强：《游民政治：中国社会风险和群体性事件危机的结构背景》，《华中师范大学学报》（人文社会科学版）2009 年第 6 期。

② 于建嵘：《利益博弈与抗争性政治——当代中国社会冲突的政治社会学理解》，《中国农业大学学报》（社会科学版）2009 年第 1 期。

明显滞后，突出表现为腐败现象高发，公权滥用普遍，权力的制约机制不完善，公共政策的民主化科学化程度不高，社会公平正义遭到破坏，尚未形成依法通过政治调控社会稳定的态势。在这一利益日益分化的敏感时期，任何不公正的政治决策和不公平的社会现象，都容易使社会底层累积不满，引发社会抗争事件。然而，政府在处理社会抗争事件时，并不真正重视如何消弭引发冲突的根源，其惯性思维是以"维稳"为基本目标，只追求"摆平"冲突。往往不是采取包容和疏导的方案，而是采用压制和回避的操作手法。其常见方式有三个：一是能拖则拖，能堵则堵。为了不引起上级不满，尽可能堵塞群众利益表达渠道，想方设法"截访"，将麻烦留给下任。二是不计成本，息事宁人。为了摆平事态，避免上级政府的追责，脱离法治，不按制度办事，尽可能"花钱买太平"、"买平安"、"买稳定"、"用人民币解决人民内部矛盾"、"摆平就是水平"；三是简单操作，暴力执法。遇到社会抗争事件，采取高压态势，运用警力解决，使非对抗性社会抗争向对抗性社会抗争方向发展，最终损害政治稳定的基础乃至政权的合法性。[①]

综上所述，社会抗争是新时期影响社会稳定、衡量社会公平的重要参考依据。对当代中国而言，社会抗争主要是由于在经济社会快速发展的推动下，社会处于重大转型期，各种社会矛盾集中爆发，社会控制主体维权意识日益增强，而执政党及其政府在制度供给方面未能及时跟进，且治理理念和处理方式不妥所造成。

二　当代中国社会抗争的发展

20世纪90年代以来，在多种因素的综合作用下，中国社会抗争事件不断涌现，呈现新的发展态势，国家面临着日益突出的地方政治秩序问题。

（一）社会抗争的发展方式，主要有以身抗争、以气抗争、以理抗争、以法抗争

就社会抗争本身的意义看，基于利益表达、整合、实现等环节的不畅或

---

① 乌坎事件就是典型：由于土地被村委会成员私下变卖，村民代表过去两年内曾十多次上访，在上访无果情况下，村民与地方政府发生矛盾冲突。在当事者利益受损而又求告无门的情况下，他们选择用体制外方式把事情闹大，引起社会关注，从而促成问题解决。

不满，抗争的形式既包括合法的、"有节制"的常规形式，也涌现出大量"逾越界限"的甚至非法的抗争方式。当代中国的社会抗争，抗争者的组织程度一般比较低，通常没有组织结构或者组织结构十分简单，参与人员松散，自发性强。这跟西方国家有组织的运动型社会抗争、争取基本权利型社会抗争不一样。其主要表现形式有以下这些。

以身（死）抗争：抗争者利用政府和企业都害怕影响社会和谐稳定的心理，为了具体的、个体的利益诉求，在维权抗争过程中对抗争对象的软肋进行身体恐吓。以身抗争者不再强调抗争所依据的政策法规，而是利用自身的弱者符号来抗争，以社会公正、生存道德等普世性观念为诉求对象，希望以自身的弱者形象直接与抗争对象的强悍形成对照，用坚定强韧的努力对抗无法抗拒的不平等，以不惜付出自身的身体、尊严乃至生命代价的这样一种带有破釜沉舟式的抗争，来实现通过正常程序无法实现的诉求。以身抗争发展的极端就是以死抗争，即抗争者无法通过行政、法律等正当途径实现个人诉求，在个人觉得走投无路的情况下，采用"毁灭性的一击"表达他们对社会安排的抗拒。抗争者通过针对本人的自损行为，以跳楼、跳河、自焚、服毒等伤害自己为代价而给他方施压，强制对方接受自己提出的矛盾解决方案。这是一种为权利而自杀的行为，是作为策略、技术的自杀，是一种极端的以生命为赌注的维权行动和威慑机制。在不少情况下，自杀姿态有可能转化为真实行为，因此也是一项代价昂贵且成功率偏低的行动。在以身抗争行为模式中，身体成为一种带有支配性的权力和符号，血淋淋地卷入某种政治支配领域，成为一种政治支配性的概念。此时的身体实际上已超越自身而属于政治或社会，被冷酷悲壮地与历史、社会、政治和经济结合起来，成为社会抗争最重要的筹码，占据社会抗争的核心地位。因此，这种个体性的以身抗争具有明显的局部性、具体性、利益性和绝对性。

以气抗争："现实性社会冲突与非现实性社会冲突融合在一起的一种状态，是人对最初所遭受到的权利和利益侵害，而后这种侵害又上升为人格侵害时进行反击的驱动力，是人抗拒蔑视和羞辱、赢得承认和尊严的一种人格价值展现方式。"① 以气抗争的目的未必是金钱，也未必是依法争取各种权益权利，而是受中国传统观念的影响，不满具有差序性的社会位置，为了脸

① 应星：《"气"与抗争政治：当代中国乡村社会稳定问题研究》，社会科学文献出版社，2011，第35页。

面和争一口气而抗争。在"气"的驱使下，带有的主观感情则占据了其头脑，比如在愤怒基础上产生的很强的抵触情绪。于是，他们常常采取阻断交通、集体上访、制造骚乱、围攻党政机关、罢工等形式，甚至包括尝试雇佣黑社会、行凶报复等方法。以气抗争作为一种情绪，其产生的社会基础包括：国家职能的缺位、错位与越位，官僚制度冗赘而导致的低效与腐败、贫富分化的日益加剧、公平正义的破坏、特殊利益集团的强大、利益诉求的不畅及利益表达的扭曲等。① 因此，"气"虽有突发性、偶然性，但偶然性中蕴涵着必然性。所谓"必然"，即事件的发生真实地反映了在传统的框架内，已难以解决现存的种种矛盾。若不对这一框架加以改变而执着于原有的解决方案，则难以满足人们的期望值，以气抗争的真正源头就此产生。

以理抗争：抗争者基于利益理性，为了争取自身的经济权利及其相关的民主管理权利而采取的非法律途径的抗争，是基于主观情绪上的积累而爆发的行为，可以理解为"以理维权"。这种抗争方式利用理性策略，不与当局或权威发生正面冲突，根据"成本—收益"的原则，是一种有关直接利益的"机会主义"抗争。以理抗争寻求的是普通民众所理解的"讨个说法"，与社会公平正义联系在一起。其在抗争过程中表现出理性意识，在行为方式上含有对抗、抵抗之意，有可能"踩线"但又"不越线"，即通过制造超常行为给政府添麻烦，或通过合理的渠道与方式进行利益诉求，但又不触犯法律的红线。以理抗争的整个过程体现了人们权利意识的觉醒和维权意识的升华，其结果取决于双方所处地位和利益的政治化博弈。

以法抗争：一种以中央政策或国家法律为依据，以地方政府主要是县乡政府和村干部为抗争对象，以直接动员抵制为手段，以维护合法性或者公民权为目的的政治抗争。抗争者认定上级，特别是中央的政策是好的，但由于基层不忠实执行上级法规政策，导致其权益受损，因此解决问题的关键是上级。这种反抗形式是一种公开的、准制度化或半制度化的形式，抗争者以具体的事件为依据，不直接针对他们控诉的对象，采用的方式主要是上访，以通过上级政府的权威和干预来对抗基层干部的"枉法"行为，具有明确的主动性和政治性。

---

① "乌坎事件"的发展过程，可以说"气"的抗争成为事件后期村民斗争的主要驱动力。事件的起因仅是村民与村官的土地经济利益，由于政府僵化死板的"维稳"思路将村民的正当利益诉求和权利表达逼向了死角。在合法利益无法得到满足，且村民"意外死亡"后，一种为赢得承认和尊严的抗争就此爆发。

（二）从社会抗争的发展看，具有分布的扩散性、目标的利益化、结果的制度化、影响的双面性等特质

就社会抗争的分布看，我国各种类型社会抗争频发。从行动主体来看，中国社会主要阶层都发生了抗争行动，呈多样化特点，涉及工人、农民、城市居民、个体户、退伍军人、退休人员、教师、学生等各阶层人员。[①] 社会抗争的分布范围十分广泛，涉及工业、农业、商业、教育、医疗、卫生、环保等各行业。从地理分布上看，社会抗争表现出明显的广泛性，不论是落后地区还是发达地区，农村还是城市，东部还是西部，少数民族区域还是汉族区域，不同程度的社会抗争时有发生。

就社会抗争的目标看，中国现阶段的社会抗争的产生，是由于在多种主客观原因的驱使下，抗争者的利益在以社会地位、地域、行业等因素划分的利益主体之间没有得到公平合理的分配。对抗争者而言，利益是其进行抗争的主要原因。通过抗争，旨在表达对现有社会制度安排的抵制而实现其利益诉求。特别是在存在公权越位、错位或缺失而使自身利益受损的情况下，更容易引发社会抗争。换言之，在当代中国的社会抗争中，利益已成为社会抗争的关键性因素和主要动机：既涉及物质利益的争夺，也有价值观念等精神层面的追求。

就社会抗争的发展态势看，当代中国的社会抗争基本表现为非刑事社会抗争，刑事社会抗争总量少。但近年来，以暴力为手段的社会抗争事件不断增多，刑事抗争在数量、规模及破坏性等方面亦呈上升态势。[②] 总体上看，中国还没有出现具有明显政治或意识形态诉求的群体性社会抗争，带有巨大的现实功利性，是一种非组织化的、局部性的、具体化的利益之争，并不具有政治性，不存在革命性抗争趋向，是非对抗性的。非对抗性的社会抗争程度相对较小，控制和疏解手段也相对缓和，其抗争的结果是为了在制度化范围内解决问题。因此，只要注重平衡利益分配，及时化解社会矛盾，就会消除矛盾，维护社会稳定。但是，非对抗性抗争带有很大政治风险，如果错过了处理的最佳时期或采用了不当的方式，亦有根本性转化从而演变为对抗性

---

① 谢岳：《市场转型、精英政治化与地方政治秩序》，《天津社会科学》2005 年第 1 期。
② 贵州"瓮安事件"、云南"孟连事件"、甘肃"陇南事件"，特别是广东"乌坎事件"昭示了社会抗争暴力化的发展趋势。

社会抗争的可能性。而且，抗争主体和抗争对象一旦处于敌对状态，且由单个社会抗争事件演变成多个后，矛盾激化不可调节，必将导致国家暴力机器的强制干预，而抗争主体也会转而选择以政权合法性和政权更迭为目标的行动，这就会对政治稳定产生严重的冲击。值得注意的是，由于中国处于"改革的攻坚期，矛盾的多发期"，腐败现象、道德滑坡现象、社会不公现象频发，使普通老百姓，特别是底层民众的被掠夺感增强，社会焦虑感增强，个别领域矛盾对抗尖锐，社会抗争事件频发，政治稳定的压力空前加大。

就社会抗争的影响看，社会抗争，其影响面涉及党、国家和社会中的集体和个体，其影响力的良性和恶性与否关乎国家稳定、社会和谐和民众利益。辩证而客观地看，当代中国的社会抗争具有积极作用，也有明显弊端。就积极一面看，当代中国正处于大发展、大变革时期，繁荣进步的背后必然有着各种各样的利益冲突。社会抗争是利益冲突的一种集中表达，是社会发展充满活力的表现，证明着政治社会的存在。同时，"隐匿在民族国家大写历史背后的，是匿名者的集体行动；在推动国家形成的滚滚齿轮中，蕴藏着颠覆者的斗争的动力"。① 社会抗争是政治社会产生的前提，其突出作用还体现在：促进公民和国家关系的协调和谐、推进政府民主、善治以及决策的民主化、② 提高公民的权利意识、促进公民有序参与、促进中国的法治化进程等。③ 因此，社会抗争在一定程度上也促进了当代中国政治的发展。对抗争者来说，社会抗争是与选举等常规政治参与方式相对应的一种非制度化参与途径，是利益诉求得以实现的方式，更多情况下，是弥补救济制度途径不足，寻求制度化解社会矛盾和冲突的解压阀，也是底层社会抗争者权益得以实现的"最后武器"。另一方面，由于国家的控制和社会抗争的非对抗性，缺乏理性的情绪化社会抗争（突出表现在以"气"抗争）对政治稳定的影

---

① 〔美〕蒂利：《社会运动 1768 ~ 2004》，胡位钧译，上海世纪出版集团，2009，第 4 页。

② 在 2007 年厦门 PX 项目事件和 2008 年上海磁悬浮铁路事件发生和平息过程中，普通民众采取了"集体散步"和"集体购物"等新的抗议形式，政府则一改惯有思维和压制作风，以积极的姿态来应对，在充分考虑了普通民众诉求的基础上，适时调整了政策方向，实现了双赢。

③ 譬如：2003 年孙志刚事件直接促进了沿用了近 20 年的《城市流浪乞讨人员收容遣送办法》的废除和有关户籍制度的修改和完善；征地拆迁引发了社会抗争事件，促进了关于废除旧的《城市房屋拆迁管理条例》的大讨论，其后"国家尊重和保障人权"和公民私有财产受国家保护被写入了宪法；因下岗、就业、劳动等方面引发的群体性事件则促进了 2007 年《中华人民共和国就业促进法》、《劳动合同法》的颁布等。

响显然是负面的。这种抗争，民众缺乏对抗争行为的自控力，心理的不满与焦躁一直得不到有效宣泄，且具有极大的隐蔽性，其爆发具有偶然性、突发性、猛烈性以及不可控性等特点，一旦爆发就容易失控。同时，政治稳定需要不断协商、沟通、谈判、博弈，其前提是良好的气氛、理性的情绪、平和的态度。因此，情绪化社会抗争带来的极端偏激、不计后果、不择手段的做法对政治稳定都极为不利。

三　当代中国社会抗争的治理趋向

当代中国的社会抗争敏感而复杂，如治理不当容易引发新的更大的矛盾和群体性事件。因此，必须遵循社会抗争事件的发展和治理规律，增强前瞻性和预见性，坚持正确的治理趋向。

（一）转变治理理念，实现社会抗争治理模式的转型

基于社会抗争是作为常态社会下制度化与非制度化之间的行动，对抗争者和被抗争者都有一定的积极作用，不应将其看做病态行为，不应该简单地从维稳角度出发进行处理。但是，社会抗争毕竟是政治稳定的现实威胁，控制、调节甚至压制都是备选的处理方式，目的都是将其限制在一个特定的可控范围之内，否则，就会损害社会政治稳定。这就需要在治理理念上进行转变，即应该"从控制论转变为治理论"。[①] 总体而言，控制论主要通过体制化来应对抗争，其核心是人治，将权力凌驾于法律之上，表现为权力的进一步集中，坚信解决社会矛盾只能依靠政府的力量。治理论则强调用制度化来化解抗争，其核心是法治，要求法律在权力之上，强调权力的适当分散与制衡，认为化解社会矛盾需要全社会的参与。当代中国的社会稳定是"刚性稳定"，即以国家垄断政治权力为形式，以绝对管控社会为目标，以国家暴力为基础，以控制社会意识和社会组织为方向，导致社会陷入越维稳越不稳定的"维稳怪圈"。从长远来看，一旦政治体制的维护成本过高、代价太大，就可能出现社会无序和冲突失控，"刚性稳定"就可能演变为"社会动荡"。因此，唯有在维护公平正义、注重改善民生的理念引导下，才能使社

① 于建嵘：《从刚性稳定到韧性稳定——关于中国社会秩序的一个分析框架》，《学习与探索》2009 年第 5 期。

会抗争事件的处理步入良性轨道。与社会抗争治理理念相对应的是社会抗争模式的转型，即从压制模式向疏导模式转变。压制模式企图通过对抗争者的惩罚产生的威慑力和警示作用，降低或消除人们进行抗争的可能性，但是其作用是暂时的，只能治标不能治本，容易使事态进一步激化，导致矛盾升级。疏导模式力求通过与抗争者的顺畅沟通和良性互动，尊重抗争者利益表达的要求，提供各方公开、平等对话的平台，消除或降低社会抗争事件发生的概率或强度，将其限制在政府可以控制和接受的范围之内。疏导模式体现了现代的治理理念和公共协商的精神。当代中国在治理社会抗争事件时应该转变理念，努力构建社会抗争治理的疏导模式。

（二）　加强政治沟通，构建制度化的利益表达渠道

政治沟通机制是当代中国治理社会抗争事件的有效机制。在当代中国，随着利益的不断分化，利益格局的重构以及由此带来的社会资源的重新分配不可避免。为维护各自利益，各利益主体必然参与到政治进程当中，寻求其利益诉求的实现。但是，由于当代中国政治参与渠道的制度化、程序化、规范化程度不够，一些民众的利益诉求缺少正常、顺畅的表达渠道，正当利益常常难以得到保障。特别是面对强势的政府，普通民众的利益诉求更是处于极为不利的弱势地位。在通过制度化途径维护自身利益失利的情况下，权利意识已经觉醒的部分群众就会采取体制外形式，包括非法形式进行利益诉求就成为必然的选择。因此，社会抗争事件的发生，是非制度化政治参与的表现，究其原因，与现有政治参与渠道不畅有重大关系。基于此，应该在完善现有渠道的基础上，着力构建顺畅的政治参与机制，特别是规范化、制度化、程序化的利益表达机制。通过机制的构建和完善，把群众的利益诉求纳入制度化的常规政治当中，用制度化的利益表达平衡，协调各种利益关系，并为社会不满情绪的宣泄提供制度化的管道，增强现行体制容纳冲突的能力和在制度框架内解决问题的能力，从体制机制上减少乃至杜绝社会抗争事件发生的可能。

（三）　充分发挥法律的作用，使社会抗争的治理步入法制化轨道

在当代中国，政府作为社会抗争的主要对象和目标，特别需要健全国家的法律规范体系，完善执法程序设计，使社会抗争步入法制化的良性轨道。就法律法规的内容看，现行法规主要涉及《宪法》、《刑法》、《集会游行示

威法》及其实施条例、《治安管理处罚法》和《信访条例》、《公安机关治理群体性治安事件规定》以及《关于积极预防和妥善治理群体性事件的工作意见》等部门规章。这些针对社会抗争事件处置的法规，各有不同的重点，但也存在明显不足：尚未形成一个从权利的设置、组成到行使、保护、规范的完整体系；原则性、框架性内容多，具体化、可操作性的条款少；禁止性、限制性、义务性规定多，授权性、保障性、许可性条款少。因此，必须突破现有的法律束缚，不断开发、提升法治对社会抗争的治理功能。在立法实践中，有必要从以公民为主体出发，根据社会和经济的发展实际，及时出台相应法律法规，使社会抗争的处理和解决有法可依，实现公民权益的有效实现。就法律的践行看，大量社会抗争事件的发生，说明至少部分政府官员思想上还远没有形成依法解决分歧和矛盾的法治观念。因此，必须在法治视角下依法寻求治理社会抗争的原则和机制，使法律作为一个有力的社会控制机制，充分发挥其作为化解矛盾和利益诉求的功能。在法治治理机制上，必须规范政府的执法行为，建立多元的行政争议解决机制，充分运用行政调解、行政申诉、信访、行政复议、行政诉讼等方式，依法保障当事人合法权益，监督和支持政府依法行政，及时有效化解行政争议，及时有效解决社会抗争事件，促进政府与人民群众和谐关系的建立。

（四）实现国家与社会的适度分离，使社会抗争尽可能在社会层面解决

受多种因素的影响，当代中国依然是一个"强国家，弱社会"的状态：大量的社会资源，包括物质资源、政治资源和人的生存发展机会都掌握在国家手中。政府既当运动员又当裁判者，整个社会受到国家强有力的控制，独立的社会力量严重受到抑制。在这种背景下，由于社会抗争的政治性，其矛头直接指向政府，使其成为集体行动的诉求目标。但是，政府并不是万能的，政府的职能和能力也是有限的，面对复杂的社会抗争事件，一旦政府无力解决，政治稳定就会面临极大威胁。因此，政府管得太多、权力太大、支配的资源太多并不是一件好事。另一方面，社会组织作为现代社会结构框架中的一种重要的力量，在化解社会矛盾、实现利益平衡、维护社会稳定等方面发挥着不可替代的作用，在社会抗争事件的治理中也扮演着越来越重要的角色。因此，面对社会抗争，政府应该简政放权，将更多社会事务交给社会处理，实现国家与社会的适度分离。通过这种适度分离，培养形成相对独立

的社会力量，不断提高社会管理能力和自治水平，使社会抗争在社会层面就得到初步甚至有效化解，也使政府从社会抗争的焦点中解脱出来，能以一种超越姿态进行利益调控，处理社会抗争，最终维护和巩固社会稳定。

综上所述，当代中国社会抗争的治理，是一个具有深刻现实意义的时代课题。在其治理实践中，应该转变治理理念，实现从压制模式向疏导模式转变。为了实现这一目标，应该加强政治沟通，充分发挥法律和社会的作用，使社会抗争的治理步入良性发展轨道，从而有效预防和减少社会抗争事件，维护社会和谐稳定。

台湾政治变迁

公民意识、社会正义认知与政治参与

陈陆辉　　陈映男[*]

　　摘　要： 本研究运用"公民意识、社会正义与公民参与"调查研究资料，讨论民众的公民意识、对社会公平认知等因素，及其对其政治参与的影响。本研究发现：台湾民众仍以投票参与为主。性别、公民意识是影响民众政治参与的重要因素，不论是对于常规性（conventional）的政治参与或是非常规性（unconventional）的政治参与，男性以及公民意识愈高者，愈倾向参与政治。此外，较年长者、政治效能感愈高者，愈倾向常规性政治参与。反之，年轻人、政治效能感愈低者，则倾向非常规性政治参与。泛蓝支持者倾向常规政治参与，泛绿支持者则同时倾向两种政治参与。政治兴趣是影响民众常规参与的重要因素，但并未影响非常规参与；而教育程度、族群认同则是影响民众参与非常规性政治事务的重要因素，不过其却对常规性的政治参与不具有显著影响。值得注意的是：与社会公平正义相关的"政府角色与期待"与"体制公平性"两项因素，虽对民众的两种政治参与类型皆无直接显著的影响，但其摆脱了政党认同框架的局限。因此，尽管台湾民众的参与呈现"蓝绿优先于公义"的面貌，但未来仍有转变的可能。

　　关键词： 公民意识　常规性政治参与　社会正义　非常规性政治参与

---

　　* 陈陆辉，政治大学选举研究中心特聘研究员兼主任；陈映男，政治大学政治学系博士候选人。

一　研究缘起

20 世纪 80 年代晚期兴起的全球化浪潮，引发各国内部社会群体之间利益的重新分配，扩大了富人与穷人之间的鸿沟，使得社会分配不公、贫富两极分化，成为世界各国所必须面对的难题。此外，随着强势与弱势分歧的出现，经济发展与社会福利之间是优先级抑或是零和竞争的关系，更是让许多国家感到两难的议题。[①] 置身全球时代与暴露在全球冲击之下的台湾，当然也面临相似的问题，台湾社会自 90 年代迄今，贫富差距持续扩大，不均现象也愈趋明显，表 1 显示台湾十多年来，最贫穷的 20% 户口和最富有的 20% 户口，平均可支配所得差距已从五倍提升到六倍，最高为 2001 年的 6.4 倍，次高为 2009 年的 6.3 倍。

然而，由于台湾长久以来都以族群认同与统独立场为主要的社会分歧，造就蓝绿两大政党的政治竞争与代表性也都只围绕在此议题，直至 “台湾优先” 在 90 年代逐渐成为共识，社会经济正义的分歧才开始浮现，台湾人/中国人认同也不再是台湾选举政治中唯一的分歧点，但蓝绿对决的情势仍是台湾政治空间的一个主要面向，[②] 蓝绿两大阵营竞相标榜自己是全民政党，而选举的主轴也转为经济议题。2012 年总统大选就是最佳例证，泛蓝与泛绿两大阵营于该次选举的共同主轴被视为是 “冻结认同、经济挂帅”，国民党马英九主打经济议题，并强调延续过去四年的开放路线，促使两岸关

① 古允文：《超越两难：期待经济与福利兼容的政策》，“社会福利论坛研讨会” 论文，财团法人中华文化社会福利事业基金会、中国社会科学院，2011 年 4 月 16~17 日。
② 张茂桂编《族群关系和国家认同》，（台北）国家政策研究中心，1993。王甫昌：《台湾反对运动的共识动员：一九七九－一九八九年两次挑战高峰的比较》，《台湾政治学刊》1996 年第 1 期。Tse-Min Lin, Yun-Han Chu and Melvin J. Hinich, "Conflict Displacement and Regime Transition in Taiwan," *World Politics* 48.4（1996）：453 – 81. Tse-Min Lin, Yun-Han Chu, " The Structure of Taiwan's Political Cleavages toward the 2004 Presidential Election：A Spatial Analysis," *Taiwan Journal of Democracy* 4.2（2008）：133 – 154. Alfred Hu, Thung-hong Lin and Raymond Wong, "Class and Ethnic Cleavages in Electoral Politics：Stability and Changes in Taiwan Since 1984," Paper presented at the Spring Meeting of RC28, International Sociological Association, Beijing,（2009）May 13 – 16. 林宗弘、胡克威：《爱恨 ECFA：两岸贸易与台湾的阶级政治》，《思与言》2011 年第 49 卷第 3 期，第 95~134 页。张传贤、黄纪：《政党竞争与台湾族群认同与国家认同间的联结》，《台湾政治学刊》2011 年第 15 第 1 期。

系持续改善，进而为台湾带来更大的经济利益；民进党蔡英文则除了经济发展，还强调应注重台湾社会的分配正义。因此，泛蓝泛绿双方的最大争执点不再是制宪正名或台湾独立，而是经济发展和公平正义、两岸开放和贫富差距。[1] 不论是蓝营"黄金十年"中的"在公义中前进"、"公义社会"，或是绿营"十年政纲"中的"公平正义"、"公平分配的互助社会"，在在都显示"成长与分配"确实是备受重视的议题。

表1　1991~2009年平均每户可支配所得（元）情况

年度	第1等[1]分位组	第5等分位组	两者差距[2]（倍）
1991	227816	1133327	5.0
1992	235752	1236408	5.2
1993	259381	1407140	5.4
1994	280259	1507414	5.4
1995	296166	1581580	5.3
1996	298443	1607034	5.4
1997	312458	1689517	5.4
1998	310865	1714097	5.5
1999	317001	1744245	5.5
2000	315172	1748633	5.6
2001	279404	1785550	6.4
2002	292113	1799733	6.2
2003	296297	1799992	6.1
2004	297305	1791796	6.0
2005	297694	1796884	6.0
2006	304274	1827387	6.0
2007	312145	1866791	6.0
2008	303517	1834994	6.0
2009	282260	1790418	6.3

说明：[1] 将平均每户可支配所得分成五等分，第1等分位组为前20%每户可支配所得情况，第5等分位组则为后20%每户可支配所得情况。

[2] 两者差距之计算 = （第5分位组）除以（第1分位组）所得倍数。

数据来源：《2010年社会指标统计表及历年专题探讨》，2011，行政院主计处，http://www. dgbas. gov. tw/ct. asp？xItem = 29593&ctNode = 3263&mp = 1。

---

① 吴玉山：《冻结认同经济挂帅能否持久?》，《联合报》http://www. udn. com/2012/1/15/ NEWS/NATIONAL/NATS5/6847061. shtml，2012年1月15日。

但许多研究也指出，台湾的政治精英具有经济优先的倾向，社福支出在不同政党执政时期的差异并不大，甚至当被认为因选民基础而偏好较高社福支出的民进党执政时，也曾迫于现实而宣布"经济优先、社福暂缓"。[①] 台湾民众的参与，往往只展现蓝绿认同层面，对福利与税收的意见以及经济或阶级投票的倾向并不鲜明，[②] 直至两岸于 2008 年之后开启紧密的经济交流，民众对于两岸贸易与国内利益分配的认知始浮现，且对两岸经贸利益分配等议题出现不同看法，并可能进而影响其政治抉择。[③]

2010 年以来，奢侈税、证券交易税、油价电价双涨进而造成物价上扬等纷纷扰扰的政策议题，都引起各界的质疑与挞伐，在野阵营甚至号召民众上街抗议游行，而执政者的低迷支持度更直接呈现了民众的疑虑与不满。当经济利益的配置愈显重要时，究竟台湾民众是如何看待政府在弱势照顾与贫富差距现象等社会公平议题所应扮演的角色？台湾民众对于官员与政策好坏的评断会否转变为实际参与的动力？都是本研究关心的焦点。此外，本研究还欲检视台湾民众的政治参与模式，以及了解影响台湾民众参与的重要因素。期望借由初探这些议题，一窥台湾民众政治参与的面貌。

二 公民意识与民众政治参与

（一） 公民意识

"citizenship" 的重要性横跨规范性与实证性两种研究领域，其意涵却

---

① 吴亲恩：《所得分配恶化对公共支出增加的影响：1980～2004》，《东吴政治学报》2007年第 25 卷第 1 期。古允文：《超越两难：期待经济与福利兼容的政策》，"社会福利论坛研讨会"论文，财团法人中华文化社会福利事业基金会、中国社会科学院，2011 年 4月 16～17 日。

② Nai-The Wu，"Class Identity without Class Consciousness? Working Class Consciousness in Taiwan," *Putting Class in Its Place: Worker Identity in East Asia*, ed. Elizabeth J. Perry（Berkeley: University of California at Berkeley, Institute of East Asian Studies, 1996）；耿曙、张雅雯：《旧阶级、新政治？阶级分化、保护主义与台湾政党的社会基础》，"全球化时代的公民与国家暨台湾社会变迁基本调查第十次研讨会"，中央研究院政治学筹备处、社会学研究所协办，2007 年 11 月 10 日。Ming-Chang Tsai, Hong-Zen Wang, Hsin-Huang M. Hsiao, and Gang-Hua Fan, "Profiling Middle Classes in Today's Taiwan," Paper presented at the Conference on Comparing Middle Classes in Ethnic Chinese Societies in Modern Asia-Pacific, Taipei . Social Sciences Academia Sinica, 13 - 14 June, 2008.

③ 林宗弘：《台湾的后工业化：阶级结构的转型与社会不平等，1992～2007》，《台湾社会学刊》2009 年第 43 卷，第 93～158 页。林宗弘、胡克威：《爱恨 ECFA：两岸贸易与台湾的阶级政治》，《思与言》2011 年第 49 卷第 3 期，第 95～134 页。

也因而多元庞杂，且学术界关于其定义的讨论更是从未停歇。然而，探讨 citizenship 的定义并非本文宗旨，因此将只聚焦于政治层面。citizenship 的政治意涵可回溯至古希腊时代，亚里士多德着眼于 citizenship 的"政治性"，视公民为一种"政治性存在"，将其与具有平等且互不隶属的成员，成员有共同分享的基础、情谊与正义，追求共善等特征的政治社群相连接。因此，citizenship 意指公民"统治与被统治"，且存在透过任职与参与国家政府、服从其他公民制定的法律之积极与消极形式。此外，citizenship 的规范性概念还可区分出"公民德性"与"公民德行"，前者指公民为追求公共利益而行动的品德与倾向，后者则指涉公民必须具备的知识美德与实际政治参与行为，而在现今实证性研究的测量项目中，前者包括了政治效能感、政治信任感、政治知识、政治兴趣、民主态度等心理层面因素；而后者则是常规性与非常规性的实际政治参与行为。亦即 citizenship 包含了"行为"与"态度"。① 而 20 世纪后的 citizenship 概念还进一步涵盖了权利、义务面向。② 因此，郭秋永在截取多方的看法后，将公民意识界定为："公民监督选任官员与判断其政策好坏的意愿，此意愿包含了公开质疑政治权威、公开表达自身政治意见、听取不同政治意见、修正自身政治意见。"③

正由于 citizenship 的见解纷纭，实证研究曾针对"公民议题"的测量设计出数量极为庞大的项目，如 20 个量表与 84 个测量项目、8 个量表与 44 个测量项目。然而，测量题目过多不仅易造成理解上的混乱，亦造成分析上的困难。因此，本研究试图采用郭秋永提出以包含质疑政

---

① 江宜桦：《政治社群与生命共同体：亚里士多德城邦理论的若干启示》，《政治社群》，台北：中研院社科所，1995，第 42 页。Michael Ignatieff, "The Myth of Citizenship," *Theorizing Citizenship*, ed. Ronald Beiner (New York: State University of New York Press, 1995), 55. Richard Dagger, *Civic Virtues: Rights, Citizenship, and Republican Liberalism* (Oxford: Oxford University Press, 1997), 127. 郭秋永：《公民意识：实证与规范之间的一个整合研究》，《公民与政治行动实证与规范之间的对话》，台北：中研院人文社会科学研究中心政治思想研究专题中心，2009，第 47 ~ 69 页。

② Thomas Marshall and Tom Bottomor, *Citizenship and Social Class* (London: Pluto, 1992), 8. 郭秋永：《公民意识：实证与规范之间的一个整合研究》，《公民与政治行动实证与规范之间的对话》，台北：中研院人文社会科学研究中心政治思想研究专题中心，2009，第 57 ~ 65 页。

③ 郭秋永：《公民意识：实证与规范之间的一个整合研究》，《公民与政治行动实证与规范之间的对话》，台北：中研院人文社会科学研究中心政治思想研究专题中心，2009，第 67 ~ 68 页。

治权威、公开论述政策好坏意愿的四个题目来捕捉台湾民众的"公民意识"。①

（二）政治参与

"政治参与"的概念亦存在许多不同的界说，而经验研究者大多着重在工具性的行动面向。② 长期研究美国政治参与的学者 Verba 与 Nie 将政治参与定义为"一般公民或多或少地直接以影响政府人事甄补与（或）政府行动为目标所进行的活动"。③ 亦即政治参与的重要元素包括了一般公民、活动、与政府事务有关、目的性。而当今的民主政体被视为是赋予公民参与机会的政体，每位公民对于政府作为都享有表达意见、投票及参选等权利，因此，公民涉入政治的程度可视为评断民主质量的方式之一。④

政治参与的模式最常被区分为常规（conventional）与非常规（unconvetional）两种。常规性政治参与除了包括企图影响政府人事的投票、劝说投票、参选、捐赠政治献金、参加造势助选等与选举有关的活动，还包含直接影响政府决策与行动的政治沟通、合作性活动、接触政府官员或民意代表、公民投票等活动。非常规性政治参与则意指合法与非法等各种体制外的政治行为，如游行、示威、抗议等。⑤

以往学者讨论的焦点大多集中在常规性政治参与，而资源模型、心理因素、动员、理性选择等都是解释民众会否参与的重要论点，最受关注的微观投票行为，更发展出三个著名的研究途径：强调选民社会背景、人口学特

---

① 郭秋永：《公民意识：实证与规范之间的一个整合研究》，《公民与政治行动实证与规范之间的对话》，台北，中研院人文社会科学研究中心政治思想研究专题中心，2009，第 82 ~ 84 页。

② 郭秋永：《政治参与的意义：方法论上的分析》，《人文及社会科学集刊》1992 年第 5 卷第 1 期，第 173 ~ 211 页。

③ Sidney Verba and Norman H. Nie, *Participation in America* (Chicago and London：The University of Chicago Press, 1972). Sidney Verba, Key Lehan Schlozman and Henry E. Brady, *Voice and Equality* (Cambridge Mass.：Harvard University Press, 1995).

④ Andre' Blais, "Political Participation," *Comparing Democracies 3：Elections and Voting in the 21st Century*, ed. Lawrence LeDuc, Richard G. Niemi and Pippa Norris (London：Sage, 2010), 165 - 183.

⑤ Sidney Verba, Norman H. Nie, and Jae-on Kim, *Participation and Political Equality：A Seven-Nation Comparison* (New York：Cambridge University Press, 1978), 53 - 54. Stenven J. Rosenstone and John Mark Hansen, *Mobilization, Participation and Democracy in America* (New York：Macmillan, 1993), 4 - 5.

征、团体与社会因素的社会学研究途径；着重选民个人动机、人格特质与政治态度、政党认同、候选人评价、政策取向、公民效能感与公民责任感的社会心理学研究途径；注重理性计算、成本效益、个人利益极大化，以及回溯性投票、前瞻性投票、策略投票的经济学研究途径，都为投票参与积累了丰硕的研究成果。[①]

　　然而，现代化、民主化与价值变迁的发展，冲击了过去学界对于民众政治态度与行为的理解，社会变化使既有的常规性参与途径解释力受到局限。例如，社会变迁造成阶级瓦解，传统个人社会类属不再是解释选民投票抉择的固定变量；现代社会民众不再信息贫乏，而是处于信息爆炸的状态；愈来愈多新世代的民众对政府的信任与对政党的依恋皆减少，也不再视投票为公民责任。[②] 此外，民主国家普遍出现选举投票率明显下滑的趋势，如1960

① Bernard Berelson, Paul Lazarsfeld, and William McPhee, *The Voting* (Chicago: University of Chicago Press, 1954). Angus Campbell, Gerald Gurin, and Warren Miller, *The Voter Decades* (Evanston, IL: Row, Peterson, 1954). Anthony Downs, *An Economic Theory of Democracy* (Harper and Row, 1957). Angus Campbell, Philip E. Converse, Warren E. Miller, and Donald E. Stokes, *The American Voter* (New York: John Wiley and Sons, 1960). Paul F. Lazarsfeld, Bernard Berelson, and Hazel Gaudet, *The People's Choice. How the Voter Makes up His Mind in a Presidential Campaign* (New York: Columbia University Press, 1968). W. H. Riker and P. C. Ordeshook, "A Theory of the Calculus of Voting," *American Political Science Review* 62 (1968): 25 – 43. P. E Converse, "Change in the American Electorate." *The Human Meaning of Social Change*, ed. A. Campbell and P. E. Converse (New York: Russell Sage Foundation, 1972). William L. Miller, *Electoral Dynamics* (London: MacMillan, 1977). M. Margaret Conway, *Political Participation in the United States* (Washington D. C.: Congressional Quarterly Press, 1991). Steven J. Rosenstone, and John Mark Hansen, *Mobilization, Participation and Democracy in America* (New York: Macmillan, 1993). Sidney Verba, Key Lehan Schlozman and Henry E. Brady, *Voice and Equality* (Cambridge Mass.: Harvard University Press, 1995). Edward G. Carmines and Robert Huckfeldt, "Political Behavior: An Overview." *A New Handbook of Political Science*, ed. Robert E. Goodin and Hans-Dieter Klingemann (New York: Oxford University Press, 1996), 223 – 254. André Blais, *To Vote Or Not to Vote?: The Merits and Limits of Rational Choice Theory* (University of Pittsburgh Press, 2000). Mark N. Franklin, *Voter Turnout and the Dynamics of Electoral Competition in Established Democracies since 1945* (Cambridge University Press, 2004).

② Russell J. Dalton, *Citizen Politics: Public Opinion and Political Parties in Advanced Industrial Democracies 4th* (Washington, D. C.: CQ Press, 2006). Hanna Wass, "Generations and Socialization into Electoral Participation in Finland," *Scandinavian Political Studies* 30.1 (2007): 1 – 19. Sidney Verba and M. P. Wattenberg, *Is Voting for Young People? With a Postscript on Citizen Engagement* (New York: Pearson Longman, 2007). Russell J. Dalton, and Hans-Dieter Klingemann, "Citizens and Political Behavior." *The Oxford Handbook of Political Behavior*, ed. Russell J. Dalton and Hans-Dieter Klingemann (New York: Oxford University Press, 2007), 3 – 26.

年代至 2000 年民主国家国会议员选举的投票率，较 1960 年代至 1980 年代的平均投票率少了 10%。[1] 而投票率的下降被认为与世代差异、团体动员减少、社会资本、政治价值与文化等有关。[2]

在选举政治参与比例显著减少的同时，抵制、示威、请愿等非选举形式的政治参与正逐步攀升。因此，许多学者开始注意非常规（unconventional）的政治参与，社会运动与抗议政治是投票之外的重要政治参与方式，[3] Dalton 指出，抗议长久以来都是缺乏接近传统管道者发泄的出口，因此，当公民被封锁于借由合法参与管道发挥影响力之外时，抗议政治便成为其选项。他运用调查资料发现：民主先进国家民众参与请愿书的签署比例，大多超过五成，更有多数国家的公民，有超过三成的比例，参加较激烈的活动（如合法示威、抵制、非法罢工、占领建筑物）。此外，他从美、英、德与法等四国过去二十几年的长期趋势也发现：这些抗议活动参与的情况，也有愈来愈高的趋势。[4] 而 Blais 也指出相较于 1982 年，美、日、德、法、英、义、西、加、澳等九个民主大国在 1999 年的抵制、示威、请愿比例都大幅增加。[5]

对于民众为何会参加这些抗议性的活动，与常规性参与解释相通的论点为资源模型与理性选择，资源模型者认为，抗议是个人能用以追求其目标的另一项政治资源，抗议是政治过程的一部分。而政治参与需要金钱、时间与公民技巧，因此，抗议活动普遍存在于较高教育程度与政治练达者

① Andre' Blais," Political Participation," *Comparing Democracies 3: Elections and Voting in the 21st Century*, ed. Lawrence LeDuc, Richard G. Niemi and Pippa Norris (London: Sage, 2010), 165 – 183.

② Ronald Ingleart, *Cultural Shift: in Advanced Industrial Society* (Princeton, New Jersey: Princeton University Press, 1990). Robert D. Putnam, *Bowling Alone: the Collapse and Revival of American Community* (New York: Simon & Schuster, 2000). Mark N. Franklin, *Voter Turnout and the Dynamics of Electoral Competition in Established Democracies since 1945* (Cambridge University Press, 2004). Russell J. Dalton, and Hans-Dieter Klingemann, "Citizens and Political Behavior." *The Oxford Handbook of Political Behavior*, ed. Russell J. Dalton and Hans-Dieter Klingemann (New York: Oxford University Press, 2007), 3 – 26.

③ Max Kaase, "Perspectives on Political Participation," *The Oxford Handbook of Political Behavior*, ed. Russell J. Dalton and Hans-Dieter Klingemann (New York: Oxford University Press, 2007), 783 – 798.

④ Russell J. Dalton, *Citizen Politics: Public Opinion and Political Parties in Advanced Industrial Democracies 4th* (Washington, D. C.: CQ Press, 2006).

⑤ Andre' Blais, "Political Participation," *Comparing Democracies 3: Elections and Voting in the 21st Century*, ed. Lawrence LeDuc, Richard G. Niemi and Pippa Norris (London: Sage, 2010)

之间，因为他们具有此种活动所需的政治技巧与资源，且相关研究也发现男性和教育程度高者参与抗议活动的程度较高。此外，政治兴趣是极重要的参与动力。理性选择途径则认为抗议政治是理性追求利益的行为，认知抗议或运动能成功且能感受到政治效能，是使人们参与抗议活动的关键，且他们会感受到应参与的道德责任。较不同于常规性参与解释论点为相对剥夺途径与政治机会结构论，Gurr 以相对剥夺论描述参与社会运动的动机，相对剥夺论是指个人对于预期所得/成就以及实际所得/成就之间的落差。落差愈大，则相对剥夺感愈重，就愈可能从事非常规的政治参与，此种抗议主要是立基于挫折与政治疏离的感觉，此论点将非常规的政治参与视为非理性且具暴力倾向，[①] 许多学者也运用他们来解释目前欧洲国家的极右派运动以及排外甚至恐外的抗议与示威活动。政治机会结构论则是强调政治环境的重要性，社会运动的时机、策略与效果，都与政治制度有关。[②]

　　经由前述的既有研究成果可得知，由权利、义务、公民德性与公民德行等面向所组成的公民意识，其实与深受资源、心理意向等因素所影响的政治参与之间有密切且值得关注的关系。此外，西方民主国家近来政治参与所呈现的趋势是选举等常规参与衰退，非常规参与兴起。那么，台湾公民意识及政治参与的面貌又是如何？台湾关于公民意识的既有经验研究，主要着重在公民意识的意涵测量及跨国比较、公民意识的消长变化、公民意识与公民投票之间的关系以及公民意识与教育、社会运动的关联性等议题。研究发现台湾民众的公民权观念多元，涵盖了爱国与人道义务、政治义务、社会经济权利、政治参与权利与公民礼仪等面向，而教育程度是影响台湾公民意识发展成熟度与广度的关键。此外，蓝绿认同对于民众的政

① Ted Robert Gurr, *Why Men Rebel* (Princeton, NJ: Princeton University Press, 1970).

② W. H. Riker and P. C. Ordeshook," A Theory of the Calculus of Voting," *American Political Science Review* 62 (1968): 25 – 43. M. Olson, *The Logic of Collective Action: Public Goods and the Theory of Groups* (Cambridge, MA: Harvard University Press, 1971). Peter Eisinger, "The Conditions of Protest Behavior in American cities," *American Political Science Review* 67 (1973): 11 – 28. Edward N. Muller and Karl-Dieter Opp, 1986, "Rational Choice and Rebellious Collective Action," *American Political Science Review* 80 (1986): 471 – 488. Sidney Verba, Key Lehan Schlozman and Henry E. Brady, *Voice and Equality* (Cambridge Mass.: Harvard University Press, 1995). Dieter Rucht, 2007, "The Spread of Protest Politics," *The Oxford Handbook of Political Behavior*, ed. Russell J. Dalton and Hans-Dieter Klingemann (New York: Oxford University Press, 2007): 708 – 723.

治立场、非常规参与（红衫军运动）的理解框架有极大的关联，但学者们对于蓝绿认同会否影响公民意识，以及公民责任感、民主价值理念与公民意识会否形塑台湾民众看待公民投票制度的态度和参与，则都还存在分歧的看法。① 而关于政治参与的现有实证研究十分丰硕，且已发现性别、年龄、省籍、教育程度、政治效能感、政党认同、族群认同、统独立场、社会网络、政治社会化等都是左右台湾民众选举参与的重要因素，唯大多数研究偏重于解析"立法委员"、县市长、"总统"等各个层级的选举投票行为。② 因此，本研究试图连接公民意识与政治参与，期望借由初探社会公义等议题对常规与非常规参与的影响、台湾民众对于常规与非常规参与的情况，观察公民意识与政府角色及对其的期望等因素会否成为台湾民众政治参与的动力，以及台湾是否也已与西方民主国家一样出现政治参与模式转变迹象。

---

① 徐火炎：《从跨国比较的观点看公民权的经验内涵》，"台湾社会变迁基本调查第八次研讨会"，中央研究院政治学研究所筹备处、社会学研究所主办，2006 年 5 月 26 日。徐火炎：《台湾的公民权：经验内涵的初探》，"台湾社会变迁基本调查第八次研讨会"，中央研究院政治学研究所筹备处、社会学研究所主办，2006 年 5 月 26 日。陈光辉：《台湾民众的公民意识、蓝绿政治支持与公民投票态度之关联性》，《人文及社会科学集刊》2010 年第 22 卷第 2 期。王鼎铭：《成本效益、公民责任与政治参与：2004 年公民投票的分析》，《东吴政治学报》2007 年第 25 卷第 1 期。刘义周、田芳华：《教育与公民意识：以反贪腐倒扁运动与保卫本土挺扁运动为例》，《公民与政治行动实证与规范之间的对话》，台北：中研院人文社会科学研究中心政治思想研究专题中心，2009。盛杏湲、郑夙芬：《台湾民众的蓝绿认同与红衫军运动的参与：一个框架结盟的解释》，《公民与政治行动实证与规范之间的对话》，台北：中研院人文社会科学研究中心政治思想研究专题中心，2009。
陈陆辉：《信任、效能与行动：解析民众为何支持红衫军或挺扁活动》，《公民与政治行动实证与规范之间的对话》，台北：中研院人文社会科学研究中心政治思想研究专题中心。
庄文忠：《台湾民众公民意识的变化：2008 年政权二次轮替前后的比较分析》，《人文及社会科学集刊》2010 年第 22 卷第 2 期。
② 吴重礼、郑文智、崔晓情：《交叉网络与政治参与：2001 年县市长与立法委员选举的实证研究》，《人文及社会科学集刊》2006 年第 18 卷第 4 期。王靖兴、王德育：《台湾民众的政治参与对其政治功效意识之影响：以 2004 年总统选举为例》，《台湾政治学刊》2007 年第 11 卷第 1 期。杨婉莹：《政治参与的性别差异》，《选举研究》2007 年第 14 卷第 2 期。吴重礼：《政党偏好、制衡认知与分裂投票 – 2006 年北高市长暨议员选举的实证分析》，《台湾民主季刊》2008 年，第 5 卷第 2 期。陈陆辉、耿曙：《政治效能感与政党认同对选民投票抉择的影响——以 2002 年北高市长选举为例》，《台湾民主季刊》2008 年第 5 卷第 1 期。吴重礼、崔晓情：《族群、赋权与选举评价——2004 年与 2008 年总统选举省籍差异的实证分析》，《台湾民主季刊》2010 年第 7 卷第 4 期。张传贤、黄纪：《政党竞争与台湾族群认同与国家认同间的联结》，《台湾政治学刊》2011 年第 15 卷第 1 期。崔晓情、吴重礼：《年龄与选举参与：2008 年总统选举的实证分析》，《调查研究——方法与应用》2011 年第 26 期。

（三）研究数据与变量建构

本文以统计模型的分析方式，经由问卷资料，观察台湾民众的参与情况，并进一步探讨公民意识、政府角色与期待、体制公平性、政治效能感与政治兴趣等因素对于政治参与的影响。

本研究使用的资料，来自中央研究院人文社会科学研究中心的政治思想研究专题中心与政治大学选举研究中心在 2012 年 4 月 13 日至 4 月 21 日进行电话访问的"公民意识、社会正义与公民参与"研究计划。电话访问对象的抽样方式，系以台湾地区年满二十岁以上的成年人为本次调查的访问对象。本研究的抽样方法为电话簿抽样法，一部分是以"中华电信住宅部99～100 年版电话号码簿"为母体清册，依据各县市电话簿所刊电话数占台湾地区所刊电话总数比例，决定各县市抽出之电话数比例，以等距抽样法抽出各县市电话样本后，为求涵盖的完整性，再以随机数修正电话号码的最后二码或四码，以求接触到未登录电话的住宅户。另一部分的电话样本则是来自政治大学选举研究中心所累积的电访数据库，以随机数修正电话号码的最后四码来制作电话样本。在开始访问之前，访员将按照（洪氏）户中抽样的原则，抽出应受访的对象再进行访问。访问完成 2261 个有效样本，在 95% 信心水平下，简单随机抽样的最大误差为 ±2.06%。

1. 因变量

本研究主要分析台湾民众的政治参与，我们利用五个题目组成一个量表，测量民众的"常规政治参与"（请参考附录）。它们包括：投票、劝说投票、向政府民代或政党反映意见、向媒体反映意见、在网络上发表意见。五个题目的选项为有、无，经过重新编码与计数后，依其参与项目多寡，建构出 0～5 分的量表，参加项目愈多，表示其常规政治参与愈高。

此外，我们还利用两个题目组成另一个量表，测量民众的"非常规政治参与"（请参考附录）。它们包括：冲突接受度、冲突倾向。两个题目的选项为非常不可以（可能）到非常可以（可能），愈同意表示愈倾向非常规政治参与，两个变量经过重新编码为可以（可能）、不可以（不可能）并进行计数后，依其能接受项目多寡，建构出 0～3 分的量表，表达肯定的项目愈多，表示其非常规政治参与倾向愈高。

2. 自变量

在主要的解释变项上，民众"公民意识"的测量，本研究将分析民众对于"政治的事情交给政治人物处理就好"、"当政治人物的意见与我们不一样的时候，我们应该公开表达反对的意见"、"只要做好自己的事，不要过问公众事务"、"对于公众的事务，我们都应该主动发表自己的意见"等四个面向的看法，建构一个"公民意识"的量表（请参考附录）。在上述测量中，有65.7%与80.9%的台湾民众具有质疑政治权威的意愿，且有71.7%与80.2%的民众表达了公开论述政策好坏的意愿，显示台湾民众有极高的公民意识。初步分析的结果，该量表的内在一致性检定（Cronbach's Alpha）为0.54，还算可以建构为一个量表，本研究将其建构为分布为1~4分的"公民意识"量表，平均分数为3.08，标准偏差为0.57。

民众"政府角色与期待"，与贫富差距与弱势照顾相关，本研究运用以下测量民众是否同意"政府在制定政策时，应该给社会上较弱势的族群更多表达意见的机会"、"政府应该给予社会上较弱势的族群更多的照顾"、"在台湾，有钱人愈来愈有钱，是政府政策造成的，不是他们特别努力"、"减少贫富差距是政府的责任"的说法。上述测量中，约有九成五的民众认为政府应更关怀弱势，另有五成八至七成四的民众认为政府与贫富差距的现象有关，显示台湾民众对政府角色有极高的期待。初步分析的结果，该量表的内在一致性检定（Cronbach's Alpha）为0.57，还算可以建构为一个量表，本研究将其建构为"政府角色与期待"的量表（请参考附录，其分数分布为1~4分，平均分数为3.35，标准偏差为0.55）。

"体制公平性"的测量则是采用民众是否同意"有人说：'在台湾，不管什么出身，只要努力，任何人都有出人头地的机会'"的说法，将选项重新编码为同意、不同意，并视不同意者为认为体制不公平者。约有62%的民众认为体制公平，认为体制不公平者约38%。

民众"政治效能感"，测量民众是否同意以下两个题目的说法：有人说："我们一般民众对政府的作为，没有任何影响力。"、"政府官员不会在乎我们一般民众的想法。"，以此建构一个"政治效能感"的量表（请参考附录）。初步分析的结果，该量表的内在一致性检定（Cronbach's Alpha）为0.56，尚能建构为一个量表。该量表的分数分布为1~4分，平均分数为2.42，标准偏差为0.86。

民众"政治兴趣"的测量题目则是："请问您平时会不会与人讨论有关政治或选举方面的议题？是时常讨论、有时讨论、很少讨论，还是从来不讨论？"将从不讨论至时常讨论，建构为1~4分的量表。

除了上述变量外，本研究也将受访者的性别、年龄、教育程度、政党认同、族群认同、统独立场纳入当作控制变量。本研究预期公民意识愈高、对政府角色与期待愈高、政治效能感愈高、对政治愈感兴趣者，都愈倾向常规与非常规两种政治参与；认为体制不公平者，则倾向非常规政治参与。

三　资料分析

在进行模型分析之前，我们首先初步检视政治参与的分布情形。

（一）常规政治参与的分布

表2中可看出台湾民众常规政治参与的分布，参与2012年"总统"与"立委"大选投票者高达82.8%，但劝说投票、向政府民代或政党反映意见、向媒体反映意见、在网络上发表意见的比例却仅有3.6%～18.7%。而总计这五项行为的参与次数后，可得知有12.9%的民众完全未参与任何一项政治参与，只有参与其中一项者高达52.3%，参与两项者约占两成四，参与三至五项者的比例则都不足一成。显示了台湾民众的常规性政治参与仍以投票为主。

表2　台湾民众之常规政治参与

参与项目		五项参与次数	
1. 2012年"总统"与"立委"选举有去投票	82.8(1873)	参与0项	12.9(291)
2. 2012年"总统"与"立委"选举有劝说亲友投(或不投)给某位候选人或政党	18.7(422)	参与1项	52.3(1181)
3. 有向政府、民意代表或政党反映意见	12.6(286)	参与2项	24.1(544)
4. 有向媒体反映意见	3.6(82)	参与3项	8.5(193)
5. 有在网络上发表意见	17.6(398)	参与4项	1.9(43)
数据源:同表1		参与5项	0.4(8)
说明:表中百分比为"有参与"的直栏百分比(括号内为样本数)		总和	100.0(2261)
		平均数 = 1.35　标准偏差 = 0.90	

（二）非常规政治参与的分布

表 3 为台湾民众非常规政治参与的分布，在冲突接受度部分，可以接受的民众只有 34.6%。而在冲突倾向部分，仅有 24.6% 的民众认为自己有可能会为了抗议某事或表达主张而与警察发生冲突。而总计这两项的肯定次数后，可得知高达 60.4% 的民众既不接受冲突也不具冲突倾向，接受他人冲突或认为自己具冲突倾向者约二成五，同时正面肯定冲突的只有一成四。显示台湾民众对于与警察发生冲突此种非常规政治参与的接受度与认同度并不高。

表 3   台湾民众之非常规政治参与

参与项目		2 项次数	
1. 冲突接受度：能接受他人为抗议某事或表达主张而与警察发生冲突	34.6(689)	接受 0 项	60.4(1366)
2. 冲突倾向：自己可能在必要时会为抗议某事或表达主张而与警察发生冲突	24.6(527)	接受 1 项	25.4(574)
		接受 2 项	14.2(321)
数据源：同表 1		总和	100.0(2261)
说明：表中百分比为"肯定"的直栏百分比（括号内为样本数）		平均数 = 0.54 标准偏差 = 0.73	

在了解台湾民众政治参与的分布情况后，我们接着将前述提及影响政治参与的变量模型纳入分析，采用复回归模型来解析，将"常规政治参与"由低至高设为 0 ~ 5 分，"非常规政治参与"由低至高设为 1 ~ 4 分，借由模型检验来分别检视自变量与政治参与之间的关系。

（三）影响台湾民众政治参与的因素

首先，我们先检测与社会正义相关的"政府角色与期待"、"体制公平性"两项变量对于台湾民众常规与非常规参与之影响。由表 4 可知，控制其他变量后，性别、教育程度、政党认同、族群认同、统独立场、社会正义相关变项，都是影响台湾民众参与的因素。其中，控制其他变量后，对"政府角色与期待"愈高者，愈倾向两种类型的参与。"体制公平性"方面则是认为体制不公者，相对于体制公平者较倾向非常规参与。因此，社会正义等相关变项确实是影响台湾民众参与的重要因素之一。

表 4　社会正义与政治参与之复回归分析

		常规参与	非常规参与
		系数（标准误）	系数（标准误）
（常数）		0.37（0.16）*	− 0.29（0.13）*
性别（以女性为对照组）			
	男性	0.14（0.04）**	0.12（0.03）**
年龄（以 20 ~ 34 岁为对照组）			
	35 ~ 49 岁	0.20（0.05）***	− 0.08（0.04）^{M}
	50 岁以上	0.33（0.06）***	− 0.08（0.05）^{M}
教育程度（以小学及以下为对照组）			
	中学	− 0.05（0.08）^{M}	0.23（0.06）***
	大专及以上	0.21（0.08）*	0.31（0.07）***
政党认同（以中立无倾向为对照组）			
	泛蓝	0.43（0.05）***	0.05（0.04）
	泛绿	0.45（0.05）***	0.19（0.04）***
族群认同（以都是为对照组）			
	中国人	0.32（0.13）*	− 0.12（0.11）
	台湾人	0.01（0.05）	0.17（0.04）***
统独立场（以维持现状为对照组）			
	倾向统一	0.08（0.07）	0.01（0.06）
	倾向独立	0.19（0.05）***	0.13（0.04）**
政府角色与期待（1 ~ 4）		0.09（0.04）*	0.12（0.03）***
在台湾只要努力任何人都有出人头地的机会（以体制公平为对照组）			
	体制不公	0.07（0.04）	0.08（0.04）*
模型信息			
样本数		1832	1832
Adj. R^2		0.105	0.086
S. E. E.		0.876	0.719
自由度		13	13
p 值		< 0.001	< 0.001

说明：*** ： $p < 0.001$ ，** ： $p < 0.01$ ，* ： $p < 0.05$ ，^{M}YM： $p < 0.10$ （双尾检定）。

依变量为"常规性政治参与"（0 ~ 5 分）、"非常规性政治参与"（0 ~ 3 分）

数据来源：同表 1。

　　接下来，我们将政治参与相关理论与研究所发现的其他重要影响因素：政治效能感、政治兴趣，以及本研究感兴趣的公民意识纳入模型，[①]

---

① 本研究考量台湾政治的现况以及政治参与的相关研究发现后，原拟再纳入省籍、职业、家庭月收入等变项，但经过 F 检定后，删除此三项后的精简模型为较佳的选择。

再次检验社会公平等变量对于政治参与之影响。由表 5 可发现，对政府角色与期待、体制公平性两项因素对于政治参与的影响不再显著。以下分别就常规参与和非常规参与模型内容进行解释，并比较两个模型影响因素之差异。

在常规参与方面，性别、年龄、政党认同、公民意识、政治效能感及政治兴趣等变量，对台湾民众的常规参与有显著影响。控制其他变量之后，男性、年龄 50 岁以上、泛蓝及泛绿支持者，相较于女性、20 岁至 34 岁者、政党认同为中立无倾向者，有较高的常规参与。此外，公民意识愈高者、政治效能感愈高者、对政治愈感兴趣者，其常规参与也愈高。

在非常规参与方面，性别、年龄、教育程度、政党认同、族群认同、公民意识、政治效能感等变量，对台湾民众的非常规参与有显著影响。控制其他变量之后，男性、20 岁至 34 岁者、中学以及大专以上教育程度者、泛绿支持者、族群认同为台湾人者，相较于女性、35 岁以上者、教育程度为小学及以下者、政党认同为中立无倾向者、双重认同者，有较高的非常规参与。此外，公民意识愈高者、政治效能感愈低者，其非常规参与也愈高。

因此，透过表 5 的两个模型可发现，性别、年龄、政党认同、公民意识、政治效能感，对台湾民众的常规及非常规政治参与具有关键性影响。除了男性，以及对常规及非常规参与为正向影响的公民意识之外，影响常规及非常规参与的因素稍有不同：在常规参与面向，50 岁以上者、泛蓝与泛绿支持者、政治效能感高者、政治兴趣愈高者，都较倾向常规政治参与。而在非常规参与面向，最年轻的 20 岁至 34 岁者、资源较丰沛且较能掌握政治信息的高教育程度者、立场与执政的国民党相对立的泛绿支持者及台湾认同者，否定政府回应力的低政治效能感者，都较倾向非常规参与。

特别值得注意的是，相较于表 4 后可发现，与社会公平正义相关的"政府角色与期待"与"体制公平性"两项因素，对台湾民众政治参与的影响变得相对有限，但政党认同的影响力并未改变。因此，台湾民众尽管有高涨的公民意识与对政府的高度期待，其对于社会公平议题的关心却被政党认同所淹没，并无法将政府对于弱势族群所应扮演的角色与期待、体制不公等因素，化为实际的政治参与动力，使得民众在政治参与上依然高度受到政党认同相关因素的左右。

表 5　影响台湾民众政治参与因素之复回归分析

	常规参与	非常规参与
	系数（标准误）	系数（标准误）
（常数）	− 0.66（0.20）**	− 0.54（0.18）**
性别（以女性为对照组）		
男性	0.08（0.04）*	0.08（0.04）*
年龄（以 20~34 岁为对照组）		
35~49 岁	0.08（0.05）	− 0.10（0.05）*
50 岁以上	0.14（0.06）*	− 0.11（0.05）*
教育程度（以小学及以下为对照组）		
中学	− 0.15（0.08）§	0.25（0.07）**
大专及以上	− 0.02（0.09）	0.28（0.08）***
政党认同（以中立无倾向为对照组）		
泛蓝	0.30（0.05）***	0.03（0.05）
泛绿	0.31（0.06）***	0.13（0.05）**
族群认同（以都是为对照组）		
中国人	0.21（0.14）	− 0.13（0.12）
台湾人	− 0.02（0.05）	0.17（0.04）***
统独立场（以维持现状为对照组）		
倾向统一	0.08（0.07）	0.03（0.06）
倾向独立	0.08（0.05）	0.07（0.05）
公民意识（1~4）	0.21（0.04）***	0.24（0.04）***
政府角色与期待（1~4）	0.08（0.04）§	0.03（0.04）
在台湾只要努力任何人都有出人头地的机会（以体制公平为对照组）		
体制不公	0.04（0.04）	0.01（0.04）
效能感（1~4）	0.06（0.03）*	− 0.07（0.02）**
政治兴趣	0.33（0.03）***	0.04（0.02）§
模型信息		
样本数	1612	1612
Adj. R²	0.223	0.112
S. E. E.	0.823	0.720
自由度	16	16
p 值	< 0.001	< 0.001

说明：*** ：$p < 0.001$，** ：$p < 0.01$，* ：$p < 0.05$，^{M}YM：$p < 0.10$（双尾检定）。
依变量为“常规性政治参与”（0~5 分）；“非常规性政治参与”（0~3 分）。
数据来源：同表 1。

　　虽然表 5 已显示与政党认同因素相关的变项是影响台湾民众政治参与的关键，本研究欲进一步探析台湾政治是否真的永远只有蓝绿这个选项。表 6 为影响政府角色与期待、体制公平性因素之二元胜算对数模型，可发现年龄、族群认同，是同时影响政府角色与期待、体制公平性的重要因素。概括而言，在年龄因素方面，控制其他变量后，相较于 20 岁至 34 岁者，35 岁至 49 岁者对政府的角色与期待较高，且其与 50 岁以上者皆倾向认为体制不公平。族群认同因素方面，相较于双重认同者，台湾人认同者对政府的角色与期待较高，而中国人认同者则较肯定体制的公平性。此外，泛绿认同者、倾向独立者，对政府的角色与期待较高。而男性、大专及以上教育程度者，则较否定体制的公平性。值得注意的是，蓝绿认同并非影响"社会正义"相关变项的最关键因素，因此，台湾民众未来的政治参与其实仍存在转变的可能性。

表 6　影响"政府角色与期待"、"体制公平性"因素之二元胜算对数模型

	政府角色与期待		体制公平性	
	系数（标准误）	Exp（B）	系数（标准误）	Exp（B）
性别（以女性为对照组）				
男性	0.05(0.12)	1.05	-0.29(0.12)*	0.75
年龄（以 20~34 岁为对照组）				
35~49 岁	0.47(0.14)**	1.59	-0.33(0.14)*	0.72
50 岁以上	0.32(0.17)§	1.38	-0.43(0.16)**	0.65
教育程度（以小学及以下为对照组）				
中学	0.26(0.20)	1.30	-0.26(0.19)	0.77
大专及以上	0.34(0.23)	1.40	-0.47(0.22)*	0.62
政党认同（以中立无倾向为对照组）				
泛蓝	-0.19(0.13)	0.83	0.23(0.13)§	1.25
泛绿	0.71(0.15)***	2.04	-0.03(0.14)	0.97
族群认同（以都是为对照组）				
中国人	0.21(0.34)	1.23	0.93(0.39)*	2.54
台湾人	0.29(0.12)*	1.34	-0.12(0.12)	0.89
统独立场（以维持现状为对照组）				
倾向统一	-0.03(0.18)	0.97	-0.11(0.17)	0.90
倾向独立	0.37(0.15)*	1.45	-0.2(0.14)	0.82
家庭月收入（1~3 分,分数愈高,收入愈高）	0.06(0.08)	1.06	-0.06(0.08)	0.94
职业部门（以农林渔牧为对照组）				
军公教人员	-0.07(0.32)	0.94	-0.1(0.32)	0.90
私部门管理专业人员	0.16(0.30)	1.18	-0.34(0.29)	0.71
私部门职员	0.02(0.30)	1.02	-0.36(0.29)	0.70
私部门劳工	0.15(0.29)	1.16	-0.23(0.28)	0.79
学生及其他	-0.35(0.30)	0.71	-0.26(0.29)	0.77
常数	-0.87(0.37)*	0.42	1.55(0.36)***	4.71

续表

	政府角色与期待		体制公平性	
	系数（标准误）	Exp（B）	系数（标准误）	Exp（B）
模型相关信息				
样本数	1568		1647	
（Nagelkerke）R2	0.106		0.038	
G2	122.024		45.477	
df	17		17	
p 值	<0.001		<0.001	

说明：***：$p<0.001$，**：$p<0.01$，*：$p<0.05$，^{M}YM：$p<0.10$（双尾检定）。
依变量为"对政府角色与期待"：0. 低；1. 高。"体制公平性"：0. 不公平；1. 公平。

四　结论

本研究运用"公民意识、社会正义与公民参与"调查研究资料，讨论民众的公民意识、对社会公平认知等因素对其政治参与的影响。研究发现：首先，台湾民众的常规性政治参与仍以投票为主，且是其最主要的参与方式。其次，不同于西方民主国家，台湾民众对于与警察发生冲突此种非常规政治参与的倾向与接受度并不高。而在影响参与的因素方面，性别、年龄、政党认同、公民意识、政治效能感，对台湾民众的常规及非常规政治参与皆具关键性影响。但是除了男性，以及对常规及非常规参与为正向影响的公民意识之外，50 岁以上者、泛蓝与泛绿支持者、政治效能感高者、政治兴趣愈高者，都较倾向常规政治参与；最年轻的 20 岁至 34 岁者、资源较丰沛且较能掌握政治信息的高教育程度者、立场与执政的国民党相对立的泛绿支持者及台湾认同者，否定政府回应力的低政治效能感者，则都较倾向非常规参与。

特别值得注意的是，与社会公平正义相关的"政府角色与期待"与"体制公平性"两项因素，对台湾民众政治参与的影响相对有限，虽然有六成的民众肯定台湾的体制公平性，但有大约九成五的民众认为政府应更关怀弱势，另有五成八至七成四的民众认为贫富差距问题是政府应承担的责任，然而，期望"政府角色与期待"的高比例，并未直接转化为民众实际参与的动力，民众的政治参与仍深受政党认同所左右。不过，进一步检视则可发现蓝绿认同并非影响与社会公平正义相关的"政府角色与期待"与"体制公平性"的重要因素，因此，台湾民众未来的政治参与实仍有转变的可能。

　　本研究以为，台湾民众虽然有高度的公民意识，并且希望政府能担负更多关于弱势照顾与缩小贫富差距的职责，但其政治参与却仍然呈现蓝绿优先于公义的情况。而民众"蓝绿优先"的倾向，或许正是造就泛蓝与泛绿两大阵营，不论谁执政谁在野，社会改革往往都是雷声大雨点小，迟迟未能确实落实之根本原因。

附录一：相关变量处理方式

附表 1 - 1　依变项

变量名称	测量题目	处理方式
常规政治参与	※在今年年初的"总统"与"立委"选举期间 – Q22. 请问您有没有去投票？ Q23. 请问您有没有要求亲友投（或不投）给某位候选人或某个政党？ ※您有没有采取过下面的方法来表达您对公众事务的意见 – Q24. 向政府、民意代表或政党反映意见。 Q25. 向媒体反映意见。 Q26. 在网络上发表意见。 1. 有；2. 没有；95. 拒答；98. 不知道。	将选项重新编码为： 1. 没有。2. 有。 再以计数的方式，将 Q22 ~ Q26 转变成 0 ~ 5 分的连续变量。
非常规政治参与	※冲突接受度 Q27. 如果有人为了抗议某件事情或表达自己的主张而和警察发生冲突，请问您可不可以接受这种作法？ 1. 非常不可以；2. 不可以；3. 可以；4. 非常可以；96. 看情形；97. 无意见；98. 不知道。95. 拒答。 ※冲突倾向 Q28. 请问您在必要时有没有可能为了抗议某件事情或表达自己的主张而和警察发生冲突？ 1. 非常不可能；2. 不太可能；3. 有点可能；4. 非常有可能；96. 看情形；97. 无意见；98. 不知道；95. 拒答。	将选项重新编码为： 1. 不可以（不可能）；2. 可以（可能）。 再以计数的方式，将 Q27 与 Q28 变成 0 ~ 3 分的连续变量。

附表 1 - 2　自变项

变量名称	测量题目	处理方式
性别	Q39. 性别：	区分为男性、女性。
年龄	Q32. 请问您是民国哪一年出生的？	为连续变量。 依年龄区分为三类： 1. 20 ~ 34 岁。 2. 35 ~ 49 岁。 3. 50 岁以上。

续表

变量名称	测量题目	处理方式
教育程度	Q33. 请问您的最高学历是什么？ 1. 不识字及未入学；2. 小学；3. 国、初中；4. 高职；5. 高中；6. 专科；7. 大专；8. 研究所及以上；95. 拒答。	重新编码为三类： 1. 小学以下 2. 中学 3. 大专及其以上
省籍	Q34. 请问您的父亲是本省客家人、本省闽南（河洛）人、大陆各省市人，还是原住民？ 1. 本省客家人；2. 本省闽南人；3. 大陆各省市；4. 原住民；98. 不知道；95. 拒答。	重新编码为： 1. 本省客家人 2. 本省闽南人 3. 大陆各省市
政党认同	Q30. 在国民党、民进党、新党、亲民党跟台联这五个政党中，请问您认为您比较支持哪一个政党？ 1. 国民党；2. 民进党；3. 新党；4. 亲民党；5. 台联。6. 都支持；7. 都不支持；96 看情形；97. 无意见；98. 不知道；95. 拒答。	重新编码为三类： 1. 泛蓝 2. 泛绿 3. 中立无倾向
族群认同	Q31. 我们社会上，有人说自己是"台湾人"，也有人说自己是"中国人"，也有人说都是。请问您认为自己是"台湾人"、"中国人"，或者都是？ 1. 台湾人；2. 都是；3. 中国人；96. 很难说；97. 无意见；98. 不知道；95. 拒答。	重新编码为三类： 1. 台湾人 2. 都是 3. 中国人
统独立场	Q29. 关于台湾和大陆的关系，有下面几种不同的看法：1. 尽快统一 2. 尽快宣布独立 3. 维持现状，以后走向统一 4. 维持现状，以后走向独立 5. 维持现状，看情形再决定独立或统一 6. 永远维持现状。请问您比较偏向哪一种？	重新编码为三类： 1. 倾向统一 2. 维持现状 3. 倾向独立
公民意识	Q2. 有人说："政治的事情交给政治人物处理就好"，请问您同不同意（台：咁有同意）这种说法？ Q3. 有人说："当政治人物的意见与我们不一样的时候，我们应该公开表达反对的意见"，请问您同不同意（台：咁有同意）这种说法？ Q4. 有人说："只要做好自己的事，不要过问（台：睬）公众事务"，请问您同不同意（台：咁有同意）这种说法？ Q5. 有人说："对于公众的事务，我们都应该主动发表自己的意见"，请问您同不同意（台：咁有同意）这种说法？ 1. 非常不同意；2. 不太同意；3. 有点同意；4. 非常同意；96. 看情形；97. 无意见；98. 不知道；95. 拒答。	将反向陈述的题目（Q2、Q4）重新编码为： 1. 非常同意 2. 有点同意 3. 不太同意 4. 非常不同意。 将正向陈述的题目（Q3、Q5）重新编码为： 1. 非常不同意 2. 不太同意 3. 有点同意 4. 非常同意 再将 Q2 ~ Q5 合并为 1 ~ 5 分的连续变量"公民意识"。（Cronbach's Alpha 值 = 0.541）

续表

变量名称	测量题目	处理方式
政府角色与期待	Q6. 有人说："政府在制定政策时,应该给社会上较弱势的族群更多表达意见的机会",请问您同不同意(台:咁有同意)这种说法? Q7. 有人说："政府应该给予社会上较弱势的族群更多的照顾",请问您同不同意(台:咁有同意)这种说法? Q9. 有人说："在台湾,有钱人愈来愈有钱,是政府政策造成的,不是他们特别努力",请问您同不同意(台:咁有同意)这种说法? Q10. 有人说："减少贫富差距(台:没有钱的人和有钱人之间的差别)是政府的责任",请问您同不同意(台:咁有同意)这种说法? 1. 非常不同意;2. 不太同意;3. 有点同意;4. 非常同意;96. 看情形;97. 无意见;98. 不知道;95. 拒答。	重新编码为: 1. 非常不同意 2. 不太同意 3. 有点同意 4. 非常同意 再将 Q6、Q7、Q9、Q10 合并为 1~4 分的连续变量"政府角色与期待"。(Cronbach's Alpha 值 = 0.567)
体制公平性	Q8. 有人说："在台湾,不管什么出身,只要努力,任何人都有出人头地的机会",请问您同不同意(台:咁有同意)这种说法? 1. 非常不同意;2. 不太同意;3. 有点同意;4. 非常同意;96. 看情形;97. 无意见;98. 不知道;95. 拒答。	重新编码为(1~4 分,由低至高): 1. 非常不同意 2. 不太同意 3. 有点同意 4. 非常同意
政治效能感	Q15. 有人说："我们一般民众对政府的作为,没有任何影响力。"请问您同不同意(台:咁有同意)这种说法? Q16. 有人说："政府官员不会在乎(台:不管)我们一般民众的想法。"请问您同不同意(台:咁有同意)这种说法? 1. 非常不同意;2. 不太同意;3. 有点同意;4. 非常同意;96. 看情形;97. 无意见;98. 不知道;95. 拒答。	将反向陈述的题目(Q2、Q4)重新编码为: 1. 非常同意 2. 有点同意 3. 不太同意 4. 非常不同意 再将 Q15、Q16 合并为 1~4 分的连续变量"政治效能感"。(Cronbach's Alpha 值 = 0.560)
政治兴趣	Q1. 请问您平时会不会与人讨论有关政治或选举方面的议题?是时常讨论、有时讨论、很少讨论,还是从来不讨论? 1. 时常讨论;2. 有时讨论;3. 很少讨论;4. 从来不讨论;96. 看情形;97. 无意见;98. 不知道;95. 拒答。	重新编码为: 1. 从来不讨论 2. 很少讨论 3. 有时讨论 4. 时常讨论

附录二：主要自变项次数分布

附表 2　公民意识

Q2. 政治事交给政治人物处理就好			
非常同意	8.6(177)	同意	34.3
有点同意	25.7(531)		
不太同意	40.1(827)	不同意	65.7
非常不同意	25.6(529)		
总和	100.0(2064)		

Q3. 政治人物意见与我们不一致时,应该公开表达反对意见			
非常不同意	3.4(70)	不同意	19.1
不太同意	15.7(329)		
有点同意	31.2(653)	同意	80.9
非常同意	49.7(1039)		
总和	100.0(2092)		

Q4. 只要做好自己的事,不要过问公众事务			
非常同意	11.7(254)	同意	28.3
有点同意	16.6(361)		
不太同意	38.6(838)	不同意	71.7
非常不同意	33.1(718)		
总和	100.0(2171)		

Q5. 对于公众事务应主动发表自己意见			
非常不同意	2.6(55)	不同意	19.8
不太同意	17.2(363)		
有点同意	42.0(886)	同意	80.2
非常同意	38.2(805)		
总和	100.0(2109)		

"公民意识":(1~4分):平均数 = 3.08,标准偏差 = 0.57。

说明：表中百分比为直栏百分比（括号内为样本数）。"公民意识"：由 Q2 ~ Q5 合并为 1 ~ 4 分的连续变量。（Cronbach's Alpha = 0.541）

数据来源：张福建、陈陆辉,（2012）。

附表 3　政府角色与期待

Q6. 政府制订政策时应让社会弱势有更多表达意见的机会			
非常不同意	1.2(26)	不同意	5.1
不太同意	4.0(87)		
有点同意	20.3(443)	同意	94.9
非常同意	74.6(1631)		
总和	100.0(2185)		

Q7. 政府应给予社会弱势更多照顾			
非常不同意	1.4(30)	不同意	5.5
不太同意	4.2(91)		
有点同意	19.7(432)	同意	94.5
非常同意	74.8(1641)		
总和	100.0(2194)		

Q9. 有钱人愈有钱是政府政策所造成,而非其特别努力			
非常不同意	12.6(268)	不同意	41.3
不太同意	28.7(610)		
有点同意	22.9(488)	同意	58.7
非常同意	35.8(764)		
总和	100.0(2130)		

Q10. 缩小贫富差距是政府的责任			
非常不同意	6.0(131)	不同意	25.7
不太同意	19.7(425)		
有点同意	26.3(568)	同意	74.3
非常同意	48.0(1037)		
总和	100.0(2161)		

"政府角色与期待":(1~4分):平均数 = 3.35,标准偏差 = 0.55。

说明：表中百分比为直栏百分比（括号内为样本数）。"政府角色与期待"：由 Q6、Q7、Q9、Q10 合并为 1~4 分的连续变量。（Cronbach's Alpha = 0.567）
　　数据来源：张福建、陈陆辉，（2012）。

附表 4　体制公平性

Q8. 在台湾只要努力任何人都有出人头地的机会	
不同意	38.0(838)
同意	62.0(1366)
总和	100.0(2204)

说明：表中百分比为直栏百分比（括号内为样本数）。
　　数据来源：张福建、陈陆辉，（2012）。

附表 5　政治效能感

Q15. 政治效能感（对政府无影响力）			
非常同意	17.9(382)	同意	37.3
有点同意	19.4(415)		
不太同意	36.6(782)	不同意	62.7
非常不同意	26.1(558)		
总和	100.0(2137)		

Q16. 政治效能感（政府官员不在乎民众想法）			
非常同意	36.6(797)	同意	38.8
有点同意	24.2(528)		
不太同意	28.9(628)	不同意	39.2
非常不同意	10.3(225)		
总和	100.0(2178)		

说明：表中百分比为直栏百分比（括号内为样本数）。

数据来源：张福建、陈陆辉，(2012)。

附表 6　政治兴趣

从来不讨论	30.4(678)
很少讨论	38.7(862)
有时讨论	25.0(557)
时常讨论	6.0(134)
总和	100.0(2231)

说明：表中百分比为直栏百分比（括号内为样本数）。

数据来源：张福建、陈陆辉，(2012)。

论两岸统一过渡期和平发展法律框架

范宏云　刘　明[*]

"和平统一，一国两制"是国家对台政策的基本方针。《反分裂国家法》规定："国家统一后，台湾可以实行不同于大陆的制度，高度自治。"据此，可以认为"一国两制"在台湾实施要等到"国家统一后"，可见，"和平统一，一国两制"也是国家对台政策的最终目标。目前理论界对"一国两制"的研究不可谓不深入，但是"一国两制"作为"国家统一后"才能在台湾实施的终局方案需要中间方案作为桥梁，否则终局方案就会成为遥不可及的梦想。因此，研究"国家尚未统一"阶段的中间方案具有更迫切的现实意义。

党的十七大报告首次呼吁"在一个中国原则的基础上，协商正式结束两岸敌对状态，达成和平协议，构建两岸关系和平发展框架"。十八大报告进一步指出"实现和平统一首先要确保两岸关系和平发展"，"全面贯彻两岸关系和平发展重要思想，巩固和深化两岸关系和平发展的政治、经济、文化、社会基础，为和平统一创造更充分的条件"。可见，"两岸关系和平发展框架"是"为和平统一创造更充分的条件"的中间方案或过渡方案。中间方案的功能是调整和规范一定阶段的两岸关系，并推动两岸关系最终走向统一，也就是说中间方案是为了处在中间阶段的两岸关系服务的，或者说，两岸关系发展到了一定阶段需要中间方案予以规范和调整。理论界忽视了对

* 作者简介：范宏云，教授，深圳社会主义学院统战理论教研部负责人，武汉大学国际法博士，中国社会科学院法学博士后，长期从事两岸关系和国际法基本理论研究。刘明，解放军军事检察院民事检察庭副庭长。

两岸关系中间阶段的理论论证，从而对中间方案所要达到的目标和秩序不能理性定位、预判和规划，以至于众说纷纭，莫衷一是。文章通过对两岸关系实践及相关法理进行分析，认为两岸关系的未来发展必然要经历一段较长的统一过渡期，两岸统一过渡期具有独特的法理内涵和秩序特征，探讨这一问题之后，再结合对海内外各种过渡方案的分析、设计和规划两岸统一过渡期和平发展法律框架。

一　两岸统一过渡期的提出及其秩序特征

国家在两岸关系上要贯彻和平发展主题和以人为本精神，导致国家对台湾的法律定位出现了新变化，这种新变化又导致两岸关系在不久的将来必然经历一段较长时期的统一过渡期，该时期具有特殊的法理内涵和秩序特征。

国家对台湾的法律定位经历了从非法实体到有条件地合法化认同的过程。1949～1979 年，两岸分离又彼此争夺中国代表权阶段，国家把台湾当局定位为反动政治集团，是必须以武力消灭的非法政治实体。1979 年《告台湾同胞书》发表至今，国家对台湾当局实际上采取了有条件地合法化认同的政策。根据"条件"的不同，合法化认同可以分为两大阶段。

第一阶段国家以台湾当局认可"中央政府在北京"并赞成国家统一作为合法化认同台湾当局的条件。1979 年《告台湾同胞书》发表以后，国家出台并实施"和平统一、一国两制"的对台方针。1981 年 9 月 30 日叶剑英委员长发表《关于台湾回归祖国实现和平统一的方针政策》，把国家和平统一台湾的方针具体归纳为九点。[1] 1983 年 6 月 26 日邓小平在一次谈话中勾勒出了"和平统一、一国两制"的精髓：台湾作为特别行政区……可以拥有其他省、市、自治区所没有而为自己所独有的某些权力，条件是不能损害统一的国家的利益。祖国统一后，台湾特别行政区可以有自己的独立性，可以实行同祖国大陆不同的制度。司法独立，终审权不须到北京。台湾还可以有自己的军队，只是不能构成对大陆的威胁。大陆不派人驻台，不仅军队不去，行政人员也不去。台湾的党、政、军等系统，都由台湾自己来管。和平统一不是大陆吃掉台湾，当然不能是台湾吃掉大陆。[2] 1993 年，《台湾问题

---

[1]　中共中央文献研究室编《一国两制重要文献选编》，中央文献出版社，1997，第 5～6 页。
[2]　中共中央文献研究室编《一国两制重要文献选编》，中央文献出版社，1997，第 12～13 页。

与中国的统一》白皮书列举了"和平统一、一国两制"的四大基本点：第一，一个中国。世界上只有一个中国，台湾是中国不可分割的一部分，中央政府在北京。这是和平解决台湾问题的前提。第二，两制并存。第三，高度自治。统一后，台湾将成为特别行政区。它不同于中国其他一般省区，享有高度的自治权。第四，和平谈判。为结束敌对状态，实现和平统一，两岸应尽早接触谈判。在一个中国的前提下，什么问题都可以谈，包括谈判的方式，参加的党派、团体和各界代表人士以及台湾方面关系的其他一切问题。① 上述"和平统一、一国两制"方针表明国家合法化认同台湾当局的条件——台湾当局认可"中央政府在北京"并赞成国家统一。在1979年《告台湾同胞书》发表直到台湾民进党上台以前，国家一直以上述条件作为合法化认同台湾当局的前提和基础。

第二阶段国家以台湾当局回归一个中国原则作为合法化认同台湾当局的条件。为了遏制"台独"势力，维护国家主权和领土完整，国家开始采取以台湾当局回归"一个中国"原则作为合法化认同台湾当局的条件。2000年8月25日钱其琛副总理在接见台湾客人时把一个中国原则表述为：世界上只有一个中国，大陆和台湾同属于一个中国，中国领土和主权不容分裂。②《反分裂国家法》第二条把一个中国原则表述为：世界上只有一个中国，大陆和台湾同属一个中国，中国的主权和领土完整不容分割。可以看出，21世纪以来中央在处理两岸关系问题时，开始不明确宣示"中华人民共和国是代表中国的唯一合法政府"或"中央政府在北京"。

国家采取第二阶段合法化认同政策，还表现在严格限定对台采取非和平方式的适用范围上。国家《反分裂国家法》第八条规定对台采取非和平方式的三个条件和前提：如果出现"台独"分裂势力以任何名义、任何方式造成台湾从中国分裂出去的事实，或者发生将会导致台湾从中国分裂出去的重大事变，或者和平统一的可能性完全丧失，国家得采取非和平方式及其他必要措施，捍卫国家主权和领土完整。《反分裂国家法》授权国家采取非和平方式的目的在于维护国家主权和领土完整，反对和遏制"台独"势力；并未授权在两岸争夺中国代表权层面上采取非和平方式。《中国共产党总书

---

① 中共中央文献研究室编《一国两制重要文献选编》，中央文献出版社，1997，第234~235页。

② 海峡两岸关系协会编《钱其琛会见台湾联合报系访问团》，载《两岸对话与谈判重要文献选编》，九州出版社，2004。

记胡锦涛与亲民党主席宋楚瑜会谈公报》中也规定"只要台湾没有朝向'台独'发展的任何可能性，才能有效避免台海军事冲突"。可以认为，只要台湾当局承认"九二共识"，在一个中国原则基础上积极推动两岸关系发展，主动消除中国主权和领土可能受到损害的危险，那么国家就没有必要在统一国家治权层面上采取非和平方式。《反分裂国家法》第七条规定国家主张通过台湾海峡两岸平等的协商和谈判，实现和平统一；还规定台海两岸可以协商和谈判的议题包括台湾当局的政治地位，台湾地区在国际上与其地位相适应的活动空间等。这表明国家在台湾当局回归一个中国原则的前提下将会承认台湾当局具有一定政治法律地位并拥有一定的国际空间。

通过上述分析，可以得出以下判断：假定台湾当局回归一个中国原则，两岸就正式结束敌对状态达成协议，但两岸尚未就国家最终统一达成协议，可以预见这两个协议之间必然要延续较长时间，这就是本文所界定的两岸统一过渡期。在两岸统一过渡期内将出现人类历史上空前的国家治理状态——在治权尚未统一的国家里两个对立政权处于不敌对的交往状态。对立政权不敌对这种独特现象是理解两岸统一过渡期的关键，也是两岸统一过渡期的秩序特征。黄嘉树教授认为，如果我们坚信和平统一是可能的，逻辑上就必然要预期将来台湾当局在各种各样的压力下承认一个中国原则的可能性，在台湾当局回到一个中国原则的原点与未来两岸的统一之间，必然存在一个较长的过渡时期。[①] 中国国民党 2008 年在台湾重返执政，回归一个中国原则，恢复中断近十年的和解与合作，两岸签署了 19 项协议，两岸和平发展道路越走越宽，可以说，两岸签订和平协议的历史机遇已经到来。两岸和平协议一旦签订，就意味着两岸关系正式进入一个全新的阶段——两岸统一过渡期，中国境内两个曾经势不两立的政权携手走进和平共处、和平竞争、和平发展的新时代。

统一过渡期是两岸关系发展的必经阶段，它具有明显不同于港澳回归过渡期的独特内涵。由于港澳问题具有完全不同于台湾问题的法律性质，所以在港澳回归的过渡期内，中英和中葡双方在港澳问题上只关心港币稳定、土地批租，中英、中葡联络小组的组建和职能及其他旨在使港澳能够顺利回归和回归之后能够继续保持繁荣稳定的政治经济措施。港澳回归过渡期内，国

---

① 黄嘉树、林红：《两岸"外交战"——美国因素制约下的国际涉台问题研究》，中国人民大学出版社，2007，第 308 页。

家根本不需考虑或改变对香港澳门的法律定位，因为港澳回归过渡期之前和过渡期间，香港和澳门仍然分别是英国和葡萄牙的殖民地，中国仍然拥有对港澳的主权。而且在港澳回归之前，中英中葡之间不存在战争或对峙状态问题，所以在港澳过渡期的各项安排中，也不存在结束战争状态及和平协议等内容。而确定台湾的法律地位、结束战争状态（签订和平协议）两大问题是两岸进入统一过渡期必须首先解决的问题。台湾法律地位问题以及两岸结束战争状态问题使两岸统一过渡期的法律安排完全不同于港澳回归过渡期的法律安排。

两岸签订和平协议，两岸关系进入统一过渡期，为国际社会的国家统一实践创造了和平统一的空前先例，发展了调整国家统一实践的国际法理论和规则，为区域和国际和平作出了重大贡献。国际社会的国家统一实践表明，一国境内的两个或两个以上争夺该国对外代表权和人口领土控制权的政权，它们之间的根本利益的对立和矛盾的不可调和使武力统一作为优先选择，从而内战不可避免。迄今为止，诉诸武力实现国家统一是普遍的国际惯例。1949～1979 年的两岸对峙和当今叙利亚内战就是武力统一的典型案例。两岸签订和平协议，携手迈进统一过渡期，顺应了和平与发展的世界潮流，贯彻了当代国家统一实践必须遵循的和平与人本的国际法原则和精神。在国际社会日益组织化、科学技术高度发展、交通运输迅速进步的条件下，包括主权国家在内的各类政治单位之间的政治、经济、文化等方面的交往日趋频繁，合作领域日趋扩大，这些政治单位之间的相互依赖性空前增强；生活在各种政治藩篱中的人们利用这种空前的相互依赖性并逐渐突破这些政治藩篱而相互形成一个全球性利益共同体。与此相适应，国际法秩序不仅要维护主权国家在领土范围内的最高权威，而且要顺应和平与发展的世界潮流，促进全球共同利益。国际法秩序已经发展成为一种以和平、以人为本为基本价值的人类社会秩序。它不仅要求主权国家在国际层面上以和平方式解决国际争端，维护主权和领土完整，而且也要求在统一国家治权这种国内问题上应该采取和平方式或贯彻和平精神，主权国家在推进治权统一的过程中必须兼顾和体恤处于国内对立政治势力控制下的人民的利益。

二　海内外关于过渡方案的理论探讨

大陆学者一直注重研究"一国两制"终局统一方案，对两岸统一过渡期及其法律框架则鲜有论及。相反海内外除了关注"一国两制"终局方案之外，对过渡方案同样予以关注。这与台湾《国家统一纲领》的出台有密切关系。1991 年台湾国家统一委员会通过《国家统一纲领》，确定国家统一的目标、原则并规划国家统一进程，具体分为近程（交流互惠阶段）、中程（互信合作阶段）以及远程（协商统一阶段）。① 自此，岛内及海外掀起了一股研究两岸统一过渡方案的潮流。

　　1993 年 3 月 24 日，美国助理国务卿罗斯在威尔逊中心提出两岸应签署中程协议，并透露在美国政府内部中程协议已逐渐变成较为明确和详细的政策。② 1998 年 2 月，密执安大学李侃如教授提出 50 年过渡协议或两岸现状 50 年不变的中程协议。包括以下方面：1. 同意建立内部安排以管理 50 年内的两岸关系，最后再就订定统一谈判时间表的问题进行谈判，只有在这种双方自愿的情况下，两岸才能走向统一。2. 在过渡期间内，两岸都同意一个中国，但是同时同意互不否认对方为主权实体，不套用中央对地方的架构，而是以台湾海峡两岸的关系来相互规范，否则将危及最终成为统一国家。3. 台湾应明确宣示台湾是中国的一部分，并声明台湾将不进行法律上的独立。4. 中国大陆应明确宣示不对台湾使用武力。5. 双方同意在过渡期间内互不干涉各自的内部事务与外交政策。6. 双方同意定期举行高层政治会谈以减少冲突，增进互信，此种会谈应包括几个议题：台湾对外采购武器，可能要与大陆的军事发展程度相结合；互相开放货物与劳务市场，以及相关的贸易投资规定；建立全方位的民间直接交流。7. 更改中华人民共和国名称为中国，并更改"中华民国"为中国台湾或其他类似名称，以降低双方紧张的关系，如此或许有益于发展出能包括双方在内的新词汇，例如大中国等。③

　　前美国国防部助理部长、哈佛大学肯尼迪学院院长约瑟夫·奈提出一项由三部分组成的一揽子计划。一是美国明确表明不承认不保卫并鼓励其他国家不承认"台湾独立"；二是中国在台湾明确放弃"独立"的前提下给予台湾更多的国际生存空间；三是台湾明确放弃独立以便加强两岸对话和鼓励两岸更大的投资和更多的人员往来。④ 1998 年 3 月，约瑟夫·奈在《华盛顿邮

①　参见丘宏达主编《国际法参考文件》，台湾三民书局，1996。
②　孙哲：《美国国会与台湾问题》，复旦大学出版社，2005，第 18 页。
③　孙哲：《美国国会与台湾问题》，复旦大学出版社，2005，第 83 页。
④　孙哲：《美国国会与台湾问题》，复旦大学出版社，2005，第 16 页。

报》的文章中公开提出所谓"一国三制"的主张，其基本要素仍是"中国不武、台湾不独"的两岸相互保证。双方同意以更改国名来进一步降低紧张：PRC 改名为中国，"ROC"改名为中国台湾；为了增加这些协议之政治力量，双方必须以国内立法或宪法条款来进行具体化。①

张亚中教授在其著作《两岸统合论》中认为：两岸如果要停止目前的敌对状态，使双方关系正常地发展，除了在政治上需要持续的善意互动，在法律上，一个两岸间过渡性协定或协议应该也是无法避免的。……两岸对于终止敌对状态当然都有期望，台湾方面能够借此使中共放弃武力，两岸和平共处；而大陆方面则希望一旦达成协议，将根据一个中国原则共同承担义务，来确保国家领土主权的完整和不受外来势力的侵犯，共同防止分裂国土的图谋。寻求和平与坚持一个中国于是成为两岸未来在协商结束敌对状态时，必然会面临到的必要的优先期盼与坚持。虽然双方都想结束敌对状态，但是有关的会议总是无法开启。值得争议的，就是中共所说的在一个中国原则的前提下，什么都可以谈，是否包括了对一个中国的定义？……另一项使得台湾处于两难的是，虽然结束敌对状态协议的签订，可代表两岸和平共处，中共不应再使用武力威胁，但是这也有可能表示台湾回到一个中国的框架，这会否给予外界两岸已经是和平状态的认定，中共是否会以此为理由，要求美国回复到《八一七公报》的规范，尽快停止对台湾的武器输出。这些基本的互信不足，使得两岸的政治性谈判根本无从开启。②

对台湾当局来说，理想的中程协议只是一个过渡性的架构，最好不要有明确终局的设计。如果内容含有对终局的设计，是与民进党的基本理念相违背的。国民党可能也只是希望在这个过渡性的中程协议中，最多表达出对追求统一的承诺而已。

张亚中认为两岸可以借鉴 1972 年东西德签署《基础条约》，以规范彼此的定位与互动关系性质。内涵有两个重点：一是尊重现状。此原则往往又是最难达成共识的，因为双方争议的现状往往是因为以往的战争冲突形成的，彼此一定是对现状有不同意见，才会无法达成关系正常化的目标，因此在彼此对现状歧异的看法中，找寻到共识，是过渡性协议中最难，但也是最重要的条件。另一个是放弃使用武力，对于不使用武力这个问题，在战后已

---

① 孙哲：《美国国会与台湾问题》，复旦大学出版社，2005，第 17 页。

② 张亚中：《两岸统合论》，台湾生智文化事业有限公司，2002，第 50 页。

经有高度的共识，两个国家从来没有在国家政策上将武力作为执行国家统一的工具。例如西德只是在基本法中主张以民族自决的方式来完成德国统一，而非凭借武力。①

香港郑海麟教授认为两岸法律框架至少必须从三个层面去思考：（一）确定两岸政府已有的法律地位；（二）承认台北政府应有的法律地位；（三）禁止台湾在法律上脱离中国独立。

这三个层面的法律问题，事实上都是现实的两岸关系中不能回避的问题。第一，确定两岸已有的法律地位，意味着两岸政府都承认对方为其治下地区和人民的合法代表，拥有在各自有效统治地域行使法律行为的权利和能力（主权权利），据此，两岸都承认一个中国原则。第二，承认台北政府应有的法律地位，意味着承认该政府的政治法人资格，这种资格包括：有效统治地域内行使法律行为的权利及能力；在国际上代表其有效统治地域的人民发言的权利，而不是承认其为主权国家，因为"中华民国"政府在国际间行使主权实际上受到一个中国原则的限制。第三，禁止台湾在法律上脱离中国独立，意味着台北政府宣布独立，在法律上丧失在一个中国主权原则下所拥有的主权权利，其作为"中华民国"政府所拥有的一切法律地位也随之丧失，这种涉及侵犯中国主权和领土完整的行为，不只是中国大陆不能容忍，国际社会也难以认同。因此，台湾应清楚认识到法律上脱离中国独立的灾难性后果。

以上三个法律层面，既是国内法的内容，也包含国际法的内容，因此，所谓长期的两岸法律框架，应该是以目前两岸现实中的国内法为基础，在国际法原则指导下发展出来的两岸关系基本法。郑教授认为应包含以下内容。

1. 基本法首先必须达成一个中国的各部分不会遭到侵犯的协议，规定两岸的统一必须以和平的方式解决。

2. 两岸皆为一个中国主权原规范下的具有主权权利的政府，中央对地方的政治架构不适用于两岸关系，但台北必须承认和尊重目前北京政府具有的主权权利与中国主权取得同一性的现实。

3. 台北政府应明确宣示台湾是中国的一部分，并声明台湾将这种宣示写入"宪法"条款，以便加强该宣示的政治强度和获得法律保证。

4. 北京应明确宣示不对台使用武力，并且将这种宣示写入宪法以便加强该宣示的政治强度和获得法律保证。

---

① 张亚中：《两岸统合论》，台湾生智文化事业有限公司，2002，第73~78页。

5. 政府同意以 50 年为台海统合的过渡时期，双方同意在过渡时期互不否认对方的政治法人地位，互不干涉各自的内部事务和外交政策，各自发展经济，加强两岸互利互助，最后在双方政府同意、两岸人民自愿的情况下走向统一。

6. 两岸政府同意在过渡时期必须举行高层级的政治谈判以便加强沟通、化解敌意、减少冲突、增进互信。包括两岸更改国号，相互开放贸易和劳务市场、台湾对外采购武器，近期内建立全面的民间直接交流，最后建立官方的多种交流管道等。①

上述过渡方案有以下几个共同点：一是方案出台的时间都是在 20 世纪 90 年代。显然，这些方案都没有预见到民进党"执政"和"台独"势力对中国主权和领土完整的危害程度。二是片面倡导大陆不武，台湾不独。三是赋予台湾以实质性法律地位，如台湾具有主权权利，两岸完全对等。四是这些方案虽然都自称为过渡方案，但对过渡的终局要么是开放式的，把统一只作为其中的一个选项，要么虽把统一作为唯一的终局设计，但是方案又缺乏有约束力的保障规划，还有的方案干脆不提终局设计。所以，上述过渡方案从出台的历史背景和主要内容来看，它们和本文要探讨的两岸统一过渡期法律框架有本质的区别，不过，其中某些内容和设想经过修正可以纳入两岸过渡期和平发展法律框架。

三 两岸统一过渡期和平发展法律框架的主要条款设计

十八大报告呼吁两岸"双方共同努力，探讨国家尚未统一特殊情况下的两岸政治关系，作出合情合理安排；商谈建立两岸军事安全互信机制，稳定台海局势；协商达成两岸和平协议，开创两岸关系和平发展新前景"。两岸统一过渡期和平发展法律框架，就是在一个中国原则基础上，对两岸统一过渡期内的两岸政治关系、军事安全互信机制及和平协议予以明确规定。

一个中国原则是该框架的法理基础。所谓两岸协商无先决条件是不顾事实和法理的分裂言论。坚持"九二共识"·是两岸在一个中国原则问题上达成的"共识"。2009 年两岸之所以能够恢复对等谈判，就是因为台湾当局回

---

① 郑海麟：《两岸和平统一的思维和模式》，海峡出版社，2001，第 40~43 页。

归"九二共识",坚持一个中国原则。有一种观点认为两岸互信不足是造成对话中断的主要原因。大陆坚持一个中国原则,而台湾的底线则是"不能有先决条件",既然双方不能在既有的谈判基础上达成共识,就应该建立新的谈判基础,各自向国际宣示"不独"与"不武"的态度,再以此为基础商谈未来的"一个中国"。该论者没有注意到,如果没有一个中国原则这个前提,那么两岸谈判谋求和平统一就会失去法律基础,从而使国家统一成为可有可无的多项选择之一。而且,台湾不独、大陆不武实际上是一个中国原则的另一种表述,因为台湾既然不独立,那么它在当今的国际法秩序下必然属于中国的一部分。

在一个中国原则的基础上,两岸统一过渡期和平发展法律框架应包括以下主要内容。

1. 在"九二共识"的基础上,两岸如何对等定位。"九二共识"坚持中国主权的完整性,同时"九二共识"具有对一个中国原则政治分歧的包容性。两岸对一个中国的重要政治内涵——两岸由谁代表中国的认定还难以同一,但是两岸同属一个中国是当今国际法秩序下一个重要法律规范,中国的统一事业是在这个前提下实现治权统一的问题,关于国家代表权由谁代表的分歧,在治权未统一的国家里是一个正常现象,"探讨国家尚未统一特殊情况下的两岸政治关系",就要正视国家代表权的归属和分享问题。

国家对台湾的定位可以在一国两区的基础上,采取政治法人或政治实体的概念予以模糊定位。在治权尚未统一的国家里,各派政治力量各自控制国土的一部分,形成一国几区,中外历史上都出现过这种现象。就两岸来讲,就是一国两区,一国两区是对目前中国治权尚未统一阶段的治权分立的现象概括。不管承认与否,一国两区是一种事实存在,不愿意承认并不意味它就不存在。既然承认一国两区不可避免,那么对台湾的定位就不能沿用中央对地方的垂直模式。垂直模式会堵死两岸谈判的大门。国家可以用政治法人或政治实体概念定位台湾,因为这两个概念在国际法上意义广泛,一般指代非国家实体。

两岸政治关系的定位真正难点在于如何定位两岸公权力机关。两岸政府各自实际管辖的领土和人口存在巨大差距,两岸对外代表中国的能力和范围也存在巨大差距,基于这些实际状况,可以把两岸政府定位为中国境内两个对等而不对称的政府与政府间的关系。双方在商谈两岸事务性、政治性等议题的场合,两岸政府是对等的,但在政府所拥有的统治力以及在对外代表权等方面，两岸政府又是不对称的。

2. 为了使一个中国原则能够获得最大范围的接受，除了继续沿用关于一个中国原则的新三句之外，还可以考虑制定两岸都可以接受的新国名、国号。

3. 两岸签订互不侵犯协定，规定两岸的争端应以和平方式解决。

在治权尚未统一的国家内，不同的治理集团之间由于军事、政治、利益及意识形态等因素而形成彼此间的治理边界，这种边界在国家治权统一前因没有国际法和国内法的确认而容易受到破坏，使一国领土之内的居民因处于不同的治理集团而生活在不可预期的混乱与惶恐之中。两岸之间的治理边界在两岸分离之后就已经存在，两岸治理边界的独特之处在于 1979 年以后两岸虽然没有签署停战协议，但通过停战行动而达成互不破坏治理边界的默契，几乎类似于互相尊重各自治理边界。两岸进入过渡期后，为了使两岸关系进一步正常化，使两岸经济、社会、文化进一步融合，双方有必要以法律的形式确认双方的治理边界不可侵犯的原则，这样可以为双方的互信奠定基础，为未来的治权统一奠定基础。

可以借鉴《两德基础条约》第三条，两岸承诺：两岸双方尊重两岸之间现有治理边界，两岸承诺完全以和平方式解决双方的争端，并且不以武力相威胁或使用武力。

4. 台湾当局承诺不谋求法理"台独"，并明确宣示"台湾是中国的一部分"。同时这种宣示写入台湾"宪法"条款，以便加强此宣示的政治强度和法律保障。

5. 关于非和平方式的使用问题。国家可以考虑以法律的形式明确"台湾不独，大陆不武"，以换取台湾当局回归一个中国的轨道，为未来的统一打开一条通道。"台湾不独，大陆不武"承诺与《反分裂国家法》关于非和平方式的使用的规定并不冲突。《反分裂国家法》已经暗含了"台湾不独，大陆不武"的法理基础。《反分裂国家法》授权国家采取非和平方式的目的在于维护国家主权和领土完整，反对和遏制"台独"势力；并未授权在"与叛乱团体争夺该国领土、人口和资源的全面控制权，争夺合法政府地位"层面上采取非和平方式。可以认为，只要台湾当局承认"九二共识"，在一个中国原则基础上积极推动两岸关系发展，主动消除中国主权和领土可能受到损害的危险，那么国家就没有必要在统一国家治权层面上采取非和平方式。《中国共产党总书记胡锦涛与亲民党主席宋楚瑜会谈公报》中"只要台湾没有朝向'台独'发展的任何可能性，才能有效避免台海军事冲突"的表述被认为是大陆首次以文字形式作出"不独就不武"的承诺。台湾支持统一的力量也认为两岸和平协议的重点应在四个字"不独不武"。台湾方面宣布放弃"台湾独立"，而大陆方面宣布放弃武力攻台。和平协议的时间可以是30年，可以是50年，经由双方磋商作最后决定；让两岸的冲突、一触即发的战争情势得到缓和，另一方面透过未来更长时间区域经贸的整合，逐步解决两岸统一问题。

　　黄嘉树教授认为"不宜断然拒绝各种变化的可能"。他说，在2004年5月17日发表的《中台办、国台办授权声明》中，中国首次提出协商建立军事互信机制的建议，这篇声明没有提"不承诺放弃使用武力"，从逻辑推论，如果真能建立起两岸军事互信机制，即意味着双方将就如何使用或不使用武力的问题达成协议。[①]

　　"不独不武"还应包括台湾当局承诺从国外采购武器与自身发展武力并仅限于维持岛内治理，并对国家统一不构成障碍和威胁。只有这样的"不独不武"才有利于国家的最终统一。

　　6. 在过渡期内，台湾继续拥有高度自治地位，独立处理相关内政事务。

　　7. 关于过渡期内台湾的国际活动空间问题。

　　在国际组织与外交关系方面，台湾承认中华人民共和国政府是中国的唯一合法代表，但可享有次级外交权，即一个中国主权共享。台湾方面承认中华人民共和国政府为国际社会公认的中国的唯一合法代表，台湾驻各国经济文化代表团、代表处及办事处，可享有公使馆、总领事馆、领事馆待遇，在法律上作为中国使团的一部分，但独立处理台湾相关的外交事务。台湾有权派出代表，作为中国使团的一部分，参加由主权国家参与的国际组织。在台湾参与联合国问题上，可考虑继承联合国创立之初中国代表团涵盖国共代表参与联合国的历史传统，两岸一起组建中国代表团。在联合国的代表团中，代表由大陆派出，台湾方面可指派常任副代表一人，处理台湾当局实际管辖的事务。至于台湾当局参加的国际多边公约，一律以中国台湾名义参加，其权利义务由台湾自行负责，并向联合国登记，刊登联合国条约汇编，其条约可存放中国名下。台湾有必要缔结的双边条约与协定，一律用中国台湾名义

---

　　①　黄嘉树、林红：《两岸"外交战"——美国因素制约下的国际涉台问题研究》，中国人民大学出版社，2007，第318页。

缔结，生效后均依据联合国规定向其登记，刊登联合国条约汇编，并存放于中国名下。

　　所有与中国建立了正式外交关系的国家，允许其增设台湾分馆或派驻高级外交专员。在所有中国驻外使、领馆中，台湾可单独派出自己的副使、参赞、领事等或另设办公室，单独处理所在国与台湾的外交事务。

　　8. 两岸互设办事处，加强协调沟通，待时机成熟时成立国家统一委员会，共议国家统一。两岸互设办事处，初期主要处理功能性和事务性议题。在统一过渡期内，海峡两岸对外坚持一个中国的原则，对内和平共处、和平竞争，待时机成熟，成立涵盖两岸政府代表的国家统一委员会，共同协商规划两岸和平统一。

　　9. 两岸协议规划两岸统一进程。两岸过渡协议必须设定两岸统一的进程和步骤。一个永远维持现状的协议实质上等同于承认台湾独立的协议。协议应明确双方推进国家统一的法律义务。可以考虑采取以下四大步骤逐渐推进统一。

　　（1）两岸在"九二共识"的基础上，尽快恢复平等协商，推进两岸关系良性健康发展。

　　（2）终止敌对状态，建构两岸和平稳定的架构，包括建立军事互信机制，避免两岸军事冲突。

　　（3）在过渡期内促进两岸经济全面交流，建立两岸经济发展合作机制。根据两岸经贸论坛共同建议，两岸经济与合作机制包括积极推动两岸直接通航，促进两岸农业交流与合作，加强两岸金融交流，促进两岸经贸发展；积极创造条件，鼓励和支持台湾其他服务业进入大陆市场，积极推动实现大陆居民赴台旅游，促进两岸人员的往来和经济关系发展；共同探讨构建稳定的两岸经济合作机制，扩大和深化两岸经济交流与合作，促进两岸关系发展。

　　（4）组建两岸联络机构或国家统一委员会等公权力机构，规划统一的时间进程，使国家统一始终处在按预定计划进展的轨道上。

结　　语

　　构建两岸统一过渡期和平发展法律框架所要达到的近期政策目标是压缩直至铲除法理"台独"的生存空间。如果法理"台独"仍然是台湾当局的执政目标，那么根本就不可能出现和平发展的两岸统一过渡期。两岸坚持一个中国原则是两岸关系进入统一过渡期的前提和标志。构建和平发展的两岸关系秩序是该法律框架所要达到的中期目标。在中期阶段，两岸和平共处，和平竞争，和平发展，共享国家主权，为国家统一奠定经济、社会乃至制度基础。国家统一则作为长远目标。近期目标服务于中期和远期目标，近期目标要为中期和远期目标的实现埋下伏笔，打好基础，只有这样，国家统一的最终实现才会水到渠成。

和平发展的两岸统一过渡期不是靠被动等待。彻底消除"台独"威胁，使台湾当局回归一个中国原则的稳定轨道，这是两岸统一过渡期的前提，也是统一过渡期与两岸关系其他阶段完全不同的重要标志。遏制"台独"，根据《反分裂国家法》的授权，国家可以采取非和平手段；一旦台湾当局回归一个中国原则，但对国家统一还一时不能作出承诺的话，在此阶段则国家不宜明确宣示对台采取非和平方式，国家对台政策应主要采取政治、法律、经济等和平手段。《反分裂国家法》已经走出了法律制"独"的第一步，国家如果进一步敦促两岸共同出台两岸统一过渡期和平发展法律框架，不仅能够起到分化"台独"势力、增强台湾地区统一力量的效果，而且能够为国家最终统一奠定经济、社会、文化乃至制度基础。

图书在版编目（CIP）数据

当代中国政治研究报告. 第 12 辑/黄卫平，汪永成主编；深圳大学当代中国政治研究所编. —北京：社会科学文献出版社，2014.1
ISBN 978 - 7 - 5097 - 5579 - 2

Ⅰ.①当…　Ⅱ.①黄…　②汪…　③深…　Ⅲ.①政治改革 - 研究报告 - 中国 - 现代　Ⅳ.①D62

中国版本图书馆 CIP 数据核字（2014）第 012800 号

当代中国政治研究报告（第 12 辑）

编　　者/深圳大学当代中国政治研究所
主　　编/黄卫平　汪永成
执行主编/陈家喜

出 版 人/谢寿光
出 版 者/社会科学文献出版社
地　　址/北京市西城区北三环中路甲 29 号院 3 号楼华龙大厦
邮政编码/100029

责任部门/社会政法分社（010）59367156　　　　责任编辑/李　响
电子信箱/shekebu@ ssap. cn　　　　　　　　　　责任校对/张俊杰
项目统筹/王　绯　李　响　　　　　　　　　　　责任印制/岳　阳
经　　销/社会科学文献出版社市场营销中心（010）59367081　59367089
读者服务/读者服务中心（010）59367028

印　　装/三河市尚艺印装有限公司
开　　本/787mm×1092mm　1/16　　　　　　　　印　　张/24.25
版　　次/2014 年 1 月第 1 版　　　　　　　　　　字　　数/413 千字
印　　次/2014 年 1 月第 1 次印刷
书　　号/ISBN 978 - 7 - 5097 - 5579 - 2
定　　价/85.00 元